管理学科一流专业建设系列教材

营销管理

张大亮　王丽丽　戚　译　主编

ZHEJIANG UNIVERSITY PRESS
浙江大学出版社
·杭州·

图书在版编目（CIP）数据

营销管理 / 张大亮，王丽丽，戚译主编. -- 杭州 ：浙江大学出版社，2023.10
ISBN 978-7-308-24217-2

Ⅰ. ①营… Ⅱ. ①张… ②王… ③戚… Ⅲ. ①营销管理—教材 Ⅳ. ①F713.56

中国国家版本馆CIP数据核字(2023)第179574号

营销管理

YINGXIAO GUANLI

张大亮　王丽丽　戚译　主编

策划编辑　曾　熙
责任编辑　曾　熙
责任校对　李　晨
责任印制　范洪法
封面设计　周　灵
出版发行　浙江大学出版社
（杭州市天目山路148号　邮政编码　310007）
（网址：http：//www.zjupress.com）
排　　版　杭州林智广告有限公司
印　　刷　杭州钱江彩色印务有限公司
开　　本　787mm×1092mm　1/16
印　　张　22
字　　数　540千
版 印 次　2023年10月第1版　2023年10月第1次印刷
书　　号　ISBN 978-7-308-24217-2
定　　价　75.00元

浙江大学出版社市场运营中心联系方式：0571－88925591；http：//zjdxcbs.tmall.com

前 言

PREFACE

一、本教材的编写背景

随着科学技术与社会经济的发展，企业之间的竞争日趋激烈，经济全球化和互联网经济的浪潮席卷世界的每个角落，人类正步入一个崭新的信息经济时代。中国经济迅速发展，与国际市场大范围快速接轨，越来越多中国企业逐渐登上世界经济舞台的中央，受到各种竞争力量的关注。党的二十大报告指出，“高质量发展是全面建设社会主义现代化国家的首要任务”，“必须完整、准确、全面贯彻新发展理念，坚持社会主义市场经济改革方向，坚持高水平对外开放，加快构建以国内大循环为主体、国内国际双循环相互促进的新发展格局”。[①]目前，国家之间的竞争直接表现为企业之间的竞争，面对全球竞争对手咄咄逼人的攻势，顺应需求变化，把握瞬息多变的商机，持续开拓境内外市场，实现企业可持续发展，是摆在每个企业面前的艰巨任务，需要营销人持续学习和创新。

从微观上看，互联网、物联网、AI（artificial intelligence，人工智能）、大数据等新技术的广泛应用改变了人们的生活，市场正发生前所未有的变化。体现在网络原住民“90后”“00后”身上的变化更为明显，营销人不能无视这种变化，它将带来营销的革命。

第一个变化是消费者主权彰显，消费者角色多元化。互联网时代消费者拥有主动选择权，网络突破了时空的限制，让消费者可以在众多品牌和渠道中做出主动选择。消费者具有广泛的评价权力，可利用社交媒体对产品与服务随时做出评价，也可以通过第三方平台进行点评，影响更多的人，给企业施加压力。消费者具有更为广泛的知情权，互联网让信息更为对称，消费者可以通过自己的体验来判断，也可以通过网络上众多消费者的评价数据来判断。以前消费者就是单纯的消费者，而网络时代增强了参与生产经营环节的便利性，消费者有了更多的身份。消费者可以拥有个人“电视台”——抖音、个人“电子报纸”——微博、个人圈子——微信，消费者就是媒体。

---

① 高举中国特色社会主义伟大旗帜 为全面建设社会主义现代化国家而团结奋斗：在中国共产党第二十次全国代表大会上的报告 [N]. 人民日报，2022-10-26（01）.

消费者可以是设计师，也可以是生产者。个性化趋势越来越明显，这使消费者的话语权渗透到生产经营领域和设计制造环节，消费者成为生产的参与者。消费者也可以是品牌代言人，他们对商品开始追求IP（intellectual property，知识产权）化，IP化的结果就是让消费者成为某类产品的代言人，消费开始小众化与圈层化。消费者还可以是消费商，拥有消费者和经营者的双重身份，既是产品的最终消费者，又是产品的推广者、销售者——自用省钱，分享赚钱。

第二个变化是休闲与“秀”生活成为一种新的生活方式，主要体现在3个方面：一是休闲消费成为生活常态；二是在休闲中消费，在消费中享受，通过创新消费场景给消费者带来更多的精神享受成为企业的重要任务；三是利用社交媒体“秀”生活，“秀”已成为年轻消费者的一种生活方式，“秀”是利用社交货币表达观点、展示形象、实现自我满足的精神享受的过程。

第三个变化是互联网催生新的商业逻辑。一是跨界成为一种新常态。营销需要“不务正业”，通过跨界融合以满足消费者的新需求。如消费者有文化娱乐需求，购物中心就增加电影院、游戏厅、KTV、艺术展；消费者需要刺激，商家就提供AR（augmented reality，增强现实）、VR（virtual reality，虚拟现实）等科技场馆。二是“连接器”打造出超级商业业态。如支付宝通过API（application programming interface，应用程序编程接口）成为超级服务窗口，能够轻松替代影剧院售票窗口、医院挂号窗口、银行服务窗口、办税窗口、水电缴费窗口、订餐服务窗口；社交媒体也成了超级连接器，聚集巨大的客流，构建生活和娱乐的场景，从而催生直播间、社交电商等新营销方式，也迫使营销人思考如何使营销活动能够做到服务、社交、交易职能的三位一体，而不是停留在传统营销的交易职能上。市场与消费者需求的变化也使营销人不得不进行创新，相关内容也都体现在本教材中。

随着西方市场营销学的引入，以及改革开放40多年来的市场化实践，市场营销知识得到了广泛的传播，营销理论与工具得到了灵活的运用，创造了一个个经典的营销案例，形成了宝贵的营销实践经验，需要营销学人提炼和升华。中国经济发展存在各种不平衡的情况，如区域经济发展不平衡、城市农村经济发展不平衡、产业结构不平衡、文化教育水平不平衡、市场经济发展不平衡等，从而形成了巨大的差异化市场。中国自己独特的市场特点和文化背景，使得营销理论与方法只有适合中国的国情特点，才能产生好的效果。此外，中华民族有着光辉灿烂的文化，中华文明蕴含着丰富的市场营销思想，是宝贵的精神财富，需要营销学人对营销理论进行继承与创新。相关方面的内容在本教材中都加以了阐述。

从广义角度来说，营销是人和组织生存、发展的一种基本技能，不管哪个人、哪个组织从事哪个行业，都在参与营销活动，如企业营销产品和服务，教师营销知识，政治家营销政治主张等。总之，每个人都需要有营销自己的能力。可以说，营销无处不在，无人不需，是个人，也是各种组织持续发展的必要条件。但是，我国大多数人、不少企业都凭着经验和感觉营销自己、营销产品，为此难免要交智商税，走不少弯路。而市场营销学正是提供营销理论、方法和技巧的一门学科，能帮助人们解决营销中的各种难题，提高营销效能。要掌握好营销理论的真谛，离不开一部好的教材，我们也一直在寻觅一部好教材。近年来，浙江大学管理学院启动了“商学+”教育生态建设，对教材建设提出了更新、更高的要求。一方面，教材要“顶天立地”，能够反映学科的前沿研究成果，同时教材内容要有本土特色，体现我国企业的管理创新实践成果，能够有效指导中国企业解决管理实践中出现的问题；另一方面，教材的内容要体现浙大学派的特色，教材中要融入浙江大学管理学院教师的研究成果，同时尽可能收录浙商管理创新实践的案例，使教材有浓郁的“浙味”。一直沿用了10余年的《市场营销学》由范晓屏教授主编，2004年在浙江大学出版社出版，由于一直没有修订，教材内容老化，难以满足教学需求。2015年后改用菲利普·科特勒的《营销管理》这一国外的经典教材，但也不能完全满足本土化教学的需要，更无法体现浙江大学营销学科的特色。经营销管理课程组全体老师讨论，决定启动《营销管理》教材的开发和编写工作，集营销系全体教师力量，编写既符合“商学+”定位又满足教学需求，还能体现浙江大学营销学科特色的精品教材。教材的编写得到了学校、学院及系内各级领导的支持，获得了浙江大学教材建设项目立项及资助，也列入了浙江大学“管理学科一流专业建设系列教材”。本教材由张大亮、王丽丽、戚译联合主编，具体编写工作分工如下：张大亮编写前言及第一章、杨哲帅编写第二章、孙怡夏编写第三章、项坚编写第四章、徐伟青编写第五章、刘涛编写第六章、王丽丽编写第七章、钱悦编写第八章和第十一章、戚译编写第九章、黄浏英编写第十章。

二、本教材的结构

本教材主要是为正在高校求学的工商管理、管理工程及相关经济类专业的学生编写，同时兼顾企业管理人员学习现代营销学的需要。

按照营销学的研究范围和内容结构，本书分为两篇11章。基础篇包括第一至第五章，策略篇包括第六至第十一章。下面就各章内容做一简单介绍。

（一）基础篇

第一章是“营销管理导论”，主要让读者正确认识和理解营销，介绍了什么是营销、营销思维方式、营销实质、营销任务及营销观念，侧重于突出现代营销理论的演变，以及社群营销、网络营销和数字营销等最新营销理论。

第二章是“市场营销环境分析与机会识别”，介绍了企业如何把握营销机会及环境分析方法，在分析宏观和微观环境因素的基础上，重点分析营销环境因素变化趋势及其产生的影响。

第三章是“需求洞察与购买行为研究”，进行了市场需求和购买行为分析，从线上和线下两个方面讨论消费者购买行为的差异，重点介绍了前景理论、心理账户理论等经典消费行为理论。

第四章是“用户行为研究方法”，介绍用户行为研究的理论和方法。重点分析互联网环境下，面对海量用户行为数据，如何用科学有效的方法去了解用户需求及其行为特征，更加方便有效地获取营销决策所需要的各类市场及用户信息。

第五章是“目标市场营销”，讨论市场细分、目标市场选择和市场定位等内容。在介绍市场细分和目标市场选择方法的基础上，与时俱进地扩充了一些创新的细分标准，侧重用案例来说明企业如何进行产品和市场定位的问题。

（二）策略篇

第六章是“市场营销战略”，分别从市场竞争地位、产品生命周期、营销组合、顾客价值和客户管理等角度分析了企业的营销策略。

第七章至第十章围绕市场营销 4P 组合理论展开。第七章是“产品策略与品牌管理”，以如何定义产品及建立整体产品概念为线索，对产品组合策略和分析优化产品组合的方法、策略进行系统介绍，同时对品牌管理的相关理论进行了讨论。第八章是“定价影响因素及定价方法”，概要介绍了价格影响因素、定价理论、定价目标、定价方法与策略，以及数字产品定价、大数据在定价中的应用，收益管理与盈利模式等相关内容。第九章是“营销渠道的选择与管理”，侧重介绍了渠道决策考虑因素及营销渠道变化趋势，讨论了移动互联网背景下的全渠道策略与新零售的创新实践。第十章是“促销与沟通管理”，除了介绍营业推广、广告、人员推销与公共关系等促销手段的基本内容外，重点对互联网广告、社交新媒体、网红、直播带货等新兴促销方式进行了探讨。

第十一章是“市场营销组织与管理”，介绍营销组织面临的各种环境变化、挑战及营销组织的演变过程，特别是分析营销组织数字化转型的必要性、关键点与难点。

三、本教材的主要特色

本教材编者有的理论功底扎实，学术背景深厚，在国际顶级期刊上发表了若干一流研究成果；有的长期从事市场营销学的教学、科研、咨询实践活动，具有丰富的咨询与营销策划实务操作经验，积累了丰富的实践案例素材。他们为本教材的学术性和实用性提供了理论保障和实践支撑。与其他营销学教材相比较，本书具有以下特点。

第一，在注重教材内容成熟性的基础上，大胆体现创新性。结合网络营销与社群营销发展趋势，本教材对线下与线上营销进行了高度整合，把网络营销、数字化营销、社群营销的最新知识与实践成果加以整合并体现到各章节中，如线上购买的消费者的购买行为及其特点、在线市场调研与试验方法、基于大数据的市场需求与消费者行为预测、在线品牌建设、数字化产品定价、收益管理与盈利模式、全渠道营销体系建设、新零售业态开发与运营、新媒体传播、直播带货营销与社会化营销等内容有机整合到教材体系中，目前在同类教材中几乎没有。

第二，本教材融入编者长期教学科研的研究成果，体现浙江大学营销学科特色，具有前瞻性。本教材编者主持和承担了 10 多项国家自然科学基金项目，许多研究成果体现于教材的各章节中，使教材结构与内容体现了浙江大学营销学科的研究特色，如数字化营销与新零售、营销竞争力理论、神经营销理论、在线消费者购买行为理论、客户关系价值理论与方法、在线品牌建设等均源自我们多年的研究成果。

第三，本教材主要选用作者自己开发的标准化案例与营销实践案例、最新本土化案例，体现了浙江大学案例开发与教学的成果与特色。在本教材编者近年开发的本土浙商企业营销方面的 20 多个案例中，有 6 个入选”全国百篇优秀管理案例“，还完成了 40 多家企业的营销与品牌策划案。这些优秀的案例与素材都在教材中有所体现，使教材更接地气，原汁原味，特色鲜明。

本教材编写与慕课（MOOC）课程建设同步进行，通过与线上资源联结，丰富了教材的内容，MOOC 大量视频材料、案例、习题、沙盘模拟游戏及个性化研究内容，都可以作为教材内容的补充与延伸，可以有效满足学生个性化学习的需求。

四、致谢

本教材的出版得到了各方的大力支持，特别是得到了浙江大学教材建设项目的支持，得到了浙江大学营销系周欣悦教授、范晓屏教授、王小毅教授的热情指导，在项目立项和教材出版过程中得到了教学中心李贤红老师的帮助，得到了营销管理课程组全体老师的配合与支持，还有课程的助教董建坤老师做了大量的教材编写辅助工作，对此我们深表谢意。感谢浙江大学出版社编辑认真审校，保证了教材的质量。作者在教材编写中，直接或间接借鉴了国内外出版物的一些素材，引用了部分成果和文献，难以一一列举，在此一并致谢。最后，由于精力、时间等限制，以及管理实践的快速发展，教材中存在不妥之处在所难免，敬请广大读者指正。

编者

2023 年 5 月

目 录
CONTENTS

CONTENTS

CONTENTS

营销管理

基础篇

第一章

营销管理导论

营销无时不在，无处不有，无人不需。在市场经济环境下，企业不能仅仅单纯地追求生产技术优势，还应追求市场方面的优势。企业的生命在于营销，市场是企业经营管理的出发点和归宿，是企业一切管理活动的依据。**营销人要不忘初心——满足顾客需求，也要牢记使命——为顾客创造价值。**

本章重点介绍 4 个方面的内容：一是介绍与营销相关的主要概念，为后续深入学习打下基础；二是分析营销观念的演变过程和适用场景，以便企业及时根据环境变化调整经营的指导思想；三是总结重要的营销思想与方法，以便及时有效地指导营销工作；四是介绍网络营销与数字营销，展示现代信息技术给营销带来的机会和挑战，把握信息社会现代营销发展的新趋势。

【本章学习目标】

1. 理解和掌握营销相关的重要概念。
2. 知晓营销观念的演变过程和适用场景。
3. 理解和掌握重要的营销思想和方法。
4. 熟悉营销发展的最新趋势。

导入案例：铅笔如何成为高价值的体验艺术品？

芬理希梦的艺术彩色铅笔

彩色铅笔早已不是人们画画的唯一工具。芬理希梦便这样将普通的铅笔升级成了能够作为家居陈列的“体验艺术品”。

为了弱化“铅笔”这一产品的概念，在为 500 色铅笔拍广告的时候，芬理希梦提出：“我们在拍广告的时候，讲究的地方在于让人不觉得它们是彩色铅笔，而是一种世界感、色彩感。”广告的主角是数条斑点狗和 500 种颜色排列成的背景，丝毫没有一点彩色铅笔的镜头（见图 1-1）。而且每种铅笔都有自己的名字和自己的故事，让铅笔有灵魂和文化味，能充分满足文艺青年的小资需求（见图 1-2）。

芬理希梦将 500 色铅笔每 25 支为一组分成了 20 个小套装，通过每月向顾客寄送一小套的方式，让顾客将简单的商品购买行为变成了一次长达 20 个月的收集旅程。在其看来，花 20 个月的时间，等待 500 支铅笔全部集齐的期盼和幸福，才是这个产品对顾客而言更有价值的地方，因为每个顾客可以伴随收集的过程做出一些独一无二的、仅属于自己的有意义的事。曾有某位男顾客将每月一小套的彩色铅笔作为礼物赠予女友，并将二人的婚期定在 500 支铅笔全部集齐之时；亦有位母亲从怀孕初始起开始收集 500 色铅笔，待全部集好之后，便将其送给自己将满周岁的小孩。由于十分看重这种收集性的销售方式带来的独特意义，芬理希梦拒绝过不少顾客想通过付高价一次性买齐 500 支铅笔的要求。

图 1-1 芬理希梦的 500 色铅笔

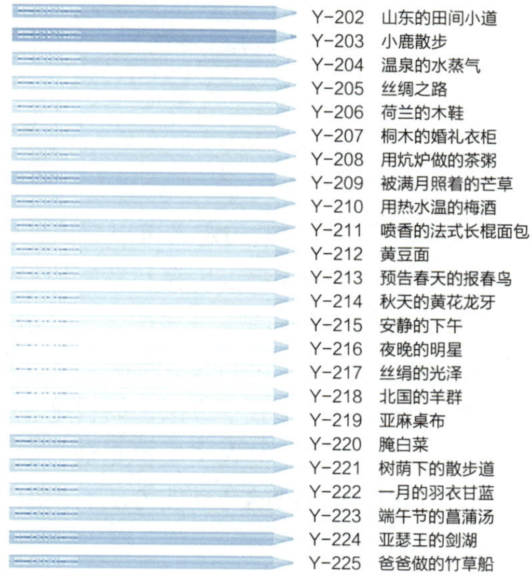

图 1-2 一支铅笔一个故事

（资料来源：根据网络相关资料整理）

思考题

1. 铅笔发生了何种改变和创新?
2. 产品给客户带来了除书写绘画之外的哪些额外价值?
3. 还可以进行哪些方面的改进与创新?

一、正确认识和理解营销

自现代企业诞生以来，尽管管理思想层出不穷，管理方式千变万化，但是有一条不变的原则：**所有成功的管理都是从外到内，依据市场情况决定管理的原则、方式、方法**。而对市场的认识和把握，不能仅仅基于企业经营者直观的感觉，而是需要一套完整理论和方法进行理性的分析，以求更准确地把握市场脉搏，了解消费者的真实需求。市场营销学就是一门以经济学、行为学和现代管理理论为基础，系统、全面、深入、准确地研究市场问题，掌握市场规律，用于指导企业营销实践活动的学科。

（一）营销是什么

1. 营销概念

（1）营销概念的发展

什么是营销？美国西北大学教授菲利普·科特勒将营销的定义表述为个人和集体通过创造产品和价值，并同别人交换产品和价值从而满足需求和欲望的一种社会和管理过程。

营销是商品交换的过程，是企业满足消费需要、实现自身目标的商业经营活动过程，包括市场调研、市场细分、目标市场选择和定位、产品开发、产品定价、渠道选择、产品促销、产品储运、产品销售、提供服务等经营活动。**整个营销链开始于顾客的需要，终结于顾客的满意**（见图 1-3）。

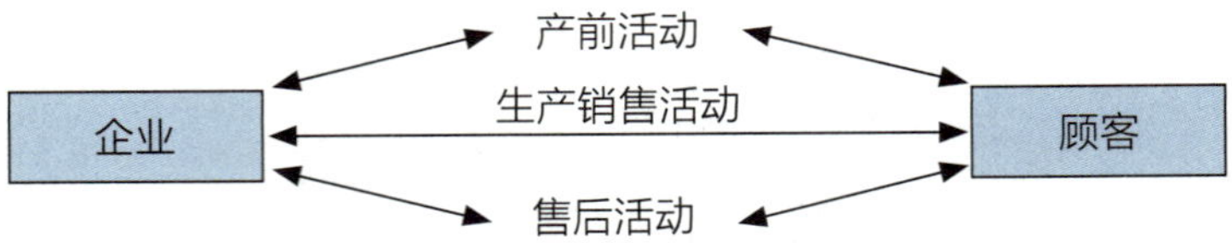

图 1-3　营销活动示意

从菲利普·科特勒的定义可以看出，营销不仅是工商企业的商业经营活动，而且是广大社会组织和个人赖以生存和发展的一种普遍性的活动和技能。如政治家通过了解民众需求，提出自己政治主张和观念，采用一系列宣传教育手段和方法，获得民众接受和支持，最终实现其政治目标；同样，学校和教师也要了解社会需求，根据学生个体的需求差异，采用不同的教学方法，因材施教，使学生更好地掌握和接受所需的知识，培养出社会急需的人才；个人实质也是通过研究需求，使自己掌握社会需要的知识与技能，以恰当方式提供自己的劳动能力从而换取自己所需要的东西。以上例子实质上都包含市场营销活动。

由于环境的变化和时间的推移，以及个人对营销认识上的差异，营销在概念上有着许多不同的定义，具体有以下几种。

① 营销=经营之道+销售之道。经营之道是势，解决“钱从哪里来，人从哪里找，产品去哪里”的问题，属于营销战略范畴；而销售之道是术，即要把产品卖掉，同时把钱款收回来。**营销问题的解决之道往往不从问题发生的层面寻求，而需要从相邻的更高层面着眼和入手，如企业的战略层面**。产品或服务营销是否成功在很大程度上不取决于营销人员，而取决于企业战略是否符合经营之道和销售之道，有没有掌握销售主动权。

② 营销=定位+创新。定位解决的是“做什么”的问题，创新解决“如何做”的问题。使命决定战略，战略决定结构，结构决定结果。定位不同，营销的方式方法也不同。

思考题

向计算机专业人员卖电脑和向农民卖电脑有什么不同?

③ 营销是为客户创造价值，比竞争对手为客户多创造一点点价值都会带来成功。企业的优势体现在为顾客解决问题带来的价值和顾客为了解决问题付出的成本/代价之比具有优越性。营销出发点在于价值，在于持续不断地比竞争对手为顾客多创造一点点价值，让客户不得不选择。

④ 营销是创造和传播一种生活标准（如创造时尚）。营销中最关键的是标准，营销需要创造标准和引领时尚。标准决定了市场的控制权，确定了主流市场。标准的改变意味着游戏规则的转变，企业产品或服务投顾客之所好，仅仅是适应需求，若能够改变顾客所好，则是创造需求。标准的创造实质上是在改变顾客所好，创造需求。如服装行业，每年都要发布当年流行色、流行面料、流行款式等元素，消费者为了不落伍，会产生巨大的追求时尚的需求，这也就引领了时尚。

⑤ 营销是个人和集体通过创造并同别人交换产品和价值，从而满足需求和欲望的一个社会过程。欲望是指想得到基本需要的具体满足物的愿望，它与文化、个性、环境有关。需求是指对有能力购买并且愿意购买的某个具体产品的欲望。价值是指消费者对产品满足各种需要的能力的评价。传统的销售交换的仅仅是产品，**而营销中增加了如社交等新的元素，产生了感情、观念、信息的交换，进而产生了产品之外的新价值**。

实例 1-1

营销创造什么价值？

某珠宝店来了一名贵妇，在店里逛了一圈后，相中了一款名贵珠宝，向营业员问了一下价格，要 20 多万元，犹豫再三没有下单，离开了商店。过了几天这名顾客又来到这家商店，看了很多款式的珠宝后，最后还是相中了上次那款珠宝，但最后还是因为价格高没有购买。过了两个星期，该顾客再次来到商店，接待的营业员觉得自己无法说服这位顾客，就请商店总经理来接待。针对顾客觉得价格贵的问题，商店总经理说了关键性的一句话："上星期，一位国家元首夫人光临本店，也看中了这款珠宝，也是因为价格太贵，没有购买。"结果，该顾客听了这句话后，立即刷卡买单。

思考题

商店总经理这句话为客户创造了什么价值？

（2）营销解决的问题

营销解决什么问题？简单地讲是价值变现，把企业生产的产品或提供的服务所产生价值通过所有权和使用权的转移，完成市场的"惊险一跳"，实现价值的变现。通俗地讲就是产品卖出去，钱收回来。而营销需要解决实现这一过程的各种各样的问题。总体来说有以下 4 类问题。

① 顾客不要买、不愿买的问题。顾客对企业提供的产品没有需求、不感兴趣。这实际上是目标用户选择和市场定位的问题，就如向因纽特人销售冰箱是达不到销售预期的，因为因纽特人根本就不需要冰箱！选择合适的顾客群体，提供合适的产品是营销需要解决的最重要问题。

② 产品不值得买、买不起的问题。顾客有想要买这类产品的需求，但产品还存在缺陷，不值得按这个价格购买。或者顾客喜欢这个产品，也愿意购买这个产品，由于自身购买力有限，买不起。这就需要企业调整产品或价格策略加以解决。如居住是刚性需求，现在大城市住宅价格都很高，不差钱的顾客觉得价格太高不值得买，缺钱的顾客觉得价格太高买不起。产品卖不出去，如何解决？最简单的方法是采取调整价格的策略——降价，或者采用按揭或降低首付的方法，让顾客买得起。但也可以调整产品策略，如增加小户型的住宅，降低总价使顾客买得起，或开发性能更好的住宅，如配套名校变成学区房，让顾客觉得值得买。

③ 买不到或不方便购买的问题。这通常是渠道的问题，通过调整渠道策略为顾客提供购买的便利性，如增加线上的渠道可以解决购买的时空限制，也可以增加销售网点数量或提供上门服务来改善购买的便利性。

④ 不敢买、不知道到哪里购买或购买什么品牌的问题。顾客想买不敢买，是对品牌缺乏信任，顾客想买不知道到什么地方买，或者不知道什么品牌适合自己，是对品牌不了解，这通常是品牌宣传和营销推广的问题，企业需要调整品牌宣传与营销推广策略加以解决。如现在通过网红直播带货的方式能有效解决这类问题。

总之，**营销是联结社会需求与企业反应的桥梁，是企业把消费者需求和市场机会变成有利可图的公司机会的一种行之有效的方法，最重要的功能是帮助企业进行价值变现。**

2. 营销思维方式

营销思维是指员工针对日常工作中所面临的问题，能够站在顾客的角度、从营销视角出发，运用营销理论、知识分析问题并提出有效的解决方案的思维模式。

（1）多向性思维

一件事情从不同的角度看，可以得出不同的观点和结论。在开展市场营销活动时，首先要学会问、答“是什么”的问题。从不同的角度观察和思考我们营销的产品或服务是什么，可以得出多种多样的答案，也就可以挖掘出多种多样的功能和价值。虽然，**一种产品或服务有多种功能和多样价值，但消费者在购买该产品或服务时，往往关注的只是其主要功能和主要价值，其他功能和价值都会暂时忽视**。但随着使用场景的变化，消费者关注的功能和价值的重点也会随之变化，产品或服务暂时被忽视的功能和价值可能会凸显出来。所以在开展市场营销活动时，**需要针对不同场景，强调产品或服务不同的功能和价值**。如肯德基的汉堡、鸡块受到小朋友的青睐，深层原因是管理层对消费者需求的准确定位。肯德基卖什么？从表面上看，多数人认为它卖的是标准化的快餐食品，而其管理层却定位在娱乐，即销售的是娱乐产品，让小朋友到肯德基就餐觉得好玩、快乐，因此，餐厅内吃的东西变化不大，而游玩设施经常翻新，小赠品花样百出，就是为了满足儿童玩的第一需求。

（2）逆向思维

要站在用户的立场或者从正常思维相反的角度去思考。通常企业销售产品或提供服务追求的是利润，希望能够获得盈利，但将利润作为唯一目标，就容易限制营销人员的思路，忽视营销能够带来的其他诸多利益，丧失很多成长的机会和空间。从本质上来说，开展产品或服务的营销活动，关注的不应只是能否销售出产品或服务，实现盈利，**更重要的是要关注营销活动是否有价值，只要有价值就值得去做**。

思考题

什么场景下，亏本买卖也值得做？

（3）跨界思维

要思考营销目标在什么情况下能实现，想方设法解除达成目标的约束条件。在营销目标制定和实施过程中，不应轻言目标不可实现，而是思考要实现目标存在哪些约束条件，需要哪些资源才能破解这些困难，从而展开建设性的沟通，解决实际问题。在营销中，要学会解除边界约束，跨界有时候能够创造出更多、更大的商机。中学生出国游学热，就抓住了教育培训和旅游跨界结合的商机。

（4）系统思维

这需要站在更高的层面上看问题。对于不同行业要思考如何整合资源，共同为消费者提供产品或服务，满足消费者综合性的需求。单一企业则可以在更加深入全面地了解消费者整体需求的基础上，提供整体解决方案。同样是产品卖不动，一线营销人员会认为是定价太高，而管理层则可能认为是目标客户选择不当或产品定位有问题。

思考题

阳台有哪些使用场景？可以采用什么样的营销方案？

总之，营销的关键在于建立独特的思维方式，一个成功的营销人员能够综合运用以上思维方式，**把产品或服务的缺点转化为特色，将特色转化为优点，把优点转化为亮点，为客户创造出价值**。

（二）营销管理实质与任务

1. 营销管理实质

营销管理是为实现符合个人和组织目标的交换而对营销方案进行的分析、计划、执行和控制的过程。**营销管理的实质是需求管理，其目标是让推销成为多余**。为了完成营销管理的任务，需要注重以下管理工作。

（1）通过市场调查和研究，发现和创造市场需求。普通企业往往是被动适应市场需求，而优秀的企业能够创造需求并对需求有所调控。在调研过程中，**一定要注意文化对调研结论的影响**。在国内要开展高质量的市场调研是比较困难的，主要因为许多消费者有“言不由衷”的思维习惯，一般的调研很难把握消费者的真实需求，需要经营者具备透过现象看本质的能力。

（2）注重产品开发和设计，这是满足市场需求的重要方式。在这一过程中要关注客户需求的感性认知层面。在开发设计阶段有两个因素可能导致消费者需求最终不能被满足：一是研发人员没有参与市场调研，缺乏对消费者需求的感性认识，影响了对市场调研信息的理解；二是研发人员准确理解了消费者需求，但由于自身能力的限制而不能开发出消费者所需要的产品。

（3）制定营销策略，开展需求实现的活动。

2. 营销管理任务

（1）制定营销战略：识别组织在特定的市场经验和核心竞争力条件下的潜在长期机会，结合战略目标与STP战略①营销过程，形成营销战略。

（2）培养市场洞察力：通过监控营销环境和评估购买者的需求与行为，以及进行实地调研与潜在市场的营销调研，了解组织内外正在发生什么。

（3）管理客户关系：与企业客户建立强大的获利性的长期关系。

（4）管理客户价值：决定如何为选定的目标市场创造最佳的价值。

（5）培育强大品牌：认清品牌的优劣势，了解客户看到品牌会联想到什么，以及如何衡量和管理品牌资产。

（6）实现可持续增长：从长期的角度考察产品、品牌，思考如何提高利润水平。

3. 解决营销问题的科学思考方法

解决营销问题首先要明确所需要解决的问题，企业的战略目标不同，问题的界定不一样，解决问题的策略和方案自然也就不一样。

明确解决的问题后，要先将实际问题抽象成理论问题，再寻找相应的理论依据，据此分析判断实际问题，并得出相应的分析结论。解决问题的思路可不可行，要以理论为指导，以事实为依据，通过结构化的分析来解决实际所要解决的问题。在提出解决策略和方案时要思考指导理论是什么，依据的事实是什么，进行了什么样的分析。**好的解决方案的基本要求是：目标—策略路径—策略措施的匹配和一致**。

思考题

假设你是一家快餐店的经理，你的老板给你一个明确的任务，要求下半年的营业额比上年同期

① STP战略：即segmenting、targeting、positioning 3个英文单词的缩写，分别指市场细分、目标市场和市场定位。

提高 20%，利润保持去年同期水平不变。请大致提出营销计划和思路。

（三）营销的核心概念

为了正确把握营销概念，必须注意理解与之密切相关的一些核心概念：需要、欲望、需求、产品、价值、交换、交易、市场等。

1. 需要

所谓需要（needs）是指有机体内部的一种不平衡状态。按照**马斯洛的需要层次论**（Maslow's hierarchy of needs）[①]，人类的基本需要分为 5 个层次：生理需要、安全需要、社交需要、尊重需要和自我实现需要。人类的各种需要是市场营销活动的出发点，但人的基本需要并非由市场营销活动所创造，而是人的内在基本渴求。当一个人的基本需要没有被满足时，他有两种选择：一是努力寻找可以满足这种需要的东西；二是降低或压制这种需要的产生，来实现自身的满足，如“知足常乐”。

2. 欲望

欲望（wants）是指想取得某种东西或想达到某种目的的愿望。**人的欲望的形成往往受到他所生活的环境、文化与经历的影响。**南方人饥饿时希望用米饭充饥，而北方人也许希望用面条充饥。营销活动虽然无法创造人的基本需要，但却可以采用各种营销手段来激发和改变人的欲望，并开发和销售特定的产品或服务来满足这种欲望。**根据人类需要有限但欲望很多、变化无穷的特点，牢记为消费者服务的宗旨是不变的，而为消费者服务的内容和形式要不断变化。**

3. 需求

需求（demands）是指对有能力购买并且愿意购买的某个具体产品的欲望。许多人都希望拥有一幢别墅，但只有极少数人能够并愿意购买。营销活动的目的不仅是激起消费者的欲望，更重要的是激起客户购买本企业产品的需求。通过了解消费者的购买能力，提供相对较为合适的产品满足其需求。**企业既要关注消费者的当前需求，也要了解消费者需求变化的趋势，同时还要注意不同消费者群体的需求差异。**

4. 产品

产品（products）是满足人类的各种需要和欲望的手段。满足同一种需要可以有各种各样的手段，产品要随着环境与需求变化而变化，任何一个完美的产品都不可能等同于需要。如果把产品看成是需要的化身，那极容易犯营销近视症（marketing myopia）。只看见自己的产品质量好，看不见市场需求的变化，最终会使企业经营陷入困境。人们买钻头是由于它能提供一种服务：钻出一个洞孔，而不是为钻头而买钻头，产品实体仅仅是欲望的载体和服务的外壳。

实例 1–2

从烤箱到电饭煲

美国通用电气公司（以下简称通用电气）在 20 世纪 60 年代将其在欧美非常畅销的家用面包烤箱推向日本市场，并大做促销广告，结果日本消费者反应十分冷淡。虽然日本与美国人一样饥饿了需要吃东西，可日本人饥饿时的欲望是吃米饭而不是面

① Maslow, A. H. A Theory of Human Motivation[J]. *Psychological Review*, 1943, 50(4): 370.

包，而面包烤箱是不能烤大米的。后来，通用电气认识到自己所犯的错误，为了满足日本消费者的欲望，该公司发明了我们大家所熟悉的电饭煲。电饭煲的工作原理和作用与面包烤箱一样，但却满足了日本人的欲望，随之产生了极大的产品需求。

5. 价值

价值（value）是指消费者对产品满足各种需要的能力的评价。消费者之所以接受产品，在于对产品价值的认同。**营销的一个重要工作是改变消费者对需求价值的认知或对产品价值的感知，从而实现需求或感知与产品价值的匹配，做到物有所值。**“爱她，就请她吃哈根达斯！”广告诉求改变了消费者对产品价值的认知，哈根达斯成了情感产品和检验爱与不爱的标尺。小伙子为了表达或证明对女孩子的爱，在所不惜也要购买高价的哈根达斯冰激凌。表面上企业之间竞争的焦点是产品的价格，而本质上却是产品在消费者心目中的价值，由价格竞争走向价值竞争是必然的趋势。**企业能够真正战胜竞争对手，是因为它创造了新价值或更高、更多的价值，而不是它打败了对手。**国内近年来迅速发展的快递公司，为消费者提供了快捷、周全的服务，带给消费者安心、方便、舒适的价值，这些价值的创造使得这类公司在国内市场迅速取得成功。可见，打败竞争对手固然可以确保独占利润，但如果不能满足消费者的需求，在短期内或许可能取得独占地位，但终究会被其他更有价值的替代品所打败。

延伸阅读 1-1

价值竞争策略是现代企业基本的竞争策略

价值竞争策略为企业在市场竞争中提供了一个全新的策略思想。企业的营销活动要围绕价值创造的 3 个方面来进行：消费者——价值的认知者与价值创造参与者、产品组合——价值传递的载体、企业——价值创造的主体。价值竞争策略的内容涉及以下几个方面。

第一，从某种意义上讲，价值竞争策略是价值创造的艺术，之所以称为价值创造的艺术，是因为这种创造不仅要产生价值，更要被消费者认可，能够真正满足消费者的需求。

第二，只有不断地提升与创造产品本身的价值，不断地去适应因时代发展而变化的消费者的价值观，企业才能在竞争中立于不败之地。对于企业来说，掌握消费者价值认知变化的趋势，发掘、提升产品的价值感，其重要性并不亚于推出新产品时设立适合的目标市场。

第三，通过市场调查，了解消费者对产品在便利、服务、品质等方面的认知与原来的认定是否一致。一旦消费者的价值观发生变化，企业必须重新界定产品价值的内涵，通过重新界定目标市场、重新定位产品、改变产品等一系列营销过程，进行价值重塑的活动，由此产生新一轮的营销组合。

第四，尝试从每一个价值活动中寻求差异化是创造价值的重要途径。企业唯有出奇制胜、独树一帜，才能在竞争中立于不败之地。

在企业创造的价值中，品牌是一种最富有潜力的价值。因此，企业经营者要有远见卓识，投资建立品牌，毫不松懈地维护品牌，这样才能获得长期发展的优势。

6. 交换

交换（exchange）是通过提供某种东西作为回报，从其他人那里取得所要东西的行为。交换是市场营销的核心。交换的发生，必须符合以下5个条件。

（1）至少有两个买卖者。

（2）交换双方都有被对方认为有价值的东西。

（3）交换双方都有沟通信息和向另一方运送货物或服务的能力。

（4）交换双方都有可以自由接受或拒绝对方的产品的权利。

（5）交换双方都觉得值得与对方交易。

企业的一切市场营销活动都与市场、商品交换有关，都是为了实现潜在的交换，与其顾客达成交易。它包括商品的交换、观念的交换、信息的交换、买卖双方情感的交换等。**交换实质上是一个价值创造的过程，交换通常使双方变得比交换前更好，使双方实现增值，**否则双方交换的连续性行为就会中止。

思考题

某营销员跟踪一个客户6个多月，但还是不能与客户签约，而公司总经理知道此事后，与客户进行了半小时的沟通后，以相同交换条件客户主动要求签约。试想总经理使用了何种方法能够快速地让客户主动要求签约?

7. 交易

交易（trade）是一个具体连续性的行为过程，而交易是交换过程中的一个环节。我们假设有买方A和卖方B，如果A、B双方正在切磋协商，争取达成协议，我们称他们将要进行交换。如果A、B双方达成了协议，则我们称他们发生了交易，即A 和B同时从对方那里获得了东西。交易通常可分为易货交易和货币交易，前者是指A 、B双方相互交换物品或服务，而后者是指A给B一定数量的钱从而换取某种物品或服务。**企业若以不当行为赢得一次性交易的成功，结果会导致长期连续性交易行为的终结，最终受害者还是企业自身。**值得指出的是，易货贸易这一传统交易方式，随着现代资讯的发展和网络交易平台的产生，将重新焕发生机。

8. 市场

市场（market）最初的含义是指买卖双方聚集交易的场所，如某一区域的中心地带。经济学家从宏观经济学的角度对市场概念进行了重新阐述，他们认为市场是指某种产品的买方和卖方的总和，如农产品市场。而营销学家对买卖双方进行了划分，认为所有卖方的总和是产业，所有买方的总和才是市场。**因而真正营销意义上的市场是由一切具有特定的欲望和需求并且愿意和能够以交换来满足这种欲望和需求的全部潜在顾客所组成的。**

一个市场的规模取决于那些具有某种需要、拥有他人所需的资源且愿意以这些资源来换取其需要的东西的人数。市场=f（人口，购买力，购买动机）。**企业营销活动不光要激发消费者的购买动机，有时还需要帮助客户解决购买力的问题，更重要的是精准选择目标人群。**如某汽车制造公司了解到某客运公司车辆破旧需要更新，有购车需求，但近几年效益不好，没有资金来购车。后来，汽车制造公司为客户提供了购买力解决方案，通过“企业出一点、司机出一点、银行贷一点”来解决资金缺口，新车辆优先承包给出钱的司机的解决方案，不光帮助客运公司更新车辆，而且搞活了客运公司经营机制，使企业经营效益有了较大的提升。

以上概念之间的关系可由图 1–4 表示。

图 1–4 营销的核心概念

二、营销观念及其变迁

营销观念是企业市场行为的指导思想，即企业在开展市场营销管理的过程中，处理企业、顾客和社会三者利益方面所持的态度、思想和理念，集中体现在企业以什么样的方法和态度来对待市场、顾客和社会。菲利普·科特勒将现代企业的营销观念分为 5 种，即生产观念、产品观念、推销观念、市场营销观念、社会市场营销及绿色营销观念。**企业营销观念选择恰当与否取决于营销观念同经营环境的适配程度，营销观念应随客观环境变化而变化，不同的营销观念创造或选择不同的市场行为模式，不能说哪一种观念比另一种更有利于企业的发展**。事实上有 80% 以上的企业其营销观念落后于营销环境的变化，即以一种过时的经营思想指导其营销活动。许多企业被关在生产、产品、销售导向的圈子里，不知如何去寻找发展机会和途径，面临死亡而浑然不觉。

（一）生产观念

生产观念是指导销售者行为的最古老的观念之一。生产观念认为：生产是最重要的因素，只要生产出有用的产品，就不愁没有销路。“我生产什么，就卖什么”是这种观念的典型反映。认同生产观点的销售者认为顾客主要关心的是产品价格低廉和可以随处购得，而企业则把注意力集中在追求高生产率和建立庞大的销售网络上。美国福特汽车公司的创始人亨利·福特曾自豪地说：“不管顾客需要什么，我的汽车就是黑的”，因为当时福特汽车供不应求，清一色的黑色汽车照样卖得出去。而福特汽车以后为该营销理念付出的代价是其将汽车盟主的地位拱手让给了通用汽车公司。

事实上只有同时满足下面两个条件，我们才有理由相信消费者主要感兴趣的是产品价格低廉和可以随处购得。第一个前提：产品供不应求。饥不择食的顾客更加关注是否能获得产品而非产品到底有多少优缺点，因此在这种情况下也可以致力于提高产品产量。第二，产品成本高，要通过提高生产力降低成本，使顾客买得起。在商品供不应求的卖方市场时代，这种“大量生产，降低价格”的思想尚有其生命力，也常成为某些企业的策略选择。例如，一家公司可以以生产观念作为指导，大力推行标准化的批量生产方式，以提高生产效率，降低生产成本，最后达到以低价为竞争基础的市场扩张的策略目的。但随着商品经济的发展，供求关系缓解，这种思想适应的环境和场景将越来越少。

生产观念的致命之处在于轻视顾客，以为“皇帝女儿不愁嫁”。如今许多公用事业、垄断行业、服务机构还是依生产观念行事。如医院、学校、电力公司、煤气公司等，这种组织形式虽能高效率地处理很多事，却受到缺乏人性、冷冷冰冰待客的公开指责，放开行业管制、打破垄断和促进市场竞争将会促使其转变营销观念。

现在我们不妨对生产观念做一个简单的总结。

（1）适用条件：生产力水平低、卖方市场。

（2）营销思想：生产什么卖什么。

（3）企业任务：增加产量，降低成本。

（4）观念特点：生产中心论。

（二）产品观念

产品观念认为：产品是最重要的因素，消费者会欢迎质量最优、性能最好的产品。因此，产品导向的企业致力于制造优良产品并经常改进，不断提高产品质量。只要物美价廉，顾客必然会找上门，无须大力推销。

在动态市场上，如果企业坚持“产品观念”，迷恋自己的产品，认为自己的产品质量好，物美价廉，顾客一定会找上门，就必然导致营销近视症。即过分重视产品质量，看不到市场需求及其变动，只知责怪顾客不认货，而不反省自己是否根据需求提供了顾客真正想要的东西。

一位办公柜生产商抱怨他的办公柜的销路与他的期望相去甚远，因为他认为他的办公柜是世界上最好的，他说：“它们可以从四楼丢下去也不会损坏。”但顾客回答说：“的确是这样，但我们并不打算把它从四楼扔下去。”顾客购买的其实不是产品，而是产品能够给他的价值，办公柜不是保险柜，它再坚固也很难唤起顾客的兴趣，因为这对顾客并无意义。顾客更关心的可能是办公柜的式样、颜色、使用的方便性、是否附带多种功能等。

营销近视症最常见的表现是公司在设计新产品之际，醉心于该产品而不看它的市场前景；另外是对曾有辉煌历史的产品过于留恋，指望东山再起。

产品观念的致命之处在于把产品看成是需求的化身，把产品等同于需求，忽视市场需求和技术变化，事实上某一产品仅仅是满足需求的一种方式而已。闭门造车和故步自封是“产品观念”的温床。历史的悲剧不断重演，曾经有“摩托罗拉＝手机”的时代，后来是“诺基亚＝手机”，但今天都不见踪影。若企业不能与时俱进更新经营理念，终将被时代的洪流吞没。

（三）推销观念

推销观念是被许多企业广泛采用的另一种观念。推销观念认为：消费者通常会延迟购买或抗拒购买，如果顺其自然，消费者通常不会购买本企业太多的产品，因此企业必须大力开展推销和促销活动，刺激消费者更多的购买行为。推销观念在现代市场经济条件下被大量用于推销那些非渴求物品，如保险、百科全书等；也应用于非营利领域，如资金募集、政党竞选等。

推销观念产生于现代工业高度发展时期，由于市场产品数量增加，品种增多，竞争加剧，大多数市场成为买方市场（即供大于求，买方更有发言权，卖方要费力争夺顾客的局面）。大多数企业就是在生产能力过剩时实行推销观念的，其目的是推销他们所制造的产品，而不是制造他们能推销、切合顾客需求的产品。采取推销导向的企业，很少研究顾客的需要是什么，只是重视运用推销和广告手段，大力推销他们的产品或服务，让顾客接受。

目前是中国企业推销观念极盛的时期。潜在的顾客受到电视广告、报刊广告、直接邮递、推销访问、电话、短信、微信的围攻，到处都有人试图推销某种东西给他。这反而招致顾客的反感和抵触，推销活动往往事倍功半。推销观念的致命之处就在于舍本逐末，把推销工作摆在首位而忽视了其他的营销工作，把强行推销和铺天盖地的广告当作市场营销的全部。其实，推销是需求评估、市场研究、产品开发、定价和分销等一系列市场营销活动的一部分。

思考题

在日常生活中，什么样的产品适合推销观念?

（四）市场营销观念

从本质上说，市场营销观念是一种以顾客需要和欲望为导向的哲学，是消费者主义在市场营销中的体现。市场营销观念认为，实现企业各项目标的关键，在于明确目标市场的需要和欲望，并且比竞争者更有效地传送目标市场所期望的物品或服务，进而比竞争者更有效地满足目标市场的需要和欲望。从推销观念到市场营销观念是一场根本性的革命，它与前面 3 种观念最大的区别在于：市场营销观念是以买方需要为中心，通过帮助消费者满足其需要而获得相应的报酬；而推销观念以卖方需要为中心，满足卖方把产品换成现金的需要。例如，新兴铸管股份有限公司的营销哲学是“先抢占市场制高点，再要利润”。该公司以 3 年先亏损 2000 万元的巨大代价，获得了全国铸管产品 50% 的市场占有率。

正如管理大师彼得·德鲁克所说：营销的目的在于很好地了解顾客，使产品或服务适应顾客需要而能自行销售。在理想的情况下，市场营销应能使顾客乐于购买，觉得这种产品恰好就是为我的愿望生产的，然后，企业要做的就是使产品或服务就近能买到。所以市场营销观念的基本特征是：以市场为出发点，以顾客为中心，以营销组合策略为手段，通过满足消费者需求来盈利。**这里对需求的准确理解应该是整体的需求和长远的需求，而不仅仅是片面的需求和眼前的需求**。如小孩普遍对电子游戏有强烈的需求，许多游戏企业利用小孩控制力弱的特点，想方设法引诱小孩玩网络游戏，虽然满足了小孩的眼前需求，但忽视了小孩长远发展的需求，这显然不是正确的市场营销观念。

以市场为出发点，要求企业仔细辨别它的目标市场范围，对每一个目标市场制定出恰当和适合的营销计划，应尽可能集中优势资源于某目标市场。“拳头比巴掌更有力。”对于这点，大企业也不例外，中小企业更应如此。以顾客为中心要求企业从顾客的立场出发，而不是从自己眼光出发来辨别顾客的需要。例如客户说，他想要一辆“不贵”的汽车，那么营销人员需要进行深入的调查，了解客户的真实需求。客户一般有 5 种类型的需求。

（1）表明了的需求：客户需要一辆不贵的汽车。

（2）真正的需求：客户需要的“不贵”的汽车是指维护成本低，而不是首次购买的价格低。

（3）未表明的需求：客户期望从经销商处得到好的服务。

（4）令人愉快的需求：客户在购买汽车时，意外地获赠电子导航系统。

（5）秘密的需求：客户想要找到一个以价值为导向的、能理解客户心思的朋友。

市场营销观念的核心：顾客是上帝，顾客的满意程度是企业未来利润最好的指示器。相互协作的市场营销，强调营销工作的全员性，不光负责营销的各职能部门在以顾客为中心的准则下相互协调，而且企业所有部门和员工都要参与营销，都要共同努力争取顾客，这是因为企业所有的部门和员工都会对顾客满意度产生不同的影响。而营销盈利性强调的不是追求利润本身，而是把获得利润当作做好工作的副产品，营销人员必须更好地平衡和辨明市场环境变化所带来的各种盈利的机会。下面通过一个例子说明一个员工是否真正具有营销观念。

北方有家生产防紫外线太阳帽的厂家，派它的高级财务人员去南方某省，了解公司的帽子能否在那里找到销路。一周后，这位员工打电话回来说："这里的人不戴帽子，因而这里没有太阳帽市场，销售风险很大，会积压资金。"总经理又派推销人员去该省做详细调查，结果推销员报告说："这里的人不戴帽子，是一个巨大的市场，应尽快在夏季到来前调运产品去卖。"总经理为进一步弄清情况，再派营销部经理去了解情况。营销部经理的报告是："这里的人不戴帽子，但这里夏秋太阳很猛，紫外线辐射强，戴太阳帽会对他们有好处。但我们必须重新设计帽子，因为南方人身材矮、头型小，不喜欢我们现在这种宽边帽。我们应该教育顾客懂得为健康花一点钱，并大力宣传太阳帽是流行服饰和现代生活方式的体现，以改变其传统习惯。可以请当地的影视明星为我们代言，加速流行。在夏天到来前，我们要把改进后的太阳帽打入当地超级市场、百货商店和小商品市场。总的看来，我估计这里太阳帽的潜在销售期为 3 年，我们可以赚取 25% 的利润，是一个较好的市场机会。"

延伸阅读 1-2

传统推销与现代营销观念的区别

推销重在产品，营销重在服务与需求。

推销重在关注卖方自己的产品或服务，营销重在关注买方的需要。

推销是先开工厂后开市场，营销是先做市场后开工厂。

推销通过销售获得利润，营销通过顾客的满意获得利润。

推销想的是今天，营销想的是明天。

推销想的是战术，营销考虑的是战略。

推销追求的是利润率，营销追求的是客户的满意度。

（五）社会市场营销及绿色营销观念

近年来由于消费者主义的兴起，市场营销观念开始受到抨击。他们认为市场营销观念能极好地发觉顾客个人的需求并为之服务，但没有关心消费者与社会的长期利益。如一次性饭盒、塑料包装袋、卫生筷子等迎合了消费者图方便的需要，但是每年留下几十万吨无法消除的垃圾和脏乱的环境，还导致森林资源耗减等。这就要求企业在制定营销策略时，要考虑如何平衡公司利润、消费者需要和社会利益三者的关系。社会市场营销及绿色营销观念认为：营销就是创造和提供更高的人类生活水准。**企业向社会提供产品或服务，不仅要满足消费者的眼前欲望和需要，而且要符合消费者和社会的最大的长期利益，求得企业利益、消费者利益和社会长远利益三者之间的平衡。**例如福特汽车公司第二任董事长，创始人老福特的孙子亨利·福特二世指出："企业已经意识到，无论其行动多么合法和循规蹈矩，仅以盈亏作为衡量行动的准则是远远不够的，我们都必须自觉意识到国家的宗旨和目标，并且努力使企业的行为尽可能地适应公众的潮流。"我们可以把社会营销观点的特征表述如下。

1. 市场背景

保护生态平衡、促进人类和整个社会的健康发展成为人们普遍关注的问题。

2. 营销思想

社会市场营销及绿色营销观念，即企业应以利于保护生态平衡，为人类和社会的健康发展做出贡献作为生产经营的指导思想。

3. 企业任务

实现企业利益、顾客眼下需求和社会及顾客整体的长远利益三者之间的协调统一。

4. 观念特点

社会中心论，即企业要从顾客长远利益和社会整体利益出发来从事生产经营活动。

思考题

目前许多超市不再提供免费塑料袋，这种行为是否合理，奉行的是什么营销观念?

三、重要的营销思想与方法论

市场营销理论是社会经济环境发展变化的产物，也是长期营销实践经验的升华。工业生产飞速发展、专业化程度日益提高、科学技术进步、人口急剧增长、个人收入上升、日益扩大的新市场为创新提供了良好的机会。人们对市场的态度开始发生变化，如市场规模和领域迅速扩大，全球市场战略的实施对企业和消费者信息沟通提出了更高的要求，产生了整合营销理论；收入提高和收入差距扩大化导致消费需求差别化和个性化，促使了市场细分理论的诞生；面对贸易壁垒的增加和地方保护主义的兴起，大营销理论随之应运而生；互联网兴起、信息触达方式变革和创新的直播带货等销售方式，使整合营销理论[①]和社交化营销方式开始流行。随着环境的变迁，一些营销理论已经过时，一些新的理论呼之欲出。从现状和环境变化趋势出发，我们将着重介绍一些现在和将来还将发生重大影响的营销理论与方法，具体阐述如下。

（一）4P理论

20 世纪 60 年代，美国密歇根大学教授杰罗姆·麦卡锡提出了著名的 4P 营销组合策略，他认为营销组合包括以下 4 个要素。

1. 产品（product）

包括实体产品、服务、品牌、包装等。要求注重开发功能，产品要有独特的卖点，把产品的功能诉求放在第一位。

2. 价格（price）

包括基本价格、折扣价格、付款时间、借贷条件等。要根据不同的市场定位，制定不同的价格策略，产品的定价依据是企业的品牌战略，注重品牌的含金量。

3. 渠道（place）

包括分销渠道、储存设施、运输设施、存货控制等。企业并不直接面对消费者，而是注重经销商的培育和销售网络的建立，企业与消费者的联系是通过分销商来进行的。

4. 促销（promotion）

促销是利用信息载体与目标市场进行沟通的传播活动，包括广告、人员推销等。

① 整合营销理论也即 4I 理论，包括趣味原则（interesting）、利益原则（interests）、互动原则（interaction）和个性原则（individuality）。

4P理论认为，如果一个营销组合中包括合适的产品、合适的价格、合适的分销渠道和合适的促销策略，那么这将是一个成功的营销组合，企业的营销目标也可以借以实现（见图 1-5）。

图 1-5 营销的 4P 模型

理解 4P 理论时需要注意，营销因素之所以分为 4P，主要是便于讲述与使用，绝对不能因此排斥其他要素。4P 因素仅仅用作参考，每个行业、企业都应该结合自己的情况确定营销因素，而不是硬套 4P。从实践来看，4P 组合较适合日用消费品营销。运用营销组合策略时要注意以下 3 点：**一是营销组合要坚持整体性；二是营销组合要突出重点，缺乏重点的营销组合是不会有竞争力的；三是营销组合要适时变化，如根据产品生命周期的变化、顾客需求的变化及竞争对手策略变化及时做出调整。**

4P 理论的出发点以企业为中心，根据企业经营者想要生产什么产品、期望获得怎样的利润而制定相应的策略，如以何种价格销售、要将产品怎样的卖点加以传播和促销、选择怎样的路径来销售等。这一理论忽视了顾客作为购买者的利益特征，没能把消费者的行为和态度变化作为思考市场营销战略的重点，不能完全适应市场的变化，是一种静态的营销理论。

（二）4C 理论

20 世纪 90 年代，随着经济的转型和市场竞争日趋激烈，媒介传播速度越来越快，消费者个性化日益突出，以 4P 理论来指导企业营销实践已经逐渐显得“过时”。1990 年，美国学者罗伯特·劳特朋从消费者角度出发，提出了与传统营销的 4P 理论相对应的 4C 理论。

1. 消费者的需求与欲望（consumer needs and wants）

营销人的首要功课是研究客户需求，发现其真实需求，再来制定相应需求战略，以影响企业的生产过程。

2. 消费者愿意付出的成本（cost）

消费者付出的成本除了产品价格之外，还包括购买和熟练使用产品所产生的时间成本、机会成本、使用转换成本、购买额外配件或相关产品的成本总和。

3. 消费者购买商品时的便利性（convenience）

便利消费者的目标是通过缩短顾客与产品的物理距离和心理距离，提升产品被选择的概率。

4. 与消费者互动沟通（communication）

沟通强调消费者在整个过程中的参与和互动，并在参与互动的过程中，实现信息的传递及情感的联络。

4C 理论的核心是顾客战略，认为企业应该以顾客为中心进行企业营销活动规划设计，要忘掉产品，而考虑消费者的需要和欲望；忘掉定价，而考虑消费者为满足其需求愿意付出多少；忘掉渠道，而考虑如何让消费者方便；忘掉促销，而考虑如何同消费者进行双向沟通。企业要把追求顾客满意放在第一位，努力降低顾客的购买成本，充分考虑顾客购买过程中的便利性，实施有效的营销沟通（见图 1-6）。

4C 营销策略的目的在于综合运用企业可控制的因素及资源，围绕客户实行最佳组合，借此达到企业盈利的目标。它的提出引起了营销传播界的极大反响，也成为后来 4I 理论的核心。但 4C 理论侧重短期赢得客户，而忽视了对客户的长期维护。

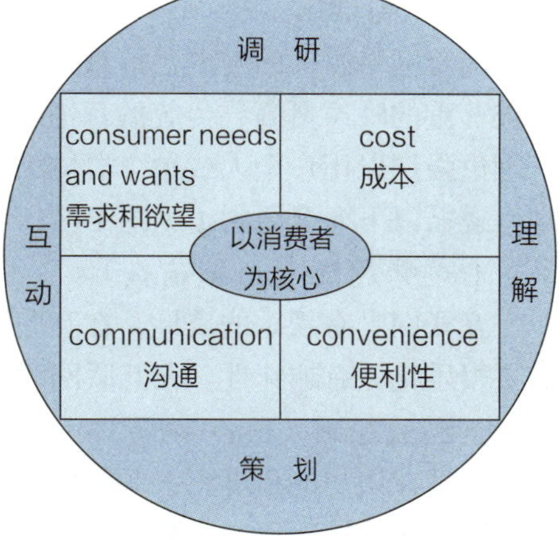

图 1-6 营销的“4C”模型

（三）4R 理论

21 世纪初，美国营销学者艾略特·艾登伯格，提出了 4R 营销理论，即关系（relationship）、节省（retrenchment）、关联（relevancy）、回报（reward），后来整合营销传播理论的鼻祖唐·舒尔茨进一步完善 4R 理论，把节省（retrenchment）调整为反应（reaction）。4R 理论以关系营销为核心，注重企业和客户关系的长期互动，重在建立顾客忠诚，它阐述了 4 个全新的营销组合要素。

1. 关系（relationship）

在竞争性市场中，顾客具有动态性，会转移到其他企业。要提高顾客的忠诚度，赢得长期而稳定的市场，重要的是通过沟通互动与顾客建立长期而稳固的关系，把交易转变成一种责任。

2. 反应（reaction）

在相互影响的市场中，对于经营者来说最现实的问题是如何站在顾客的角度及时地倾听顾客的希望、渴望和需求，要提高对市场的反应速度，及时做出反应来满足顾客的需求。

3. 关联（relevancy）

在企业与客户关系发生了本质性变化的市场环境中，关系营销越来越重要了，企业要与顾客建立互助、互求、互需的关系，以此来提高顾客的忠诚度。

4. 回报（reward）

企业在营销中不仅要为客户提供价值，而且要为企业带来短期或长期的收入。

4R 理论的最大特点是以竞争为导向，着眼于企业与顾客的互动与双赢，通过关联、反应等形式与客户形成独特的关系，把企业与客户联系在一起，形成竞争优势，获取回报。它体现并落实了关系营销的思想，强调企业与顾客在市场变化的动态中应建立长久互动的关系，以防止顾客流失，赢得长期而稳定的市场。但 4R 理论也有其不足和缺陷，如与顾客建立关联、关系，需要实力作基础或某些特殊条件，并不是任何企业可以轻易做到的（见图 1-7）。

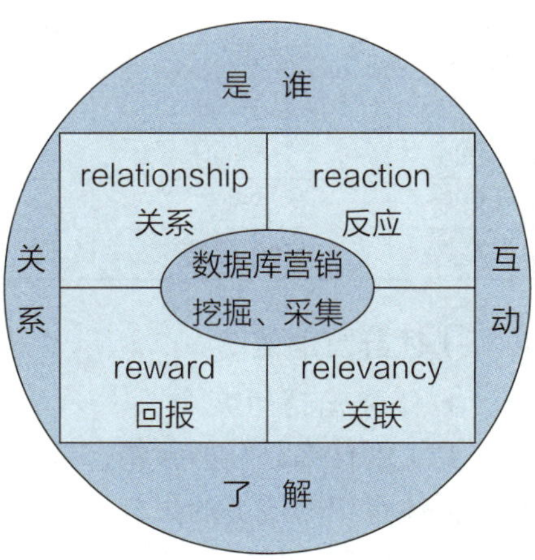

图 1-7 营销的 4R 模型

（四）4I理论

随着网络媒体的发展，信息开始过剩，消费者的话语权前所未有地放大，消费者希望被尊重的呼声更高，传统的营销理论已很难适应新媒体的传播，4I理论应运而生。这一理论强调以用户个人或单个群体为核心进行营销，即注重社会化、精细化、人格化营销，遵循以下4个原则（见图1–8）。

1.趣味原则（interesting）

互联网具有娱乐的属性，在互联网这个“娱乐圈”中，广告、营销在一定程度上也需要娱乐化，有趣味性。在互联网时代，应该追求的是带有好玩、有趣属性的创意。

2.利益原则（interests）

要站在用户的角度，去倾听用户的心声，去认识并分析人们心中的欲望，再通过各种营销方式、技巧等，去激发出用户的欲望，引导用户并促使其产生更进一步的行动。

理解利益原则有助于调整网络广告文案或创意，以及有针对性地制作突出用户利益点的网页，从而对提升转化大有裨益。

3.互动原则（interaction）

充分挖掘网络的交互性，充分利用网络的特性与消费者交流，扬长避短，让网络营销的功能发挥到极致。

4.个性原则（individuality）

个性化的营销，让消费者心理产生“焦点关注”的满足感，更能投消费者所好，从而引发互动与购买行动。

大数据时代到来，数据相对会越来越准确，很多网络广告平台都能细分用户群体，可以有针对性地对某些群体开展营销活动，这样离个性化的营销就更近。现在的网络营销趋势是在不断地接近个性化。

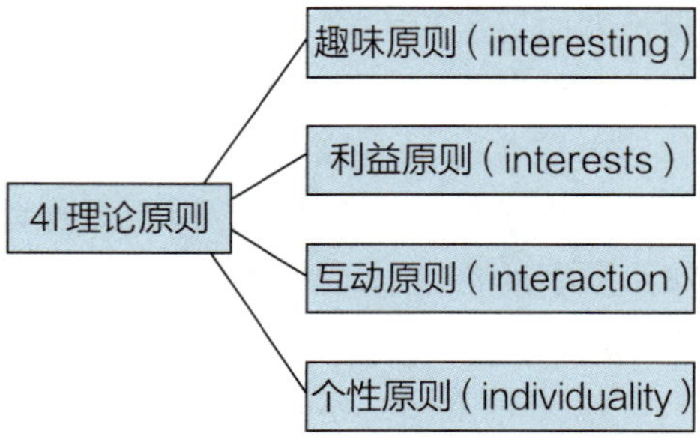

图1–8 营销的4I模型

综上，4大营销理论的对比如表1–1所示。

表1–1 重要营销理论的比较

内容	4P	4C	4R	4I
目标	追求利润	顾客满意	顾客忠诚	帮助顾客、成就自己
手段	引导需求	适应需求	创造需求	激发需求
角度	企业	顾客	双方	多方（生态）
策略	组合策略	定位、细分、差异化	整体解决方案	平台化、个性化

（五）社群营销理论

1.社群营销的概念

要了解什么是社群营销，首先要了解社群的概念。社群是有稳定的群体结构和较一致的群体意识的成员的集合。社群的目的就是基于需求和爱好把一群志同道合的人聚集在一起，也就是说社群成员有着共同的社交属性、兴趣爱好、价值观、生活圈、知识层等。而社群营销正是基于这些共同的社交属性、相同或相似的兴趣爱好等，通过某种载体聚集人气，以产品或服务满足群体需求而形成的商业形态。社群营销就是将服务、社交、交易统一到产业链中，线上线下无缝对接，要么借助顾客关系链为顾客创造价值，要么借助产品研发链和产品供应链为行业做贡献。社群营销的目的就是品牌和用户建立两种关系：粉丝关系和朋友关系。

社群营销需要通过一个能够聚集消费者的平台来经营。互联网上早期的平台有BBS等，现有微博、QQ空间、微信公众号、Instagram（照片墙）、Twitter（推特）、Facebook（脸书）等，这些平台是消费者进行日常文化活动的主要场所，也是传播信息的主要方式，形成了社群营销的重要基础。如何通过这些平台的优势制定有效的营销方案，从而有效地影响目标客户的行为，最终达到营销的目的，成为企业面临的重要问题。

2. 社群营销的由来

20 世纪 90 年代末，国内先后出现了一批独具特色的社区，如天涯社区、第九城市等；同时，也有越来越多的网民被吸引到这些网络社区中，参与网上活动。这成为网络社区的最早形态。

在网络技术发展的过程中，Web 2.0 理念扮演了重要的角色，它是虚拟世界的革命性力量。随着Web 2.0 时代网络技术的愈加成熟，社群化成了互联网发展的新模式。网络社群同样是由于Web 2.0 的发展及社交网络的应用才逐步流行起来的，SNS（social network service，社会性网络服务）社交网站、各种名号的博客圈、百度贴吧等网络社区使得具有特殊个人喜好或者协作关系的用户可以建立起某种经常性的联系，形成多元化的网络社群。从SNS发展的时间上推测，网络社群的概念大约出现在 2006 年，社群经济、分享经济等概念也是在同样的背景下逐渐被大众熟知的。

肖纳·布朗指出，网络社群能大大增加网站的黏性及使用者的价值，麦肯锡公司和网络调查公司JMM共同针对 40000 名消费者的行为进行了一项调研，结果发现网络社区，如聊天室、布告栏、产品心得区所聚合的网络虚拟社群为内容网站和企业创造了实际的价值。

越来越多的企业意识到了网络社群营销的重要性，逐步投入研究并制定营销方案。百度广告部总监李峰在《广告大观》（2007 年第 8 期）上就谈道，互联网营销的主流会是以更加深层互动为特征的精准营销和社群营销，而按时段、个数简单购买的互联网广告，没有在根本上改变传统媒体的模式，应该不算真正意义上的互联网媒体。Google（谷歌）等国际巨头也开始试水网络社群营销。

3. 社群营销的内容

社群营销的基础是有一个好的社群，成员之间相互信任，拥有一个有效的沟通工具和一个各成员都能够接受的沟通和交流的协议。一个好的社群包括以下 5 个构成要素。

（1）同好

社群构成的第一要素就是“同好”，它是社群成立的前提。所谓“同好”，就是人们对于某些事情有共同的看法、共同的爱好、共同的目标等，因为这些共同的因素而聚在一起。

（2）结构

结构决定了社群的存活。很多社群为什么走向沉寂？那是因为最初就没有对社群的结构进行有效规划。社群结构涉及优质成员、自愿加入、平等互动、管理规范 4 个方面。这 4 个方面做得越好，社群活得越长。

（3）输出

输出决定了社群的价值。持续输出有价值的东西则是考验社群生命力的重要指标之一。社群往往在刚开始建立的时候活跃度比较高，但是随着时间的推移，社群的活跃度会越来越低，甚至到最后就成了死群。这是因为社群没有持续输出一些有价值的内容或者有新意的内容，人们不能再从群里获得有价值的信息，也就不会再对一个群过多地关注。

（4）运营

运营决定了社群的寿命。加入社群要满足一定的条件，社群成员的行为有一定的奖惩制度进行约束。在很大程度上，保证社群成员的参与程度将有效地提升成员在社群内的自我认同感，可以通过组织会议或者群组讨论的形式让社群的成员加入交流和沟通，提升社群成员的归属感将有效地增强社群的凝聚力。

（5）复制

复制决定了社群的规模。一个社群的人员是有限的，但是如果经过多次的复制，其人数就会呈现指数级增长，形成巨大的消费市场。但由于社群的核心是情感归宿和价值认同，社群过大，也容易导致情感分裂。所以社群规模由社群的成长阶段决定，每一个社群都有一定的成长周期，不同的阶段需要用不同的节奏进行控制。

4. 社群营销的流程

（1）找到精准人群

直接在线下，到目标人群经常出入的场合直接获取；通过中间人获得，先运营中间人社群，再通过中间人社群获得精准的社群成员；通过大流量平台进行沉淀，今日头条、腾讯推广等都是数以亿计的大流量平台，在这样的平台上通过垂直化内容的发布，吸引并沉淀对这些内容有足够兴趣的粉丝。

（2）找到匹配的社群工具和平台

根据消费者的特点、社群运营的目的、不同阶段的运营目标，选择合适的社群工具或者合适的社群工具组合，能得到事半功倍的效果（见表 1–2）。

表 1-2　社群常用的工具和平台及所属的特性

工具	适用
微信群	核心用户组织，特定成员的教育组织
QQ群	非微信用户的补充运营
微信订阅号	适合品牌传播，培养潜在用户，也可用于区域化平台沉淀用户
微信服务号	核心用户的持续运营
微信个人号	各种微信公众号的运营补充，核心用户一对一服务工具
微信企业号	企业内部OA（office automation，办公自动化）的延伸，可用于企业和上下游合作伙伴的教育和组织
头条号（腾讯）	垂直化平台，通过优质内容吸引精准粉丝
APP	不建议以产业为背景的消费品行业轻易使用
H5 页面①	阶段性品牌传播工具

① H5 页面是一种基于 HTML5 的网页设计形式，具有高度的互动性和可视化效果。

（3）设定运营周期并确定每个阶段的目标

根据每个社群的运营目的，设计运营节奏和周期，并设定每一个运营阶段的目标。千万不能为了追求活跃度而追求活跃度，甚至最后活跃度成了营销累赘，那就本末倒置了。因此，可以把做社群的营销目标分成若干个小目标嵌入社群不同的生命阶段，从而成为指导社群的运营细则。

（4）找到有效的变现路径

社群运营成功的依据是，能将活跃度和信任感变成实实在在的业绩收入。因此从一开始就要设计社群运营的变现路径，通常包括直接和间接两种变现方式。直接变现：特征是形成高信任度高黏性的消费者组织后，直接完成销售；变现模式包括纯线上、“线上+线下”结合；变现渠道方面，纯线上的变现渠道为商场，“线上+线下”结合的变现渠道为“客服+直销员团队”。间接变现：特征是形成高信任度高黏性的消费者组织后，嫁接到现有的成熟销售渠道开展销售活动；变现模式是消费者引导；变现渠道是现有渠道成员及组织。

5.社群营销的应用场景

（1）针对细分市场小众人群的消费品营销

比如，企业只针对“三高”（高血脂、高血糖、高血压）人群销售专用食用油，只针对出差商务人群销售某种保温杯，可以直接把这类人群找出来，并针对其特征和痛点进行运营、推广和销售，无疑是最高效、最直接、投入产出比最高的营销落地方式。

（2）利用“意见领袖”做大众消费品社群营销

意见领袖是口碑传播的领头羊，他们往往对产品有独到的见解，能够给客户提供一些专业的建议，让客户产生信赖感，并影响到社群其他成员的购买意向。所以，意见领袖在社群中的作用很重要，他们是中坚力量，会影响很多随大流的群体。

（3）针对“中间人社群”的社群营销

对销售渠道中能够直接影响消费者购买决策的渠道中间人进行社群运营，能够形成强大的渠道推动力，与消费者培育双向发力，有利于形成持续良性的营销。我们称之为“中间人社群”，而中间人社群又可以根据具体情况细分为两种：一是产品已经有能够完全对接的、成熟的销售渠道，那么我们只需要把这些关键人物找出来就可以了；二是产品并没有现成的完全能够承接的销售渠道，那么我们就需要把那些最接近消费者的“中间人”找出来，去塑造一个全新的推广渠道甚至销售渠道。

6.社群营销的特点

（1）弱中心化

社群营销是一个扁平化的网状结构，人们可以一对多、多对多地交流、互动，每个人都可以表达，使得传播主体由单一走向多重，由集中走向分散。

（2）多向互动性

社群的所有成员都可以成为内容的生产者、发布者、传播者，同时彼此之间也可以无限制地交流互动，这都是社群多向互动的特点。

（3）具有情感优势

社群的每个成员都是头顶标签的人，无论是基于兴趣、爱好还是其他共同的理念，彼此之间总会有一定的情怀和情感基础，同时因为互动的多向性又可以加深这种情感的链接。

（4）自行运转

社群可以实现自我运作、创造、分享，甚至是进行各种产品的生产价值的输出，而不受任何外力和KOL（key opinion leader，关键意见领袖）的影响。

实例 1-3

罗辑思维真爱月饼

“真爱月饼”由罗辑思维发起，通过众筹的方式来寻找战略伙伴，合作人及月饼的设计，最终在其微店与顺丰优选上架销售。具体操作如下：用户可以在罗辑思维的店铺内选定月饼的数量，填写用户信息和地址进行下单，然后选择找人代付，再将付款的链接发送给朋友或者分享到微信朋友圈内，等待小伙伴来付款，以此来测试人气。在活动期间与用户沟通，众筹战略合作伙伴、合伙人，月饼包装设计等环节都在网上一一曝光，每一个活动都会产生话题，还会设计各种各样的付款方式，如单人代付、多人代付等，同时支持小批量定制、送礼等。不同付款“方式”又会引出不同的话题，中间还穿插不同的社交化游戏，如邀请设计师与合伙人登上“月饼地图”，发行“节操币”，集齐 10 张节操币就可以召唤罗胖喝咖啡，节操王可以在中秋节当天跟罗胖晒太阳等具有很强社交性的游戏来维持社群营销活动的热度，提高用户的黏性。经过 100 天的销售，最终以 403800 盒月饼的销量为这次活动交上了完美的答卷。

（资料来源：根据网络相关资料整理）

（六）关系营销

随着新产品开发速度的加快和市场竞争的加剧，消费者的消费习惯更容易发生变化，其品牌忠诚度有所下降。围绕着如何使顾客保持忠诚，20 世纪 80 年代末在西方国家企业兴起了一种新型的营销观念——关系营销（relationship marketing）。关系营销把企业的营销活动看成是一个企业与消费者、供应商、分销商、竞争者、政府机构及其他社会组织发生互动作用的过程，企业营销工作就是建立和发展这些关系，也就是说通过建立和维系与消费者和其他相关者之间的长期良好关系，充分利用和强化各种形式的关系网络来开展营销活动。寻求熟悉关系来购买所需商品和服务是一种普遍现象，关系网络是一种带有独立性且难以转让的无形资源。互联网和AI技术发展使关系营销应用领域和场景显著增加，即使有亿万级客户的企业借助信息技术也可以开展关系营销。**发展关系营销的基本点有 3 个：一是把企业的市场营销活动置于整个社会经济的环境中，而不仅仅是局限于产品市场；二是把关系看成是企业营销活动成败的关键；三是使营销本质由交易转向关系。**

1. 关系营销与传统营销的区别

传统营销的主要内容是 4P，而关系营销则突破了 4P 的框架，把企业的营销活动扩展到一个更广、更深的领域，两者主要的区别如表 1-3 所示。

表 1-3 关系营销与传统营销的区别

关系营销	传统营销
关注保持顾客	关注单次销售
产品利益导向	产品特征导向
长期的	短期的
高度强调顾客服务	不太强调顾客服务
高度的顾客参与	有限的顾客参与
高度的顾客联系	适度的顾客联系
质量是所有方面都要考虑的问题	质量是产品的首要问题

2. 关系营销与“拉关系，走后门”的区别

提到关系，人们立即会想到“拉关系、走后门”，认为关系营销也就是通过“拉关系、走后门”来进行营销活动。其实这是一种误解。关系营销与“拉关系、走后门”等不正之风是有本质区别的。

（1）产生的背景不同

关系营销是现代高度发达的市场经济的产物，是随着科学、技术的发展，市场竞争的日益加剧而产生的；而“拉关系、走后门”是自古以来就存在的“捷径”。在现代市场经济中，也存在着“拉关系、走后门”的现象，但随着市场经济体制的日益完善，其“作用”会越来越小。因此从某种程度上可以说，“拉关系、走后门”是不成熟市场的产物。

（2）手段不同

关系营销是通过顾客服务、顾客参与及顾客组织化等手段来进行的，其透明度较高；而“拉关系、走后门”主要是通过不正当手段在暗地里进行的，其透明度较低，并且经常是一些违法行为。

（3）目的不同

关系营销是为了建立一种兼顾双方利益的、稳定的长期合作关系；而“拉关系、走后门”建立的只是一种暂时的合作关系。

（4）社会效果不同

从总体上来说，关系营销有利于整个社会的发展，它能减少交易成本，实现资源的更优配置，不会损害第三者和社会的利益；而“拉关系、走后门”却很容易造成资源的极大浪费，滋长社会的腐败之风，并且经常损害他人利益。

3. 关系营销的适用性

（1）企业与顾客关系的层次

关系营销具有许多其他营销方法不可比拟的优越性，但它是不是适用于任何类型的企业呢？在回答这个问题之前，我们首先分析企业与顾客之间关系的层次性。菲利普·科特勒把企业与顾客的关系划分为以下 5 个层次。

①初级型（basic）：企业把产品销售给顾客后，然后就再也不与顾客联系了。

②反应型（reactive）：企业把产品销售给顾客后，允诺在顾客遇到问题时给顾客提供服务，如维修等，但不主动与顾客联系。

③主动型（active）：事后主动与顾客联系，协助顾客解决各种问题，并询问顾客对产品的意见，然后利用这些信息来改进企业的产品和服务。

④积极型（proactive）：企业的营销人员事前与顾客联系，征求顾客对产品的诉求，并要求顾客与企业合作，以发现顾客的需求并最大限度地满足需求。

⑤伙伴型（partnership）：企业与顾客之间结成紧密的伙伴关系，在产品开发、生产、销售及人员培训等方面互相协作，一般适用于企业之间的营销。

以上 5 种不同的关系类型适用于不同类型的企业，其考虑点主要有两个：一方面是顾客购买的集中程度，如果企业的产品主要是由少数顾客购买的，则集中程度高；反之，则集中程度低。另一方面是单位产品的利润，如汽车，单位产品利润高，而一些日常生活用品单位产品利润低。两方面的不同组合涉及不同层次的顾客—企业关系类型，如图 1-9 所示。

购买集中度 \ 单位产品利润	低	中	高
低	初级型或反应型	反应型	主动型
中	反应型	主动型	积极型
高	主动型	积极型	伙伴型

图 1-9　不同层次的顾客—企业关系类型

关系营销中所要建立的关系，主要是指积极型或伙伴型的高层次关系，需要较高营销成本。从图 1-9 可以看出，关系营销并非适用于任何类型的企业，其主要适用于那些购买集中度高且单位产品利润高的企业，特别适用于企业之间的营销。随着信息技术的发展，大大方便了用户沟通，降低了参与成本，也可以主动了解更多消费者的背景信息，为更多企业开展关系营销提供了可能，特别是适用于主动型关系营销。

（2）提升企业与顾客关系f的方法

口碑打造计划案例

企业一般可以采用以下 3 种方法提升企业与客户的关系。

① 增加客户的财务利益

公司可以通过两种方法来增加客户的财务利益：频繁营销计划和俱乐部营销计划。频繁营销计划就是向经常购买或大量购买的客户提供奖励。频繁营销计划体现出一个事实：20% 的公司客户创造了 80% 的公司业务。俱乐部计划是客户因其购买一定数量商品或付一定会费成为某种客户组织的成员。如海尔集团在全国 48 个大城市同时启动俱乐部计划，以深化企业与消费者之间的关系，凡购买海尔产品总量达到会员资格的消费者都可成为海尔俱乐部的成员。获得会员资格的消费者将享受延长保修期 5 年、参加定期文体活动、获赠半年当地日报或晚报等一系列优惠政策。

② 增加社交利益

公司的员工通过了解顾客各种个人的需求和爱好，将公司的服务个别化、私人化，从而增加客户的社交利益。表 1-4 对影响客户关系的社会活动良好与不佳表现做了比较分析。

表 1-4 影响客户关系的社会活动

良好表现	不佳表现
主动打电话	仅限于回电
做出介绍	做出辩解
力求理解	等待误会澄清
提出服务建议	等待服务请求
发现问题	只是被动地对问题做出反应
讨论“我们共同的未来”	只谈过去的好时光
承担责任	回避责难
规划未来	重复过去

③ 增加结构性联系的利益

公司可以向客户提供某种设备和服务帮助其改善和提高经营管理水平，例如进行计算机联网帮助客户管理他们的订单、工资、存货等。如浙江某食品集团公司为经销商提供营销调研、销售培训和推销指导、内部管理的规范以提高经销商的经营水平，深化客户关系。

延伸阅读 1-3

为客户提供利益与增值的途径

1. 帮助客户减少生产成本
（1）提高产品产量。
（2）减少浪费。
（3）减少重复工作。
（4）减少直接劳动力。
（5）减少间接劳动力。
（6）减少能源成本。
2. 帮助客户减少存货
（1）寄售。
（2）准点交货。
（3）减少周转时间。
3. 帮助客户减少管理成本
（1）简化账单。
（2）提高交易能力。
（3）使用电子数据交换。
4. 对客户降价
（1）调换一定产品的权利。
（2）改进公司的生产和供应过程。

（七）整合营销

1. 整合营销的定义

整合营销的全称是整合营销传播，根据美国广告协会的定义：“整合营销传播（integrated marketing communication, IMC）其实是一个营销传播计划的概念，即通过评价广告、直接营销、销售促进和公共关系等传播方式的战略运用，并将不同的信息进行完美的整合，从而最终实现明确的、一致的和最有效的传播影响力。”概括起来，整合营销传播有两个基本观点：一个是“宽度”，指将广告、直销、促销、公共关系等各领域的专家们组合到一起来解决IMC问题；另一个是“深度”，即如何组织的问题。

一个企业有不同的部门，他们分别做着自己的事且各自向外界传递资讯，其操作方法、传播方式及传播主题都不尽统一，因而急需一种营销传播方式来整合企业资讯。整合营销传播就是在这样的一种背景下诞生的。整合营销传播的基本任务是如何将企业内部有关的交流、资讯集合在一起，并将之传向外界，把整合从市场营销部门的行为提升到整个企业的行为。

美国西北大学教授唐·舒尔茨等人认为整合营销是一种适用于所有企业信息传播及内部沟通的管理体制，而这种传播与沟通就是尽可能与潜在的客户和其他一些公共群体（比如雇员、立法者、媒体和金融团体）保持一种良好的、积极的关系。企业所做的每一件事，从电话的接听到商品包装、广告及售后服务，都无时无刻不在将各种信息传递给那些关系着企业成功的群体（顾客、商业伙伴及雇员等）。

其实，IMC理论诞生之初，学院派与企业派之间对IMC的定义并没有达成一致。以唐·舒尔茨为代表的学院派提出了一个全新的IMC定义："IMC是一个战略经济过程，用于与消费者、客户、潜在客户和其他目标性相关的内外部受众交往的过程中计划、发展、执行和评估协同的、可测量的、有说服力的品牌传播程序。"唐·舒尔茨认为这个定义抓住了目前和未来IMC发展的要点，其关键之处在于它将焦点集中在商业过程上，从而建立了一个闭环系统。通过这个闭环系统，所有的传播行为可以被计划、实施和评估。这是一个以客户信息为主导的系统，将对客户感知的理解和品牌相联系，最重要的是它提供了一种根本的方法，通过这一方法，所有的传播投资决策都可以被评估，因为它的重点在于对客户和消费者的现实价值和潜在价值进行估测。

2. 整合营销的层次

唐·舒尔茨等人还提出了IMC的4个层次，他们认为企业必须在营销传播过程中循序渐进地经历整合营销的每个阶段和层次，如图1–10所示。

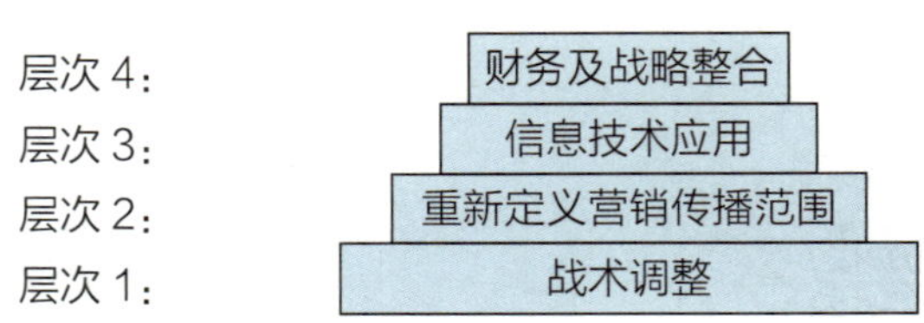

图1–10 IMC的4个层次

（1）层次1：战术调整

统一形象是层次1整合的一个特点，企业通过建立一个全面的"企业统一形象"来巩固传播计划。这一方面导致了营销传播的集中化，促成了更大的协作；而另一方面则鼓励企业在宣传、协同和信息发展方面确立更强的方针。交叉功能性是层次1整合的另一个特点，有两种方法可提高交叉功能性：一种方法是营销传播系统被重新组织来建立交叉功能组，其中包括广告、公共关系、直销和其他传播专家，这些组代表着专门的产品或服务，承担着建立多媒体、体现多维传播成果的任务。另一种方法是引入对个体传播者的交叉功能的培训中，以使系统里的每一个人都能对各种传播工具的应用和策略达到熟练的程度。层次1的整合就是协调营销传播中可管理的部分，将它调整为一个连贯的、统一的整体。在这一阶段，重点被放在提高及加强运作效力和外向型传播上。

（2）层次2：重新定义营销传播范围

进入层次2后，企业开始重新定义营销传播的范围，从以公司、运作为导向变为以客户、消费者和终端用户为导向。企业由此开始考虑一切可以让客户接触品牌的途径，建立品牌联系，使客户（包括潜在客户）充分了解品牌、产品，以及品牌、产品和服务背后供应商的信息。员工制服、方便实用的产品使用手册、产品包装、投诉解决程序、询问答复时间、退货政策，以及建立忠诚度、信誉度的过程等都构成了重要的品牌联系方式。客户将他们的经验与企业联系起来，并由此形成他们的感知和喜好。全方位地管理品牌和消费者的接触点是IMC的一个重要方面。

（3）层次 3：信息技术应用

IT（information technology，信息技术）引领着营销传播的新变化。在过去 10 多年的时间里，数据库与大数据技术在各行业各企业的应用得到了飞速发展。数据库记录了客户的交易历史，掌握了客户购买数据和购买习惯，增强了企业分析消费者购买和再购买概率的能力。企业可以从过去的数据预测客户未来的需求，更好地满足客户的偏好、需要和期望。企业也可以使用广泛的统计方法和工具来评价现实客户和潜在客户，识别有利可图的客户，以便指导未来的经营活动。IT的应用使企业从相似性营销转移到差异性营销上来，对客户进行个性化营销。当然，无论企业的数据库有多大，若不能很好地与层次 1 和层次 2 相结合，企业就不能顺利地进入整合的第 4 个层次。

（4）层次 4：财务与战略整合

整合的第 4 层体现了企业高级管理上的两个重要问题：资源配置和企业协同。在这一层次中，企业需具备两种极为重要的能力，一是测试对客户投资的回报能力，二是运用IMC来推动企业战略决策的能力。客户的收入流是企业测试客户投资回报能力的重要测试因素。测试之后，企业可以配置资源——时间、资金和管理人员的注意力，以确保最大的投资回报。在以客户为中心，强调为客户创造价值的新世纪，企业需要凭借IMC来全面提升企业战略和进行组织结构调整，实现从以运行为主导的、由内而外的方式向以客户为导向的、由外而内的方式的成功转变。

3. 整合营销的特点和实施条件

同传统的营销传播模式相比较，整合营销传播具有如下特点：① 以顾客价值为导向；② 具备统一的传播风格，即统一的目标、统一的传播形象和统一的产品信息；③ 企业和消费者之间能够循环沟通。

整合营销传播的实施条件为：① 整合营销传播必须由高层往下开展；② 应以消费者为导向；③ 传播必须成为一种实际有效的竞争优势；④ 传播活动必须由公司领导层控制。

（八）顾客价值与顾客满意

在当今买方市场条件下，消费者用脚或鼠标对产品进行直接“投票”，拥有了选择产品的终极权利。顾客的选择是完全自主的也是极易变动的，其对产品的评判标准由最初的“好不好”，转变为后来的“喜欢不喜欢”，直至现在的“满意不满意”。各企业（尤其是服务性企业）顺应环境变迁，以顾客为导向掀起了一场场白热化的顾客争夺战。随着市场竞争的日趋激烈，市场的边界、价格战的底线逐渐显现，而顾客的需求却似乎永无止境。企业面临利润因营销成本和生产成本飙升而日渐微薄与顾客因需求得不到满足而随时准备“投奔”竞争对手的双重威胁。不能有效提升顾客满意度愈来愈成为制约企业在市场竞争中立足和腾飞的瓶颈。企业的营销中心因而从原来的注重交易转移到注重顾客满意度上来，不断提高顾客满意度成为当今企业间竞争的焦点和热点。顾客已俨然成为企业最重要的资产。以顾客为导向的营销注重顾客价值和顾客满意，追求顾客忠诚，以实现企业经营目标。

思考题

营销人员应该如何为顾客创造价值？

1. 顾客让渡价值

顾客是价值最大化的追求者，他们选择和购买的产品是他们认为有着最高顾客让渡价值的产品。顾客让渡价值（customer delivered value）是指顾客从给定产品或服务中所期望得到的所有利益与其在评估、获得和使用该产品或服务时所产生的预计费用之间的差额。顾客价值的大小与顾客整体利益和整体费用有关。顾客整体利益包括产品价值、服务价值、人员价值和形象价值，整体费用包括货币成本、时间成本、体力成本和精神成本（见图 1–11）。例如，顾客对一辆摩托车的心理价位是 1.5 万元，而这辆摩托车的全部成本是 1.2 万元，那么，这辆摩托车具有 3000 元的附加价值。如果企业以 1.4 万元的价格出售，则企业让渡给顾客 1000 元附加价值。企业让渡得越多，对购买的刺激也越大。在整体费用既定的前提下，企业通过提升产品、服务质量或人员素质可以增加顾客价值；而在整体利益不变的情况下，企业通过降低顾客的货币、时间、体力和精神成本，同样也可以提升顾客价值。

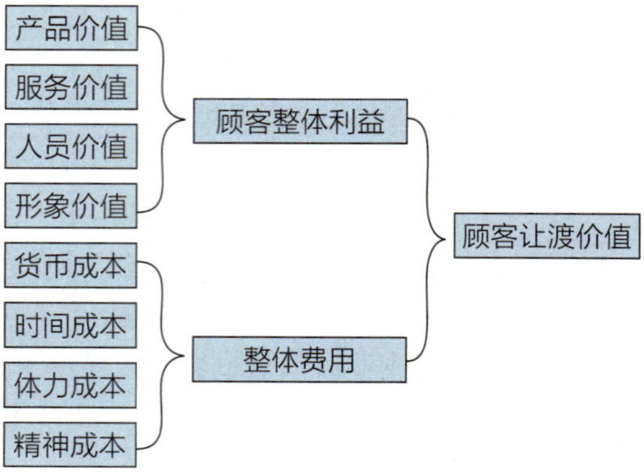

图 1–11　顾客让渡价值示意

思考题

请用顾客让渡价值模型为购车用户设计改善营销服务的解决方案。

2. 顾客满意

顾客满意（customer satisfaction, CS）是指顾客的需求被满足后的愉悦感。菲利普·科特勒曾指出，满意是指一个人通过对一个产品或服务的可感知的效果与他的期望值相比较后所形成的感觉状态。

思考题

某移动公司的顾客满意管理中曾经出现了一种有趣的现象：A分公司的顾客满意度评分高于B分公司，B分公司组织相关人员学习和考察A分公司的顾客满意工作，结果大失所望，发现A分公司的服务水平不如B分公司，这是为什么？

顾客满意度就是指顾客的满意水平，它是可感知效果和期望值之间的差异函数（见图 1–12）。在图 1–12 中，顾客预期的产品或服务质量是顾客根据以往该企业产品或服务的消费评价来预估的，这种评价来自顾客原先的购买经验、亲戚朋友的建议、企业及其竞争对手的信息和承诺等。顾客体验到的产品或服务质量通过对该消费经验的评价来体现，它对顾客满意度具

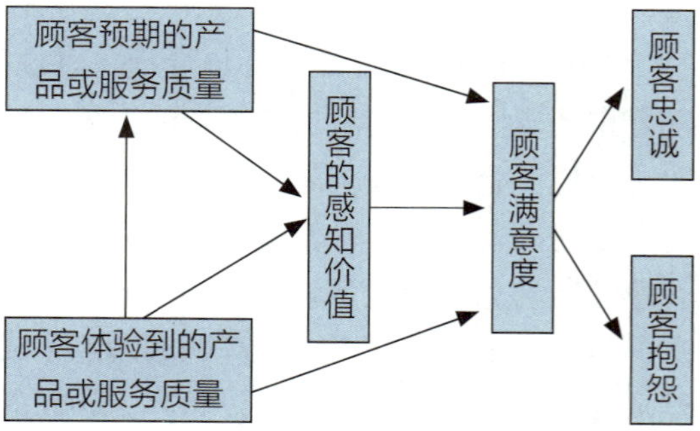

图 1–12　顾客满意度的决定因素

有直接的正面影响。顾客的感知价值是指顾客所感受到的相对于所付出的整体费用的顾客价值，即顾客期望与企业产品或服务实态的比较。顾客体验到的产品或服务质量、顾客感知的价值与顾客满意度之间呈正相关关系。不同的顾客满意度导致顾客对产品或服务的不同反映，满意的顾客会产生顾客忠诚，不满意的顾客会抱怨、投诉。顾客满意度分为 3 种状态：如果可感知效果低于期望，顾客就会不满意；如果可感知效果与期望相称，顾客就会满意；如果可感知效果超过期望，顾客就会高度满意。满意的顾客不仅会对特定产品或服务产生顾客忠诚，重复多次购买，而且会自愿充当企业的宣传员，对产品或服务进行正面、积极的口碑宣传，为企业招徕大批潜在顾客。正因为顾客满意能给企业带来如此多的利益，所以众多企业致力于顾客满意经营，定期不定期地进行顾客满意度测评。

实例 1-4

中粮包装客户增值体系

中粮包装控股有限公司（以下简称中粮包装）坚持服务客户“三心”理念（省心、放心、安心），主动助力客户成功，最终成就自己，成为国内金属包装的龙头企业。从全面推行客户增值体系以来，通过客户增值服务平台牢牢锁定客户，客户忠诚度很高，没有发生过客户流失的情况。中粮包装客户增值体系如表 1-5 所示。

表 1-5 中粮包装客户增值体系

增值途径	产品服务	技术	管理	共生营销	品牌
增值措施	产品服务、售后服务、产品标准化	代客设计、技术交流、解决技术难题	提供管理培训、协助建立管理体系、介绍和推荐中介机构	联合开发新产品、联合市场调查、联合营销	加强品牌宣传，联合品牌、行业技术中心
客户增值	减少客户采购精力、保证质量、提高供货稳定性和及时性	提高产品技术含量、增强产品竞争力	增强客户经营和管理能力，延长客户寿命	成本降低、产品开发速度加快、市场销售扩大	增加产品卖点、提高产品档次
企业增值	提高生产、销售计划性，降低成本	加快新产品、新技术推广，增强客户对企业的依赖性	强化理念认同，减少冲突，巩固客户关系	降低成本、稳定客户关系、扩大产品销售	提升企业形象，强化内部管理，实现价值转移

（资料来源：整理自邢以群.中粮包装为何能在完全竞争的市场中脱颖而出？[Z].浙江大学管理学院案例中心，2014.）

四、网络营销与数字营销

（一）网络营销特点

网络营销，亦称作互联网营销或者电子营销，指的以现代营销理论为基础，借助网络、通信和数字媒体技术等实现营销目标的商务活动。互联网扩大并加速了组织和个人之间的信息传播和交换，使得营销具有了新的特点。

1. 跨时空

营销的最终目的是占有市场份额。由于网络具有超越时间约束和空间限制进行信息交换的特点，因此使得脱离时空限制达成交易成为可能，企业能有更多的时间和更大的空间进行营销，可 24 小时随时随地提供全球性营销服务。

2. 多媒体

网络终端可以被设计成可以传输多种媒体的信息，如文字、声音、图像等信息，使得为达成交易进行的信息交换能够以多种形式实现，可以充分发挥营销人员的创造性和能动性。

3. 交互式

网络可以展示商品目录、通过资料库提供有关商品信息的查询，可以与顾客做互动双向沟通，可以收集市场情报，还可以进行产品测试与消费者满意度调查等。

4. 人性化

网络上的促销是一对一的、理性的、消费者主导性的、非强迫性的、循序渐进式的，而且是一种低成本与人性化的促销，在一定程度上可避免推销员强势推销的干扰，并通过信息提供和交互式交谈与消费者建立长期良好的关系。

5. 整合性

网络上的营销从发布商品信息、收款至售后服务一气呵成，因此也是一种全程的渠道营销。另一方面，企业可以借助互联网将不同的传播营销活动进行统一设计规划和协调实施，以统一的传播口径向消费者传达信息，避免不同传播方式的不一致性而产生的消极影响。

6. 超前性

网络是一种功能强大的营销工具，它同时兼具渠道、促销、电子交易、顾客互动服务及市场信息分析等多种功能。它所具备的一对一营销能力，符合营销的未来趋势。

7. 高效性

电脑可储存大量的信息待消费者查询，可传送的信息数量与精确度远超过其他媒体，并能适应市场需求，及时更新产品或调整价格，因此能有效了解并满足顾客的需求。

8. 经济性

通过互联网进行信息交换，代替以前的实物交换，一方面可以减少印刷与邮递成本，可以无店面销售，免交租金，节约水电与人工成本；另一方面可以减少由于迂回多次交换带来的损耗。

9. 技术性

网络营销是建立在以高科技为支撑的互联网生态基础上的，企业实施网络营销必须有一定的技术投入和技术支持，改变传统的组织形态，提升信息管理部门的功能，引进懂营销与电脑技术的复合型人才，未来才能具备市场的竞争优势。

（二）网络对传统营销的变革

网络与营销的结合，彻底改变了传统营销的理念、环境、广告、策略、定价、售后服务，同时，网络营销充分利用互联网的各种资源，以强大的数据库和拥有众多商业站点链接的低成本平台为基础，获得更大的销售量。这种新的营销模式对传统的营销模式产生了很大的冲击。

1. 营销理念的变革

在传统营销理念中，企业以市场为导向，由于技术手段的制约，企业无法了解其所面对的市场中的每一位消费者的实际需求，也无法针对每一位消费者来设计其独特的产品，市场营销的基本理念是销售产品满足客户需求。在网络时代，消费者的个性消费意识增强，他们不仅按个性选购商品，而且对商品的要求也越来越高，甚至开始要求厂商为自己定制产品。

2. 营销环境的变革

在传统营销中，市场环境是现实环境，具有地域性、多变性和相关性。互联网具有超越时间约束和空间限制进行信息交换的功能，使得网络营销具有全新的时空优势，它减少了市场壁垒和市场扩展的障碍，使企业面对一个更为广阔、更具选择性的全球市场。在互联网上开展营销活动可以抛开时间、空间和地域的限制，突破原来的销售地区和销售群体，全世界范围内的大小企业之间都可以平等自由地交易。

3. 营销广告的变革

在传统营销中，营销广告通过电视、报纸、路牌、车体等形式对受众进行听觉、视觉刺激，把信息强加给受众。在网络营销中，企业利用互联网具有无限扩张性的特点将信息向全世界进行广泛传播。这种传播方式具有传统媒体无可比拟的优势：沟通双向、成本低廉、传递迅速，集音频、视频和文本于一体，使产品信息实现多方位、多角度、深入化和大面积的传递。

4. 营销策略的变革

在传统营销中，企业针对选择好的目标市场利用各种方法形成组合策略，即4P组合策略，以达成企业的市场目标。4P理论重视产品导向而非消费者导向，以满足市场需求为目标。在网络营销中，消费者的个性化和感性化更加突出，为了解消费者的需求和欲望，企业迫切需要与消费者进行双向信息沟通，以产品为中心的4P理论转向以消费者为中心的4C理论。该理论的思想基础是以消费者为中心，强调企业的营销活动应围绕消费者的所求、所欲、所能来进行，这与网络营销以个性化的消费者为中心的核心理念一致。

5. 定价策略的变革

在传统营销中，由于信息不对称，企业对不同的客户实行不同的定价策略是常有的事情。而在网络营销时代，如果某种产品的价格标准不统一、经常改变，或者对不同的客户展示不同的价格，客户很容易通过网络认识到这种差异，并产生不满。因此，网络会使变化不定的且存在差异的同款产品价格水平趋于一致。

6. 售后服务的变革

在传统营销中，售后服务是企业在客户购买产品后为客户提供的多种形式的服务。在网络环境下，企业是在赢得客户、收到货款之前和整个过程中对客户提供的服务，确保企业随时与消费者进行沟通，了解消费者的需要和对产品的意见。这种接触方式一方面使得顾客对企业比较信赖，另一方面企业也可以及时了解到产品和消费者的信息，以便及时调整企业的产品策略和促销策略。

（三）网络营销的发展演变

1. 概述

网络营销是伴随互联网在商业中的应用和信息技术的发展而逐渐诞生与发展的，尤其是万维网、电子邮件、搜索引擎等得到广泛应用之后，网络营销的价值越来越明显。电子邮件虽然早在 1971 年就已经诞生，但在互联网普及应用之前，并没有被应用于营销领域。到了 1993 年，才出现了基于互联网的搜索引擎，1994 年 10 月网络广告诞生，1995 年 7 月全球最大的网上商店亚马逊成立。

1994 年被认为是网络营销发展的重要一年，因为在网络广告诞生的同时，基于互联网的知名搜索引擎 Yahoo、Webcrawler、Infoseek、Lycos 等也相继诞生，另外，美国亚利桑那州两位从事移民签证咨询服务的律师劳伦斯·坎特和玛撒·西格尔通过互联网发布电子邮件广告，只花费了 20 美元的上网通信费就吸引来 25000 名客户，赚了 10 万美元。由于这次事件所产生的影响，人们才开始认真思考和研究网络营销的有关问题，网络营销的概念也逐渐开始形成。

网络营销的发展是伴随信息技术的发展而发展的，目前信息技术的发展，特别是通信技术的发展，促使互联网络形成一个辐射面更广、交互性更强的新型媒体，它不再局限于传统的广播电视等媒体的单向性传播，而是可以与媒体的接受者进行实时的交互式沟通和联系。入网用户的增加，使得网络的效益也随之以更大的倍数增加。因此，如何在如此潜力巨大的市场上开展网络营销、占领新兴市场，这对当下的企业来说既是机遇又是挑战。网络营销不同于传统营销，但它又不能完全背离传统营销，而是与传统营销相互整合后形成的新的营销形式。

2. 我国网络营销的发展阶段

相对于互联网发达国家，我国的网络营销起步较晚，从 1994 年至今，大致可分为 5 个发展阶段：传奇阶段、萌芽阶段、发展应用阶段、市场形成和发展阶段、社会化阶段。

（1）传奇阶段：1997 年以前

1994 年 4 月 20 日，我国的国际互联网正式开通，但在我国开通互联网的前三年，大部分人连互联网是什么都不清楚，更别提网络营销了。所以在这期间网络营销更多的是被赋予了一层神秘的色彩，在这一时期网络营销并没有清晰的概念和方法。

（2）萌芽阶段：1997—2000 年

据中国互联网络信息中心（CNNIC）的权威数据，1997 年 10 月底，我国上网人数为 62 万人，万维网站点约为 1500 个。虽然人数和网站都相当稀少，但是在这一时期，网络广告和电子邮件营销相继在中国诞生，电子商务的逐步开展，网络服务如域名注册和搜索引擎的涌现都标志着我国的网络营销已经进入了萌芽阶段。

（3）发展应用阶段：2001—2003 年

进入 21 世纪后，网络营销不再是空洞的概念，而是已经有了很多实质性的应用，主要表现在网络营销服务市场初步形成、企业网站建设发展迅速、网络广告形式和应用不断发展、电子邮件营销市场环境亟须改善、搜索引擎向深层次发展、网上销售环境日趋完善等。

（4）市场形成和发展阶段：2004—2008 年

2004 年之后，我国网络营销的最主要的特点之一是第三方网络营销市场蓬勃兴起，包括网站建设、网站推广、网络营销顾问等付费网络营销服务都获得了快速的发展。这不仅体现在网络营销服务市场规模的扩大，同时也体现在企业网络营销专业水平的提高、企业对网络营销认识程度和需求层次提升，以及更多的网络营销的资源和网络营销方法的不断出现等方面。

（5）社会化阶段：2009 年至今

2009 年，Web 2.0 已经逐步渗透到社会生活的方方面面，Web 2.0 更注重用户的交互作用，用户既是网站内容的浏览者，也是网站内容的制造者。网络营销已逐步进入社会化的阶段。网络营销社会化的表现是网络营销从专业知识领域向社会化普及知识发展演变，从简单的单向信息传递变成了全员参与的信息互动交流。这是互联网应用环境发展演变的必然结果，这种趋势反映了网络营销主体必须与网络营销环境相适应的网络营销社会化实质。在这个阶段，网络营销开始向全民参与的网络营销发展。出现了更多社交化的网络营销平台。如人人网、新浪微博、QQ 等。如何在社交化平台上推广自己的产品，获得更多的用户成为众多企业亟须解决的问题。

（四）数字营销

数字营销是基于明确的数据库对象，通过数字化多媒体渠道，比如电话、短信、电子邮件、电子传真、网络平台等，实现营销精准化，营销效果可量化、数据化的一种高层次营销活动。数字营销包含了很多网络营销中的技术与实践方法，但数字营销的范围要更加广泛，还包括了很多其他不需要互联网的沟通渠道，如电视、广播、短信等非互联网渠道，或社区媒体、电子广告、横幅广告等传播渠道。

数字营销发展经历了广告以网页形式单向传播为特征的 1.0 时代、以线上媒体传播为特征的 2.0 时代、以大数据技术应用为特征的 3.0 时代，以及基于商业生态圈的营销数字技术和移动互联网的 4.0 时代。在 1.0 时代，营销以销售产品为主要目的，用户被动接受网站上的营销信息，主要的广告方式为展示类横幅广告、弹出式广告、搜索引擎广告等。在 2.0 时代，随着社交媒体和视频网站的异军突起，企业拉近了与用户的距离，建立了全面的营销策略，实现了对数据的实时监控和定期分析。在 3.0 时代，收集和分析用户搜索、浏览、点击、购买和共享等数据变得可行，基于这些数据的“用户画像”帮助企业精准了解用户的需求和偏好，从而使营销活动更加集中和高效，使品牌得到充分有效的展示。**在 4.0 时代，营销由只注重产品生产转为偏重销售环节再到重视商业生态圈的协作，通过生态圈内企业间数据共享、策略导流，实现产品的个性化定制、广告的定向投放、线上线下渠道的融合和消费者需求的精准锁定。**

由于利用了数字产品的各种属性，数字营销在改造传统营销手段的基础上，增加了许多新的特质。

1. 集成性

一方面，集成性实现了前台与后台的紧密集成，这种集成是快速响应客户个性化需求的基础。可实现从商品信息发布、收款至售后服务的一站式操作，因此也是一种全程的渠道营销。另一方面，企业可以借助互联网将不同的传播营销活动进行统一设计规划和协调实施，避免不同传播的不一致性而产生的消极影响。

2. 个性化服务

数字营销按照客户的需要提供个性化的产品，还可跟踪每个客户的销售习惯和爱好，推荐相关产品。网络上的促销是一种低成本与人性化的营销方式。

3. 产品信息

互联网可以提供当前产品详尽的规格、技术指标、保修信息、使用方法等，甚至对常见的问题提供解答。用户可以方便地通过互联网查找产品、价格、品牌等。

4. 选择空间

数字营销将不受货架和库存的限制，提供巨大的产品展示和销售的舞台，为客户提供近乎无限的选择空间。

5. 成本优势

在网上发布信息，代价有限，将产品直接向消费者推销，可缩短分销环节，发布的信息谁都可以自主地索取，可拓宽销售范围，这样可以节省促销费用，从而降低成本，使产品具有价格竞争力。前来访问的大多是对此类产品感兴趣的客户，受众准确，避免了许多无用的信息传递，也可节省费用。还可根据订货情况来调整库存量，降低库存费用。

6. 市场

营销产品的种类、价格和营销手段等可根据客户的需求、竞争环境或库存情况及时调整，网络能超越时空限制，可发挥营销人员的创新能力。

（五）数字营销的机会与挑战

1. 机会

随着数字营销的不断发展，随之而来的是消费者与企业互动方式的转变，为企业创新营销方式带来了新的机会。

（1）许多媒体营销产品尚未固化，合作灵活度更高。通过媒体与广告主的共同推动，数字媒体在营销产品方面的创新非常活跃，比如精准投放、跨屏整合、线上线下整合、媒体与渠道打通、垂直链条延伸、移动端创新等，不断拓展数字营销的想象空间。整合、垂直和创新的视频营销更具想象空间，IP 内容爆发产生了更多高质量的营销资源。

网络文学、影视剧、综艺、游戏、音乐等娱乐产业链条爆发式增长，并且有 50% 的广告主表示会必用或多用 IP 内容。受到收视率和时间容量的限制，除了少数大台以外，大多数电视媒体都不得不选择更加大众化的节目类型和内容，而在线视频媒体则在垂直领域表现出更强的生命力，尤其是哔哩哔哩网站（网友一般称其为B站）、斗鱼这类垂直媒体，以内容重度区隔用户，日访问量峰值也能达到千万，形成非常活跃的潮流文化社区，使得品牌能够传递更具针对性的内容。

（2）跨媒体营销数据变得更丰富、多元和实用。在资本运作、平台内部协同、战略合作等形式的推动下，打通泛媒体化平台之间的“数据孤岛”也已呈现实质性的进展。APP 不仅是软件，更是人、产品、品牌间的连接器。APP 本来是装在手机等移动设备上的软件，其初始功能是解决用户需求，比如购物、娱乐、社交等。但互联网背景下的APP已经不再是单纯的软件程序，而是连接人、产品、品牌等各种角色的工具，借助数据和资讯的传输、处理能力，实现各种资源的配置、协同和交易。

（3）新技术持续释放创新红利。VR 技术正在从炫酷期走向普及期，随着 VR 的 360

度全景视频的发展，Facebook、Google、Gopro 的相应产品已上线或正在进行测试，相信国内很快也会赶上。H5 技术已经进入普及期，几乎成为移动端营销案例中的标配，并通过更多创意的融入使技术应用更加深入。H5 这种形式出现在用户面前时，很多人都会觉得很神奇，而且不知不觉就点了进去，达到了出色的传播效果。总体来看，数字营销格外令人期待。

放眼未来，数字营销行业将会迎来更多的新玩法与新生态。人工智能与精准营销将深度融合，令营销效果提升清晰可见；依赖大数据与机器学习算法，程序化将助力受众精准定位、广告投放价值最大化。未来，营销参与方需要紧握行业趋势，如此方能与合作伙伴共赢，掘金数字营销蓝海。

2. 挑战

与此同时，由于技术局限、企业数字化转型行动不顺利等问题，使得数字营销也面临着诸多的挑战。

（1）数据孤岛问题。当前，数字营销面临的最大挑战，就是数据结构的不完整性及“数据孤岛”问题。从外部来看，营销媒体类似一座孤岛，相对封闭不通。从内部来看，不同部门或组织之间使用不同的管理系统，导致部门间的数据无法联通互动。于企业而言，如何获取尽可能丰富的数据，如何打通这些数据，如何全链路地追踪客户行为，掌握最佳转化时机并施加一定的影响，是企业正在面临的挑战。

（2）盲目追求短期效果，变得短视。数字营销主打“精准透明、效果可见”，越来越多的企业过度投入或完全依靠那些效果可见的渠道，这不仅是危险的，也是短视的。营销过分关注效果可见，往往给企业带来的是显而易见的短期效益及 KPI（key performance indicator，关键绩效指标）的暂时达标，会忽略了更具长远意义的品牌建设，也容易错失品牌引爆的时机。

（3）碎片化导致消费者注意力分散。在这个信息高度碎片化的时代，媒体数量和形式趋于多样化，一是分散了用户的注意力，使其集中在某个信息的时间越来越短。二是消费者在碎片化的触点上与企业发生交互，这就导致交互行为分散，企业难以发掘客户的真实想法与需求。这不仅使媒介营销指标更难达成，也对媒介策略的制定造成了挑战。

● 本章小结

1. 营销是商品交换的过程，是企业满足消费需要、实现自身目标的商业经营活动过程，包括市场调研、市场细分、目标市场选择和定位、产品开发、产品定价、渠道选择、产品促销、产品储运、产品销售、提供服务等经营活动。营销也是个人和集体通过创造并同别人交换产品和价值，从而满足需求和欲望的一个社会过程。

2. 市场营销是连接社会需求与企业反应的中间环节，是企业用来把消费者需求和市场机会变成有利可图的公司机会的一种行之有效的方法，亦是企业战胜竞争者、谋求发展的重要方法。

3. 营销的关键在于建立独特的思维方式，一个成功的营销人能够综合运用多向性思维、逆向思维、跨界思维、系统思维等思维方式，把产品或服务的缺点转化为特色，将特色转化为优点，把优点转化为亮点，为客户创造出价值。

4. 营销管理的实质是需求管理，其目标是让推销成为多余。为了完成营销管理的任务，需要注重以下管理工作：市场调查和研究、产品开发和设计、制定营销策略。

5. 营销的核心概念包括：需要、欲望、需求、产品、价值、交换、交易、市场等。

6. 营销观念是企业市场行为的指导思想，即企业在开展市场营销管理的过程中，处理企业、顾客和社会三者利益方面所持的态度、思想和观念。

7. 重要的营销思想：4P理论、4C理论、4R理论、4I理论、社群营销、关系营销、整合营销、顾客价值与顾客满意管理等。

8. 网络营销指的以现代营销理论为基础，借助网络、通信和数字媒体技术等实现营销目标的商务活动。它的产生彻底改变了传统营销的理念、环境、广告、策略、定价、售后服务。

9. 数字营销是基于明确的数据库对象，通过数字化多媒体渠道，实现营销精准化，营销效果可量化、数据化的一种高层次营销活动。

● 复习题

1. 营销观念是否意味着营销人员应该把自己局限于消费者想要满足的那些欲望和需要呢?
2. 为什么说市场营销的核心观念是交换?
3. 简述交易市场营销与关系市场营销区别。
4. 简述整合营销的内涵。
5. 社群营销的特点是什么?
6. 数字营销的主要特点是什么?
7. 试分别给出无人机公司和化妆品公司以生产为导向和以市场为导向的业务定义。
8. 简述网络发展给营销带来的主要变革。

课后案例：一家酒店的创新营销

我们一家人因一次偶然的机会，来到了一座海滨城市，老同学约了几个朋友接待了我们，没想到开启了一次前所未有的就餐体验。老同学为了迎接我，提前预订了一家酒店，据说餐餐爆满。这家酒店本来是一家倒闭的企业，后来被一家公司收购后改造成了酒店，仅仅用了3年左右的时间，就经营得风生水起，但没有人知道这酒店背后神秘的老板是谁。在这里预订酒店包间，实际上就是在预定服务员。有些包间，甚至需要提前3天预订，一般包间当天都订不到。

微雨中我们一行6人开车进入酒店的院子，几个服务员就已经开伞迎候了，并将我们引领到酒店大厅。与其说这里是酒店大堂，倒不如说更像一个健康科普展馆，墙上都是一些健康养生的知识。迎面的两座风景屏风，一座上书“健康是1，财富、地位、亲情等皆为之后的0”；另一座上书“进店即是家人，细节承载故事”。

来到前台，我婉拒了服务员递上的一张名片，老同学还是接过来硬塞进了我的手里。我怔怔地看着他，同学神秘地一笑，说：“一会儿有用。”他急急拽着我挤进前台旁边药材专柜的人群中，嘴里直说着：“来晚了，还是来晚了。”柜台里面是石斛、玛卡、三七等几种药材，每种药材前面都摆放着功效说明，其中的3种已经售罄。同学从剩余的药材中挑选了两种，让服务员打包。我不解地问：“药店里又不是没有，你来这里凑什么热闹，原来你急匆匆赶来就是为这个？”“你去药店敢保证就能买到比这更好的药材？”同学笑道，“此店无假货，药材全部是酒店派专人从原产地采购的，每天每种只放9包，一人限买两种，一种只给一包，卖完为止。如果不在这里消费，价钱再高都不卖。”

服务员引领我们一行到包间并用对讲机说着什么，包间的名称用的居然都是服务员的名字，名字下面还奇怪地挂着两颗红星。我看了一眼其他的包间，也都是不同的姓名和不同数量的红星，感到十分奇怪。

走进包间，室内外的温差让眼镜蒙上了雾气，服务员适时递上了一块眼镜布，然后随手从身后拉过一个婴儿车，帮我夫人将儿子抱到了车上，又拿出了小羊玩具逗得儿子咯咯笑，正好儿子是属羊的，朋友们还告诉我，如果正赶上过生日来用餐，还会送生日蛋糕。我满是疑惑地望着服务员：“你们是怎么知道我们需要婴儿车的？”服务员笑笑，指了指胸前的对讲机。

一会儿，服务员拿了几瓶酒，介绍道：“你们有四位男士，女士、孩子不喝，最多只给4瓶，这酒每瓶7两，七上八下，7寓意为上。这酒是自制酒，由合作酒厂专供，确保纯粮食酿造。各位在喝到半斤的时候，我会提醒，喝到7两后就不再提供，多给一点我都会被店里辞退，是为了各位的健康，敬请谅解！顺便提醒一下，原则上这专供酒我们不对外销售，如果您感觉口感不错还想带点，请务必提前告诉我，我需要事先找经理申请，但每桌也只能给一箱。”

桌上的黑陶四钱小酒杯吸引了我，不禁好奇地问酒店为什么不换个大一点的杯子？这样来回倒酒，还不够麻烦的。服务员笑道：“酒是话引子，为了您的健康，不宜多喝，我们酒店可是限酒的呢。”

“限酒？”我笑道，“50多度的酒，一个人喝七两足够了，退一步说，客人越是喝不够，你们限酒的宣传效果就会越好，不过对不想过量饮酒的客人倒也省了不少口舌。”

我又问道：“能介绍一下你们的老板吗？”服务员笑了笑，说：“酒店里没人知道大老板是谁，连中层经理们都不知道，高层是外聘的职业经理，他们知道可从来不说。但在酒店，所有的员工都是股东，大家相处得就像一家人。”

点菜时，我告诉老同学没什么忌口，随便点就行。同学顺手将菜谱递给我。我一看傻眼了，菜谱分六大类，分别对应肝胆、肠胃、心脏、肾脏、肺，还有一类是综合保健，每个顾客需要根据自身的情况来点菜，菜品中，连公鸡、母鸡都有区分。

服务员介绍，酒店里所有的蔬菜、肉食类，都是生态园自产的，从不使用农药和激素，连面粉都是酒店自己加工的，也没掺杂任何增白剂、添加剂。这些菜品也是根据不同保健的需要进行了合理的搭配，并配备了不同的药材，药材也是酒店专门去原产地采购的，可以放心食用。

不一会儿，每人面前摆上了一小碗热腾腾的淡黄色汤汁，服务员开始介绍起四君子汤在秋季的功效和作用。而我的面前则多了一碗棕色的热汤，服务员提醒道：“看先生有些感冒症状，这是我们厨房特意为您熬制的葱根红糖姜汤，是酒店专门订购的甘蔗提炼的红糖，建议您趁热喝下，出汗后会轻松一些。”我惊讶地打量着眼前这个服务员姑娘，心里格外温暖。

开始喝酒时我不解地问同学：“难道你们这里喝酒开车交警不管吗？”同学笑笑说：“酒店的代驾会把你安全送回家，代驾费才20元。”同学接着说道：“这里员工的收入很可观，星级配股分红高的，是其他企业员工收入的三四倍呢”。

席间，有位朋友非要抽烟，恰巧没带，让服务员去买，服务员一再解释：“非常抱歉，我们的酒店向来不提供香烟，吸烟对身体百害而无一利，再说桌上还有孩子，您看能不能坚持一下？”同学知道这个房地产老板是个烟枪，就帮忙打圆场，而服务员为难得几乎要掉泪：“如果您实在想抽，我就用自己的工资去给您买，但您能不能回家抽。在我的包间，如果一个月出现两次客人抽烟的现象，我就会被降星，如果出现三次，我就再也没有机会在这里为各位服务了，说明我的服务没有得到你们的认可。老板您说我该怎么办？”没等大家劝说，这位朋友就说不抽了，烟瘾再大也不能砸了服务员的饭碗吧！

出包间前，我掏出了200元小费递给了服务员小姑娘。小姑娘不停感谢，但坚决拒收，她说如果实在想给，可以交给前台。可是客人的本意是感谢服务员，如果是交给酒店，客人还会给吗？服务员告诉我，只要客人真正被感动了，还是会给的，她指了指胸牌上的两颗星，酒店评定星级的依据之一就是客人给的小费，星级也代表着我们的工资。

让一个顾客肯到大庭广众之下的前台交小费，这将是一种怎样的感动？这种顾客、酒店、服务员三方的三赢策略也非大智慧不能为。我对酒店老板的兴趣顿时又增加了几分。

前台交完小费，我转身对服务员小姑娘说：“下次还要来你们的酒店，还订你的包间。”

到了前台，同学数出了20张过去积攒的酒店名片递了过去，服务生领他到抽奖箱旁，现场抽到了当次餐费8折的奖励，之后，酒店开始详细登记他的顾客档案。同学解释道：“抽奖运气好的话，餐费还可以全免。”客人进店时酒店给的名片，集齐20张就能抽奖一次，累计抽3次奖为一星级会员，抽4次成为两星级，抽5次成为三星级，依此类推。不同的星级，另外再享受不同的折扣，四星级以上的会员，过生日、节假日酒店都会准备专门的礼品，七星级以上就能入股变成酒店的股东。

我已经从初来时的不屑转变为由衷的钦佩。这次用餐，感觉自己从始至终被故事包围着，收获的也是出乎意料的感动。在这家酒店，完美的细节服务自动转化成了顾客口碑相传的故事，连抽奖都被运用得恰到好处，而我这次感受到的还仅仅是他们的二星级服务。我不禁感叹于酒店老板对顾客心理和人性的把握是如此透彻，更感叹于酒店老板高超的用人艺术。

在酒店行业普遍不景气的今天，能将酒店经营到如此地步的老板，会是个怎样的人呢？这个念头一直在脑海中萦绕着。临走，同学送了两箱酒店专供酒和部分中药材给我。

酒店不是一次只卖一箱酒吗？我吃惊地望着同学：“你和这家酒店的老板是什么关系？”同学淡淡一笑：“这个重要吗？”

（资料来源：一家卖故事的酒店[EB/OL]. [2022-12-23].https://www.163.com/dy/article/DK8Q8D030530IU8N.html.）

思考题

1. 这家酒店进行了哪些营销创新？创新背后的营销逻辑是什么？

2. 这家酒店营销的最大特色是什么？为什么？

第二章

市场营销环境分析与机会识别

在复杂多变的市场营销运行环境中，企业的市场营销机会也随着环境的变化而变化。市场营销机会的识别与评估在市场营销管理过程中具有非常重要的作用，是市场营销管理过程的起点。而对市场营销机会的把握正是来自对市场营销环境的洞察和分析，以及对环境因素变化趋势的把握。为捕捉市场营销机会，有效制定市场营销战略，必须首先理解市场营销运行的环境。

【本章学习目标】

1. 了解市场营销机会的基本概念与分类。
2. 掌握市场营销机会识别的方法。
3. 掌握市场营销环境的概念和特点。
4. 了解影响企业营销的主要宏观和微观环境因素。
5. 熟悉企业应对营销环境变化的方法。
6. 了解中国市场营销环境的基本特征。

导入案例：海信集团在动荡环境中的曲折发展之路

海信集团有限公司（以下简称海信）是特大型电子信息产业集团公司，成立于1969年，被称为“彩电大王”“家电大王”。海信坚持“技术立企、稳健经营”的发展战略，以优化产业结构为基础、以技术创新为动力、以资本运营为杠杆，持续健康发展。进入21世纪，海信以强大的研发实力为后盾，以优秀的国际化经营管理团队为支撑，加快了产业扩张的速度，已形成了以数字多媒体技术、现代通信技术和智能信息系统技术为支撑，涵盖多媒体、家电、通信、智能信息系统和现代地产与服务的产业格局。

2008年11月，海信平板电视的市场份额增长到15.54%，创造了2004—2008年中国平板电视销量“五冠王”的伟业。2010年，海信实现销售收入637亿元，在中国电子信息百强企业中名列前茅。根据北京中怡康时代市场研究有限公司的统计数据，2015年，海信液晶电视的零售量和零售额市场占有率分别为16.71%、16.51%，双双高居第一位，并超出第二名两个百分点以上，至此，海信平板电视已经连续12年高居行业第一位。

然而，昔日的“电器大王”海信的利润从2016年开始持续下滑，从17.59亿元跌到2018年的3.92亿元，两度腰斩，同时曝出高管离职。海信在资本市场同样处境悲惨，是2018年市值跌幅最大的家电企业之一。这家辉煌的家电企业到底经历了什么？是否出现了战略性的失误？

事实上，海信2016年以后年业绩的下降，与其没有重点关注彩电市场环境的变动脱不开关系。作为彩电企业，需要对行业有着高度的前瞻性和敏锐感，而OLED（organic light-emitting diode，有机电激光显示）正是各家彩电业务未来争夺的焦点，因为它画质好、柔性佳、可卷曲、可透明，是液晶电视的替代品。在研发全球新一代电视的战略中，海信显然没有把握住这一动向，跑偏了方向。据业内专家认为，一直以来，海信是中国彩电行业不多的绩优股，但近年来在两个市场（销售市场+资本市场）表现不佳，除外部市场因素外，自身的战略也值得反思，看得见的事实是，海信电视一味坚守“液晶+激光”战略，两个鼓点都没有踩准。未来的电视，必定是OLED或量子点的天下，液晶和激光都将被颠覆。在国内彩电市场，许多老对手也逐渐走到海信前面，这是海信最不愿意看到的。

近些年，全世界范围的电视企业都在主推OLED电视，但是海信还在推ULED（ultra light-emitting diode）电视，也就是LED背光源电视，在技术上没有紧跟市场的变化，而且已经落后了，这导致消费者对这种技术不买账。在对新技术的研发上，由于没有对市场环境的变动进行细致的分析，把研发精力投入激光电视一个非常小众的产品线上，这也成为海信业绩下滑的一个重要原因。

随着大家电行业市场竞争的日趋激烈，竞品的新概念层出不穷，海信作为一家知名家电企业，尤其是在业绩接连遭遇滑铁卢的情况下，也在寻求向世界级高科技企业转型。在这种背景下，海信在50周年庆之际进行了整合营销，借助传播创新，在向老用户致敬的同时，注重与年轻的消费者建立情感连接，进一步推动品牌的年轻化。

2019年9月1日—10月8日，海信集团50周年整合营销事件围绕“Give Me Fifty”的主题，通过“全城寻50”主题H5、与青岛啤酒跨界合作、线下主题快闪店、主题灯光秀、主题巴士巡游等一系列营销动作，投入200万元左右，实现全方位传播。为贯彻“Give Me Fifty”这一主题，海信集团开发主题互动体感机，现场邀请用户击掌互动，通过新奇有趣的方式供消费者体验。年轻一代消费者追求新奇体验，手机游戏、互动游戏是他们喜闻乐见的娱乐方式，海信使用前沿AR技术、互动体感等各类黑科技，戳中年轻消费者的嗨点，让消费者在另类趣味的互动体验中，参与到品牌周年庆典中。用户在重识品牌的过程中，进一步被品牌圈粉，加深了对海信品牌“高科技型企业”的认知。

面对2020年新型冠状病毒疫情的冲击，在全民被迫宅家的特殊时期，海信深度洞察了广大宅家一族的需求，携手宅家网友开启了健康生活的智能社交之旅，号召全民参与宅家健身打卡，开启了一场国际化的健身大联欢，60多位国内演艺明星参与其中，更有国际巨星倾情加入明星宅家花式健身活动，粉丝们纷纷在线围观。这也是一场以家庭为单位的社交活动，海信重新定义了电视，赋予其社交化的功能，使其成为家庭智能健康生活中枢，引领智能家居的破圈玩法。可以说，海信在疫情特殊时期的深洞察、快响应，还是打了不错的一仗。

（资料来源：根据网络相关资料整理）

思考题

1. 你认为海信自2016年起业绩持续下滑、处境艰难的最主要原因是什么？
2. 简单评价海信电器在50周年庆整合营销事件中及疫情时期的营销策略。
3. 你认为接下来海信应该如何应对环境的变化？

一、市场营销机会的分类与分析方法

（一）市场营销机会与企业机会

1. 市场营销机会

（1）概述

认识与分析营销环境成为营销管理的基础和重要内容，而市场营销机会正是在分析营销环境的过程中被不断挖掘的。市场营销环境动态而复杂的发展变化基本上可分为两大类：威胁和机会。其中，**市场营销机会是指对企业营销管理具有吸引力并易于建立竞争优势且有成功可能的需求领域。**菲利普·科特勒曾说：“一个市场营销机会是指一个具有需求的领域，公司在这里能取得利润。”企业应对市场营销机会的吸引力及其成功的可能性进行恰当衡量，再结合企业自身的资源和能力，及时将市场营销机会转化为符合企业实力的、可真正获利的企业机会，从而达到企业营销目标。

吸引力和成功性是市场营销机会的两个根本属性。仅有吸引力的需求领域是无法成为机会的，只有当企业能在具有吸引力的需求领域中成功获取利润时，这种需求领域才是机会。但并非所有的企业都能成功获取利润，只有那些具有与成功条件相匹配的优势企业才有成功的可能。因此，市场营销机会的成功与否是一种绝对的存在，具有固有的内在性和客观性，并不完全依企业而变。

（2）特征

此外，市场营销机会还具有以下几个特征。

第一，公开性。市场营销机会是市场及其环境的发展变化，以及企业本身的营销实践活动共同促成的，并不是某个企业、组织或个人发明创造的，因此可以为任何企业发现并利用，即市场营销机会具有一定的公开性。

第二，可变性。市场营销机会是由市场、市场环境及企业的营销活动共同造成的，这也决定了它的可变性。随着市场及其环境的变化，随着各个营销活动效果的日积月累，市场营销机会也势必会随着时间的推移而发生变化。看似没有机会却出现了机会，小机会变成大机会，大机会也可能变成小机会，甚至机会消失。这就是市场营销机会的可变性。

第三，相对性。机会的相对性主要表现在其本质上，有些机会相对于某类企业或决策方案是机会或好机会，而相对于另一类企业或决策方案就不一定是机会或好机会，甚至是一种威胁。机会的可变性实际上就是一种时间的相对性。

2. 企业机会

市场营销机会是众多企业机会中的一种。企业机会所涵盖的内容非常丰富，范围也更广，因此企业机会的分类方法也有很多种。下面仅对几种主要的分类方法进行介绍。

（1）按机会定义分类

按照机会的定义可以分为第一类机会、第二类机会和第三类机会，如图 2–1 所示。

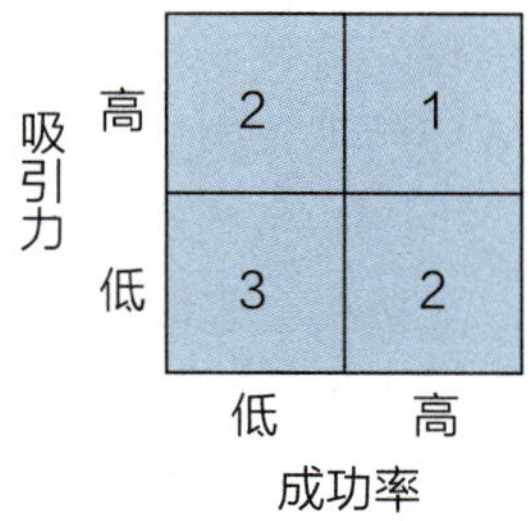

图 2–1　机会矩阵

图 2–1 中的 1、2、3 分别表示第一类、第二类和第三类机会。

第一类机会是指吸引力大且成功率高的最佳机会，企业应准备若干计划以追求其中一个或几个机会；第二类机会是指吸引力大但成功率低或吸引力小但成功率高的机会，对这类机会企业应保持观望状态，看其是否有可能转变为最佳机会；第三类机会是指吸引力小且成功率低的机会，对于这类机会企业不应给予过多考虑。

思考题

通过企业努力，能否把第三类机会变成第一类机会，为什么？

（2）按管理层次分类

按管理层次可以分为公司机会、业务单位机会和市场营销机会。

公司机会是企业最高管理层次的机会，利用这种机会可以经营某些业务。其中，业务是由所要服务的顾客群对象、所使用的技术及顾客需求 3 个方面组成的。企业可以通过对现有业务进行分析以寻求公司机会。

业务单位机会是指既定业务内的机会。对此类机会的分析可以从业务界定的三方面内容出发，即所要服务的顾客群对象、所使用的技术及顾客需求。通过市场调研可以了解顾客及其需求，并在此基础上确定产品要求和制造产品所需的技术工艺，与此同时还需确定所需原材料的供应渠道。因此，业务单位机会包括市场调研及预测机会、市场细分机会、产品选择机会、技术工艺机会和原材料采购计划。

市场营销机会主要包括产品机会、定价机会、分销机会、促销机会、公共关系机会等。然而这些机会都是在开展了科学的市场调研和市场细分的基础上才能被发现的，因此市场调研预测机会与市场细分机会也是市场营销机会的一部分。由此可见，市场营销机会与业务单位机会存在一部分的重叠，换句话说，业务内的市场调研预测机会、市场细分机会及产品机会是由市场营销活动去发现和寻找的。

事实上，公司机会、业务单位机会和市场营销机会具有密切的联系。公司机会实际上是业务经营机会，当存在可以经营的业务时，才可以研究业务内的某种机会。而只有存在业务单位机会，也就是产品和为之服务的市场时，才可以研究市场营销机会，也就是特定的产品及其市场营销机会。

（3）按机会的性质分类

按性质分可以分为需求性机会和问题性机会。

需求性机会往往是指能给企业带来直接利润的需求领域，而问题性机会则是目前给企业带来了负利润甚至威胁的问题背后所潜藏的机会。爱因斯坦曾说："提出一个问题往往比解决一个问题更重要。"问题往往会被企业认为具有负面影响，然而正是问题的出现，才带来了解决问题、谋求发展的机会。因此企业在捕捉机会时，不仅要看到正面效应所带来的机会，也要看到负面效应所隐藏的机会。

（4）按机会来源分类

按机会来源分可以分为市场环境机会和市场要素机会。

市场环境机会主要包括企业内部的机会和企业外部的机会。其中，企业内部机会主要包括产品机会和营销机会；企业外部机会主要包括人口机会、自然机会、政治与法律机会、经济机会、文化机会、技术机会、分销渠道机会等。

市场要素机会来源于构成市场的各个要素的机会，主要包括消费者机会、竞争者机会及市场法律法规机会。其中，消费者机会是指由消费者欲望、偏好、购买行为等产生的机会；竞争者机会是指来自市场竞争者的优势和劣势的机会；市场法律法规机会是指来自市场管理者的法律法规的机会。

思考题

消费者机会能否变成市场法律法规机会，为什么?

3. 市场营销管理的起点

市场营销机会的识别与评估，是市场营销管理过程的起点。市场营销机会的识别是指对营销对象和营销手段的调研结果进行分析和研究，以寻求市场营销机会的过程。市场营销机会的评估是指对市场营销机会的吸引力和成功率的大小进行评估，并预测机会未来变化的过程。

市场营销机会的识别和评估是企业选择目标市场和制定营销战略的基础。选择什么样的目标市场，要由通过市场调研发现的市场机会，以及企业内部环境的机会来决定。没有需求或者需求不足的领域没有机会成为市场，自然也就不会是企业的目标市场；而企业达不到营销目标，即无法获利的需求领域也没有机会成为市场，同样也不能成为企业的目标市场。目标市场确定以后，企业就要开始制定相应的营销战略，而营销战略的目的也同样要以市场机会为参考。企业开发何种产品、如何定位、如何定价、销售给什么人群，是由消费者的需求、竞争者的产品优劣来决定的，总之，就是由市场机会决定的。

实例 2-1

Winnow——节约食物也是门生意

“食品浪费是一个全球性的问题，世界各地的厨房都在苦苦挣扎”，Winnow首席执行官马克·佐恩斯说，“如果不了解被浪费的东西，厨房就会浪费比他们想象的更多的食物。”根据联合国粮食及农业组织（Food and Agriculture Organization of the United States，FAO）的数据，全球每年生产的食物中约有 1/3 从未接近人类的口腔，也就是说相当于价值约 1 万亿美元的食用最终进入了垃圾填埋场。据报道，光是酒店行业就占据了这个数字的 10% 左右。Winnow察觉到了食品浪费问题的严重性，认为这是一个契机，这也就是Winnow转向计算机视觉和机器学习以帮助厨房了解可避免的浪费的原因。

Winnow于 2013 年在伦敦成立，该公司开发了一套系统——位于食物垃圾箱下方的秤，工作人员在其上方使用触摸屏显示系统告诉他们刚刚扔掉了什么类型的食物。这些信息被传递给Winnow的云分析系统，以确定这种被浪费的食物的本来价值，同时发布定期报告，突出显示他们可以通过削减厨房扔掉的东西来节省资金。

现在，Winnow也正在引入自动化功能，配备动作感应计算机视觉相机，可以在食物放入垃圾箱时自动捕捉食物的图像，避免大量的手动输入。Winnow Vision是Winnow的新产品，自 2018 年 1 月以来一直被少数几个知名品牌作为试点项目的一部分而使用，其中包括宜家。宜家相关项目负责人说：“我们为自己设定了一个雄心勃勃的目标，即在 2020 年 8 月底之前将我们的食品浪费减少 50%，我们与

Winnow的合作对实现这一目标至关重要。”

Winnow表示，其现有的手动输入系统已经被40多个国家的数千名厨师使用，并且已经帮助厨师们节省了相当于3000万美元的食物。Winnow可以被描述为某种酷炫的人工智能硬件公司，但其本质是数据公司——数据让厨师可以看到他们的浪费，这就是解锁硬件价值的密码。

（资料来源：整理自创业！这家公司使用大数据量化餐厨垃圾帮助厨房减少浪费[EB/OL].[2023-03-02]. https://baijiahao.baidu.com/s?id=1628777717523793505&wfr=spider&for=pc.）

思考题

1. Winnow的创始人是如何识别市场营销机会并落地执行的?
2. 你认为Winnow未来还可以把握什么营销机会以谋求企业的持续性发展?

在识别市场营销机会以后，企业还必须对市场营销机会进行科学的评估，将市场营销机会转化为真正的企业机会。评估市场营销机会的重要性分析可以从两个角度进行：一是从企业所需进行分析，二是从企业所能进行分析。企业所需，顾名思义，就是指企业所需要的市场机会，符合企业的文化与战略，符合企业当期的经营发展目标，符合市场法律规范。而企业所能，就是企业优势与市场营销机会的成功条件相匹配，企业有能力利用好这个机会来为自身赢利。**科学并准确地评估市场营销机会不仅可以帮助企业在恰当的时机将最佳机会发挥到极致，还可以帮助企业避免试错造成的各方资源的浪费。**

思考题

如何把握企业所需要的机会和企业所能利用的机会之间的关系?

（二）市场营销机会的识别

1.现存市场营销机会识别

（1）从市场出发寻找机会

市场营销机会的识别分为对市场的分析与对产品的分析，即产品/市场机会的识别与分析，也就是对市场营销机会的核心机会进行识别与分析。

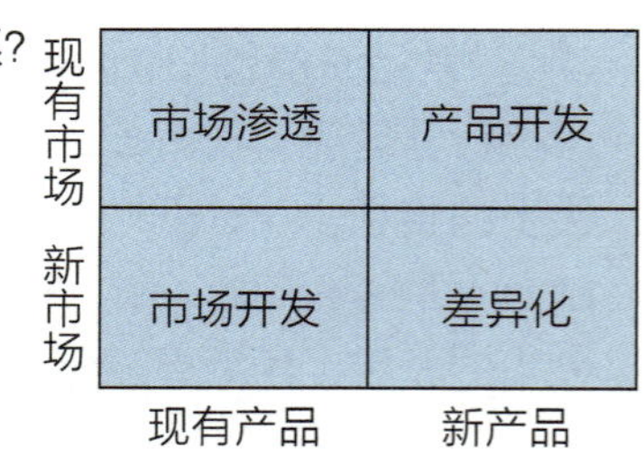

图2-2 产品/市场组合模型

根据产品和市场的新旧程度，可以组合出4种识别基本市场营销机会的途径（见图2-2）。

① 市场渗透机会识别

市场渗透的目标是在现有目标市场上取得或扩大现有产品的市场份额。对于准备进入市场的企业来说，进入目标市场并取得一定的市场份额并不是件易事，企业往往面临着重重障碍和壁垒，而这些障碍和壁垒恰恰也会成为企业进入市场的机会。一般来说，企业可以从进入成本、销售渠道、品牌忠诚度、专利技术、价格策略、地理技术、法律法规等方面来挖掘机会。对于已经进入市场的企业来说，想要扩大市场份额，就要从市场潜量剩余（市场潜量剩余=市场饱和点－市场销售量总和）着手，或是抢占竞争对手的市场份额。但在决定从哪个方向渗透之前，企业必须对市场结构要素，即消费者、竞争者及市场法律法规进行深入分析，识别市场潜量剩余的大小，分析竞争者的核心竞争力及短板，掌握消费者的需求和偏好，识别提高渗透速度的机会。

思考题

企业可以如何来扩大市场渗透机会?

② 产品开发机会识别

产品开发机会是以新产品去满足目标市场顾客新需求的市场营销机会。随着社会的进步和发展，消费者的需求不断发生变化，企业也必须跟进需求变化的脚步，不断进行产品创新，开发新产品以满足不同需求层次的消费者，弥补需求的空白点。新产品的开发一般有 3 种方向：一是对原有产品的功能做加减法；二是开发不同质量、不同档次的产品；三是开发全新的产品。企业可以通过对现有产品的问题和不足进行分析、对目标市场再细分、关注宏观环境的变化等途径，来实现对产品开发机会的识别。

③ 市场开发机会识别

市场开发机会是企业以现有产品去满足目标市场以外的市场需求的一种机会。识别市场开发机会可以从 3 个方面着手：一是以人口变量为线索，寻找现有产品的新目标市场的需求；二是以地理变量为线索，寻找现有产品的新销售区域；三是开发现有产品的新用途，发现现有产品的新目标市场。**但事实上，很多时候并不是企业自己发现了产品的新用途，而是消费者在使用过程中将产品移作他用**。总之，企业在识别市场开发机会时，应该先进行市场调查、研究和宣传，还应识别和选择合适的营销渠道来完成所识别的机会。

④ 差异化机会识别

差异化机会是为新市场开发新产品的一种营销机会，因此差异化机会既包括产品开发机会，也包括市场开发机会。一般来说，识别差异化机会的方法包括市场细分，以及对宏观环境及法律法规的分析。其中市场细分是根据市场细分基准来进行的，市场细分基准主要分为顾客实体特征基准（人口变量、地理单位、社会经济）及顾客行为特征基准（个性特征、生活方式、利益追求、购买行为、消费方式）两大类。而对宏观环境及法律法规的分析，也就是分析它们本身及其变化会给整个市场带来什么新的需求，不仅是原来的目标市场，也包括新的目标市场。

（2）从产品出发寻找机会

前面所提到的 4 种识别市场营销机会的途径，实际上是一类“自上而下”的市场营销机会识别途径，即先以某种机会为目标，再利用科学的方法去寻找这种机会的存在。但是如果现实中并不存在这样的机会，那么所谓的“寻找”也会成为徒劳。

与“自上而下”的途径相对的是“自下而上”的途径，也就是先去寻找，然后得出存在某种机会的结论。如果说前者是一种立足于机会的途径和方法，那么后者就是一种立足于情况的途径和方法，也可以称为需求/问题分析的机会识别方法；如果说前者是一种演绎推理法，那么后者就是一种归纳总结法。需求/问题分析的机会识别方法之所以是一种立足于情况的方法，是这两种机会实际上是由需求情况产生的机会和由问题情况产生的机会构成的。由此，从企业的产品出发去寻找机会就可以被分解成产品需求分析和产品问题分析两个方面。

① 产品需求分析

企业不仅要能够识别市场产品需求，也要能识别出企业自身的产品需求。这里所说的需求指的是新需求、不断变化的需求，源自市场，也源自某企业市场的各个构成要素及各种市场环境。

市场产品需求指的是在市场上，某种产品是否具有顾客需求，即产品是否具有市场前景。但市场产品需求情况与某个企业产品的需求情况一般是不同的，除非该市场产品就是该企业产品。企业产品需求与市场产品需求的不同之处在于，企业产品需求的出发点是企业，它所考虑的仅仅是本企业的产品是否具有市场需求，如果消费者对企业产品有需求，则说明企业的产品具有独特之处，与市场产品需求一致或差距不大。因此，对企业产品需求情况的分析是为了找出单个企业的产品与满足市场新需求的产品之间的差距。

② 产品问题分析

企业同样也要考虑市场产品的问题及企业产品的问题。与产品需求分析恰恰相反，产品问题分析针对的是已经满足或正在满足的需求，分析产品存在的问题和不足，而界定问题的标准，就是产品是否达到行业/企业的服务标准。

企业产品问题分析与市场产品问题分析的区别在于，企业产品问题分析是比较单个企业产品问题与市场产品问题各自不同的缺陷，以便明确本企业产品应克服的缺陷、改进产品性能的具体目标，同时也可明确本企业产品为解决市场产品问题可提供什么借鉴。企业只有满足了市场对产品的需求才能生存，同时也应为解决市场产品的问题而努力。

（3）从营销出发寻找机会

从营销出发寻找机会也是以需求和问题为主线的，可以从市场和企业两方面进行。

① 营销需求分析

和产品需求分析相类似，营销需求分析所要寻找的需求也是指那些还未满足而又需要满足，且不断变化的新需求。同样的，营销需求也有对市场的营销需求和对企业的营销需求之分。

市场营销需求指的是该行业内所有企业都未采用而又需要采用的营销策略需求。寻找市场营销需求也要从有关市场要素和市场环境着手，即消费者需求、市场法律法规需求和市场环境需求。

而企业营销需求也是找出某个企业营销策略与满足整个市场营销策略新需求的差距，找到了这种差距，就找到了营销机会。分析对企业的营销需求也要从市场要素和市场环境着手，例如，从消费者的来源分析企业营销策略差距，就要寻找市场的营销需求的消费者来源。如果市场不存在这样的新需求，而企业又存在所谓的新需求，这时，企业就要从市场竞争者要素的来源去分析机会。比如，某行业市场有一家企业甲的人工智能程度很高，几乎不存在任何新需求，整个市场也不存在人工智能新需求。在同一个行业市场内有另一家企业乙的人工智能程度很低，在竞争企业甲的威胁之下，企业乙非常需要拓展自己的人工智能领域。那么企业乙将比照竞争者甲的人工智能产品及其运作，来设计自己的人工智能产品。这就是企业乙由竞争者所引起的营销新需求。

思考题

中小学生课外培训需求是什么需求，有什么特点？

② 营销问题分析

发现营销问题也就找到了解决营销问题的机会。营销问题与营销需求的区别和产品问题与产品需求的区别相类似。营销问题是指那些已经满足或正在满足的营销需求所存在的问题，换句话说，就是已经做了但没有做好的营销策略或活动中存在的问题。但衡量营销问题的标准并不像产品问题那样简单和刻板。

市场营销问题的有无类似于市场需求问题的有无，也就是说，若市场不存在营销问题，那么市场内的单个企业也一定不会出现营销问题；若市场存在营销问题，那么就有企业出现了营销问题。分析市场中的营销问题也可以从消费者、市场法律法规等市场要素及市场环境所引起的营销问题着手。

分析了所在市场存在的营销问题以后，企业还应识别企业自身的营销活动是否存在什么其他问题。通常，分析企业营销问题可以比较市场营销问题和企业营销问题的差距，两者的差距显著就代表着企业营销策略在解决市场营销问题方面欠缺的程度。因此，为了便于比较，分析企业营销问题也通常从消费者、市场法律法规等市场要素及市场环境等产生问题的来源着手。不同于市场营销问题是从整个市场的角度出发来分析营销问题，企业营销问题还需考虑竞争者要素。例如，价格战是国内某些行业市场的营销问题，那么要想知道对单个企业来说是否存在价格策略问题，可以从调查消费者对产品价格和产品效用的感知着手，也可以将企业产品的价格效用比与竞争者产品的价格效用比做比较，从中识别价格等营销策略的问题。

2.未来市场营销机会识别

现存的市场营销机会与未来的市场营销机会没有严格的界限区分，其区别在于时间的先后，以及是否具备转化为现实的条件。现存的市场营销机会是市场上已有的、尚待满足的需求，可以通过调查资料的描述性分析和解释性分析识别；未来的市场营销机会是指在目前市场上并未广泛普及，而以后可能会在特定条件下转变为大量需求的机会，可以通过调查资料的预测性分析进行识别。提前把握未来的机会，可以为企业争取领先优势。下面将从定性预测方法和定量预测方法两个角度出发去介绍识别未来营销机会的途径。

（1）定性预测方法识别

定性预测方法也称为主观技术或判断技术，它是用理论分析、逻辑推理，辅之以粗略的数量估计对未来的情况进行判断的方法。预测能力主要取决于预测者的理论水平和实践经验。由于影响或决定企业销售情况的主要因素为企业的营销努力、市场环境和用户需求，因此下面将按这 3 个因素的影响来阐述定性方法。

① 营销努力预测

未来企业的销售目标是在营销人员的努力工作下实现的，因此营销人员的努力决定了未来企业的销售目标能否实现。营销努力程度对销售量的影响涉及多个方面，包括市场调研、产品研发、产品定价、分销渠道、促销广告、公共关系等。一个较简单的方法是以营销费用作为营销努力程度的综合指标进行未来销售量的预测。一般来说，付出的费用越大，开展的工作越多，工作的努力程度也就越高。

通过营销努力预测未来企业的销售情况，分为以下 3 个步骤：首先要根据历史，尤其是现在的营销情况资料，计算销售额与营销费用的比例；之后，再从营销计划中查找未来营销费用预算总额；最后，将销售额与营销费用的比例乘以营销费用预算总额，就能得到销售预测值。

② 市场环境预测

在企业稳定发展的时期，对销售情况影响最为直接的市场环境是宏观经济环境，包括通货膨胀、失业、利率、消费开支、企业投资、净出口额、行政开支等，而这些经济因素最终都影响或决定国内生产总值。根据宏观经济环境预测企业销售情况的方法称为比例相乘法，又称转导法。这个方法一般分为 3 个步骤：一是进行国内生产总值预测，二是进行行业销售预测，三是进行企业预测。

由于宏观经济环境所包含的因素与国内生产总值有密切的联系，因此预测宏观经济环境变化首先就是要预测国内生产总值。

而行业销售预测，即市场预测，是指与预期的努力相对应的市场需求。也就是说，市场预测并不是最大的市场需求，而是预期的市场需求。

企业预测，也称公司销售预测，是得到公司需求的预测后，选择营销努力的水平。在这个营销努力水平下，将产出一个特定的销售水平。因此公司销售预测是公司以其选定的营销计划所假设的营销环境为基础，来预测的公司销售水平。

这整个过程可由预测公式表达为

$$\hat{Y}=G\,(1+P_G)^n RS$$

其中，$\hat{Y}$表示销售额预测值，G表示国内生产总值，P_G表示国内生产总值年增长率，R表示行业生产总值占国内生产总值的比例，S表示企业市场占有率，n表示预测期数（年）。

③ 用户需求预测

用户需求是影响企业销售情况最基本和最直接的因素，它是依据调研所获得的用户需求实际资料，进行分析、判断和类推，做出未来销售状况的预测。用户需求预测是预测企业销售情况最客观的方法之一，较少人为的主观判断，可以在一定程度上减少主观性和片面性。当然，用户需求预测也不是绝对的客观和准确，因为用户的购买动机往往会受各种因素的影响而发生变化。

常用于用户需求预测的方法主要有购买意向调查法、试销法和类推法等。

购买意向调查法，是指通过某种调查方式（如抽样调查、典型调查），直接向潜在购买者了解未来某一时期购买某一商品的意向，并在此基础上估计企业销售状况。因此购买意向调查法的第一步就是通过购买意向调查表收集汇总用户的购买意向（见表 2-1）。之后，再根据汇总好的用户购买意向，估算市场未来的总购买量，即市场销售量（总购买量=$\frac{\sum p_i x_i}{\sum x_i}\times x\times 100\%$，$x$为目标市场的总人数）。最后再以最近的历史市场占有率乘以总购买量，就能得到企业销售量的预测值。

表 2-1　购买意向调查汇总表

购买意向	肯定	可能	未定	很不可能	不可能
购买概率 /%	100	80	50	20	0
购买人数 / 户	x_1	x_2	x_3	x_4	x_5
x_i/ 户					

试销法是指预测者将某种产品或将某种产品与对比产品投入选定的市场进行试销

售，根据试销售的情况来分析用户对该产品的意见和购买能力。试销法适用于对新产品的销售预测。

类推法是一种使用逻辑判断和推理的预测方法。它是根据商品之间市场特性的相互联系和相似性，由一种商品需求推及另一种商品需求的方法，分为横向类推和纵向类推。其中，横向类推是指由一种商品的未来需求预测量推断制造或使用另一种相关商品的未来需求量，从而判断企业的未来销售状况；纵向类推则是针对变化趋势或生命周期处在先后不同时段的两种类似商品，根据处在先前时间段变化趋势或生命周期的商品需求类推处于现在和将来变化趋势或生命周期的商品需求。

（2）定量预测方法识别

定量预测方法也称为客观技术或数字技术，它是在一定的理论指导下，应用统计方法和数学模型，对未来情况进行测定的方法。预测能力的高低主要取决于预测者的统计技术和数学水平的高低。下面将讨论一种识别未来市场营销机会的典型定量方法，即回归分析预测法。

回归分析预测法是通过分析经济变量之间的相互联系的具体形式，建立模型，然后再利用模型对未来状态进行预测的方法。因果关系是回归分析的主要关系，通过对经济变量间的因果关系进行分析，就可以发现影响因变量未来状态的各种主要因素（自变量）。

在建立模型之前，也需要进行一系列的分析，包括定性分析和定量分析。建模前的定性分析主要包括两个方面：一是选定合适的自变量，即所选自变量既要与因变量高度相关，又要与其他自变量相互独立（自相关程度弱）；二是确定回归模型，回归预测模型一般可分为线性模型和非线性模型，其中线性模型又可分为一元线性回归模型和多元线性回归模型，前者只有一个自变量，而后者有两个或两个以上的自变量。定量分析则是将定性分析的内容定量化，最终目的是使建立的回归模型更准确地反映经济变量之间的实际关系，从而使预测更为准确。定量分析也可以分为两个方面：一是自变量的自相关和互相关分析（多重共线性分析）；二是自变量与因变量的互相关分析，主要包括相关系数R计算、可决系数R^2计算、F检验和t检验。具体分析过程可在有关统计的书中查到，本书不再重述。

中国市场营销环境的特点

在分析并确定了自变量与因变量存在较高的相关程度，且自变量没有严重的多重共线性以后，就可以着手建立初步的回归模型。建立回归模型后需要求得回归模型中所包含的各种各样的参数，最常用的方法是普通最小二乘法（OLS），适合于扰动项不存在异方差性、序列相关，以及自变量不存在多重共线性的线性回归模型的构建。

所构建的模型在用于最终预测前还必须经过一系列的检验，包括回归系数的t检验、回归模型的F检验、回归模型的扰动项序列相关检验和异方差性检验。通过这些检验后，所建立的回归模型就可以用来预测了。给定预测期某一特定的自变量X_0，就可以将其代入回归模型中，求得估计值$\hat{Y}_0$作为Y_0的预测值，即点预测。但实际工作中，不仅要求出某一点X_0的预测值$\hat{Y}_0$，也要预测在某一置信度下Y_0的可能范围，即区间预测。具体预测过程可参照统计类相关的教材。

（三）市场营销环境分析

1. 市场营销环境的含义

企业的市场营销环境是由企业和与企业市场营销活动相关的所有外部因素及条件组成的，这些因素和条件涉及企业营销管理机构外部的行动者与力量，它们影响着企业管理层发展和维持为目标顾客提供令其满意的产品或服务的能力。

环境因素对企业营销活动的影响方式通常有两种，一种是直接影响，另一种是间接影响。直接影响企业可以立即感受到，而间接影响则要经过一段时间后才会显现出来。因此，在**分析市场营销环境时，不仅要重视环境因素的直接影响，同时也要注意环境因素的间接影响**。企业市场营销环境的变化速度远远超过了企业内部因素生成变化的速度。因此，**企业的生存和发展越来越取决于适应外部环境变化的速度**。企业要在纷繁复杂的市场上把握机会，就必须认真分析市场营销环境。

思考题

直接环境因素的变化和间接环境因素的变化哪一个对企业影响更大？为什么？

2. 市场营销环境的构成

根据营销环境对企业市场营销活动产生影响的方式和程度，可将市场营销环境分为两大类：宏观市场环境和微观市场环境。

宏观市场环境也可称为间接营销环境，其诸要素与企业不存在直接的经济联系，而是通过微观环境的相关因素作用于企业的较大的社会力量。

微观市场环境也可称为直接营销环境，因为它与企业具有一定的经济联系，直接作用于企业为目标市场服务的能力。

这两种环境之间并不是并列关系，而是包容和从属的关系，微观环境受宏观环境的大背景所制约，宏观环境则借助于微观环境发挥作用（见图 2-3）。

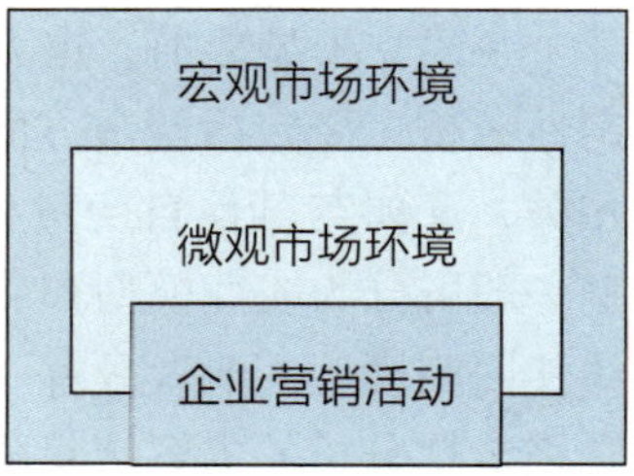

图 2-3 企业营销活动与市场营销环境的关系示意

3. 市场营销环境分析的意义

市场营销环境具有客观性、动态性、复杂性和不可控性等特点，企业必须清楚地认识环境及其变化，发现需求并比竞争对手更好地满足需求，否则就会被无情的市场竞争所淘汰。由于环境的这种复杂性和动态性，企业对环境的适应必须是永不松懈的，要想通过满足消费需求实现盈利目标，适应环境是关键。但值得注意的是，**企业对环境的适应并不仅仅是被动地接受，而应该是能动地适应，既有对环境的依赖，也有对环境的改造，即采取积极主动的行为影响营销环境因素。**

总体来说，分析市场营销环境的意义体现在以下几个方面。

第一，市场营销环境分析有助于企业把握市场营销机会，抵御环境威胁。

第二，市场营销环境分析使企业的市场营销活动与市场营销环境相适应。

第三，市场营销环境分析为企业科学决策提供了依据。

二、宏观市场环境分析

宏观市场营销环境，是指所有与企业的市场营销活动有联系的环境因素，包括人口、经济、自然、技术、政治、社会文化等方面的因素。这些因素涉及广泛的领域，主要从宏观方面对企业的市场营销活动产生影响，既能给企业带来机会，也会给企业造成威胁。这些因素又可派生出若干次级因素，它们之间既相互制约，又相互影响，形成极为复杂的因果关系。生存于宏观环境中的企业就是一个开放的系统（见图 2–4）。

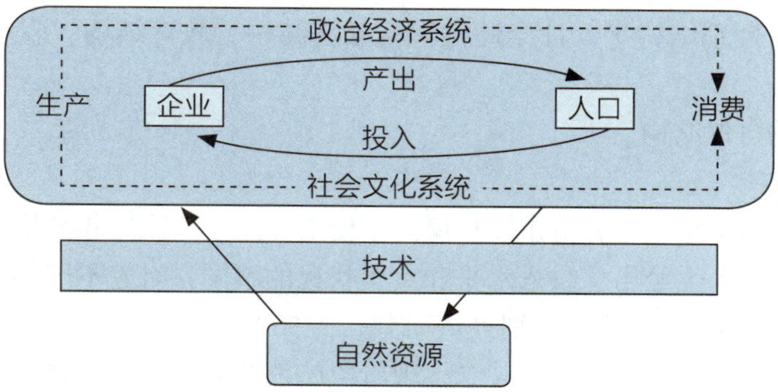

图 2–4 宏观环境中的企业是一个开放系统

宏观市场营销环境对企业营销活动的影响主要体现在营销活动与宏观环境的适应性上。即使最强大的企业在宏观市场营销环境动荡和持续变化的力量面前，也可能不堪一击。面对不可预测且不可控制的大多数宏观力量，企业只有不断理解并适应宏观环境的变化，才能保持旺盛的生命力，在竞争中立于不败之地。因此，企业有必要了解宏观市场营销环境因素对企业的影响。

（一）人口环境

人口统计（demography）是根据人口规模、密度、地理位置、年龄、性别、种族、职业和其他一些统计量进行的人口研究。从量的角度看，人口的数量是市场规模的主要标志，在人均消费水平一定的情况下，人口数量越多，市场需求规模就越大；而从质的角度看，人口的分布、结构及变动趋势等方面则能刻画出市场需求的特点和发展趋势。可以从以下方面来分析人口环境及其变化。

1.人口总量

随着科学技术进步、生产力发展和人民生活条件改善，世界人口平均寿命延长，死亡率下降，全球人口尤其是发展中国家的人口持续增长。第七次全国人口普查结果显示，截至 2020 年 11 月 1 日，我国全国人口共 141177.87 万人，与 2010 年（第六次全国人口普查）的 133972.49 万人相比，增加了 7205.38 万人，增长 5.38%，年平均增长率为 0.53%，总体呈现缓慢增长的态势。

人口的持续增长意味着人类需求的不断增长和市场潜在容量的扩大。东亚地区被人们誉为“最有潜力的市场”，除了因为该地区近年来经济发展迅速外，也因其人口数量庞大且增长较快，使得该地区的市场需求日益扩大。

总体来说，**世界人口的增长呈现出极端不平衡的状态**。发达国家的人口出生率下降，人口甚至出现负增长，导致这些国家市场需求缓慢增长，有的甚至开始萎缩。例如，欧洲儿童数量的减少，给以儿童市场为目标顾客的企业造成威胁，却因为年轻夫妇有更多的闲暇和收入用于旅游和娱乐，为另一些行业带来佳音。发展中国家的人口占世界人口的 80%，且越是落后、欠发达的国家往往人口增长最快。贫穷问题困扰着这些国家的人民，在人口呈几何级数上升的同时，消费者的购买力并没有提高多少，市场需求层次较低，以追求基本需求的满足为主。世界人口的过度膨胀给有限的地球资源带来巨大的压力，由此，可持续发展战略的研究也为市场营销带来新的思路。

2.人口结构

对人口结构的分析可从其自然结构和社会结构两方面进行。其中，自然结构包括人口的年龄结构、性别结构等，社会结构包括家庭结构、教育结构、职业结构和民族结构等。

（1）人口的自然结构

① 年龄结构

人口的年龄结构是企业分析市场环境的主要内容之一，不同年龄层次的消费者因为生理和心理特征、人生经历、收入水平和负担状况的不同，有着不同的消费需要、兴趣爱好和消费模式。比如成长于计划经济时代的“50 后”群体（1950—1959 年），他们秉持着谨慎保守、理性节约的消费观念，现阶段的消费需求可能主要是健康养生类的保健品和能够体现良好形象的高端消费品；而对成长于信息化时代的“90 后”“00 后”群体，在独生子女背景及全面数字化的趋势之下，他们会更注重产品的个性化，社交也呈现出网络化、成人化的倾向，习惯使用移动和社交网络购物，对数码产品的消费需求较高。

② 性别结构

人口的性别结构与市场需求的关系也十分密切。男性和女性在生理、心理和社会角色上的差异决定了他们不同的消费内容和特点。目前，市场上的很多产品也都显现出了明显的性别属性，只为男性或女性专用。而男女不同的性别心理和社会角色对消费行为也产生了直接影响，一般来说，男性以阳刚粗犷为美，崇尚冒险精神，因而男性消费者的需求特征常常表现为粗放型、冒险型、冲动型和事业型；女性比较温柔细腻，善于谨慎从事，更注重生活品质，因而女性消费者的需求特点多为谨慎型、生活型和唯美型。

随着社会经济的发展，男女的性别角色也在悄然变化，并影响到市场需求的变动。越来越多的女性摆脱传统观念的束缚，走向社会寻求与男性同样的发展机会，女性就业的人数在不断增加，就业领域在不断扩大，她们的家庭和社会地位都有所改善。女性不仅在家庭中参与消费决策的权利有所提高，职业女性也日益成为被商家瞩目的消费群体，女性已成为消费领域中最活跃的群体。

随着现代女性越来越独立，以及消费升级趋势的到来，女性消费正在进入一个新阶段——更加关注自己的需求。根据第一财经商业数据中心（CBNData）发布的《2020 女性品质生活趋势洞察报告》显示，近 60% 的婚后女性在“自己、老公、孩子”的地位排序中，选择把自我放在第一位，且越来越多的女性更愿意为“变美”买单。女性在内容创作领域也逐渐崭露头角，在不断探索内容创意展现形式的同时，也在积极表达自己对生活最真实的态度。

思考题

网络购物对性别消费的需求特征产生了怎样的影响？

（2）人口的社会结构

① 家庭结构

家庭是社会的细胞，也是某些商品的基本消费单位，例如住房、成套家具、电视机、厨房用品等商品的消费数量就和家庭单位的数量密切相关。目前，家庭规模缩小已经是世界趋势，中国家庭也呈现出规模小型化和类型多样化的特点，尤以二人家庭、三人家庭为主，由两代人组成的核心家庭占六成以上，单人家庭、丁克家庭也不断涌现。截至 2020 年，我国平均每个家庭户的人口为 2.62 人，比 2010 年第六次全国人口普查的 3.10 人减少 0.48 人。

家庭户规模的缩小，主要是受我国人口流动日趋频繁、住房条件改善、年轻人婚后独立居住等因素的影响，这一方面导致了家庭总户数的增加，进而引起对家庭用品总需求的增加；另一方面又意味着家庭结构的简单化，从而引起家庭需求结构的变化，例如单人户、双人户和三人户的增加使得家庭对产品本身的规格和结构有不同于多世同堂的大家庭对产品的要求。而随着“二胎”“三胎”政策的颁布，中国的家庭结构在未来是否又会呈规模扩大的趋势？营销人员必须关注到不同时代背景下的家庭结构变化趋势，考虑非传统型家庭的独特需求，在产品设计、包装和促销上也做出相应的调整。

思考题

非传统家庭有哪些独特的需求？

② 教育结构

人口的文化素质对市场消费需求的影响亦不能忽视。根据国家统计局发布的第七次全国人口普查数据显示，我国具有大学文化（指大专以上）程度的人口为 21836.08 万人，与 2010 年相比，每 10 万人中具有大学文化程度的由 8930.00 人上升为 15467.00 人，15 岁及以上人口的平均受教育年限由 9.08 年提高至 9.91 年，文盲率由 4.08% 下降为 2.67%。

一般来说，随着受教育人数的增多及受教育水平的提高，市场将对优质高档产品、文创产品、书籍杂志等文化消费品的需求会增加，而且人们的需求也会倾向于追求个性化和多样化。除了商品本身，人们对商品的包装及其促销方式也会更加关注。企业采用的营销手段及其效果也会因目标顾客的受教育程度而异。

③ 职业结构

人口职业结构是指从事不同职业的经济活动人口的数量比例关系。职业是消费者的社会角色，不同的职业往往和相应的收入水平联系在一起，直接制约消费者的购买能力；而特定的职业往往又和一定的生活方式相联系，进而影响消费方式、消费习惯。即使收入水平相同，出租车司机和大学教授的消费兴趣也不会相同。表 2-2 列举了 4 种具有代表性的职业人口的需求特征。

表 2-2 不同职业人口的需求特征

职业人口类别	代表性职业者	需求特征
脑力劳动者	各类专业技术人员；国家机关、党群组织、企事业单位负责人，办事人员和有关人员	审美意识强；决策过程较慢；追求物美价廉、物有所值；购买自主性很强，购买商品时比较慎重，一般不追求新潮和时尚性很强的商品，对体育用品、娱乐用品、计算机和书籍等需求较大；通常的购物场所是大、中型商场

续表

职业人口类别	代表性职业者	需求特征
体力劳动者	商业人员 / 服务型职业者	多半会追求名牌，喜欢购买高档产品，尤其是高档衣着、服饰品、名表、名车等；且此类职业人口性别比不均衡，女性商品需求量较大，高档生活用品特别是高级化妆用品或劳务有较大的市场需求；容易接受新的商品和新的消费方式
	生产、运输工人及相关人员	这部分人口大多生活在城镇，且占经济活动人口较大比重，对城镇消费品市场有很大影响；受收入水平限制，其需求层次较低，多数以生存资料为主；重视商品的实用性，在消费过程中普遍存在求速心理
	农、林、牧、渔职业者	这类人口的需求特点在某些方面与从事生产、运输业的工人相似；重视商品的实用性，重视商品的价格

社会生产力是人口职业结构变化的物质基础，随着社会生产力的发展，社会分工越来越细，人口职业类别会越来越多，职业结构也会随之发生变动。一个重要的变化趋势就是脑力劳动者的增加。为此，政府也正迅速地扩大职业培训，加大对高等教育的投入，以避免因技能或科技人才短缺而错失高新技术发展的机会。因此，企业在确定目标市场及市场潜力时，要精准定位自己的目标人群，分析他们的需求特征及在经济活动人口中的比重。

④ 民族结构

不同的国家有不同的种族和民族。我国是一个以黄种人为主的统一的多民族国家。第七次全国人口普查显示，我国汉族人口为128631.13万人，占91.11%；少数民族人口为12546.74万人，占8.89%，与2010年第六次全国人口普查相比，汉族人口增长4.93%，少数民族人口增长10.26%，少数民族人口稳步增长。每个民族都有特殊的需求和消费习惯，不同民族的消费者在各自传统民族文化的影响下，其消费行为、消费内容具有鲜明的民族性。以不同民族消费者为目标顾客的营销人员必须尊重民族文化，理解民族文化间的差异。

民族医药的现代化开发

3. 地理分布

人口的地理分布指人口在不同的地理区域的密集程度。由于各区域的自然条件、经济发展水平、市场开放程度，以及社会文化传统、社会经济与人口政策等因素的不同，不同区域的人口也具有不同的需求特点和消费习惯。例如在我国，不同区域的食品消费结构因口味喜好不同就有很大差异，也因此形成了粤菜、川菜、鲁菜、徽菜等著名菜系。

人口密度是反映人口分布状况的重要指标。人口的地理分布往往不均匀，各区域的人口密度大小不一，人口密度越大，意味着该地区人口越稠密、市场需求越集中。我国人口分布总体呈现出“东密西疏”的特点。东部沿海地区人口密度较大，每平方千米多于400人；中部地区每平方千米近200人；西部地区人口稀少，每平方千米不足10人。准确地了解这一指标有益于营销者制订有效的营销计划。

但人口的地理分布并不是一成不变的，它是一个动态的概念，这涉及人口的流动问题。近几十年来，世界上人口“城市化”是普遍存在的现象，有些国家的城市人口占比竟有百分之七八十。但近年来，在一些发达国家，与城市化倾向相反，出现了城市人口向郊区及卫星小城镇转移的“城市空心化”趋势。这些人口流动现象无一不造成了市场需求的相应变化。

（二）经济环境

经济环境（economic environment）由影响人们购买能力和消费模式的经济因素组成，包括产业结构、经济增长率、货币供应量、利率等。而社会购买力正是以上一些经济因素的函数。所以，企业必须密切注意其经济环境的变化，尤其要着重分析社会购买力及其支出结构的变化，对促成其变化的各种因素保持敏锐的洞察力。

1.经济发展水平

企业的市场营销活动要受到一个国家或地区整体经济发展水平的制约。一个国家所在的经济发展阶段不同，居民的收入不同，消费者对产品的需求也不一样，从而会在一定程度上影响企业的营销活动。例如，从消费者市场角度来说，经济发展水平比较高的地区在市场营销方面，强调产品款式、性能及特色，品质竞争多于价格竞争；而在经济发展水平低的地区，则较侧重于产品的功能及实用性，价格因素比产品品质更为重要。从生产者市场角度来说，经济发展水平高的地区着重配套一些投资较大而能节省劳动力的先进、精密、自动化程度高、性能好的生产设备；在经济发展水平低的地区，其机器设备大多是一些投资少而耗劳动力多、简单易操作、较为落后的设备。

2.消费者收入水平

消费者的收入是指消费者个人工资、奖金、津贴、股息、租金和红利等一切货币收入。消费者收入水平的高低直接影响了消费者的消费能力和消费模式，从而影响了市场规模的大小和不同产品或服务市场的需求状况。要想分析消费者的收入水平，必须先理解一系列相关概念。

（1）国民收入和人均国民收入

国民收入（national income，NI）是指物质生产部门劳动者在一定时期所创造的价值，是一国生产要素（包括土地、劳动、资本、企业家才能等）所有者在一定时期内提供生产要素所得的报酬，即工资、利息、租金和利润等的总和。

而人均国民收入是指一个国家在一定时期（通常为一年）内按人口平均计算的国民收入占有量，即国民收入总量除以总人口的比值。人均国民收入与国民收入成正比，与人口数量变动成反比。它基本上可以反映一国生产力发展水平和国民的生活水平。

人均国民收入的高低取决于下列因素：① 劳动生产率的高低；② 物质消耗的多少；③ 总人口的变化；④ 劳动力人口占总人口的比重的高低。这个指标大体反映了一个国家人民生活水平的高低，也在一定程度上决定了商品需求的构成。一般来说，人均国民收入增长，对消费品的需求和购买力就大；反之就越小。

（2）个人可支配收入和个人可任意支配收入

个人可支配收入是指在个人总收入中扣除税款和非税性负担后，消费者真正可用于消费支出或储蓄的部分，它是影响消费者购买力水平和消费支出结构的决定性因素，构成实际的购买力。

个人可任意支配收入是在个人可支配收入中减去用于维持个人与家庭生存不可缺少的费用（如房租、水电、食物、燃料、衣着等项开支）后剩余的部分，一般还要扣除稳定的储蓄（个人可任意支配收入=个人全部收入－税费－固定开支－储蓄+现金）。因为这部分收入主要用于满足人们基本生活需要之外的开支，一般用于购买高档耐用消费品、旅游等，它是影响非生活必需品和劳务销售的主要因素。

在这两种收入中，由于国家税收政策的稳定性，个人可支配收入变化趋势缓慢，而**个人可随意支配收入变化较大，而且在商品消费中的投向不固定，是消费需求变化中最活跃的因素，也是企业开展营销活动时所要考虑的主要对象。**

思考题

同样收入的年轻人和中老年人谁有更强的消费能力？为什么？

3.消费者储蓄和信贷状况

消费者的储蓄额占总收入的比重和可获得的消费信贷也会直接影响实际购买力。

消费者个人收入不可能全部花掉，总有一部分以各种形式储蓄起来，这是一种推迟了的、潜在的购买力。消费者储蓄一般有两种形式：一是银行存款，它增加了现有银行存款额；二是购买有价证券。当收入一定时，储蓄越多，当期购买力越低，但潜在购买力越大，对以后的市场供给造成压力，有人以“笼子里的老虎”来形象地比喻它对未来市场的冲击；反之，储蓄越少，当期购买力就越大，但潜在的购买力就越小。企业营销人员应当全面了解消费者的储蓄情况，尤其是要了解消费者储蓄目的的差异。储蓄目的不同，往往影响到潜在需求量、消费模式、消费内容、消费发展方向的不同。这就要求企业营销人员在调查、了解储蓄动机与目的的基础上，制定不同的营销策略，为消费者提供有效的产品和劳务。

与储蓄相反，消费信贷是一种预支幸福的能力，它使消费者能够凭信用先获取商品的使用权，然后按期归还贷款，以购买商品。这实际上就是消费者提前支取未来的收入，提前消费。消费信贷有短期赊销、分期付款和信用卡信贷等多种形式，它允许人们购买超过自己现实购买力的商品，将以后的消费提前，所谓“寅吃卯粮”，从而创造了更多的就业机会、更多的收入及更多的需求；同时，消费者信贷还是一种经济杠杆，它可以调节积累与消费、供给与需求的矛盾。当市场供大于求时，可以发放消费信贷，刺激需求；当市场供不应求时，必须收缩信贷，适当抑制、减少需求。消费信贷把资金投向需要发展的产业，刺激这些产业的生产，从而带动相关产业和产品的发展。

思考题

随着房价上涨，我国居民住房贷款增加，将对哪些行业的消费需求产生较大的负面影响？

4.消费者支出模式

消费者支出模式指消费者各种消费支出的比例关系，也就是常说的消费结构。社会经济的发展、产业结构的转变和收入水平的变化等因素直接影响了社会消费支出模式，而消费者个人收入则是单个消费者或家庭消费结构的决定性因素。消费者支出模式的转变会使一个国家或地区的消费结构也发生变化。西方一些经济学家常用“恩格尔系数”来反映这种变化。

“恩格尔系数”是衡量一个国家、地区、城市、家庭生活水平高低的重要参数，由德国经济学家和统计学家恩斯特·恩格尔（以下简称恩格尔）提出。恩格尔在对不同收入家庭进行调查的基础上，发现了关于家庭收入变化与各种支出之间比例关系的规律性，提出了著名的“恩格尔定律”并得到其追随者的不断补充修正。目前该定律已成为分析消费结构的重要工具。该定律指出：随着家庭收入的增加，用于购买食品的支出占家庭收入的比重就会下降；用于住房和家庭日常开支的费用比例保持不变；而用于服装、娱乐、保健和教育等其他方面的支出及储蓄的比重会上升。其中，食品支出占家庭收入的比重被称作“恩格尔系数”。恩格尔系数越小表明生活水平越高，越大则表明生活水平越低。企业从恩格尔系数可以了解市场的消费水平和变化趋势。

消费者支出模式除了受到消费者收入的影响外，家庭生命周期阶段和家庭所在地点的不同也会造成不同的消费结构。据调查，没有孩子的年轻人家庭往往把更多的收入用于购买家用电器家具、陈设品等耐用消费品上；而有孩子的家庭，消费支出的重心则在孩子的各方面需求上，如教育、文娱等，用于购买家庭消费品的支出比重减少；当孩子长大独立后，家庭的收支预算又会发生变化，用于医疗保健、旅游娱乐、储蓄的支出比重就会增加。此外，住在农村与住在城市的消费者相比，前者用于交通方面的支出较少，用于住宅方面的支出较多，而后者用于衣食、交通、娱乐方面的支出较多。

（三）自然环境

自然环境（natural environment）包括营销人员所需要的或者受营销活动影响的自然资源。

传统上，人们将地球上的自然资源分成三大类：一是取之不尽、用之不竭的资源，如空气、水等；二是有限但可再生的资源，如森林、粮食等；三是有限但不可再生的资源，如石油、煤和各种矿物等。由于现代工业文明无限度地索取和利用，导致矿产、森林、能源、耕地等资源日益枯竭，甚至连以前认为永不枯竭的水也在世界某些大城市出现短缺。目前，自然资源的短缺已成为各国经济进一步发展的制约力甚至反作用力。

过去，在粗放型的经济增长模式下，人们肆意挥霍原料、资源、能源特别是矿物燃料作为发展动力的经济，这也使人类付出了惨重的代价——随着工业化和城市化的发展，环境污染程度日益增加，人类面临资源枯竭、海洋污染、土壤沙化、温室效应、物种灭绝和臭氧层破坏等一系列资源生态环境危机。而对自然环境问题的担忧也衍生出了所谓的绿色行动。绿色行动主要包括绿色生产、绿色消费等活动。

1.绿色生产

自然环境变化及人们环境观的改变，对那些造成污染和以传统的方式利用资源、对自然资源进行超负荷利用和开发的行业和企业无疑是一种压力，在社会舆论的压力和政府的干预下，它们不得不采取一定的措施控制污染或转移投资。另一方面，这种动向也给寻求绿色生产、计划绿色转型的行业和企业以发展的良机。绿色生产，又称清洁生产，根据 2002 年出台的《中华人民共和国清洁生产促进法》，清洁生产是指不断采取改进设计、使用清洁的能源和原料、采用先进的工业技术与设备、改善管理、综合利用等措施，从源头削减污染、提高资源利用效率，减少或避免生产、服务和产品使用过程中污染物的产生和排放，以减轻或消除对人类健康和环境的危害。

2.绿色消费

生产系统与消费系统是一个互相作用、不可分割的整体，绿色生产是绿色消费的前提，也是绿色消费的结果。想要普及绿色消费，须突破绿色产品的供给约束；而绿色消费需求的出现，也让绿色生产成为必然的途径。绿色消费是指社会个体通过价值选择和自我认同所构建的兼顾消费目标达成与减少环境破坏的消费方式。随着人们对自然环境问题的关注度不断提升，环境保护意识增强，对环境友好理念的认同度也有所提升，绿色消费逐渐成为政府及社会公众所共同呼吁的生活方式；此外，企业绿色生产的不断发展也拉动了绿色消费需求。因此，营销人员不仅可以根据绿色消费需求来进行绿色生产，开发绿色产品，还可以通过新兴产业拉动新的需求，实现绿色生产—绿色消费的双通路。

（四）技术环境

技术环境（technological environment）可能是影响我们这个时代最显著的因素。营销者应准确地把握科技革命的发展趋势，密切注意技术环境的变化对市场营销活动的影响，并及时地采取适当的对策。

具体来说，技术环境对企业营销存在两个方面的影响：**一方面，科技革新是一种创造性力量——带来商业机会；另一方面，科技进步又是毁灭性力量——淘汰或威胁技术落后的企业和产品。**

1.技术革新所带来的机会

新技术的发展和运用促成了新的市场机会，产生了新的行业。由于大量启用自动化设备和采用新技术，将出现许多新行业。新技术革命的蓬勃发展促进了产业革命，而产业革命所包含的主导技术群和技术体系则催化了社会经济的变革，甚至带来整个社会结构、时代文化和价值观的更新。

“互联网+”是指在信息时代、知识社会的创新形态推动下由互联网发展的新业态，换句话说，也就是“互联网+传统行业”。随着科学技术的发展，“互联网+”利用信息和互联网平台使得互联网与传统行业进行融合，利用互联网具备的优势特点，能够创造出新的发展机会。“互联网+”这种新的经济形态也为营销带来了新的出路。

网络营销正是“互联网+营销”的产物，它是借助网络、通信和数字媒体技术等实现营销目标的商务活动，是现代电子技术高度发展带来的营销方式的重大变革。现代电子技术为营销活动创造了一个由电脑和通信交汇的无形空间，消费者可以在这个空间获取信息、自由购物；企业可以在这个空间进行广告宣传、市场营销研究和推销商品等。所以，看似虚拟的空间，但却是开辟了实实在在的竞争新领域。

随着技术的进一步发展及移动互联网的普及，直播业务也应运而生。QuestMobile数据显示，近年来移动用户月人均使用时长飞速增长，至2020年4月已达144.8个小时，比2019年4月的128.2个小时增长了12.9%，这为直播奠定了强大的用户基础。尤其是2020年来新型冠状病毒疫情的蔓延，人们居家时间的增长更是进一步促进了直播业务的发展。

2.技术的创造性破坏

新技术创造了市场和机会，然而，每一项新的技术都会取代旧的技术。MP3播放器和数字下载使光盘业务逐渐没落，数码技术的崛起使胶卷淡出人们的生活，晶体管的出现重建了真空管行业。当老产业抵触或忽视新技术时，它们的业务将衰退。经济学家约瑟夫·熊彼特把技术革新看成是一种创造性的破坏，以成熟技术为基础的占统治地位的企业和行业受到了生产替代品或用新过程生产产品的新企业的挑战，这一般会导致一个新行业的诞生和一个旧行业的衰退。这种创造性的革新是市场营销机会的发源地，也不断地威胁着垄断企业和寡头企业的市场地位，迫使他们保持产品的领先性。

思考题

智能手机给哪些行业带来了创造性破坏?

（五）政治环境

1.政治环境对营销的影响

政治环境（political environment）是指企业市场营销活动的外部政治形势、国家方针政策及其变化，由法律、政府机构，以及在特定社会中影响或限制各种组织和个人的压力集团组成。政治环境对市场营销活动的影响具有3个特点：一是直接性，即国家政治环境直接影响着企业的经营状况；二是难以预测性，即对企业来说，很难预测国家政治环境的变化趋势；三是不可逆转性，即政治环境因素一旦影响到企业，就会使企业发生十分迅速和明显的变化，而这一变化企业是驾驭不了的。

通常来说，政治环境对企业市场营销活动的影响可分为两个方面：国际政治环境对企业市场营销活动的影响和国内政治环境对企业市场营销活动的影响。

国际政治环境对企业市场营销活动的影响主要体现在3个方面：一是政治局势，即企业市场营销所处国家或地区的政治稳定状况，若政局稳定，就能给企业营造良好的营销环境，有利于企业利润的实现；若政局不稳，社会矛盾尖锐，这不仅会影响经济发展和人们的购买力，也会影响企业的营销信心。二是国际关系，即国家之间的政治、经济、文化和军事等关系，而这种国际关系主要包括两个方面的内容：企业所在国与营销对象国之间的关系，以及国际企业的营销对象国与其他国家之间的关系。三是目标国的国内政治环境，各个国家在不同时期根据不同需要会颁布一些方针、政策，这些方针政策不仅会影响本国企业的营销活动，同样也会影响外国企业在本国市场的营销活动。

国内政治环境对企业营销的影响可以从两个角度来分析：一是对本国企业的影响，企业必须遵循所在国家制定出来的经济与社会发展战略、各种经济政策等，而执行的结果必然会影响市场需求，改变市场供给，国家在扶持和促进某些行业发展的同时，也会对另一些行业的发展加以限制；此外，国家还可以通过税收调节消费者的收入或对某些产品课以较重的税收，来影响消费者需求，从而间接影响企业的营销活动。二是对他国企业的影响，进口限制、税收政策、外汇管制等一系列政治举措都会对外国企业的营销活动造成一定影响。

思考题

政策和法律对营销活动的影响有什么不同?

2.我国营销相关的法律法规

企业的市场营销决策在很大程度上受政治法律环境的影响。法律是国家意志的一种体现，是人们必须共同遵守的行为规范，企业的一切营销活动都必须遵守国家的法律、法规。与营销相关的法律法规主要有 3 类。

（1）维护企业的合法权益，避免不正当竞争，保证良好的市场秩序方面的法规。如《中华人民共和国公司法》《中华人民共和国反不正当竞争法》《中华人民共和国税收征收管理法》《中华人民共和国广告法》《中华人民共和国商标法》《中华人民共和国价格法》《中华人民共和国专利法》等，都为市场经济保持健康稳定的发展提供了可靠的保障。

（2）保护消费者的合法的权益不受侵害方面的法规。如《中华人民共和国消费者权益保护法》《中华人民共和国产品质量法》《中华人民共和国食品卫生法》等，推出了从规定产品的品质、技术标准，到免受不法经营者欺骗等一系列保障措施。

（3）保护社会利益，防止环境污染方面的法规。如《中华人民共和国环境保护法》，从保护自然环境、防止公害的立场出发，通过法律法规严格限制经济活动的外部性，协调人类与环境的共同发展。

3.公众利益集团的发展

公众利益集团指具有共同的政治、统治和社会目标的社会成员，基于共同利益要求、代表一定公众利益而组成的社会团体，其目的是维护自身的利益，如消费者协会、老年协会、环境保护组织等。这些利益集团不是官方组织，不具强制性，但因为是某个群体的利益代言人，所以颇具影响力和号召力。例如，某类消费者利益集团，往往对其群体的消费需求有引导或抑制的作用，构成对企业的营销行为和市场地位的压力。

自从“消费者主权理论”问世以来，消费者权益的保护运动蓬勃开展，公众利益集团的数量、规模和影响力都有增无减，已成为一种重要的社会力量。在我国，影响最大的是 1984 年 12 月经国务院批准成立的中国消费者协会，该协会是对商品和服务进行社会监督的保护消费者合法权益的全国性社会组织。根据《中华人民共和国消费者权益保护法》，中国消费者协会主要履行下列职能：① 向消费者提供消费信息和咨询服务，提高消费者维护自身合法权益的能力，引导文明、健康、节约资源和保护环境的消费方式；② 参与制定有关消费者权益的法律、法规、规章和强制性标准；③ 参与有关行政部门对商品和服务的监督、检查；④ 就有关消费者合法权益的问题，向有关行政部门反映、查询，提出建议；⑤ 受理消费者的投诉，并对投诉事项进行调查、调解；⑥ 投诉事项涉及商品和服务质量问题的，可以委托具备资格的鉴定人鉴定，鉴定人应当告知鉴定意见；⑦ 就损害消费者合法权益的行为，支持受损害的消费者提起诉讼；⑧ 对损害消费者合法权益的行为，通过大众传播媒介予以揭露、批评。

（六）社会与文化环境

1.社会文化环境对营销的影响

社会文化是一个社会全体成员长期共同形成的行为特征的总和，它影响着一个社会整体的价值观念。**社会文化深远地影响着人们的生活方式和行为模式，是影响企业营销诸多变量中最复杂、最深刻、最重要的变量**。它主要由特定的价值观念、行为方式、伦理道德规范、审美观念、宗教信仰和风俗习惯等内容构成，影响和制约着人们的消费观念、需求欲望及特点、购买行为和生活方式，对企业市场营销行为有着直接的影响。

要理解社会文化环境对市场营销活动的影响，首先应认识到，社会文化是一个涵盖面非常广泛的概念，是“一种复杂的总体，包括知识、信仰、艺术、道德、法律、风俗和所有社会成员获得的能力和习惯”，其中既有物质的外壳，又有精神的内核。根据人的社会实践和不同的文化现象的特殊性，社会文化基本上可以分成三大要素：一是物质文化，即人们在从事以物质资料为目的的实践活动过程中所创造出来的文化成果，以生产力为首要因素；二是关系文化，即人们在创造、占有和享受物质文化的过程中形成的社会关系，包括以生产关系为基础的经济关系、阶级关系、民族关系、国际关系等，还包括为维护这些关系而建立的各种社会组织形式和与之相应的政治法律制度、社会道德规范等；三是观念文化，即在前两种文化基础上形成的意识形态文化，包括人们在长期文化历史发展中积淀而成的社会文化心理、历史文化传统、民族文化性格等，以及社会有意识地宣传和倡导的思想理论、理想精神，以及文学、艺术、宗教、道德等。任何一个社会文化就是这三方面的统一。其中，以价值观为内核的观念文化是最深厚的核心文化，有高度的连续性，不会轻易改变。

虽然核心的价值观是持久的，但文化的波动也确实会发生。社会的主流文化和价值观由人们自己形成和表达，也由组织、社会、自然和宇宙形成和表达。因此营销人员除了分析自己的市场营销活动将涉及哪些层次的文化因素、灵活地采取相应的策略之外，还应预测文化转变所引起的人们对自我、对他人、对组织、对社会、对自然乃至对宇宙的观点的转变，从而把握机会，避免威胁。

此外，社会文化的影响深远而广泛，在国际营销活动中尤其如此。国际营销是跨国界、跨文化的活动，不同国家文化差异对其影响很大：在本国文化中属于表层文化的因素，在他国文化中可能是必须严肃对待的“禁区”；在本国市场上成功的营销策略在他国文化中可能招来厌恶、抵制，面临失败……这所有的一切，都需要营销者仔细分析，并在充分尊重他国文化的基础上，创新地实现跨文化的营销目标。那些有民族特色，又不对他国文化构成严重冲突的营销努力往往会受到欢迎。

2.社会责任

在某一特定的社会文化环境内，企业也会受到社会规范和道德规范的驱动，来关注监管制度要求范围之外的事情，也就是“做正确的事”。这些对社会负责的企业会积极寻求方法来保护环境和消费者的长期利益。事实上，几乎营销的每一个环节都涉及道德和社会责任问题，而这些问题又通常涉及利益冲突。因此，许多企业已经有制定政策、指导方针和其他对策来解决复杂的社会责任问题的意识和行动。

为了践行自己的社会责任，建立更加积极的企业形象，有很多公司都将自己与一些有价值的事件相关联，也就是所谓的“事件营销”。将公司产品和公司使命与一些特定的事件（如公益事件）结合，或将购买本公司产品或服务与公益事件或慈善机构联系起来，公司可以在赢利的同时实现“做好事”的目的，也可以在一定程度上满足顾客的社会责任感。

但事件营销也存在一些争议。采用事件营销的公司可能会发现，企业需要平衡销量增长、品牌形象提升和成本增加之间的关系。如果处理得当的话，事件营销可以使公司和事件当事方获益，公司获得有效的营销工具并建立起正面的品牌形象，而事件当事方或慈善机构也能因此获得大量关注，得到重要的资金支持和群众支持。

3.网络文化的影响与变化

伴随着网络技术的发展及移动设备的增多，我国传媒行业出现了较多的自媒体平台及新媒体，这种状况的出现就促使网络文化的覆盖范围及影响力进一步提升。网络平台的搭建不仅有利于促进不同文化的交流与融合，而且在促进文化传播的过程中还具有互动性强、平等、开放等特点，人们的视野会在这个过程中被开拓，僵化的思维模式会被打破，有利于人们构建新的思维模式。此外，网络资源多样性及共享性强等特点，更是丰富了人们的生活，有助于人类的全面发展。

但网络超强的包容性也决定了其内容的良莠不齐。网络作为一把双刃剑，在其运行发展的过程中虽然为人们的生活、学习提供了便利性，但也会带来负面的信息，而这些负面的信息会对人们产生诸多的不良影响。

在网络文化发展的背景之下，网络营销的繁荣也带来了一系列新的社会和伦理问题。其中最受批判者关注的是在线隐私问题。企业在网络营销的过程中往往可以获得大量的用户个人数据，以帮助它们更多地了解自己的客户，而消费者往往没有意识到他们正在被企业监测。企业会跟踪消费者在其网站上的浏览和购买行为，并收集、分析和共享数据。但这一过程也极容易造成买卖双方的信息不对称。消费者保护团体也在采取行动，以保护消费者的隐私。企业也应注意把握企业经营的道德底线，共筑良好的网络文化环境。

三、微观市场环境分析

微观市场营销环境，即直接营销环境，是指对企业服务其目标市场的营销能力构成直接影响的各种力量，包括竞争者、目标顾客、供应商、营销中介和公众等与企业具体业务密切相关的个人和组织（见图 2-5）。供应者—企业—营销中介—顾客，形成了企业的基本营销链路。此外，企业营销的成败还要受另两个因素的影响：一是竞争者，二是公众。

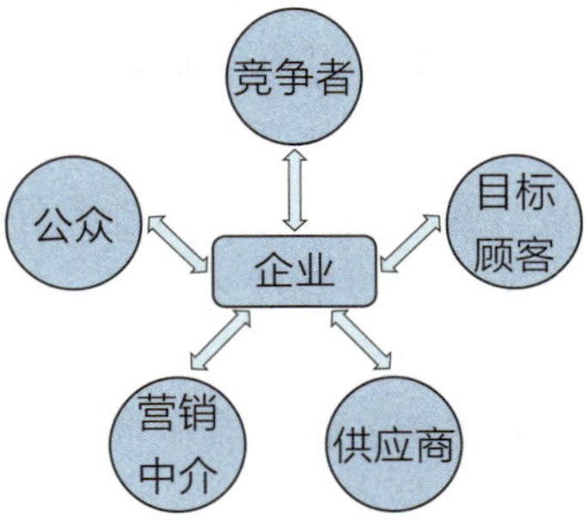

图 2-5　微观环境的参与者

（一）行业竞争与竞争战略

1. 竞争的层次

竞争（competition）是市场经济的基本特征。行业（industry）是由一组生产非常接近并可以相互替代的产品的企业组成。那么在同一个行业中，提供同一类产品或可相互替代产品的多个企业之间就会存在竞争，所有参与方都在争取市场需求的变化朝有利于实现本企业交换目标的方向转化，因此行业内的竞争会对参与竞争的企业的营销活动产生影响。菲利普·科特勒将行业内的竞争类型按对市场需求的影响分为 4 个层次。

（1）欲望竞争

即消费者想要满足的各种愿望之间的可替代性。消费者的欲望在同一时刻是多方面的，但很难同时满足，因此往往只能满足其中一个欲望，由此形成了不同产品之间的竞争。比如当一个消费者有休息的需要时可能想旅游、娱乐或进行体育运动，每一种愿望都可能意味着消费者将在某个行业进行消费。营销企业通过促使消费者在选择满足其需要的方式时，能选择本行业的产品或服务，这样就可以扩大市场对企业所在行业产品的需求。

（2）类别竞争

即满足消费者某种愿望的不同产品类别之间的可替代性，是消费者在决定愿望的类型之后出现的次一级竞争，也称平行竞争。假设上述消费者娱乐的愿望占了上风，他可以选择的娱乐方式又有很多种：看电视、看电影、听音乐会等，那么这些产品或服务就是满足消费者娱乐需要方面的相关产品。

（3）产品形式竞争

即在满足消费者某种愿望的特定产品类别中仍有不同的产品形式可以选择。假设消费者想看电视，那么是买 32 英寸的电视还是 37 英寸的电视呢？是液晶屏还是LED屏呢？是曲面屏还是平面屏呢？提供种类相同，但质量、型号、包装等各不相同的产品的各个企业就在这一部分市场上形成了竞争关系，互为产品形式竞争者。

（4）品牌竞争

即在满足消费者某种愿望的同种产品中不同品牌之间的竞争。比如有个消费者想购买 32 英寸的液晶曲面屏电视，那么应该选择康佳还是海尔呢？企业往往是将“份额竞争者”视为竞争对手。很显然，由于品牌竞争是完全相似产品之间的竞争，竞争对手之间就只能为既定市场份额进行争夺，故而竞争表现为“你死我活”或“大鱼吃小鱼”的残酷局面。

品牌竞争往往是这 4 个层次的竞争中最常见和最明显的，其他层次的竞争则比较隐蔽和深刻。有远见的企业并不仅仅满足于品牌层次的竞争，而会关注市场发展趋势，在恰当的时候积极维护和扩大基本需求。

思考题

产品品类的竞争属于哪一个层次的竞争？

2. 行业竞争结构的基本要素

根据迈克尔·波特的观点，一个行业中的竞争力量，除原有竞争对手外，还存在着决定竞争规模和程度的 5 种基本的竞争力量：行业内现有竞争者之间的竞争、潜在的新进入者的竞争、替代品的竞争、买方讨价还价的能力及供应商讨价还价的能力。这 5 种基本竞争力量的状况及综合强度，决定着行业的吸引力及竞争的激烈程度，从而决定行业最终的获利潜力及资本向本行业的流入规模，这一切最终决定企业维持高收益的能力。这 5 种力量构成了行业竞争结构的基本要素，又称波特五力模型（见图 2–6）。

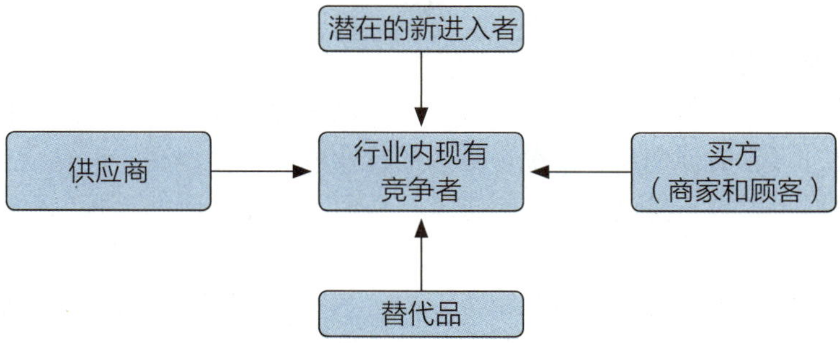

图 2–6 波特五力模型

（1）行业内现有竞争者之间的竞争

行业内现有竞争对手的竞争是客观存在的。一般来说，出现下述情况意味着行业中现有企业之间的竞争加剧。

① 有大量或势均力敌的竞争对手。有很多公司参与竞争的行业，竞争通常很激烈。面对众多的竞争对手，总会有人设想是否可以采取行动而不致引发竞争者的反应。然而，有证据表明，其他企业通常都能注意到竞争者的举动，且通常会做出反应。如果一个行业只有少数几个规模和力量相当的企业，竞争也会非常激烈。

② 行业增长缓慢。当一个市场处于成长阶段，企业会将资源尽量用于不断提升顾客基数方面，企业很少会有从竞争对手那里争夺顾客的压力。但在不增长或增长缓慢的市场，企业会投入战斗并试图吸引竞争对手的顾客来扩大自己的市场份额，这样竞争将会非常激烈。

③ 高额固定成本或库存成本。如果固定成本占了总成本的一大部分，企业就会想办法最大化地利用其生产能力，这可以用更大的产出量来分摊成本。但当众多企业都试图将产能最大化时，整个行业将会出现剩余产品。然后，为了减少库存，某些企业就会开始降低产品价格，给顾客提供回扣或其他特别的折扣，从而引发激烈的竞争。

④ 缺少差异化或转换成本低。当购买者找到一个能够满足其需求差异化的产品之后，他会一直忠诚地购买同样的东西。行业中如果企业的产品能够成功地实现差异化，则行业内的对抗程度会更低，如此企业间的竞争程度也更低。转换成本的影响与差异化产品的影响基本相似，购买者的转换成本越低，竞争对手就越容易通过提供特别的价格和服务来吸引顾客。

⑤ 高额战略利益。如果在某个行业获得成功对数家企业都非常关键，那么这个行业竞争程度也会很高。

⑥ 退出壁垒高。有时尽管一个行业投资回报很低甚至为负数，但企业仍然坚持参与竞争。这种情况下，企业可能是面临着很高的退出壁垒，包括各种经济的、战略的和情感的因素，它们导致企业仍决定留在该行业内，尽管这样做的盈利性值得怀疑。

（2）潜在的新进入者的竞争

鉴别新的进入者对企业来说非常重要，因为它们可能威胁到现有竞争者的市场份额。而新进入者带来这一威胁的原因之一是他们增加了行业的总产能，额外的产能必然降低消费者的成本，从而导致竞争公司的收入和回报下降。而且，新进入者通常对占领更大的市场份额具有巨大的兴趣和热情。因此，新的竞争对手可能将迫使现有企业提高效率，学习如何在新的领域展开竞争。

作为一种潜在的竞争力量，新进入者进入的难易程度取决于进入新领域的障碍大小与现有企业对进入者的预期反应情况。进入的行业障碍程度越高，现有企业的反应越激烈，潜在竞争对手就越不易进入或不想进入，从而对行业构成的威胁也就越小。新进入者面临的行业障碍主要包括规模经济、产品差异、资本要求、转换成本、分销渠道的获得、与规模无关的成本劣势、政府政策等方面，其中有些障碍是很难通过复制或仿造的方式来突破的。现有企业对进入者的预期的反应情况，主要是采取报复行动的可能性大小，这取决于有关厂商的财力情况、报复记录、固定资产规模、行业增长速度等。

进入行业的障碍程度并非一成不变。比如，由于拍立得即刻成像专利权期满，导致这方面的障碍消失，像柯达这样的大公司随即进入这个市场。又如，第二次世界大战后汽车行业生产规模进一步扩大，规模经济效益的作用更加明显，从而有效地阻止了许多潜在竞争者进入汽车行业。

（3）替代品的竞争

替代品是指具有相同功能，或者能满足同样需求从而可以相互替代的产品。比如，石油与煤炭、铜与铝、咖啡与茶叶，或天然原料与合成原料等的互为替代。广义地看，企业的竞争对手并不局限于同一行业中，两个处于不同行业中的企业，可能会由于所生产的产品互为替代品，从而在它们之间产生相互竞争的行为。这种源自替代品的竞争会以各种形式影响行业中现有企业的竞争战略。

① 现有企业产品售价及获利潜力将因那些能被用户更易接受的替代品的进入而受到限制，如果替代产品的价格比较低，它在进入市场后就会使本行业产品的价格上限只能处在较低的水平，这就限制了本行业的收益；本行业与生产替代产品的其他行业进行竞争，常常需要本行业所有企业采取共同措施和集体行动。

② 由于替代品生产者的侵入，使得现有企业必须提高产品质量，或通过降低成本来降低售价，或使其产品具有特色，否则其销量与利润增长的目标就有可能受挫。

③ 替代品生产者的竞争强度，受产品买主转换成本高低的影响，在顾客认为有价值的方面（如价格、质量、售后服务、地点选择等）进行差异化，可以降低替代品的吸引力。

总之，替代品价格越低、质量越好、用户转换成本越低，其所能产生的竞争压力也就越强；而这种来自替代品生产者的竞争压力的强度，可以具体通过考察替代品的销售增长率、替代品厂家的生产能力与盈利扩张情况来加以描述。

（4）买方讨价还价的能力

购买者可能是行业产品的消费者或用户，也可能是商业买主，他们主要通过压价与要求提供较高的产品或服务质量来影响行业中现有企业的盈利能力。购买者在以下情况拥有更强的议价能力。

① 如果顾客购买批量大、数量多，其购买量占行业产出的很大比例，作为买方的大客户，就有更强的讨价还价的能力。如果顾客购买的是重要的原辅材料，或者顾客购买的支出比重大，这样，顾客就必然会广泛寻找货源，货比三家，从而拥有更强的议价能力。

② 卖方行业由大量相对来说规模较小的企业组成，购买者购买产品产生的销售收入占卖方年收入的绝大部分。

③ 购买者所购买的基本上是一种标准化产品，能够不花费很大代价就转换到其他产品，同时向多个卖主购买产品在经济上也完全可行。

④ 购买者有能力实现后向一体化，而卖主不可能前向一体化，即所谓“客大欺主”。

⑤ 购买者了解市场供求状况、产品价格变动趋势，并掌握卖方生产成本或营销成本等有关信息。

（5）供应商讨价还价的能力

供应商主要通过提高投入要素价格与降低单位产品价值质量的能力，来影响行业中现有企业的盈利能力与产品竞争力。供应商力量的强弱主要取决于他们所提供给买主的是什么投入要素，当供应商所提供的投入要素其价值构成了买主产品总成本的较大比例，或对买主产品生产过程非常重要，或严重影响买主产品质量的时候，供应商对于买主的潜在讨价还价力量就大大增强。一般来说，满足如下条件的供应商会具有比较强大的讨价还价力量。

① 供应商为一些具有比较稳固的市场地位而不受市场激烈竞争困扰的企业所控制，其产品的买主很多，以至于每一单个买主都不可能成为供应商的重要客户。

② 供应商各企业的产品各具有一定特色，以至于买主难以转换或转换成本太高，或者很难找到可与供应商产品相竞争的替代品。

③ 供应商能够方便地实行前向联合或一体化，而买主难以进行后向联合或一体化，也就是所谓的“店大欺客”。

④ 供应商的产品对买方而言非常关键。

因此，为了减少供应商的竞争威胁，企业应该在保证供货相对稳定的基础上，尽可能使自己的供应商多样化，这样可以促进供应商之间的竞争，使企业处于相对有利的竞争位置。

（二）竞争者分析

竞争者一般是指那些与本企业提供的产品或服务类似，并且所服务的目标顾客也相似的企业。从表面上看，识别竞争者是一项非常简单的工作，但是由于需求的复杂性、层次性、易变性，技术的快速演进，以及产业的迅速发展使得市场竞争中的企业面临复杂的竞争形势。一个企业可能会被新出现的竞争对手打败，也可能由于新技术的出现和市场需求的变动而被市场淘汰。企业需要尽可能多地了解有关竞争者的情况，密切关注竞争环境的变化，了解自己的竞争地位及彼此的优劣势，方能百战不殆。

1. 竞争者分析的步骤

（1）识别竞争者

狭义上，企业可以把竞争者定义为以相似的价格向相同的顾客提供类似产品和服务的其他企业，但实际上，企业面对的是范围更广泛的竞争者，可能包括所有能提供相同产品或服务的企业。企业首先要先准确地识别竞争者，避免“竞争者近视症”。一个企业往往更可能“葬送”在其潜在竞争者的手下，而不是现有竞争者。

我们可以从不同的角度来划分竞争者的类型。

从行业的角度来看，企业的竞争者可能是现有的厂商，即本行业内现有的与企业生产同样产品的其他厂家；可能是替代品厂商，即生产与企业产品互为替代品的厂家；也可能是潜在的加入者。

从市场的角度来看，企业的竞争者可能是需求竞争者，即提供满足消费者同种需求的不同种类产品的企业；可能是消费竞争者，即提供不同产品、满足消费者不同愿望但目标消费者相同的企业；可能是行业竞争者，即提供同种或同类产品，但型号、规格、款式不同的企业；也可能是品牌竞争者，即同一行业中以相似的价格向相同的顾客提供类似产品或服务的其他企业。

（2）确定竞争者的目标和战略

在识别主要竞争者之后，营销管理者现在要解决的问题是，每个竞争者在市场上所追求的目标是什么？战略又是什么？

最初经营者推测，所有的竞争者都追求利润最大化，并以此为出发点采取各种行动。但是，这种假设过于简单。每个竞争者都有自己的一组目标，企业需要了解竞争者对当前盈利性、市场份额、现金流、服务领先性、技术领先性和其他目标给予的相对重视的程度。也就是说，竞争者虽然无一例外关心其企业的利润，但他们往往并不把利润作为唯一的或首要的目标。在利润目标的背后，竞争者的目标是一系列目标的组合，对这些目标竞争者各有侧重。

了解了竞争者的加权目标组合以后，我们就可以推测竞争者对当前企业运营状况的满意程度，并由此决定对不同的竞争性行为做出何种反应。

此外，企业还要能识别竞争者在市场中的战略。一家企业的战略与另一家企业的战略越相似，这两家企业相互竞争的可能性也就越大。在大多数行业中，竞争者可以划分为追寻不同战略的集团，而战略集团是指那些在相同产业的相同目标市场中采用相同或相似战略的一组企业。那么，当一个企业要进入某个战略集团时，该集团内部的成员就都将成为其关键的竞争者。但这并不代表竞争只存在于战略集团内部，战略集团之间也会出现消费者细分市场的重叠，从而产生竞争。企业需要审视界定产业内战略集团的各个维度，了解各竞争者的产品质量、产品特征、顾客服务、价格策略、分销渠道、销售人员战略及促销方案等各方面的细节，掌握竞争者是如何向顾客传递价值的，才能对市场的竞争动态了如指掌，争取主动权。

（3）评估竞争者的优劣势及反应

营销人员还需要分析竞争者的优势与劣势，才能有针对性地制定正确的市场竞争战略。对竞争者的优劣势进行分析通常会从这几个方面着手：产品特征、销售渠道的情况、市场营销的能力、生产与经营状况、研发能力、资金实力、组织运行情况、管理者管理能力等。企业一般通过二手数据、个人经历和口碑了解竞争的优势和劣势，还可以通过顾客、供应商和经销商进行原始数据的营销调研。

标杆瞄准（benchmarking）也是通常被企业用来同竞争者相比较的方法。标杆瞄准指企业将自己的产品、服务、成本和经营实践，与那些相应方面表现最优秀、最卓有成效的企业（并不局限于同一行业）相比较，以改进本企业经营绩效和业务表现的精益求精的过程。

营销人员要想预期竞争者可能的反应，就必须深刻理解竞争者的思维模式。通常来说，竞争者的反应模式有以下几种：迟钝型竞争者、选择型竞争者、强烈反应型竞争者及不规则型竞争者。迟钝型竞争者通常对市场竞争措施的反应不强烈，不会做出迅速、有力的反应，这种情况的竞争者通常会出现两个极端，一个是实力太弱无法应对，一个是实力太强不屑应对，也有可能是竞争者未能及时捕捉到市场变动的信息。选择型竞争者只对某些类型的行动做出反应，选择性地忽视不对自己构成直接威胁的竞争措施。强烈反应型竞争者对市场竞争因素的变化十分敏感，对于任何行动都会迅速做出强有力的反应，进行激烈的报复和反击。而不规则型竞争者对市场竞争的反应通常是随机的，不按常理出牌，也让对手不可捉摸。

2.竞争者分析的重要性

企业不仅要迎合目标消费者的需要，还必须获得战略优势，明确定位自己的产品，使之在消费者的脑海中区别于竞争对手的产品。

竞争者分析对营销活动的重要性体现在以下几个方面。

（1）没有任何企业可以不考虑竞争环境就做出决定，即使是垄断企业也必须考虑到潜在的进入者或有效的替代者。

（2）企业市场营销战略的制定及市场营销活动的实施都必须考虑市场压力和竞争对手的反应，从而加以适当调整。

（3）竞争对手越多，他们所提供的产品越近似，销售对于价格的变化就越敏感。

（4）企业要在激烈的市场竞争中获得营销的成功，就必须比其竞争对手更有效地满足目标顾客的需求，而前提就是了解竞争对手的行为。

（三）供应商

1. 概述

供应商是向企业及其竞争者供应原材料、部件、能源、劳动力等资源的企业和个人，是企业整个顾客价值传递网络中的重要一环。其提供资源的价格往往直接影响企业的成本，其供货的质量和时间的稳定性也直接影响了企业服务于目标市场的能力。因此，营销人员必须关注供应品的可获得性和成本，选择那些保质保量、不拖延货期且成本合适的供应商。

传统的做法是选择几家供应商，并按不同比重向他们进货，使他们互相竞争，从而迫使他们利用价格折扣和优质服务来尽量提高自己的供货比重。但这样做，虽然能节约企业的进货成本，同时也隐藏着很大的风险，如供货质量参差不齐，过度的价格竞争使供应商负担过重而放弃合作等。认识到这点后，越来越多的企业开始把供应商视为在创造和传递价值过程中的合作伙伴，为了支持这些关键领域里“更好的供应商”，以换取长期的合作、全面的高质量保证、及时的供货、对研究和设计提供的支持等，很多企业正大幅缩减供应商的数目。但若企业对某一家供应商过分依赖，又会大大提升供应商的议价能力，面临较高的风险。

2. 重要性

供应商对于市场的重要性体现在以下方面。

（1）供应商是产品供货能力、发货时间和产品质量的决定因素。

（2）原材料的费用是产品总成本的一个重要组成部分，而产品总成本会直接影响产品的售价，从而影响产品的销量。此外，市场营销有效性的一个关键参数——产品质量也同供货质量直接挂钩。

（3）供应商的议价能力是行业竞争结构的基本要素之一。

（4）供应链与初级生产商有许多连接，而且很容易受到外界因素的影响，如果企业与其的合作关系没有产生任何市场效益的话，也可以考虑向后合并。

（四）营销中介

营销中介是企业与顾客之间的桥梁，帮助企业销售、促销并将产品或服务送到最终购买者手中。像供应商一样，营销中介是公司整个价值传递网络的重要组成部分，在创建令顾客满意的关系过程中，企业不仅要使自身效益最大化，还必须与营销中介合作，使整个系统的效益最大化。当公司不直接对消费者进行销售时，就必须考虑到这一点。

有时候企业与供应商之间良好的合作关系也会成为企业抗衡竞争对手的有力武器。

1. 营销中介的类型

营销中介通常包括中间商、物流公司、营销服务机构和金融中介机构。

（1）中间商

中间商是帮助企业找到顾客或将产品销售给顾客的渠道商，主要包括代理中间商和商人中间商两大类。代理中间商是指专门协助达成交易、推销产品，但不拥有商品所有权的中间商，如代理人、经纪人、制造商代表等；商人中间商则拥有商品的所有权，从事商品购销活动，包括批发商和零售商。

（2）物流公司

物流公司是帮助企业储存、运输产品的专业组织，包括仓储公司和运输公司。企业从成本、运送速度、安全性和方便性等因素选择合适的实体分配计划，而物流公司的任务就是使企业市场营销渠道中的物流畅通无阻，为企业创造时间和空间效益。近年来，随着电商的飞速发展及仓储、运输手段的现代化，物流公司的功能也越发明显和重要。

（3）营销服务机构

营销服务机构主要是帮助企业制定公司目标，将产品更好地销售到正确市场的咨询公司，包括营销调研公司、广告代理公司、媒介公司等，他们为企业营销活动提供了不可缺少的专业服务。

（4）金融中介机构

金融中介机构主要包括银行、信贷公司、保险公司等对企业营销活动提供融资或保险服务的各种机构。

2. 营销中介的重要性

营销中介对于市场营销过程的重要性主要体现在以下方面。

（1）市场推广者既要与最终顾客进行交流，也应该与营销中介进行交流。

（2）高效的营销中介伙伴在产品运输、存货管理、市场知识、销售计划与陈列，以及售后服务方面都会让企业占有优势，他们对产品的供货能力、供货及时性、质量和价格有着至关重要的影响。

（3）无法有效地将产品传递给顾客的营销中介会对企业产生巨大的负面影响，企业与营销中介之间的合作需在费用、运输、速度和安全这几个方面达到某种平衡。

（4）由于营销中介所处的战略性地位，他们拥有一定的经济杠杆作用，其数目正在变得越来越少，但权力却变得越来越大。

思考题

互联网的发展使各类营销中介的作用发生了哪些变化?

（五）顾客

企业与市场营销渠道中的各种力量保持密切关系的最终目的就是为了有效地向其目标顾客提供产品和服务。分析目标顾客需求的特点及变化趋势，并与他们建立稳定的关系，是企业极其重要的基础工作。

1. 目标顾客的分类

市场营销学根据购买者和购买目的将企业的目标顾客分为以下 5 类。

（1）消费者市场

由购买产品或服务的个人和家庭组成，一般用于个人消费。

（2）生产者市场

由为了生产加工来获取利润而购买产品或服务的个人和企业构成，购买产品或服务是为了在后续的生产过程中进一步进行加工处理。

（3）中间商市场

由为了转卖来获取利润而购买产品或服务的批发商和零售商构成，购买产品或服务是为了转售以获利。

（4）政府市场

由为了履行政府职责而进行购买产品或服务的各级政府机构构成，购买产品或服务主要是用来提供公共服务，或是将产品或服务转让给有需要的人，提供社会福利。

（5）国际（地区间）市场

由境外的购买者构成，包括境外的消费者、生产者、中间商和政府机构。

一般来说，企业的目标顾客可以是以上 5 种市场类型中的一种或几种，每种市场类型在消费需求和消费方式上都具有鲜明的特色。企业必须分别了解不同类型目标市场的需求特点和购买行为。

2. 顾客的重要性

顾客对于市场营销活动的重要性体现在以下几个方面。

（1）顾客是企业的利益相关者，企业是否考虑顾客的利益是决定一个企业能否成功的关键。

（2）对大多数组织来说，顾客是企业营收的唯一来源，是企业能否赢利的决定性因素。

（3）比起满意的顾客，一个不满意的顾客会将其经历告诉更多的人，从而给企业造成巨大的负面影响。

（4）如果企业的顾客忠诚度低，从而导致顾客流失并转向企业的竞争对手，那么企业的生存就受到了威胁。

（5）一般来说，由于其中涉及收入流的生命周期，维系良好的客户关系要比发掘新客户的成本效率高得多。

（6）顾客的偏好可能变化得非常快，企业若无法预测顾客偏好的转向，可能会面临大量的客户流失。

（7）随着互联网的发展，企业对顾客的了解和进行比较的范围应不断扩大。

（六）公众

企业的市场营销环境还包括各种公众。公众是任何一个对组织实现目标的能力会产生影响的、具有实际或潜在利益关系的群体。公众一般可以分为以下 7 种类型。

1. 媒体公众

媒体公众掌控新闻、报道和评论，主要包括报纸、杂志、广播电台、电视台及现在盛行的网络媒体。

2. 民间团体公众

企业的市场营销决策还可能受到消费者组织、环境保护团体、少数民族团体和其他民间团体的质疑，企业的公共关系部门会帮助企业与这些民间团体保持联系。

3. 社区公众

社区公众主要包括企业营业场所附近的居民和社区组织。大型企业通常会建立专门的部门和程序来处理社区事务，参加会议，答疑解惑，并为社区提供一定的支持。

4. 政府公众

企业管理层还必须考虑政府的要求，营销人员必须经常向律师咨询产品安全、广告真实性和其他相关事项，以了解政府对这些方面的具体规定。

5. 金融公众

金融公众主要包括银行、投资公司、股东等，会影响企业的融资能力。

6. 一般公众

企业还需要考虑一般公众对其产品和行为的态度，企业在一般公众心目中的形象会影响人们的购买决策。

7. 内部公众

内部公众包括员工、管理者、志愿者及董事会成员。企业可以通过运用时事通信和其他方式向内部公众传递信息，给予激励。如果内部公众对自己的公司感觉良好，其正面态度也会传递给外部公众。

● 本章小结

1. 市场营销机会是指对企业营销管理具有吸引力并易于建立竞争优势且有成功可能的需求领域，具有公开性、可变性、相对性等特征，是众多企业机会中的一种。市场营销机会的识别与评估，是市场营销管理过程的起点。

2. 企业机会按机会定义可以分为第一类机会、第二类机会和第三类机会，按管理层次分可以分为公司机会、业务单位机会和市场营销机会，按机会的性质分可以分为需求性机会和问题性机会，按机会来源分可以分为市场环境机会和市场要素机会。

3. 对现存市场营销机会的识别可以从市场、产品或营销出发寻找机会，对未来市场营销机会的识别可以通过定性预测方法或定量预测方法来进行识别。

4. 企业的市场营销环境是由企业和与企业市场营销活动相关的所有外部因素及条件组成，根据营销环境对企业市场营销活动产生影响的方式和程度，可将市场营销环境分为两大类：宏观市场环境和微观市场环境。

5. 宏观市场营销环境，即间接营销环境，是指所有与企业的市场营销活动有联系的环境因素，包括人口、经济、自然、技术、政治和社会文化等方面的因素。

6. 微观市场营销环境，即直接营销环境，是指对企业服务其目标市场的营销能力构成直接影响的各种力量，包括竞争者、目标顾客、供应商、营销中介和公众等与企业具体业务密切相关的个人和组织。

7. 行业竞争结构的基本要素：行业内现有竞争者之间的竞争、潜在的新进入者的竞争、替代品的竞争、买方讨价还价的能力及供应商讨价还价的能力。

复习题

1. 什么是市场营销的宏观和微观环境？为什么说企业对营销环境能动的适应是其营销成功的关键？
2. 指出和描述企业微观环境的要素，并讨论它们对企业市场营销活动的影响。
3. 宏观市场环境会对企业的市场营销活动产生什么影响？会给企业带来怎样的机会与威胁？
4. 市场营销机会和企业机会有什么区别和联系？企业应如何识别、把握市场营销机会？
5. 为什么说市场营销机会的识别与评估是市场营销管理过程的起点？
6. 行业竞争结构由哪些基本要素组成？它们分别会如何影响行业中现有企业的竞争战略？
7. 互联网的兴起给企业带来了怎样的机遇和挑战？
8. 中国市场营销环境的主要特征是什么？
9. 市场营销人员应如何应对市场营销环境的变化？

课后案例：三顿半咖啡的逆向思维

长沙三顿半咖啡有限公司（以下简称三顿半咖啡）成立于2017年，2018年因其精品超即溶咖啡而声名大噪。在这个咖啡品牌混战的市场，三顿半咖啡作为新进入者却在2019年“双十一”活动期间，击败雀巢，以同比增长10倍的成交额问鼎天猫咖啡品类第一。而其最畅销的产品正是这一款采用迷你咖啡杯包装的超即溶咖啡粉。

近年来咖啡文化盛行，但速溶咖啡和精品咖啡之间还是存在一定差距的。因此，三顿半将品牌定位为“精品超即溶咖啡品牌”，即让顾客能随时以速溶咖啡的价格品味精品咖啡的醇美。

那么三顿半咖啡是如何做到在如此激烈的竞争环境中脱颖而出，引领咖啡行业新潮流的呢？

首先，三顿半咖啡定位精准，瞄准了咖啡市场的空白价格段，在雀巢与星巴克之间，找到自己的价格定位，将产品单价定在5～10元，但三顿半咖啡的口感又略高于711、全家等便利店售价10元左右的咖啡。这种差异化的价格在竞品市场中能使自己产品的价格处在用户容易下手的区间。同时，企业不断探索健康化、绿色化的产品创新之路，在打造高级口感的同时又在技术方面进行创新，使产品可以在不同液体、不同温度中做到“无须搅拌，三秒速溶”，成为最受用户喜爱的产品创新点。

此外，三顿半咖啡的包装其实也是一个营销点：迷你咖啡杯这一特别的设计给了消费者更多DIY（do it yourself，自己动手制作）的空间，小花盆、钥匙圈等小物件都是消费者用其迷你咖啡杯DIY出来的产物。

起步阶段的三顿半咖啡，因烹饪APP“下厨房”走红。他们将大量免费样品寄给熟客，并收集他们的反馈，再根据反馈改进配方和产品。而品牌消费者也自发地在APP上分享有效的产品评论，并使用三顿半咖啡的咖啡粉设计食谱，给品牌带来了一波初始流量。

在寻找和培养KOC（key opinion customer，关键意见消费者）方面，国内类似小红书、微博和其他社交媒体上与咖啡相关的帖子是三顿半咖啡的“伯乐发掘地”。确定完客户群体后，三顿半咖啡主动联系潜在的客户，并将产品寄给他们试用。三顿半咖啡将这些KOC称为“领航员”，并倾听“领航员”们提出的意见以用于后续产品优化（如果有几十个领航员都提出了相似建议，三顿半咖啡就会聚焦该方向做出精准优化）。目前，三顿半咖啡的“领航员”已超过500人。

从2019年8月起，三顿半咖啡发起了一个长期的空罐回收计划——返航计划，消费者可持咖啡空罐到返航点兑换新咖啡或周边产品。第一期活动在北京木木艺术社区、上海衡山·和集和南京先锋书店等门店举行，履约人数2444人，总回收量达10万+；第二期扩容至包括%Arabica、o.p.s café和Metal Hands在内的42家精品咖啡店，并在短短2天内收到了超过77万个咖啡空罐，履约人数也上升至10704人；第三期活动覆盖大部分的省（区、市），活动参与人数超过2万，空罐回收数量超过140万个。除了体现品牌的社会责任感，返航计划也是作为纯线上品牌的三顿半咖啡打造的线下触点，通过这一方式触及目标消费者（即咖啡爱好者）。因此返航计划不仅解决了品牌的环保问题，更成为品牌与消费者在线下互动的良好形式。

为了操作上的便利，三顿半咖啡还专门为返航计划做了一个小程序。小程序成功地激活了微信公众号的关注者，并且以验证身份作为进入返航计划的门槛给了用户绑定电话的理由。这样可以用电话号码作为桥梁整合淘宝的购物数据和微信微商城的数据，多方了解用户在微信的互动，完善用户画像，将用户进行更精准的分层。

（资料来源：根据网络相关资料整理）

思考题

1. 三顿半咖啡是如何识别市场营销机会的？又把握了怎样的市场营销机会？

2. 宏观环境和微观环境中的哪些因素对三顿半咖啡的营销策略带来了影响？三顿半咖啡是如何做到在如此激烈的竞争环境中脱颖而出的？

3. 你对三顿半咖啡未来的发展有什么好的想法或建议？

第三章

需求洞察与购买行为研究

市场与购买行为对于洞察消费者、预测市场趋势及开辟市场新赛道都有重要的指导意义。了解消费者的市场行为和决策过程有助于商家制定销售策略，为开辟新的产品线和立足于市场前沿提供参考依据。市场与购买行为，特别是互联网时代新的消费环境对消费行为产生了怎样的影响与改变，消费者线上和线下的消费行为有何本质区别，都是本章涉及的重要内容。

本章将从消费者需求、消费者决策过程、消费者的非理性决策 3 个方面重点剖析消费者的购买行为及背后的原理。此外，本章还将重点阐述在线上购物环境中消费者的决策过程和消费特征。

【本章学习目标】

1.掌握消费者需求的不同分类，深入理解不同类别中需求的本质。

2.分析和解构消费者的决策路径，理解路径中每一个构成元素及包含的内容。

3. 结合经典的行为经济学理论（前景理论、框架理论、禀赋效应等）理解和预测消费者的非理性行为。了解非理性背后原因的同时，学会制定相应的营销策略。最后，通过案例做到举一反三。

4.理解线上购物环境下消费者的决策过程和消费行为特征。

导入案例：元气森林的成功之路

在 2020 年的“双十一”大促活动中，元气森林成为天猫和京东两大购物平台的饮品类销量双冠军。在元气森林品牌创建之前，我国的饮品市场已经是一片红海，可口可乐、农夫山泉、娃哈哈等诸多品牌的竞争日趋白热化。元气森林在 2020 年突然跳入公众视野，2020 年上半年销售额就已突破 8 亿元，全年销售额总计近 30 亿元。从成立到 2020 年不过 5 年的时间，元气森林为什么能在众多巨头存在的饮料市场中迅速走红并成为爆品，它又是如何抓住消费者的心的呢？

掀起无糖饮料风潮

在健康生活方式的引领下，低糖成了消费行业的一大卖点。在多数品牌都还在驻足观望饮料市场的风向时，元气森林瞄准机会果断出手，将目标人群定位在年轻的消费群体，并抓住低糖饮料这个市场缺口，打造满足年轻人对健康、品质和口感多重追求的饮品。

2016 年 12 月，元气森林推出了它的第一款无糖产品“燃茶”，一经上市，0 糖的卖点就让其赚足了消费者的眼球，获得了空前的成功。2018 年，新产品无糖气泡水上市，主打 0 糖 0 脂 0 卡，既实现了消费者对无糖的追求，又保留了原来碳酸饮料的风味。元气森林凭借这款无糖气泡水在饮料界异军突起，迅速占据大片市场，赢得了广大消费者的喜爱。

采用小清新包装

优秀的外包装能够加强消费者对产品的印象。元气森林的一举成名就离不开它醒目的外包装设计，醒目的“气”字与清新简约的色彩相搭配，加上干净纤瘦的瓶身，形成了元气森林独特的包装风格。

在字体上，元气森林直接采用旗下产品中的标志字样“元”“气”和“燃”，进行演化，体现出动感；在图片上，元气森林以大片白色为包装背景，利用清新简约的图片向消费者传递产品口味的信息，简单又清晰。这样的外包装非常具有品牌辨识度，传递出了自己的品牌特色，成功抓住了消费者的眼球。

布局线下线上双渠道

随着便利店在中国一、二线城市的普及，元气森林选择了线下渠道的便利店作为进入市场的切入口。便利店的主要消费群体为年轻人和白领阶层，这与元气森林的目标消费者高度重合，更加有利于新品牌快速精准地接触到目标人群。便利店还能够及时反馈销售数据，让元气森林可以利用大数据的优势，充分了解消费者的偏好，及时做出调整。

随着电子商务的迅猛发展，元气森林又看中了电商平台，逐渐从线下渠道推广到线上渠道，吸引线上的消费者流量。另一方面，元气森林也将线下销售的场所从便利店向传统商超、零售商店转移，全面扩大销售范围，使消费者能够从各种渠道接触到元气森林的产品。

运营新媒体营销

元气森林选择了微博、小红书、B站等深受年轻人喜爱的新媒体平台进行内容营销，精准直击消费者。元气森林的官方微博积极参与热点话题讨论，经常普及健康饮品、代糖成分及品牌活动的信息，并通过投票抽奖等方式提高热度。在抖音、小红书、B站等平台，元气森林邀请KOL分享购买经验和口味测评，吸引消费者购买。元气森林鼓励用户创作与其品牌相关的原创内容，招募元气达人在小红书分享创意DIY饮品，如外星人调酒、酸奶甜品、调制气泡饮品等，通过元气达人的分享吸引更多消费者的参与。

（资料来源：根据网络相关资料整理）

思考题

1. 元气森林的产品满足了消费者的哪些需求？
2. 元气森林的营销是如何影响消费者决策的？

一、消费者需求与消费者行为

（一）马斯洛需要层次理论

美国心理学家马斯洛提出了著名的**需要层次理论**，他指出人的需要分为不同的层次，由低级层次的需要开始，逐级向上发展到高级层次的需要。在满足更高层次的需要之前，低层次的需要必须优先得到满足。

马斯洛将人的需要一共分为5层，由低到高分别是：生理需要、安全需要、社交需要、尊重需要和自我实现的需要（见图 3-1）。

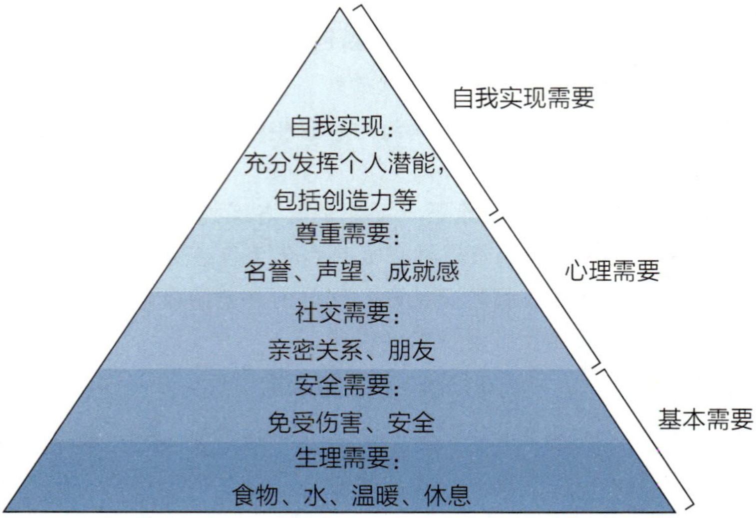

图 3-1　马斯洛需要层次理论示意

生理需要（physiological needs）：生理需要是人类生存的最基本需要，包括空气、食物、水、住所、衣服、温暖、睡眠等。如果这些需要得不到满足，人体就无法正常运转。

安全需要（safety needs）：安全需要是指人保护自己不受到伤害的需要。面对自然环境和社会环境中可能存在的危险，人需要保护自己的生命安全和身体健康。

社交需要（love and belonging needs）：社交需要是人对爱和归属感的需要，包括人对友谊、爱恋和亲密关系的渴望，想要加入某个群体的意愿等。

尊重需要（esteem needs）：尊重需要包括两个部分，一是个人对自我价值和成就的肯定，二是对名誉和他人尊重的渴望。

自我实现的需要（need for self-actualization）：自我实现的需要是人的成长需要，是发挥自己的作用，实现自己的个人潜力，追寻自我价值的需要。

人们的行为并不由单一的需要动机驱动，往往是由一个或几个动机同时驱动的。例如我们每天上班工作，既是为了养活自己，满足生理需要，也在与同事的相处和公司文化的熏陶中获得友谊和归属感，同时也在劳动中创造价值，获得上司的认可和晋升的机会，满足尊重和自我实现的需要。

根据需要层次理论，人的需要是从低到高依次被满足的，只有当填饱了肚子，保证了安全，才能继续追求社交、尊重和自我价值。但实际上，这些需要的层次和优先级并非固定不变，而是因人而异的。对有的人来说，被尊重的需要比爱的需要更加重要；对另一些人来说，满足创造性的自我实现需要可能比基本的生理需要还重要。

思考题

请指出以下事物满足了人的什么需要。

1. 饮水机。

2. 微信朋友圈。

（二）需求分类

1.按显隐性分类

根据消费者是否在购买行为中表现出特定的需求，可以将消费者需求分为显性需求和隐性需求。显性需求指的是消费者有明确意识，能够清楚表达出来的需求，比如想买一条新裙子、想买一套房子。隐性需求则是消费者心中有朦胧想法但是没有直接提出，难以描述清楚的需求，例如想要穿得漂亮、想拥有一个自己的家。

显性需求是直接的，可以量化的，商家可以根据这些明确的属性要求提供满足客户需求的产品。隐性需求藏在显性需求的背后，是显性需求的拓展，具有情感属性，满足标准是模糊的，商家需要通过沟通看清消费者的内心，才能满足其隐性需求。

2.按必要性分类

根据商品价格变化是否影响消费者的需求量，可以将消费者需求分为刚性需求和弹性需求。

刚性需求指的是无论商品的价格如何变化，消费者对商品的需求量变化不大。例如无论价格如何变化，消费者对大米、饮用水、衣服等生活必需品的需求不变。除此之外，一些家用耐耗品，如冰箱、空调等也属于刚性需求。

弹性需求指的则是随着商品价格的变化，消费者对产品的需求量也发生明显变动。弹性需求一般发生在替代产品多、非生活必需类的产品上，例如电子产品、体育用品、奢侈品等等。

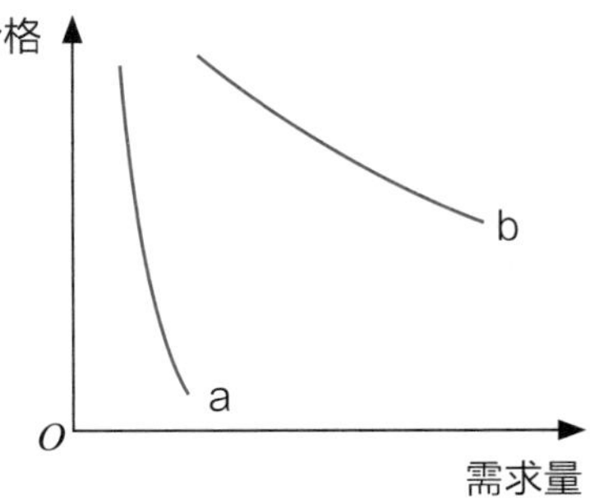

图 3-2　刚性需求和弹性需求的需求曲线

如图 3-2 所示，曲线a代表刚性需求，随着产品价格的上升或下降，a需求的需求量基本不发生变化。曲线b代表弹性需求，随着产品价格的下降，b需求的需求量明显增加。

3.按需求强度分类

按照需求的强度，可以将消费者需求分为痛点需求（强需求），痒点需求（中需求）和盲点需求（弱需求）。

痛点需求，顾名思义，指的是如果不解决消费者就会感到痛苦，因此不得不解决的需求，需求强度是很强烈的。在生活中消费者会遇到一些阻碍，例如公共厕所没有卫生纸、排队等待时站得太久腰酸背痛、电脑反复被病毒入侵等。这些问题会让我们产生焦虑、害怕、愤怒的负面心理，这时候就急需一个解决方案来抚平我们内心的痛苦，公共厕所的纸巾自动贩卖机、排队处设置的长椅、电脑杀毒软件就是为了解决这些痛点需求而生的产品。

痒点需求指的是消费者有一点感兴趣，想要，但也不是非要得到的需求，就像身体某处痒了，挠一挠会很舒服，但是不挠忍一忍也就过去了，需求强度适中。例如大家都很向往iPhone手机卓越的性能和出众的外观，但是受到经济条件的限制，买普通的手机也能接受。

盲点需求指的则是消费者自己还没有意识到的需求和欲望，需求强度较弱。要发现消费者的盲点需求，就需要充分了解消费者，激发盲点创造需求。比如一直以来，消费者对白酒的需求集中在应酬和送礼两个方面，江小白发现了白酒市场中消费者的盲点需求——情绪表达，通过文艺的口号和独特的营销策略，江小白成功打造了广受年轻群体喜爱的个性白酒品牌。

痛点是有强烈被满足的欲望，却没有得到满足的显性需求点；痒点是有一定的被满足的欲望，但这个欲望还不够强烈，需要进行刺激的显性需求点；而盲点则是隐性的需求点，还未被唤醒和表现出来，需要给予超乎预期的体验，让客户内生出新的欲望。商家需要帮助消费者解决痛点，满足痒点，激发盲点。

思考题

请举例说出 3 种解决了消费者痛点需求的产品，并指出它们分别解决了什么痛点?

（三）识别和挖掘需求的方法

在了解了需求的类型之后，消费者和商家需要识别和挖掘消费者具体需求的内容，一方面帮助消费者在后续的购买过程中做出准确的决策，另一方面也帮助商家更好地满足目标客户的需求。

1. 用户访谈

对商家来说，用户访谈是了解消费者、洞察消费者需求最普遍的方法之一。为了获取用户信息，商家会根据事先拟好的提纲进行引导性谈话，用开放式的问答充分收集相关信息，经常用于对某一类用户需求进行了解性探索。常见的形式有面对面访谈、电话访谈、线上聊天访谈。

2. 问卷调查

相比于一对一的访谈，问卷调查的覆盖面更广，问卷内容条理性逻辑性更强。商家通过制定详细周密的问卷调查，可以在短时间内收集到大量消费者需求的相关信息。对问卷进行统计分析，并对作答用户进行标签分类，就可以有效识别不同类型消费者的具体需求。

3. 可用性测试

在产品广泛投入市场之前，商家会让小部分用户先试用产品，记录他们使用的反馈和建议。这种方法一般用于对产品功能和营销流程的验证。通过A/B测试，根据试用反馈的结果判断消费者的需求偏好，在正式产品上市之前调整产品功能和营销方案。

4. 运营数据统计分析

在产品推出之后，商家还需要密切关注产品的运营数据，例如产品的访问量、用户数、流失率、点击率、转化率、留存率、活跃度等方面的数据。通过分析运营数据的变化，发掘消费者的需求和运营环节的缺漏，以便进一步改进产品。

二、消费者决策

（一）经典的消费者行为模型

经典的消费者行为模型有SOR模型[①]及菲利普·科特勒提出的行为选择模型[②]等。

① Mehrabian, A., Russell, J. A. *An Approach to Environmental Psychology*[M]. Cambridge, MA: The MIT Press, 1974.
② Kotler, P., Armstrong, G. *Principles of Marketing*[M]. 17th Edition. New York: Pearson Education, 2017.

1. SOR 模型

SOR 模型是人类行为的一般模型，又称为刺激—反应模型，即“刺激—个体生理/心理—反应”（stimulus-organism-response），在消费者行为领域也被称为“输入—处理—输出”。输入阶段中包含的影响因素有营销组合（产品、价格、促销方式、渠道等）、沟通源（广告、口碑、社会媒体等）和社会文化因素，处理过程中会受到个体的需求、心理、知识经验等因素影响，而输出阶段则包含购买行为、购后评价、重购等。

2. 行为选择模型

菲利普·科特勒行为选择模型的主要观点是，消费者购买行为会受到两方面的影响，即营销刺激及外部刺激，不同特征的消费者会产生不同的心理活动及做出不同的消费者决策，最终反映在消费者对产品、品牌、经销商、购买时机、购买数量的选择上。

（二）消费者的决策路径

了解消费者的购买决策过程是至关重要的。消费者的购买决策过程，即消费者在购买商品或服务之前、期间和之后在市场上以货币购买商品或服务的决策过程。这可以帮助商家或市场营销者在市场中取得更优异的表现，因为如果营销者能根据消费者的购买决策过程来预测消费者的行为，就更有可能成功地销售其商品或服务。

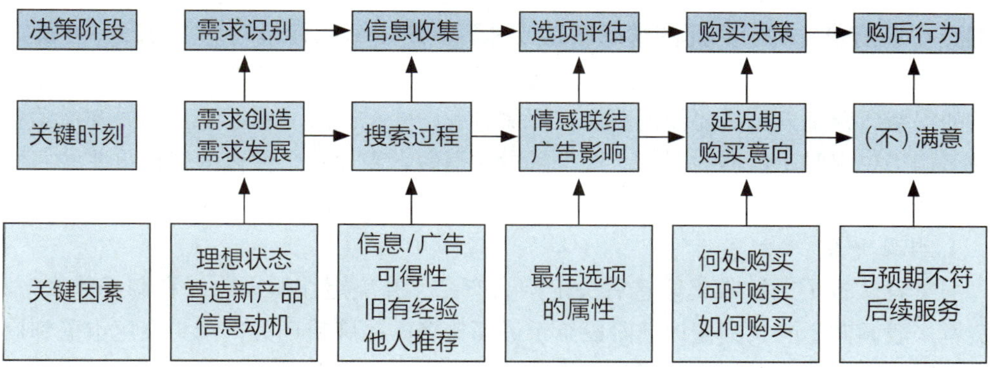

图 3-3 消费者的决策路径

图 3-3 显示了消费者的决策路径，包括 5 个阶段：需求识别、信息收集、选项评估、购买决策和购后行为，以及每个阶段的关键时刻与关键因素。在决策过程中，消费者可以使用这 5 个阶段，但也有可能跳过一个或多个阶段，这取决于不同消费中消费者的心理。例如，在购买日常所需食材时，消费者就可能跳过信息收集和选项评估这两个阶段，而在计划购买一处房产时，就很难跳过任何一个阶段。

1. 需求识别

这是消费者购买决策过程的第一阶段，也被称为问题识别。这种需求可能是原始的，例如对空气、水、食物和住所的需求，也可能是更高级的需求。营销人员可以在消费者的现有状态和理想状态之间创造或者发展一种不平衡，由此诱发消费者的需求，使消费者发现并购买产品或服务，其手段包括广告、促销活动等。在这个阶段，对于营销人员来说，重要的是创造、发展需求并找准时机，以驱动消费者因需求而购买产品，其成功与否的影响因素包括：理想状态的创造、产品信息的可得性、产品与期望的匹配性等。

2. 信息收集

消费者过去的消费体验不佳或者想要尝试新产品时，消费者就会进行信息搜索。搜索时的信息来源有以下几种：个人来源（家庭、朋友、邻居、熟人）、商业来源（广告、销售人员、经销商和制造商、网站和移动网站、包装、展示）、公共来源（大众媒体、消费者评级组织、社会媒体、在线搜索和同行评议）和体验来源（检查、使用产品）①。例如，消费者想要买一台电脑，那么他会关注电脑的广告，从家人、朋友处打听，也可能去寻找电脑的测评文章阅读。这一步所花费的时间通常取决于消费者过去购买产品的经验、所涉及的风险和兴趣程度。在搜索信息的过程中，营销人员必须抓住机会，提供产品的相关描述、促销活动等，此时广告可得性、熟人推荐、产品评价、相似产品体验和产品试用感受都会影响这一过程。

3. 选项评估

信息收集完成后，消费者初步拥有了某个产品或品牌的信息，然后对该产品或品牌进行简单排名，评估各个选项。消费者可能会问自己："我真的需要这个产品吗？是否有替代品？原来的产品有那么糟糕吗？"比如，消费者想买一辆车，就会收集有关汽车品牌的信息，确定了心仪的品牌后，会和其他品牌进行对比。通常，消费者会选择某个最重要的属性（如价格、质量、品牌等），在此基础上做出最终的决定。在这一阶段，关键点在于消费者对于产品的情感联结或是否受广告影响而最终购买产品。在此过程中，营销人员需要把握消费者想要满足的需求和愿望，以及消费者想要从选择的品牌中获益的渴望，营销人员需要使消费者在评估过程中注意到其品牌，并且最好知道消费者在做出购买决定时所依据的属性，这个阶段对消费者来说是个性化的，最重要的属性可能是价格、质量、品牌、产品定位、购买的地点、使用产品的后果等。

4. 购买决策

消费者从多个渠道收集信息后决定购买产品，并决定在哪里购买和购买什么产品。消费者一般倾向于购买其在评估阶段给予最高排名的品牌或产品，购买决定也受到周围环境的影响。在消费者形成购买某种产品的购买意向，但并没有完成交易时，需要考虑的因素包括何时、何地、以何种价格进行购买，例如，是选择线下门店购买还是在京东、淘宝、拼多多等线上渠道进行购买，同款产品不同渠道的价格也可能有差异。通常情况下，购买决定的形成和实际购买之间会有一个时间延迟，特别是对于相对复杂的产品，如汽车、电脑、手机和耐用消费品。对于非耐用产品，包括许多低投入的项目，如日常用品，决定和实际购买之间的时间可能很短。**在相对复杂的产品上，关键是要减少消费者在延迟期内购买意向的流失。**

思考题

企业如何减少消费者在延迟期内购买意向的流失？

5. 购后行为

购买后的行为是消费者购买决策过程的最后一个阶段，此时消费者对产品进行评价和回顾：该产品是否适合自己？期望是否得到满足？公司的工作并不因为顾客购买了产品而停止，公司应该了解消费者对产品的行为或看法，即在使用该产品后，消费者满意

① Kotler, P., Armstrong, G. *Principles of Marketing* [M]. 17th Edition. New York: Pearson Education, 2017.

与否及背后的原因。如果消费者因产品符合或超过其描述和顾客的预期而感到满意，那么继续使用同一产品的可能性就更大，对产品和品牌将变得更忠诚，也可能成为“品牌大使”，影响其他人购买该产品，此时产品的销售就会增加，公司可以获得更大的利润。如果消费者对公司的产品不满意，那么问题就出现了，这种不满的原因可能是公司的承诺没有兑现。例如，一家汽车公司向客户承诺提供免费服务，但在消费者想要享受服务时公司却拒绝了，消费者就会滋生不满情绪。在这一阶段，最重要的是抓住客户不满意的点，使客户满意，将其变成一个忠实的老客。针对未做到的承诺要立即调查问题产生的原因，及时调整，使优质的服务重塑品牌形象，培养顾客的忠诚度。**特别要注意的是网络购物的购后行为放大了对消费者购买决策影响，消费者购后评价可能被商家控制**，如层出不穷的水军事件，企业要以诚信为本，才能长久发展。

（三）影响消费者决策的因素

从长期角度看，消费者的决策受经济因素和非经济因素影响。经济因素很容易理解，不同收入层次的人的购物决策有着很大的区别，经济富足的人可以无所挂碍地购买心仪的产品，而生活拮据的人则倾向于以性价比为导向在购物中满足基本生活需求。非经济因素分为内部因素和外部因素。内部因素指的是消费者个体和心理因素的差异，个体因素包含性别、年龄、教育、性格、思维方式等，心理因素包含动机、知觉、认知、学习、态度、信念等；外部因素则是指消费者所处的环境，例如家庭背景、文化背景、社会阶层、社会团体等社会文化因素等，这些非经济因素都会影响消费者的购买行为模式[①]。

1.个体因素

消费者的个体特征是影响消费者决策的先决因素，如消费者的年龄、性别、受教育程度、性格等。年轻的消费者更容易接受新事物，消费频率高，重视产品的观赏性，价格常常不是他们考虑的第一要素；而老年消费群体则更重视产品的性价比，认为产品的耐用价值更加重要。女性消费者大多为服装和化妆品的受众，而男性消费者一般更加关注电子产品。性格开朗的消费者喜欢和销售员热情交谈，了解更多产品信息，而性格内向的消费者则不愿意与销售员有过多接触。把握好消费者的个体特征对其消费决策的影响，是促进消费者做出购买行为的第一步。

2.心理因素

消费者动机是指消费者进行购买决策的原因和动力，动机是消费者行为的指导和内在驱动。动机来源于消费者的需要，根据马斯洛需要层次理论，人的需要可以分为生理需要、安全需要、社交需要、尊重需要和自我实现的需要这 5 个层次。出于这 5 种需要，消费者会产生消费动机，通过购买产品来满足自己的需要。例如消费者出于生理需要产生购买食物和饮用水的动机，出于尊重需要产生购买奢侈品的动机，有时消费者的行为并不由单一的需要动机驱动，也可能是由一个或几个动机同时驱动的。商家可根据消费者的动机和需求给出相应的解决方案。

消费者的感觉与知觉也是影响消费决策的重要因素。消费者感觉是指消费者对直接作用于感觉器官刺激的直接的第一反应，消费者知觉是指消费者接收到外部刺激之后，

---

① Kotler, P., Keller, K. *Marketing and Management* [M]. New York: Pearson Education, 2012.

对此进行选择、组织、理解的过程。感觉是知觉的基础，消费者只有感觉到商品的颜色、形状、气味、轻重等属性，才能形成对产品的整体知觉。商家常常通过感官营销，利用视觉、嗅觉、味觉、听觉和触觉的刺激，提高消费者对产品的知觉印象，从而促进消费者的购买决策。例如气味图书馆采用嗅觉和味觉相结合的营销，推出大白兔味道的香水、沐浴露等系列产品，让消费者在接收奶糖味的感觉过程中又产生了怀旧的知觉，产品大受欢迎。

消费者情绪对于消费者也有着深刻的影响。人有喜、怒、哀、惧等多种基本感情，这些情绪会刺激消费者决策，也会影响消费者决策。例如快乐的情绪会让消费者更容易记住产品，悲伤情绪使消费者更追寻奖励或者补偿，冷漠的情绪可以传达品牌的高贵等。除了这些基本情绪，消费者的怀旧感、孤独感、仪式感等，也是商家可以利用的重要情绪。把握好消费者的情绪价值，可以达到意料之外的营销效果。

3. 社会文化因素

社会文化因素对于消费者决策的影响广泛而深刻，宗教、文化、礼仪、语言、社会规范等都会潜移默化地影响消费者的行为。消费者处于不同的社会文化之中，长期以来形成的消费习惯和消费偏好都有很大差异。例如，高语境文化和低语境文化对于广告营销的理解有着很深刻的区别，高语境文化的消费者可能更喜欢含蓄精深的表达，而低语境文化的消费者更倾向于简单直接的宣传方式。崇尚集体主义与崇尚个人主义的消费者在聚餐时的消费行为也大相径庭，西方人更偏好AA制及点各自喜欢的食物，而中国人则会围着圆桌一起吃饭、照顾大家的喜好。因此品牌想要扩大自己的影响力，打开多个国家的市场，需要做好品牌的本土化工作，符合当地的社会文化和消费习惯。

4. 决策自身的影响因素

决策的重要性会对决策任务产生影响，对于大多数消费者来说，选购一瓶牛奶和一辆汽车之间存在着巨大的差异。在前一种情况下，决定往往是日常小事，其后果相对较少，而且几乎无须费力便可以做出选择。在后一种情况下，影响要深远得多，消费者往往要花费大量的时间和精力，搜索充分的信息，征求意见，并为困难的权衡而苦恼。相关理论将消费者信息加工分成了3种类型：简单的、习惯性的信息加工，中等程度的信息加工，以及广泛的信息加工①，其中第一和第三个分别对应上一例中的与牛奶和汽车相关的信息加工过程。

决策任务的其他要素也可能影响消费者的决策行为。决策中所包含的选项差异可能影响决策的难度，例如，可供选择的选项和各选项属性的数量过多，某些选项的价值难以估算；某些属性具有很强的不确定性，各选项间相同属性的数量少，这些因素都有可能造成选择难度的增加。其他因素，诸如时间压力、个人能力或知识的差异亦有可能产生影响。

5. 环境因素

环境中对于消费者决策产生较大影响的因素包括信息的获取方式及组织方式，以及信息来源于内部或者外部。

消费者可以从各个不同的渠道获取信息，例如广告、包装、店内陈列或小册子等都可以向消费者传递信息，价格和销售产品的商店类型也可以传递信息。消费者也可以利

① Bettman, J. R. Memory Factors in Consumer Choice: A Review [J]. *Journal of Marketing*, 1979, 43(2): 37–53.

用以前的经验进行判断，或从朋友、家人或销售人员那里打听产品口碑，或在点评软件上查看其他顾客的使用体验，或在专业的产品评级出版物上阅读有关产品，或可观察别人使用的产品情况。这些不同的获取信息的渠道都可能对消费者决策产生影响。

信息的组织方式也会影响消费者的决策行为。信息的时序会影响决策，例如，一则广告通常只提供关于该品牌的有利信息，而有关该品牌的补充信息或竞争品牌的信息通常是在不同的时间获得的，在这样的环境中，平衡各方信息做出决策变得相对困难。消费者可能无法一次性回忆某类产品中所有品牌在某一特定属性上的表现，然而，如果有一个总结各个品牌属性值的表格，这个过程就会变得很简单。营销人员应该注意到，消费者的工作记忆容量是有限的，能够在决策中同时处理的信息也是有限的，这意味着可得的信息并不一定都是可以被消费者加工的。因此，在呈现信息时，要将信息组织得简单易懂，否则消费者决策会非常困难也非常疲惫，可能导致购买决策无法顺利形成。

基于信息来源的不同，决策可以被分为基于记忆的决策、基于刺激的决策和混合决策①，分别指的是使用记忆中的信息（内部信息）、外部环境信息和两者兼用的决策。一个选择是基于记忆的、基于刺激的还是混合的，将影响消费者做出选择的方式。例如，如果选择只基于记忆中的信息，他们将受到记忆特征的影响：信息可能是不完整的，可能会对错过的信息进行推断，可以回忆起的信息可能会受到个人偏好、遗忘部分重要信息等影响。因此，消费者可能无法回忆起大量完整的、可比较的信息以对所有选项进行全面评估。然而，如果商家可以提供所有备选选项，这将更有利于消费者全盘考量各个方面从而做出决策。对于同时需要调用记忆和外部环境信息的混合决策，消费者必须以某种方式整合这些信息来做出决定。其常用的方式有二：利用与经验中相同或类似的决策策略，或者现场构建一个新的策略，利用现有信息的任何结构特征进行分析（例如，如果所有选项在该属性上表现相同或非常相似，则在下一步评估中不再考虑该属性）。

思考题

对于你所在的行业来说，消费者决策 5 个阶段中，哪一个最为关键？哪些关键因素和关键时刻最容易被营销者影响？

三、非理性的消费者决策

“理性人假设”是传统经济学研究中的基本前提假设，经济学家们指出，从事经济活动的人都是完全理性的，在做决策时会以自己最小经济代价去获得最大的经济利益。然而实际情况并非如此，消费者并不是完全理性的，他们在做决策时会受到各种因素的干扰。为此，行为经济学将经济效用与心理效用相结合，得出了一系列对商业实践、营销和消费者研究有重要贡献的理论。

（一）前景理论

1979 年，美国普林斯顿大学心理学教授丹尼尔·卡内曼和阿莫斯·特沃斯基提出了“前景理论”（prospect theory，又叫作“展望理论”）②。该理论指出，人在不确定条件下的

---

① Lynch, J., John, G., Srull, T. K. Memory and Attentional Factors in Consumer Choice: Concepts and Research Methods [J]. *The Journal of Consumer Research*, 1982, 9(1): 18–37.

② Tversky, A., Kahneman, D. Advances in Prospect Theory: Cumulative Representation of Uncertainty[J]. *Journal of Risk and Uncertainty*, 1992, 5(4): 297–323.

决策选择，会在心里预设一个参考标准，然后衡量每个决定的结果与这个参考点的差别是多大（见图 3-4）。

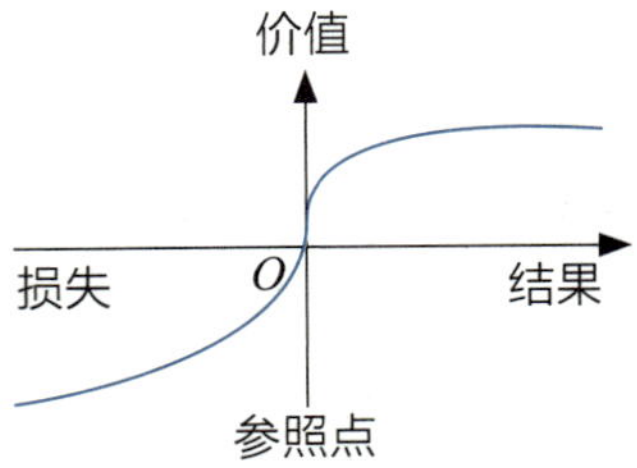

图 3-4　前景理论的数学模型

如图 3-4 所示，当事情的结果处于参照点的右边，那么这件事是有收益的。随着收益的增加，曲线的斜率逐渐平缓，收益越大，单位收益带给消费者的快乐越少。例如中了 100 块彩票的快乐几乎是中了 50 块彩票快乐的两倍，但中了 100 万彩票的快乐和中了 50 万彩票的快乐则相差无几。如果收益降低，也就意味着向曲线的左侧移动，斜率增加代表快乐减少的速度大大增加，也就是因损失导致的痛苦就大大增加，因此人们在收益的区间是风险厌恶的。

当事情的结果处于参照点的左边，那么这件事产生了损失。随着损失的增加，曲线的斜率也在逐渐放缓，损失越大，单位损失给消费者带来的痛苦越小。因此面对损失，消费者是风险偏好的，因为即使损失更多，也不会增加太多痛苦，而损失稍微降低一点，就能大大减少痛苦。

模型的左右两边是**非对称**的，损失产生的效用绝对值要明显大于同等收益产生的效用。这意味着人们对损失和获得的敏感程度是不同的，得到 100 块钱的快乐远远小于丢了 100 块钱的痛苦。因此，相比获得，人们更害怕失去。

前景理论解释了人们风险厌恶和风险偏好背后的原因，之后提出的框架效应（framing effect）、禀赋效应（endowment effect）等理论，都是以前景理论为基础的。

（二）框架效应

设想预计某种疾病将导致 600 人死亡。现有两种与病毒做斗争的方案可供选择。请根据不同的情景描述，选择你认为更好的方案（见图 3-5）。

在情景一中，你认为采用 A 方案还是 B 方案更好？在情景二中呢？

情景一
A 方案：200 人将生还。
B 方案：有 1/3 的机会 600 人将生还，而有 2/3 的机会将无人生还。

情景二
C 方案：400 人将死去。
D 方案：有 1/3 的机会无人将死去，而有 2/3 的机会 600 人将死去。

图 3-5　两种情景下的危机处理方案

研究表明，在情景一中，有 72% 的人选择方案 A，28% 的人选择方案 B。在情景二中，有 22% 的人选择方案 C，78% 的人选择方案 D。仔细观察可以发现，一共 600 人的情况下，情景一“200 人生还”和情景二“400 人死去”其实是同样的结果，但强调的重点从“生还”变为“死去”，就会导致截然不同的选择，这就是框架效应。

框架效应由阿莫斯·特沃斯基和丹尼尔·卡尼曼提出，指的是人们对一个客观上相同问题的不同描述导致了不同的决策判断[①]。根据前景理论我们可以知道，人们在面对收益

① Tversky, A., Kahneman, D. The Framing of Decisions and the Psychology of Choice[J]. *Science*, 1981, 2(4481): 453–458.

时是风险规避的，在面对损失时是风险偏好的。情景一中强调的“生还”是收益，情景二中强调的“死去”则是损失，因此面对收益时，人们选择规避风险的方案A，而面对损失，人们选择风险偏好的方案D。

框架效应的语言艺术在广告营销、社会调查乃至民意选举中，都起着非常重要的作用。

（三）禀赋效应

如果你拥有一个如图 3-6 所示的马克杯，你愿意出多少价格卖掉它？

如果你想买这个马克杯，你愿意出多少钱买它？

图 3-6　对马克杯出价

研究结果显示，当拥有这个马克杯准备售卖的时候，消费者的出价是想要购买时出价的两倍，这就是禀赋效应。

禀赋效应最早由芝加哥大学行为经济学教授理查德·塞勒于 1980 年提出，指的是当个人一旦拥有某项物品，那么他对该物品价值的评价要比未拥有之前大大提高[①]。

丹尼尔·卡尼曼曾经进行过一组关于禀赋效应的实验，一组参与者在完成问卷后，得到一只咖啡杯作为礼物，而另一组完成问卷后，得到一盒巧克力作为礼物，两者为同等价值。当他们收到礼物后，工作人员告诉两组参与者他们可以选择换成另一种礼物，询问他们是否需要交换。因为参加者是随机分配的，所以统计学上应该有一半的参与者选择交换，而结果是只有 10% 的参加者选择换成另一种礼物。也就是说，得到咖啡杯的人认为咖啡杯更好，而得到巧克力的人认为巧克力更好。

禀赋效应也可以用前景理论的“损失厌恶”来解释，同样的损失给人们带来痛苦要大于相同的收益给人们带来的快乐。因此人们在决策过程中对“避害”的考虑远大于对“趋利”的考虑，出于对损失的畏惧，人们在卖出自己拥有的物品时往往索要更高的价格。

（四）心理账户

请想象以下场景：你花了 20 美元买了一张音乐会的票，出发前你突然发现票丢了，

① Thaler, R. Toward a Positive Theory of Consumer Choice[J]. *Journal of Economic Behavior & Organization*, 1980, 1(1): 39–60.

你还会再花 20 美元买票去听音乐会吗？根据前景理论，损失 20 美元的痛苦要大于 20 美元音乐会带来的快乐，因此你应该不愿意再花钱买票了。

如果你是突然发现钱包里丢了 20 美元现金，你还会花 20 美元买票去听音乐会吗？按理说损失的价格是完全一样的，根据前景理论我们还是不会去买这张票。但你是不是会觉得丢了的这 20 美元只是去听音乐会途中的一个小插曲，它和买音乐会的票是两件事，还是会买下这张价值 20 美元的门票？

理查德·塞勒在 1985 年正式提出"心理账户"理论（mental account），该理论可以补充前景理论的不足，解释消费者在决策时的其他非理性行为。心理账户理论指出，人并非对所有的钱一视同仁，而是在心理划分了很多账户，将钱分配到不同的心理账户中[①]。

心理账户的特点一是不同的心理账户对同一件产品会有不同的预算。比如一盒价格为 200 元的巧克力，当我们用食物账户的钱去购买时，我们会觉得这盒巧克力非常昂贵，而当我们用礼物账户的钱去购买这盒巧克力作为情人节礼物时，我们会觉得这盒巧克力物有所值，甚至相对便宜了。

心理账户的特点二是不同的账户的钱不能相互填补。例如我们会将基本生活费用立为一个账户，看电影旅游等享乐消费立为另一个账户，当享乐消费账户的钱用完时，我们不会用生活费用的账户去填补，而是继续往享乐账户里存另外的钱。心理账户的存在阻碍了不同支出类型之间金钱的流动和转换（见图 3-7）。

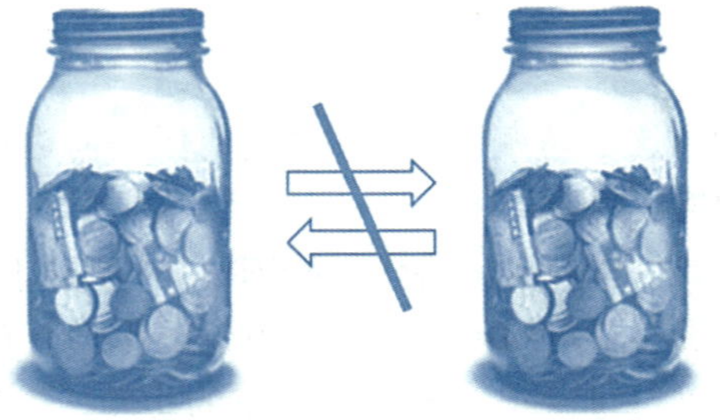

图 3-7　不同的心理账户之间的金钱不流通

心理账户的特点三是对不同来源的收入有不同的消费倾向，例如我们会将存放在工资账户中的钱小心翼翼精打细算地使用，但是对于奖金账户的钱，我们拿来进行享乐消费是不太会心疼的。

心理账户的特点四是用不同的态度来对待不同数量的收入。例如，如果我们月末得了 500 元的奖金，可能拿出 400 元去买心仪已久的衣服，把剩下的 100 元作为零用钱。但是如果获得了 5000 元，反而不会去买衣服，会将钱存入银行。

心理账户带来的非理性行为在日常消费、金融投资、未来储蓄等方面会对消费者的生活产生重要影响。因此，理解心理账户理论能够帮助消费者对不同来源，不同数量的收入做出等价的判断和更加理性的决策。

① Thaler, R. Mental Accounting and Consumer Choice[J]. *Marketing Science*, 1985, 4(3): 199–214.

（五）诱饵效应

《经济学人》期刊推出了两种版本的订阅，详细情况如图 3–8、图 3–9 所示，你会选择 A 还是 B？

《经济学人》期刊订阅		
A.	电子版	$59/年
B.	纸质版+电子版	$125/年

图 3–8　订阅版本一

《经济学人》期刊订阅		
A.	电子版	$59/年
B.	纸质版	$125/年
C.	电子版+纸质版	$125/年

图 3–9　订阅版本二

我们可以注意到，新增的选项 B 和 C 的价格是一样的，但选项 C 还多了电子版的期刊，在 3 个选项中显得格外划算。

麻省理工学院的经济学教授丹·艾理里在他的学生中做过这样一个实验[1]，当只有 A、B 两个选项时，68% 的学生选择订阅电子版，32% 的学生选择订阅纸质版+电子版，大部分学生认为电子版足以阅读并且价格便宜。而加上了新的选项“电子版”也是 125 美元后，选择 C 的学生占 84%，选择 A 的学生占 16%，没有学生选择 B。

B 选项的存在让人觉得选项 C 更加划算转而选择 C 类订阅，这实际上增加了《经济学人》期刊的订阅收入，因为原本更多的人只是想订阅相对便宜的电子版。看似人们进行了更划算的选择，实则是掉进了期刊的诱饵陷阱。

“诱饵效应”（decoy effect），指的就是当人们在两个同等优秀但不可比的选项 A 和 B 进行选择时（A 与 B 在不同维度上都各有所长），引入一个比 A 选项略差的第三个新选项 A-（诱饵）的加入，会使 A 选项显得更有吸引力，从而使消费者忘记 B 选项。在上面的例子中，选项 B“纸质版 $125”就是诱饵，它的存在促使人们更多地选择 C 选项而放弃 A 选项。

例如去电影院看电影时，小份爆米花价格为 3 元，大份爆米花价格为 7 元（见图 3–10），很多消费者在两者之间犹豫不决，这时通过怎样的操作可以让消费者更多地选择大份呢？

图 3–10　小份和大份爆米花的比较

图 3–11　中份爆米花加入比较

如图 3–11 所示，电影院推出了分量处于小份和大份之间的中份，但定价为 6.5 元，使得分量多出一半但价格只多 0.5 元的大份显得更加划算，诱导消费者更多地购买大份爆米花，而中份则只是商家推出的诱饵罢了。

---

① Ariely, D., Jones, S. *Predictably Irrational* [M]. New York: Harper Collins, 2008.

如果你看到某家淘宝店铺有定价高且完全没有销量的产品，不要觉得奇怪，可能这只是为了让你购买这家店铺其他商品而放置的诱饵罢了。

思考题

如果你有 3 条好消息要公布，你是选择一次公布完还是分三次公布？如果是 3 条坏消息呢？为什么？

四、线上购买行为分析

（一）线上消费体验、影响因素及结果

1. 线上消费体验的概念

消费体验的概念已经广泛应用在很多商业环境中，包括营销活动、消费者服务、旅游、零售等。消费体验是消费者与产品或商家通过直接或间接接触产生的主观反应，是人们接触产品、服务和业务时形成的印象。这种印象是一种留在消费者头脑中的感知，它是由接触过程中接收到的许多感官信息融合而成的[①]。消费体验与消费者满意度概念有一定的联系但也存在差别。消费者满意度是一系列消费者体验的净值，也可以说是好的消费体验减去坏的消费体验最终得到的结果。

线上消费者满意度是消费者对累积的购买经验和产品使用经验的心理评估。线上消费体验被视为一种内在的心理状态，对每个顾客来说都是多方面的和个性化的。然而，把线上消费体验仅仅看作是一种主观情绪是不完整的，消费体验是认知和情感相互作用的结果。图 3–12 展示了线上消费体验的概念框架，这个框架由刘易斯·卡蓬和斯特凡·黑克尔提出，线上消费体验由认知状态和情感状态组成，同时也包含了线上消费体验的影响因素和结果[②]。

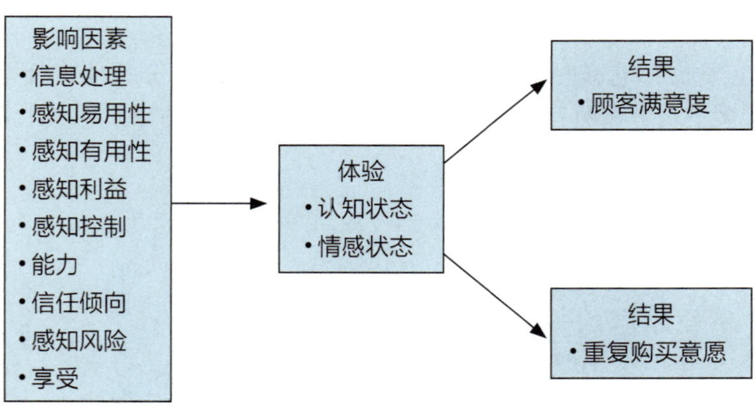

图 3–12　线上消费者体验的概念框架

2. 线上消费者体验的影响因素

众多因素会影响线上消费体验。首先，个人知识在消费者搜索、购买决策、评估过程中起到了重要作用[③]。信息处理与个体的感官和心理有关，先验知识和先验经验对个人

① Meyer, C., Schwager, A. Understanding Customer Experience[J]. *Harvard Business Review*, 2007(85): 116–126.
② Carbone, L., Haeckel, S. Engineering Customer Experiences[J]. *Marketing Management*, 1994(3): 9–11.
③ Bettman, J. R. *An Information Processing Theory of Consumer Choice*[M]. Reading, MA: Addison–Wesley, 1979.

的信息处理有重要影响。对产品/服务的先验知识是有效搜索的关键因素，因为它为消费者评估新的传入信息提供了基础。同样，当消费者处理线上搜索的产品信息时，也受到现有知识和经验的影响，进而影响到消费体验。随着线上体验的积累，先验知识也在积累，消费者满意度和未来的购买意愿也会随之改变。

其次，线上消费体验也受到感知易用性和感知有用性这两个因素的影响。网站的易用性与良好的线上消费体验密切相关。屏幕的整洁程度、网站排版的清晰程度、使用的流畅性、导航的便捷性等因素都会影响消费者感知到的界面易用性和线上平台的有用性。这两个因素也为网站的开发和设计者提供了参考因素，网站可以通过改进设计进而增强消费体验，通过给消费者带来积极的情绪状态来促进消费者的购买行为。

再次，线上消费体验受到技能和感知控制这两个因素的影响。技能是消费者熟练使用互联网的能力。这一点和网站自身的导航和互动能力相关，也与消费者的认知状态密切相关。互联网技能通常是在反复使用的过程中获得的，随着时间的推移，互联网使用能力会随着经验的积累而提升，高水平的使用和经验能帮助建立先验知识和经验，增强消费者对使用和操作的控制感，进而提升消费者体验。

另外，网站安全和隐私相关的控制也起到了重要作用。消费者行为与网站安全级别的响应之间存在关联。身份验证、机密性、隐私保护和支付保护都会影响线上消费者的安全感和控制感，影响线上消费体验。

最后，消费者在使用网站中获得的感知利益和享受程度对于线上消费体验也有重要影响。虽然消费者线上购买时的主要目的可能是功能性的（如购买日常所需），但也存在享乐性的需求。比如消费者会通过线上消费逃避现实、享受娱乐和通过线上互动寻求社交满足。线上消费的享受程度影响并且决定了消费者重复访问网站的可能性。

3. 线上消费体验的结果

图 3–12 所示的概念结构也展示了线上消费体验的两个结果：顾客满意度和重复购买意愿。如前所述，线上消费体验和顾客满意度两个概念之间存在区别，顾客满意度是线上消费体验累积的结果，也是线上消费体验的积极情绪和认知状态作用的结果。线上消费体验的最终结果是重复购买意愿。重复购买意愿是指消费者再次使用线上渠道从特定零售商处购买的消费行为。线上购物体验的满意度与线上重复购买意愿之间存在正相关关系。因此，线上消费体验对重复购买意愿既有直接影响，也会通过消费者满意度产生间接影响。

（二）消费者线上购买行为分析

1. “数字鸿沟”

在 20 世纪 90 年代，信息和通信技术获取的不平等使“数字鸿沟”成为政治和学术辩论的热门话题。有调查显示，数字鸿沟这一现象在发展中国家和发达国家都存在。最初，一些研究者认为，个人特质如收入、教育、种族等是导致数字鸿沟的重要因素。例如，年龄的数字鸿沟尤为明显。美国一项调查显示，18 ～ 29 岁的年轻人互联网的使用率接近饱和，而 65 岁及以上的人中有 41% 不使用互联网。与之类似，受教育程度和收入低的人也缺乏接触互联网的条件。然而，也有研究表明数字鸿沟正在逐渐缩小。例如，在一些欧洲国家，研究人员观察到一种“逆转”的数字鸿沟：**教育程度低的人每天使用互联网的时间比教育程度高的人还要多，低收入互联网用户比高收入用户花更多的**

时间上网。

2. 影响消费者选择线上购物的因素

线上购物并不能完全取代传统的购物渠道。许多因素可能会影响消费者对线上购物的接受程度和使用频率，相关研究将影响消费者选择和使用在线购物的因素分为 4 类：消费者特征、消费者感知、电子零售商属性和产品特征。

第一类是消费者特征。如人口统计学和社会经济地位特征（如年龄、性别、教育水平和收入）。这些因素会影响消费者对在线购物的接受程度。属于这一类别的因素还包括消费者的价值取向和个性特征。

第二类是消费者感知。该维度中的影响因素包括购物便利性（即访问、搜索、评估、交易和购买后的便利性）、感知有用性和易用性、感知收益和感知风险。

第三类是电子零售商属性。包括线上购物平台的网站设计、性能、质量；电商平台的声誉、在线客服质量、安全和隐私，甚至还包括了电子零售商在购物平台上的社交活动。

第四类是产品特征。包括产品类型（如服饰、食品、家居产品等）、成本（包括搜索、比较、与客服沟通、付款、交付和售后服务成本）、质量及运输等因素。

3. 线上购买决策过程

线上消费者的购买决策过程仍然遵循五阶段模型的理论，即需求识别、信息搜索、选项评估、购买决策和购后行为。但是，相比离线购买，这 5 个阶段都有新内容和新规则[①]。

（1）需求识别

在线上购物环境中，消费者购买决策的起点是激发需求。除了传统线下购物所使用的内在和外在的刺激因素外，线上购物的需求刺激因素还体现在以下 3 个方面。一是网络媒体，网络媒体通过发布各种信息来直接或间接激发消费者的需求。第二个是网络社区，社区成员在虚拟社区分享他们的购物体验，比如论坛和贴吧。第三个是企业的线上营销活动，比如在线广告、网络招标、社交公关等活动。这些活动激发了人们的购买欲望。在线上购物环境中，消费者还会有一些新的购买需求。第一个需求是兴趣，即消费者的好奇心和满足欲。第二是个性展示，消费者利用互联网平台来展示他们独特的想法和个性。最后一个是信息交流，即消费者希望有机会和其他人聚在一起，互相交流和分享体验。

（2）信息搜索

一旦消费者意识到需求并有购买特定产品或服务的动机，他们就开始搜索信息来辅助决策。在线上环境，消费者可以使用搜索引擎、产品比较网站、购物论坛和其他有效收集信息的工具，从而更方便、更快捷、更全面地进行信息收集。虽然电子商务已经大大提高了信息检索效率，改变了消费者的购买行为，消费者仍然在以下因素的影响下表现出高或低的信息搜索热情：第一个因素是产品知识，指的是消费者对产品的理解。一般来说，消费者无须搜索他们已经熟悉的产品或频繁购买的产品的信息。对此类产品，人们主要根据经验来做出购买决策。所以消费者一般会在购买新的产品时才有强烈的搜索意图。第二个因素是产品价值。消费者的搜索意图通常与购买产品的价值呈正相关。

---

① Lieber, E., Syverson, C. Online Versus Offline Competition[M]//Peitz, M., Waldfogel, J. *The Oxford Handbook of the Digital Economy*. Oxford: Oxford University Press, 2012.

对于低风险、低价值的产品，消费者主要根据经验做出决定，并且很少进行信息搜索。但是当消费者购买高价值产品时，信息收集就变得尤为重要。因为消费者担心信息不对称所带来的风险。信息收集就成为抵御风险的有效方法。第三个因素是时间压力。因为搜集信息需要付出大量时间和精力，当需要在短时间内迅速做出决定时，消费者的搜索意愿就会降低。第四个因素是参与度，它指的是消费者在购买过程中愿意花费多少时间和精力。对于购买一些复杂的产品或服务，大多数消费者对它们知之甚少，所以他们会花费一定的时间收集信息并在多方面比较之后做出选择。

（3）选项评估

当消费者从不同渠道搜集信息时，他们会进行分析和比较从而找到最合适的产品或服务。消费者在选择商品时会比较同类商品的功能、款式、可靠性、价格和售后服务评价标准。分析与比较的结果是基于消费者的效用价值的。不同的消费者具有不同的效用价值。即使是同一个消费者，对产品不同的维度所赋予的重要性也不同。因此，消费者会根据自己的喜好对商品进行效用价值的排名，从而最终形成确定他们想购买的理想产品。对于线上消费者来说，使用互联网不仅极大地方便了他们寻找商品信息，还能全方位利用产品比较网站提供的详细商品信息来帮助他们尽快做出最优选择。

（4）购买决策

通过选择和判断，消费者将形成他们对商品的偏好或购买意向。然而，从偏好到实际的购买行为，该过程也受到他人的态度和未知环境因素的影响。在线上购物环境中，互联网提供的多方位的综合商品信息将引导消费者做出理性的决策，减少冲动购买的概率，加速决策过程。此外，除了购买时间、购买数量等传统影响因素，购买方式成为另一个重要的决策因素，即线上还是线下购买。许多消费者选择在线上搜集商品信息和对产品进行评估，但是转向传统线下渠道购买自己理想的产品。这种转换的主要原因是消费者会考虑到以下因素：第一，价格仍是影响消费者线上购物最敏感的因素。只有当线上商品相比线下商品有更大的价格优势时，消费者才会倾向于选择网购。第二，风险也是消费者考虑的重要影响因素。主要包括支付风险和隐私风险。因为网上购物通常要进行会员注册，并通过网上支付等形式购买商品。消费者通常需要提前付款才能收到货。因此，消费者会担心他们的个人信息被恶意盗取，或由于特洛伊木马和其他病毒而导致的账号密码泄漏风险。第三，信任。包括对线上产品信息的信任和对企业各种承诺的信任。

（5）购后行为

购买产品后，线上消费者往往会将买到的产品和他们的预期进行比较，从而判断他们的购买决策的正确性并用于指导以后的购买。如果产品性能超过预期，消费者会感到非常满意；如果产品实际性能大致符合预期，消费者基本会觉得满意；如果产品性能不符合预期，消费者会感到失望和不满意。此外，消费者还偏好和亲朋好友或者其他消费者来分享他们的购物体验，进一步扩大了线上消费者购买后行为的影响。当消费者通过网络等多种渠道（论坛、QQ群、虚拟社区、博客等）发表评论或发布相关信息时，这些信息还会影响到更大范围的消费者。影响消费者购买后的行为和满意度的因素可以归结为以下4点：第一点是企业形象和承诺。一般来说，拥有良好的企业形象和信守承诺的企业会带来客户的高预期。因此，线上零售商在制定相关承诺时必须量力而行，否则容易让消费者感到失望并降低他们的满意度。第二点是消费体验。消费体验是消费者在网购过程中的一种整体感受，包括对商家提供的便利服务、问题处理效率等，积极的消费体验将进一步提升消费者的满意度。第三点是售后服务。退货流程是否方便、快捷和周到，这些售后体验也会影响客户的评价。第四点是安全性和可靠性。客户对网站安全的考虑是选择线上购物的重要因素之一。因此，线上购物平台和电子商务企业加强系统安全与维护可以减少客户的风险感知，客户满意度将大大提高。

4. 线上购物的隐私与安全

互联网已经成为消费者个人信息的巨大存储区域，包括个人身份信息和财务信息。如上所述，消费者对互联网隐私和安全问题的关注程度，仍然是在线购物的主要担忧之一。消费者在互联网上关注隐私和安全的一个主要原因是各种网站收集的大量由商品交易而生成的个人信息，通常是以完全看不见和不透明的未知方式收集的。许多研究人员将消费者对隐私和安全问题的担忧解释为在线搜索和购买的成本、风险或障碍。隐私和安全问题也在很大程度上与消费者保护、在线支付选项、在线供应商的可信度、信息技术、在线市场效率、在线社交媒体使用和移动设备使用等问题有关。

当消费者对谁在收集他们的个人信息、公司如何获取他们的信息及信息的用途感到无知时，他们对隐私和安全的担忧就会加剧。这种担忧可能会阻碍消费者向市场人士披露个人信息。消费者也可能会减少线上消费，甚至出于隐私和安全考虑而放弃线上购物。

高效信息技术的发展，如“cookies”（一种网站用来跟踪访问者及其交易的个性化设备），还有用于信息共享的社交网络平台，使线上供应商更容易识别消费者的特征、网页浏览行为和购买行为。很多消费者根本不知道这种跟踪技术或信息收集的做法。有些消费者虽然知道这些跟踪和数据收集技术，但是拒绝购物平台对数据的收集就意味着不能享受平台提供的功能和服务。在权益不对等的情况下，消费者不得不接受非平等的隐私条款。虽然这种情况随着相关法规的不断完善而得到了一定程度的改善，但是线上企业仍需要具有前瞻性地平衡消费者对隐私和安全保护的需求和企业提供的个性化服务。此外，电子商务行业也制定了不同的机制来保护其客户，包括在线隐私指导原则和隐私信息收集的提醒等。

随着隐私和安全问题的层出不穷，各国政府也提出了干预措施。例如，美国联邦贸易委员会提出的一套公平信息原则，旨在通过向消费者提供信息收集通知，增强信息的透明度和消费者对信息收集的控制能力。消费者可以选择不授权商家使用和访问其个人信息以确保信息安全。数据隐私保护也已成为政策制定者关注的国际问题。经济合作与发展组织（Organization for Economic Co-operation and Development，OECD）引入了 8 项在线保护原则：收集限制、数据质量、目的规范、使用限制、安全保障、开放性、个人参与和问责制。这些原则正逐渐被广泛采用。

思考题

消费者线上购物决策的过程有哪些重要环节？每个环节的主要影响因素有哪些？

本章小结

1. 马斯洛需要层次理论将人的需要按等级从低到高分为生理需要、安全需要、社交需要、尊重需要和自我实现的需要。人们在消费生活中的各种决策和行为的出发点都是为了满足这些需要。

2. 消费者的决策路径，包括 5 个阶段，即需求识别、信息收集、选项评估、购买决策和购后行为，每个阶段都有其关键时刻与关键因素。在某一个微观的购买决策中，对消费者产生影响的因素，主要分为经济因素和非经济因素。

3. 消费者是趋利避害的，面对收益，他们规避风险；面对损失，他们偏好风险。消费者的思维受到心理账户的影响，对不同心理账户中的钱有不同的消费态度。在营销实践中，利用消费者的非理性思维可以引导消费者做出商家期望的决策，例如强调收益/损失，设置“诱饵”等。

4. 当今消费者的购买行为不再局限于单一的线下渠道，线上购买为消费体验升级提供了新的机遇，但同时也为商家进行产品交付带来了新的挑战。线上消费体验对于消费者的满意度和重复购买意愿具有重要影响，个人知识、网站的设计等众多因素都会影响消费者的线上体验。除此之外，线上购买行为决策虽然也遵循 5 个阶段的决策路径，但是在每个阶段都有独特的行为特征和商家需要考虑的因素。隐私和安全问题是线上购买最重要的影响因素之一。

● 复习题

1. 根据马斯洛需要层次理论，人们的需要分为几层？每一层分别满足什么需要？这些需要层次之间有什么关联？

2. 识别和挖掘需求分类有哪些方法？

3. 消费者决策路径有哪 5 个构成要素？影响消费者决策的因素有哪些？

4. 什么是前景理论、框架效应、禀赋效应、心理账户、诱饵效应？请举例说明其在商业中的应用。

5. 消费者线上购买决策的影响因素有哪些？这些要素与线下消费相比有什么区别？

课后案例：微笑课堂是去还是留？

夜深了，之前的暴雨并没有缓解夏季的一丝丝闷热。Z女士坐在书桌前，不断回想着早上收到的电子邮件，邮件的文字简短，却道出了Z女士一直以来的困惑。

Hello，Z主管：

微笑课堂举办至今，已经历时 3 年。作为公司第一批接触微笑课堂的员工，之前的效果的确非常明显，个人也从活动中受益颇多。

但如今，微笑课堂基本已作为诊所的标配，大小诊所均会开办，内容雷同，无法体现差异化。同时招募消费者也变得困难。

我分管区域中的销售员不止一次提出需要改善微笑课堂以提升其有效性。作为地区经理，我也很困惑。微笑课堂实践仅 3 年，为何已没有了当初的辉煌？如何才能使微笑课堂活动有效开展，更好助力区域销售？

盼复！

东区销售经理：G

其实这已经不是第一次听到一线销售人员对微笑课堂的反馈了。微笑课堂的效果不断减弱，作为爱齐公司微笑课堂发起人的Z女士也非常困惑：为何如今的微笑课堂对消费者没有了吸引力？

时间回到4年前。Z女士在刚进入爱齐公司时就发现，公司的明星牙齿矫治产品i面临着激烈的市场竞争。不仅同类产品很多，医生也有许多可以替代的其他类型的产品。i产品虽然是市面上出现的第一款此类产品，但随着竞争的加剧，依然避免不了市场份额丢失的情况。与此同时，i虽然是一种医疗产品，但决策权并不完全掌握在医生手里，消费者的决策权往往更大。面对市场上琳琅满目的同类产品，消费者搞不清楚相互间的区别，价格也就成了消费者最终且唯一的参考。因此，之前的市场营销活动，通常以会议营销为主要形式：诊所将消费者聚集在一起，不断抛出低价产品吸引消费者，促成成交。而这种活动的弊病也显而易见：消费者对于产品价格下降的期望值被不断提高，同时诊所的成本却在不断上升，利润空间所剩无几。

在这种背景下，作为消费者战略市场部的负责人，Z女士提出了一种新的线下活动形式：微笑课堂。微笑课堂，是一种结合了患者教育的线下消费者活动。这类消费者活动往往由诊所发起，邀请有意向进行口腔正畸的消费者来到诊所提供的场地，通过一边喝下午茶，一边听口腔正畸医生讲解相关知识来进一步了解口腔正畸基础知识和所使用的工具。在一次微笑课堂中，消费者们不仅能了解相关的原理，同时还能了解到各类矫治产品的优缺点，甚至有了一个可以直面诊所医疗团队的机会。这样一来，消费者掌握了更多关于口腔正畸及诊所的信息，在做产品选择时就不仅仅只以价格为唯一依据了，而是可以结合了解到的产品信息和诊疗水平进行综合选择。

微笑课堂是Z女士来到公司后打的第一场胜仗。实行3年来，微笑课堂一直是爱齐公司的拳头活动之一。销售人员协助诊所设计线下微笑课堂的科普教育内容时，将i产品的产品特点融入其中，消费者能在微笑课堂中迅速了解到i产品给自己牙齿矫治带来的益处，大大增加了消费者对产品的信心，同时微笑课堂也提供了能让消费者和医生及其诊疗团队在诊室外近距离接触的机会，消费者在进行口腔正畸前就可以和医生面对面交流，也更能接受一款产品的整体定价。活动举办一段时间以后，销售和诊所都发现，消费者在参加完活动后再次来诊所咨询时，讲价的情况变少了。即使想要一些折扣，也不会肆意砍价，最终的成交价格总是在双方能接受的范围内，打破了消费者不断讲价，诊所压缩盈利空间的恶性循环。

也正因为如此，微笑课堂在前几年的发展可谓如火如荼。一般大型诊所都会每几个月就举办一次这种活动，而中小型诊所也会积极尝试这样的形式。这种活动似乎已经成为衡量一家诊所是否专业的常规活动，诊所间的活动内容大同小异，基本以介绍固定/隐形矫治器的异同为主，很少有差异化。而就在近一两年的时间里，销售员发现，这种形式的消费者活动效果越来越差。如何确保举办活动的有效性，增加员工和诊所间的黏性，同时提高诊所的积极性，成了爱齐公司近期一直关注的问题。

首先，邀请对象正在发生变化。在最初的微笑课堂中，诊所拟邀请的对象以青少年群体为主，通常这类人已经在前期和诊所有联系，有较明确的口腔正畸需求。家长带着孩子过来听听讲座，喝个下午茶，顺便了解下不同的产品，是个很好的周末活动。而近年来，诊所发现自己手上能邀请到的青少年群体似乎变少了，而成年消费者的关注点与青少年明显不同，更想了解不同隐形产品的异同点，而诊所提供的课堂信息，依然是固定/隐形矫治的异同，老生常谈，消费者并不买账。慢慢地，诊所邀请不到愿意“听从”

其建议的患者，消费者又得不到想要了解的信息。

其次，影响消费者的因素也变多了。如今走进诊所的消费者似乎和之前有了明显的不同：有些大学刚毕业，和父母来到了诊所；有些属于白领精英，一掷千金只为得到更好的面型；有些可能站在人生的重要时刻，希望能以最佳方式登上人生的另一个舞台。而这些消费者的年龄也从之前的十几岁扩展到几十岁不等。销售人员最常问的问题是："这次微笑课堂来的人从青少年到成年人都有，跨度很大，目标不同，我到底该讲什么内容呢？"

再次，消费者的选择面更广了。随着近些年来口腔正畸越来越热，消费者的选择似乎也更加丰富了：以往只需要从固定/隐形矫治器中做选择，现在一个品类中的品牌也十分丰富，单就隐形矫治器产品来说，就多达十几家。更不用提已经非常成熟的固定矫治器了。诊所在举办微笑课堂时，如对某品牌有特别的倾向性介绍，似乎会引起消费者的反感。同时，诊所属于医疗机构，针对产品间的不同点也并非都很了解，最后又变成了价格的竞争。

最后，信息获取的渠道也随着时代的发展发生了很大的变化。网络的发达让消费者直接在手机上就能查到相关的品牌信息。抖音、快手的火爆带火了很多口腔正畸医生。在抖音上开直播，可以直面广大消费者，直接针对网友的问题进行回答，似乎这是一种更直接的提供口腔正畸知识的新渠道。

以上种种，使得微笑课堂的竞争越来越激烈。对于消费者而言，这种活动形式已经屡见不鲜，随着消费者们的"见多识广"，对于这类活动能给到的信息期待也越来越高，而有意向口腔正畸的消费者又得不到自己想要的更具有针对性的信息，这种活动又陷入到了另一种"死循环"中。

Z女士决定通过调查和访谈的形式，了解原有消费者和现有消费者眼中的微笑课堂究竟是怎么样的。两个月后，这份消费者调查报告终于整体呈现在了Z女士的面前。

作为只拥有隐形矫治器和口内扫描仪两款产品的一家专注于正畸的科技公司，爱齐公司近年来的表现已经使其成为口腔正畸行业的领航者。近年来，随着隐形矫治概念的崛起，隐形矫治器也成为消费者选择的主流产品。在市场调研的VOC（voice of customer，顾客之声）阶段，发现消费者对于隐形矫治器i品牌的知晓度非常高，87%的消费者曾听说或身边有朋友使用过i产品做过隐形矫治。

5年前中国整体的口腔正畸消费还不明显。有口腔正畸需求的一般为青少年或刚步入社会的青年群体。对于"变美"这件事情，中国人一向含蓄，希望能够"悄悄变美"。也正因为羞于了解口腔正畸的一些基本技术，往往信赖诊疗机构推荐的合适产品，且认为"口口相传"推荐的产品价格更接近于实际价格，而推荐的医生也更"靠谱"。

微笑课堂提供了一个了解传统口腔正畸和隐形矫治的平台。在周末两个小时的时间里，诊疗机构的口腔正畸医生会向消费者介绍口腔正畸的一些基本知识和技术方法，同时也会介绍固定正畸和隐形正畸所使用的矫治产品。在这里，消费者不用再担心自己想要了解口腔正畸知识而被周围的人质疑，也不用花时间和精力自己上网搜索相关的医疗信息；相反，可以轻而易举地了解到固定正畸和隐形正畸的区别。微笑课堂向消费者提供了全面易懂的口腔正畸知识和矫治产品，同时也展现了医生的个人风采。消费者在这里能对自己将来进行口腔正畸的诊疗机构、医生还有使用的产品有全面的了解。不论后续是否选择这家诊疗机构，消费者都能被“科普”一些基本的口腔正畸知识，在选择矫治产品时也更自信，能综合考虑一家诊疗机构提供的服务、医生的专业度和矫治器不同的优劣势。除了价格之外，消费者有了其他能参考的标准。而这些都是消费者在初期非常喜欢微笑课堂的原因。

5年之后的消费者群体，似乎发生了一些变化。首先，国人对于个人形象的关注度越来越高。从明星到普通老百姓，口腔正畸已经是一种时髦的诊疗行为，而且一些青年群体认为“口腔正畸这件事，很酷”。同时，人们也不认为“口腔正畸是青少年的事情”。越来越多处于不同人生阶段的人通过正畸来改变面型，进而改变自己的生活。全社会对于正畸的开放态度，使得消费者们多多少少能了解到一些基础的正畸知识，对于正畸时使用的矫治产品也多少有些了解。同时，网络的发达造就了目前矫治产品价格的透明化。消费者们很清楚地知道，托槽要比隐形矫治便宜，自己心里既定的预算能很快帮自己选择可以使用的矫治产品。“现在很多消费者一进诊所就知道需要找哪位医生，选择什么类型的矫治器。不需要多说，如果和医生合得来，当场成交也是极有可能的。”

而矫治产品类型，不论是固定还是隐形，也在这几年呈指数级数增长。固定矫治方法的发展时间较长，是口腔正畸医生需要掌握的必备技能，也是经典的口腔正畸方式。隐形矫治方法的发展时间不长，但因其便利性、隐蔽性受到广大消费者欢迎，近几年来发展非常迅速，厂家也增多了。目前进入中国的进口隐形矫治品牌，除爱齐公司已超过3家，并以M公司的S产品为首开始占领市场；国内可提供的厂家更接近10家，其中以SD品牌最为强势。本土化生产带来了更大的价格优势，让国产公司赢得了很多人的好感。这些品牌提供的产品在产品形态上都非常相似，也均以牙齿排齐作为最终目标。从VOC来看，消费者可以分辨固定/隐形的矫治方式，但对于大类中的产品区别并不明确。由于涉及专业的医疗知识，消费者很难从力学、材料学等角度分辨出其不同，面对琳琅满目的矫治器品牌，消费者不仅需要在托槽和隐形矫治器中进行选择，还需要在几个相似的品牌中做选择。产品外观差不多、功能差别不大、渠道传递产品特点不到位，消费者似乎又回到比较价格的老路上去了。

反观微笑课堂，在5年后的今天，依然提供的是基础的口腔正畸知识，以及口腔正畸产品、医生、诊所的介绍。这显然已经无法满足现在所有消费者的诉求。“在网上或平时生活中都能知道的信息，为什么要去一家诊所特意了解呢？如果决定好了，直接去诊所就好啦。”这是其中一位受访者的原话。

微笑课堂是危是机，这一连串的问题牵动着Z女士的心。

微笑课堂是Z女士的“成名之作”，情感上难以割舍，是去是留到底该怎么办，Z女士陷入了沉思。

（资料来源：张大亮. 化危为机：时代变革，微笑再出发[Z]. 浙江大学管理学院案例中心，2022.）

思考题

1. 为什么早期微笑课堂活动有显著的效果？
2. 为什么目前的微笑课堂效果不佳？
3. 如果你是Z女士，你该怎么办？

第四章

用户行为研究方法

用户行为信息的重要作用已经被社会广泛认同，各公司都会采取措施改进市场信息反馈和情报收集的方式方法。虽然公司鼓励研发、生产等其他部门人员对用户行为进行全员全时“侦查”，但是主动研究仍然是营销与市场部门的重要职责。

本章先介绍了用户行为研究的常用方法，然后对如何设计用户行为研究进行讲解，最后结合大数据技术的发展，对企业如何利用用户数据做好营销管理，乃至引领企业数字化转型进行了讨论。

【本章学习目标】

1. 了解用户行为研究的常用方法。
2. 掌握用户行为研究的方案设计方法。
3. 了解大数据技术引领下的企业营销变化。

导入案例：张小龙的烦恼

2019 年 1 月 9 日的晚上，“微信之父”张小龙又一次出现在微信公开课上，进行了一场将近 4 个小时的演讲！

在演讲过程中，张小龙依旧保持了他的那种“张式幽默”，说了很多干货。例如，在微信出现的第 8 个年头，其日活跃用户量（daily active user，DAU）已经达到 10 亿，这是国内互联网历史上第一款有 10 亿 DAU 的 APP。同时，面对用户的吐槽，张小龙则不经意地说道：“每天都有 5 亿人吐槽，1 亿人教我怎么做产品。”于是他在演讲时，对什么是好的产品做了回应。下面节选自他的演讲。

其实有的时候很想问大家一个问题，你觉得什么样的产品是一个好的产品？

是有很多的用户，是容易让人上瘾，还是其他因素？

很多年以前，我用苹果的手机，会研究苹果为什么能够设计出这么好的产品。我当时看了很多的书，也特别想了解乔布斯到底从哪里学习了这些。然后发现苹果产品的设计来自于博朗公司设计师的一些理念，这位设计师叫迪特·拉姆斯，他提到好的设计的 10 个原则，在这里把 10 个原则念给大家听一下，大家可以做一下对比，什么是好的产品。

（1）好的产品是有创意的，必须是创新的东西。

（2）好的产品是有用的，它不是没有用的东西，对人必须要有用。

（3）好的产品是优美的，它必须很美，你会喜欢它。

（4）好的产品非常容易使用，不难用，没有说明书也不要紧，一看就会。

（5）好的产品是含蓄的，并不招摇的，大家体会什么是含蓄。

（6）好的产品是诚实的，我们经常说要对用户很诚实，大家更容易理解一个APP什么样是诚实的，但是不知道这个原则对于硬件产品该如何对用户保持诚实。

（7）好的产品经久不衰，不会随着时间的流逝迅速地消亡。

（8）好的产品是一丝不苟的，不会放过任何一个细节。

（9）好的产品是环保的，或者说是不浪费太多资源的。

（10）好的产品会尽可能少地设计，或者说少即是多。

这是当时迪特·拉姆斯对硬件产品设计的10个原则，我只是把它换了一下概念，将其用在通用的产品或者软件产品上，套过来照样可用。只不过就目前的互联网生态来说，大家更关心的是流量，是变现，所以大家不会花很多时间去思考，什么样的产品是一个好的产品。

微信不会做一些节日的运营或者因节日而使logo（标志）产生变化，很多人会认为这是微信很克制的结果，但是事实上我解释过，微信并不克制，我们的辞典里没有“克制”这样一个词。我们一直追寻好的设计的原则，好的产品的原则。如果去把我们的logo变一下，便会破坏好的产品的设计，会觉得这是不美的，我们不会去做它，仅此而已，并不是我们“克制”。

我观察到特别多业界的产品经理，比如说很多人毕业之后被公司要求尽快实现流量变现，进而围绕KPI变现设计产品。如果围绕这样一个目标，就不是做好产品，而是用一切手段获取流量而已。

很多人在微信这里会碰壁，当你的目的只是用微信获取流量的话，这并不是我们倡导的原则，我们更多的是要做好的产品出来跟我们的用户分享。

举一个例子，有一次问一个同事：“在PC端浏览量最大的页面是哪一个页面？”是Google的主页还是其他？在PC端其实浏览量最大的页面是IE浏览器404的页面，用过浏览器的人都知道。

我就问大家一个问题，既然这个页面的流量特别大，微软为什么不在这里放一个广告呢？因为这里放广告将产生海量的浏览量。我们的同事回答不出来了。微信的启动页为什么老是一个人看着地球，为什么不放一个广告呢？这是同样的一个问题。

大家可以想一下这个问题，微信8年了，最近有人晒朋友圈，2900多天了，虽然跟我差一点，但是也很接近了。你想一下这8年里每天花在微信里的时间是多少？半个小时、一个小时、两个小时还是更多？再想一下陪在亲密朋友、家人身边的时间有多少？相比而言，可能还是花在微信上的时间多一点。如果微信是一个人，他是你最好的朋友，因为你在他那里花的时间最多。

如果你跟微信是最好的朋友，你跟微信见面的时候，每次都要先看到广告这张面具，你要撕下来才能跟他说话，那种感觉好吗？你难道希望跟最好的朋友说话，先看他脸上的广告，然后撕下来再跟他说话吗？

我们坚持好的产品的原则，并不意味着我们没有改变，大家看到7.0发布的时候，有一个比较大的调整，暂不说功能上，单是UI（user interface，用户界面）上大家会看到UI变白了，变刺眼了，有非常多的人吐槽说不习惯。

其实每一个大的改版都会带来很多人的不适应，特别是微信有10亿用户量级。当我们认识到这一点，我们便知道，任何一个改动都有5亿人站出来不满意，我们就明白不能按用户的投票决定要不要改，如果按用户投票，我们什么都不能改了。我们只能按照自己专业的判断来引导我们应该往哪一个方向去改善。

（资料来源：微信之父张小龙4小时超长演讲：万物之中 希望至美[EB/OL].[2022-12-09]. https://baijiahao.baidu.com/s?id=1622248156265690394&wfr=spider&for=pc. 略有改动。）

思考题

1. 迪特·拉姆斯的设计原则只是对设计者说的吗?

2. 张小龙说的微信的“克制”和“不克制”是指什么?

3. “我们只能按照自己专业的判断来引导我们应该往哪一个方向去改善”，到底怎样做才能专业地判断和取舍呢?

一、反映用户行为的数据

（一）小数据

我们口头上在用的小数据概念，没有严格科学的定义，实质是用户研究的抽样样本数据（sampling data）。样本数据是根据既定的具体目的抽样采集形成的，通常设计用来回答特定问题或服务于特定目标。考虑到研究成本，样本大小将根据用户研究目标的需要从数十到数千甚至数万不等，电子数据文档的大小最多也就数兆。

小数据虽然只是样本数据，但是可以通过利用概率论和数理统计原理，保证推算结果的可靠性，从而起到全面认识总体的作用。它减少了调研的工作量，降低了调研费用，提高了调研效率。对公司来讲，如果业务2C（to customer，面向消费者），一般都是用小数据来研究用户；如果业务2B（to business，面向企业），且用户数量有限（几十到几百），想全面调研全部用户也可以，但考虑到效率大多数还是会采用小数据研究方法。

（二）大数据

随着互联网、云计算、传感交互等信息技术的迅猛发展，各种数据的生成速度呈爆炸性增长，巨量数据遍布世界各地的各种智能移动设备和社交网络，数据变得无处不在。2005年，罗杰·穆加拉创造出“大数据”这个术语，但这一概念真正在中国普及则是由维克托·迈尔–舍恩伯格（以下简称舍恩伯格）的《大数据时代》一书带来的。舍恩伯格认为，大数据与3个重大的思维转变有关：首先，要分析与某事物相关的所有数据，而不是分析少量的数据样本；其次，我们乐于接受数据的纷繁复杂，而不再追求精确性；最后，我们的思想发生了转变，不再探求难以捉摸的因果关系，转而关注事物的相关关系。

目前较为普遍认同的大数据概念，**大数据即大型数据集，泛指巨大、复杂的数据集及其所包含的数据格式**，通常具有海量（volume）、类型繁多（variety）、实效性高（velocity）和价值密度（value）的4V特征。大数据没有样本数据那样具体的短期目的，而是“自然”采集生成的。由于不是抽样的产物，大数据采集没有样本数据取样那样的具体预设，而是通过技术设备实现100%全用户、全时记录。据《IDC：2025年中国将拥有全球最大的数据圈》白皮书预测，2018—2025年，中国的数据圈将增至48.6ZB（泽字节），年平均增长率达到30%，我国正处于大数据应用到数字化转型关键期。

大数据正在渗透到我们生活的方方面面，在生产、经营活动、流通、生物医学、城市管理、安全防护、金融、营销等各个领域大放异彩。对企业来讲，运用大数据的功效具体表现在两个层面。

第一，协助企业把握用户。

运用大数据可以将顾客和商品、服务项目进行关联，对用户的喜好开展精准定位，进而提供更精确、更有主导性的商品和服务项目，提高销售额。典型性的行业便是电商，像天猫、京东、拼多多等电商服务平台，累积了全用户、全时选购大数据，这些大数据帮助他们精准营销，效率远远超出传统的用户调查。

第二，帮助企业了解自己。

除了帮助把握用户以外，大数据还能帮助企业认识自己。企业运营需要投入很多资源，大数据能帮助理清资源并科学分配资源，如物料储备和生产安排、减少财务成本和降低风险，从而提升企业内部运营效率。本章最后的企业案例将展示如何运用大数据使企业发展到数智融合阶段，给企业发展提供强劲动力。

思考题

从小数据到大数据，今后可能还将出现什么数据?

二、用户行为数据获取的定性研究方法

定性研究方法主要有深度访谈、焦点小组访谈和投射法 3 种。由于采取定向邀请典型用户代表而不是随机抽样，研究结果也不做统计分析，所以不能把研究结果推广到总体。总的来说，定性研究方法用于探索性研究。但定性研究方法还是能为我们对用户深入研究提供多方面的帮助：① 更准确地定义问题；② 提出备选的行动方案；③ 提出问题的研究框架；④ 得到有助于构思消费者调研问卷的信息；⑤ 提出可以定量检验的假设；⑥ 在定量研究的统计结果难以解释时，也会补充进行定性研究。

（一）深度访谈

深度访谈（in-depth interview）是一种无结构的、直接的、一对一的访问形式。访问过程中，由掌握高级访谈技巧的调研员对调研对象进行深入的访问，用以揭示对某一问题的潜在动机、态度和情感。深度访谈既可以应用于详细了解复杂消费行为、敏感话题等的商业研究，也可以应用于对专家、政府官员等进行的社会访谈。

深度访谈进行前访问员手里会有一份研究组织者设计好的访谈提纲，也就是一份想要询问的问题清单。问题的先后顺序取决于访谈目的、访谈对象、访谈要点及访谈话题的敏感程度，较敏感的问题往往放在访谈的后期。

实例 4-1

用户体验地图

用户体验地图（user experience map）是一种运用深度访谈方法来优化产品和服务的工具。它从用户视角了解产品流程，可以帮助我们找到用户使用产品/服务过程中的痛点，从而有的放矢地进行优化（见图 4-1）。

一个标准的用户体验地图一般包含以下三大组成部分。

一是用户：用户画像、用户目标。
二是用户和产品：用户行为、触点、想法、情绪曲线。
三是产品机会：痛点、机会点。

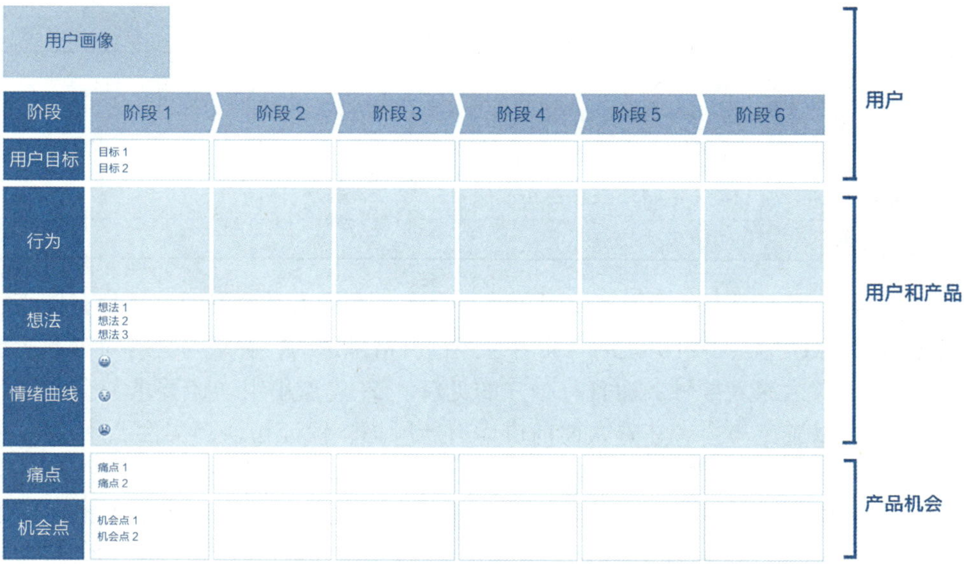

图 4-1　用户体验地图示意

在与共享单车公司合作开展的用户体验研究中，虽然只对 20 名共享单车用户进行了深度访谈，仍然获得了丰富的信息，为进一步的深入研究打下了良好的基础。如果把自己的与竞争者的用户体验地图相互对比，还能够分析出与竞争者的业务差异，制订工作计划就会有更多的思路。调研样例如图 4-2 所示。

图 4-2　共享单车用户体验地图调研样例

（资料来源：根据浙江大学共享单车用户体验地图调研资料整理）

（二）焦点小组访谈

焦点小组访谈（focus groups）是在主持人的引导下，对某产品或服务的使用过程、优势和劣势等问题进行讨论、挖掘，对复杂问题进行深入细致的解析，以便对存在的问题进行性质判定，并留下录像及文字记录的调查方法（见表 4–1）。

表 4-1 焦点小组访谈的形式

小组大小	5 ～ 10 人
小组构成	主持人和经挑选的被调研者
座谈环境	放松的、非正式的气氛
时间长度	1 ～ 3 小时，中间可暂停休息
记录	使用录音和录像

焦点小组访谈不同于公司内部座谈，对与会者、主持人及会议的议题都有较高的要求，具体如下：① 焦点小组访谈的与会者是经过严格挑选的，要求与会者对议题所涉及的产品和服务有过深入接触，而且有独立的见解。② 焦点小组访谈要求与会者彼此不认识，这样可以避免与会者在熟人面前讲话有所顾虑，保证访谈真实性。③ 焦点小组访谈与会者充分互动，不需要排列等级。主持人不是来自企业内部，其作用仅仅是引导和调动与会者畅所欲言的积极性，甚至对与会者对产品和服务的偏激意见也不发表看法，保持中立态度。④ 焦点小组访谈探讨的议题是聚焦而且经过设计的，以便最大限度地挖掘受访者的态度和价值观。⑤ 焦点小组访谈装有观察设备，公司内部人员不参加座谈，但是可以观察。

焦点小组访谈的步骤为：① 确定营销问题；② 确认定性研究的目的，起草主持人访谈提纲；③ 选拔主持人和参加访谈的消费者；④ 进行焦点小组访谈；⑤ 分析访谈信息并撰写报告；⑥ 沟通报告和总结。

思考题

深度访谈和焦点小组访谈可以在线上进行吗？

（三）投射法

投射法（projection）来源于临床心理学，旨在通过一种无结构、非直接的询问方式，促进受访者将他们隐藏在内心深处的潜在动机、态度和情感进行真实的表达。实际上，投射法是穿透人的心理防御机制，使真正的情感和态度浮现出来的一种技术。

一般做法是，访问者给受访者一个无限制的并且是模糊的情景，并要求受访者做出反应。由于情景模糊，因此受访者将做出的是根据自己偏好的回答。在理论上，受访者将他的情感“投射”在无规定的刺激上，因此受访者并不直接谈论自己，所以就绕过了防御机制，但在受访者谈论其他事情或者其他人的同时，却透露了自己内心的情感。

投射法的最大优点在于研究的意图藏而不露，这样就创造了一个比较客观的外界条件，使访谈的结果比较真实，对其心理活动了解得比较深入。缺点是分析比较困难，需要经过专门培训的用户研究专家。因此，在用户研究中运用投射法一般较少。

常用的投射法有词语联想、故事完形、照片归类、第三人称等。例如第三人称法（third-person technique），不是直接问一个人的感受，而是用“你的邻居”“许多人”或其他的第三人称来表述问题。不是直接问一个母亲为什么她给孩子们做的早餐总是营养不均衡，而是问“为什么许多人给家人准备的早餐总是营养不均衡”，以避免由于直接询问可能使受访者感到尴尬，甚至生气。

三、用户行为数据获取的定量研究方法

研究人员根据研究项目的目标选择探索性、描述性或因果性的研究类型后，下一步是确定搜集数据的手段。目前用户研究有 3 **种基本的定量研究方法：询问法、观察法、实验法**。询问法可以用于描述性的，也可以用于因果性的研究；观察法通常用于描述性的研究；实验法则几乎都是用于因果性的研究。

（一）询问法

询问法是把研究人员事先拟定的调研项目或问题以某种方式向被调研对象提出，通过与被调研者的交互过程获得事实、观点和态度等方面的信息。

询问法可分为以下几种。

1. 面谈法

面谈法是研究人员直接询问被调研对象，向被调研对象询问有关的问题，以获取信息资料。通常，调研人员根据事先拟好的问卷或调研提纲上问题的顺序，依次进行提问；有时，亦可采用自由交谈的方式进行。使用面谈法进行研究，通常由访问员与被访者一对一访谈。经过被访者同意，可以入户在被访者家中进行，也可以在购物中心、广场或企业进行。

这种方法的优点是：能直接与被调研对象见面，听取其意见，观察其反应；灵活性较大，不受任何限制，也没有什么固定的格式，可以一般地谈，也可深入详细地谈，它涉及的问题可能很广，也可能较窄；问卷或调研表回收率较高且质量易于控制。其缺点是调研成本比较高，调研结果受调研人员业务水平和被调研者回答问题真实与否的影响很大。

2. 电话询问法

电话询问法是由研究人员根据抽样的要求，在样本范围内，通过电话询问的形式向被调研对象询问预先拟定的内容而获取信息资料的方法。电话询问法在大约 10 年前一般通过拨打被调研者固定电话进行，现在越来越多通过移动电话进行，尤其是针对年轻人的调研。其优点在于：可以短时期内调研较多的对象，成本也比较低，并能以统一的格式进行询问，所得信息资料便于统计处理。其缺点是问题的数量也就是问卷的长度很受限制，不能询问较复杂的问题，调研难以深入。根据我们以往的经验，问题数量控制在 8 ～ 10 个以内较好。

3. 邮寄询问法

邮寄询问法是将事先设计好的问卷或调研表，通过邮件的形式寄给被调研对象，让他们填好以后按规定的时间寄回来。一开始邮寄的是纸质问卷，现在基本被电子问卷代替。使用邮件询问法的最大优点是选择调研范围不受任何的限制，即可以在全国范围选取样本；如果被调研者愿意完成问卷，有比较充裕的时间来考虑答复的问题，使问题回答得更为准确；不受调研人员在现场的影响，得到的信息资料较为客观、真实。其缺点是邮件回收率很低（一般只有 1% ～ 5%），各地区寄回来的比例也不一样。因此，影响

样本的代表性。也就是说，我们无法判断寄回问卷的人与不寄回问卷的人态度到底有什么区别。一般，我们通过预先定向邀请提高样本的代表性。

4. 留置问卷法

留置问卷法就是由调研人员将事先设计好的问卷或调研表当面交给被调研对象，并说明回答问题的要求，留给被调研对象自行填写，稍后由研究人员在规定的时间收回。例如，我们在宾馆经常看到管理方留置的宾客满意度调研问卷，在超市、交通工具、医院等场所看到的顾客调研问卷等。这种询问的方式，其优缺点介于面谈法和邮寄询问法之间。

5. 网络询问法

网络询问法其实就是借助互联网来开展询问研究，主要有 3 种形式：①通过即时社交通信软件（如微信、What's APP 等）向被调研对象询问预先拟定的内容；②给调研样本对象发电子邮件表达研究请求及参与链接；③在专业门户网站、网上社区留置调研问卷链接。网络询问法也可以看作面谈法、邮寄询问法、留置问卷法的互联网版，虽然也有样本代表性等问题，但最大优点就是突破了时空限制，是现在越来越多采用的研究方法。

调研问卷是采用询问法研究时的基本工具，是沟通调研人员与被调研对象之间信息交流的桥梁。调研问卷的设计是否科学，直接影响到询问法研究的成功与否。设计调研问卷的原则主要如下。

（1）主题明确。根据调研的目的，确定主题，从实际出发拟题，问题目的明确，重点突出。

（2）结构合理。问题的排列应有一定的逻辑顺序，符合被调研者的思维程序。一般问题顺序从过滤性问题开始，然后是适应性问题和过渡性问题，较后面是难以回答及复杂的问题，最后是人口统计问题。

（3）通俗易懂。调研问卷应使被调研者一目了然，并愿意合作，如实回答。尤其是线上问卷，因为被访者身边没有访问员可以询问，所以要避免使用专业术语，对敏感问题采取一定的技巧，使调研问卷具有合理性和可答性。

（4）长度适宜。调研问卷的长度要适宜，所提出的问题不要过繁、过多，回答调研问卷的时间不应太长，线上问卷不宜超过 10 分钟，线下问卷一般不宜多于 15 分钟。

（5）便于统计。调研问卷中提问一定要方便事后的整理和统计工作。

研究人员一定要非常重视调研问卷的设计。**问卷不但应该获得管理层的认可，还必须进行预先测试**（pretest）。理想的预先测试，最好由将进行实地调研的优秀访问员对调研的目标受访者实施。通过预先测试，调研人员寻找问卷中存在的错误解释、不连贯的地方、不正确的跳跃方式、为封闭式问题寻找额外的选项，观察应答者的一般反应。如果线上调研，预先测试也应当采取线上的形式。

目前国内外有一些问卷设计与研究执行平台能很好地帮助我们，例如问卷星（https://www.wjx.cn）、腾讯问卷（https://wj.qq.com）、Qualtrics（https://www.qualtrics.com）等。

（二）观察法

观察法是由研究人员直接或通过仪器观察被调研对象的行为并加以记录而获取信息的一种方法。使用观察法进行调研，调研人员不需要被调研对象回答问题，只是通过人员或机器观察被调研对象的行为、态度和表现，来推测判断被调研对象对某种产品或服务是欢迎还是不欢迎、是满意还是不满意等。观察法研究中应用最广泛的机器设备是扫描仪，就是利用超市、商店收款处的扫描仪识别所购商品的条形码后读入的数据，分析顾客的购买品类、数量、频率和偏好等。

常用的观察法有以下几种。

1. 直接观察法

直接观察法就是派调研人员或安装机器设备在现场直接察看和记录。如某一家购物中心派几名调研人员分头到不同购物中心，直接察看顾客性别构成、行走路线、每层停留时间等，用来调整布局、品类、服务等。店员可以直接观察进店消费者的年龄、性别等人口特征与购买兴趣，也可以借助店内监控摄像头记录的视频进行分析与复盘。有的直接观察法研究借助眼动仪、脑电图等设备，用来改进网站界面交互设计，提升用户体验。

2. 亲身经历法

亲身经历法就是调研人员亲身参与某种活动，来搜集有关的信息。如某一家工厂，要了解其代理商或经销商服务态度的好坏，就可以派人到他们那里去买东西。通过亲身经历法搜集的资料，一般是非常真实的，但应注意不要暴露自己的身份。

3. 痕迹观察法

这种方法不是直接观察被调研对象的行为，而是观察被调研对象某种行为后留下的实际痕迹。例如，汽车4S店同时负责整车销售、配件供应、保养修理和信息反馈业务。他们为了了解在哪一个广播电台做广告的效果最好（因为在同一个城市里有好几个交通电台，不可能同时做广告），对开回来保养或修理的汽车，记录用车人的人口特征和汽车收音机显示的波段，从而了解到不同电台的听众类型。你在网上看新闻、购物，浏览记录和搜索记录存在了你的cookie里，你会发现网页上的广告栏不停显示我们感兴趣的商品，就是因为留下的痕迹帮助网站实现了精准推送。

通过观察法这种研究方法能客观地获得准确性较高的第一手信息资料，因为它不像询问法依赖被调研人的回忆，而是直接记录了被调研人的行为。本章第四部分我们讨论的利用大数据进行用户研究，也可以看作是观察法的应用发展。但是，这种方式也有一定的局限性，它只反映了事物能被观察到的表象，而不能说明行为发生的原因，因此在一个用户研究项目里，我们往往采用多种用户研究方法相互印证。

（三）实验法

实验法是指对所研究的对象从一个或多个因素进行控制，以测定这些因素间的关系。在实验中，研究人员可以改变一个或多个变量，如价格、包装、陈列、广告主题或广告费用，然后观测这些变化对另外一个变量（通常是销售额）的影响。实验的目的是检测因果关系。最理想的情况是，除了那些操纵的变量，能保持其他因素不变。这样，研究人员可以相当肯定地进行因果推断。例如，销售额的变化是由于广告投入改变引起的。在实际环境中，要保持其他因素不变几乎是不可能的，或者代价很大。诸如各市场中竞争者的行动、气候和经济状况这些因素，均超出了研究人员所能控制的范围。

常用的实验法有两种。

1. 实验室实验

实验室实验即在实验室内利用专门的仪器、设备进行研究。例如，研究人员在一间房间里模拟出超市环境，给消费者一些卡片当作货币，请他们像平时那样来购物。随后，研究人员通过几次改变包装设计或陈列，来确定哪一种包装和陈列最能引起消费者注意，刺激销售量的提高。尽管实验室技术能提供有价值的信息，但是必须认识到，这时消费者不是在自然环境中。人们在实验室中的行为与实际购物情形肯定是有些不同的。

2. 现场实验

现场实验又称田野实验，是在真实的环境中，通过对实验变量的严格控制，观察实验变量对实验对象的影响。比如，某新产品在大批量生产之前，先把少量产品投放到几个有代表性的区域市场进行销售试验，看一看那里的销售如何，搜集顾客对产品的反应。

实例 4-2

某酒店预订APP界面A/B测试

所谓A/B测试，就是为同一个目标制定两个方案，在实验中让一部分用户使用A方案，另一部分用户使用B方案，记录下用户的使用情况，然后推敲两个方案中的那些更符合设计目标的优点，最后组合推出新方案。

例如，为某酒店预订APP界面制作了两个（A/B）版本，客户端呈现出两种用户界面。

方案A：如图4-3（1）所示，评分展示星状图片，消费人数在右边。

方案B：如图4-3（2）所示，只展示评分分数，后边添加消费人数。

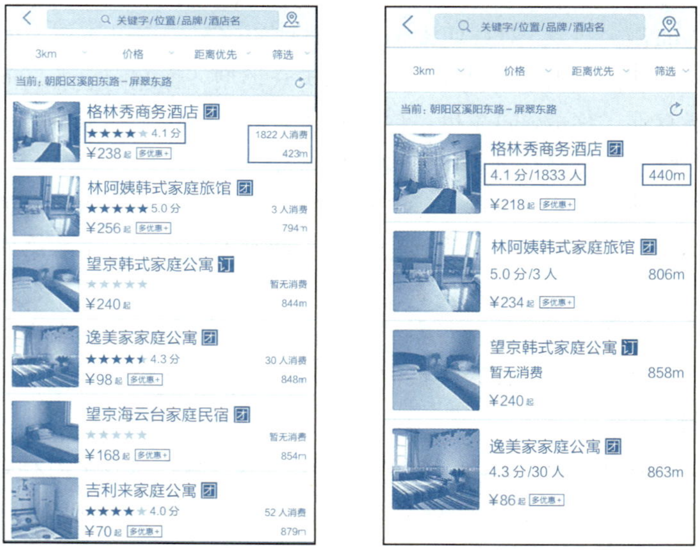

（1）　　（2）

图4-3　酒店预订APP界面的A/B测试实验研究

我们很难知道哪种方案比较好，那我们可以做个实验，把A和B方案同时放到线上的真实环境，让一部分用户使用A方案，另一部分用户使用B方案，记录下用户的使用感受，最后可以通过点击通过率（CTR，click-through-rate）或下单率等指标看哪个方案更符合设计目标。

使用A/B测试的优势如下。

第一，可以利用小样本的抽样方法，评估对整体的影响，进而节省时间和成本，可以让更多的想法或者策略得以快速的验证。

第二，通过实验对比指标，能够找到产品问题的真正原因，建立以数据驱动、可持续优化的闭环流程。

第三，还可以降低新产品、新功能或新模块的发布风险，为产品的创新迭代提供保障。

A/B测试当然也有弱势。从统计学的角度来说，A/B测试主要是针对当前产品验证哪个方案更好；从产品生命周期来说，A/B测试主要用来优化迭代1～100的产品，而很难用于0～1产品的创新发明。

2015年以来，国内互联网企业普遍面临流量增长困难、流量获取成本越来越高的问题，过去粗放的增长方式已经不再有效。基于这样的市场趋势，A/B测试成为帮助企业决策的有效工具。对于互联网公司来说，应该经常通过A/B测试实验的方法对比指标，进而来衡量和验证某一些策略是否更优，以此来持续提升用户体验和产品收益。

思考题

A/B测试适用于硬件产品研发吗?

四、用户行为研究过程

（一）用户行为研究的分类

虽然公司鼓励研发、生产等其他部门人员对用户进行全员全时“研究”，但是营销与市场部门的主动研究和发现仍然是主流，是该部门的重要职能。用户行为研究一般可以分为3类。

1.探索性研究

探索性研究用于探询企业所要研究的问题的初步、粗略的答案，主要帮助研究人员整理思路和提出问题，以便确定研究的重点。例如，近几个月来，企业产品销售量一直在大幅度下降，营销经理希望知道是什么原因造成的。是市场上出现了新的替代产品，还是顾客的爱好发生了变化，或者是由于企业本身产品质量下降造成的？由于影响销售量的因素很多，一时难以分清，又不可能每一方面都调研。为了寻找可能的原因，可以先从一些中间商那里去收集用户的反馈，从反馈中发现问题，以便进一步确定调研对象和内容。

探索性研究的目的是明确的，研究的问题和范围比较大。在研究方法上比较灵活，事先不需要进行周密的策划，在研究过程中可根据情况随时进行调整。探索性研究一般都通过搜集二手资料，或用户访谈，或请教相关专家，或参照过去类似的做法来进行，多以定性研究为主。

2.描述性研究

描述性研究试图回答诸如谁、什么、何时、何地和怎样做等问题。描述性研究暗含的事实是，管理者已经知道或了解了问题背后的基本关系。从描述性研究的结果往往可以发现两个变量间似乎存在某种联系，如广告和销售情况，但是仅仅从它的结果不能提供足够的证据证明较高的广告投入导致较高的销售额，要证明这种关系我们必须进行因果性研究。

3.因果性研究

在因果性研究中，研究人员要考察一个变量变化是否引起另一个变量的变化。这里的变量是一个概念或反映一组数值的符号。如包装设计、广告支出、销售额等。前一个变量我们称为自变量，指在研究中研究人员进行改变或操纵的变量。后一个变量我们称作因变量，指能被预测或解释的变量。在研究项目中，我们假设自变量是导致因变量变化的原因，然后收集数据后进行统计检验，以确定因果关系是否成立。例如，对于一家饮料公司来说，其广告支出（自变量）是否决定了销售收入（因变量）？

要证明因果关系，即自变量A的变化引起因变量B的变化，我们必须证明A、B间符合以下 3 个条件。

（1）A、B间存在相关关系。

（2）B的变化发生在A的变化之后。

（3）不存在其他可能的因素。

判别A、B间因果关系的前两个条件是比较容易证明的，第三个条件要完全满足相当困难。理想的情况是，研究人员能够确保完全不存在其他因素。但在用户研究的现实世界中，识别和控制所有其他潜在的可能因素很困难，也是几乎不可能的。

（二）用户行为研究的程序

用户研究的目标是提供有用的决策信息，需要呈现与营销决策问题有关的一些具体信息。管理者必须将这些信息同自己的经验和其他信息相结合，才能做出正确的决策。因此，用户研究是信息导向的，它涉及确定需要什么信息及如何有效和高效地获得信息。

1.问题识别与界定

研究开始首先是认识营销问题或机会。随着企业外部环境的变化，营销经理会面临这样一些问题："消费者的需求发生了什么变化？""我们应该改变现行的营销组合吗？""我们的竞争对手有什么变化？"用户研究可能用于发现和评估新的市场机会，也可能用来评估产品、促销、分销或定价策略。一旦问题或机会引起重视，营销经理会让用户研究人员一起讨论已经暴露出征兆的营销决策问题，然后准确界定用户研究问题。这是寻求问题解决方案的第一步，也是用户研究过程中最重要的部分，它为整个研究过程提供方向和保证。

在问题识别与界定中我们可以遵循以下几个步骤。

（1）确定寻找信息的原因

由于对营销信息的需求表述不明确或存在误解，有可能造成大量的人力、财力和时间的浪费。例如，营销决策者可能对需要什么信息没有完全清楚，或没有正确地表述问题，研究人员也没有弄清为什么要这些信息就展开研究，结果研究实施中或结束后才发现其实不需要做研究，或者发现研究得到的信息根本不解决问题。

（2）确定信息是否已经存在

人们常常觉得，现在的数据比过去收集的数据更准确，从已有的报告和数据中寻找信息似乎枯燥无味，而收集最新的信息更容易也更有趣。但是，如果现有的数据可以回答研究问题的话，就能节省很多时间和资金。因此，这一步往往能决定到底是否需要开展用户研究。

在确定信息是否已经存在时我们通常进行二手资料调研，主要通过收集一些公开的出版物、报纸、杂志、政府和有关行业提供的统计资料，了解有关产品及市场信息。这些资料的整理分析，不但有助于了解整个市场的宏观信息，而且能帮助研究人员进一步明确问题、理清思路。

获得二手资料的具体渠道主要有国家各级统计机构、行业协会、专业研究机构、媒体、上市公司等，快速查找二手资料的途径主要通过网络数据库，常用的数据库，举例如下。

① 万得信息网：http://www.wind.com.cn。

② 国泰安中国经济金融研究数据库（CSMAR）：http://www.gtarsc.com。

③ 搜数网：http://www.soshoo.com。

④ 中国知网：http://www.cnki.net。

⑤ 维普网：http://www.cqvip.com。

由于二手资料具有易于获得、价格便宜、能够辅助第一手资料的收集等特点，使它成为用户研究人员在考虑用户研究时几乎必做的一件事。然而，二手数据的应用也有一些问题，如数据的时效性、数据与研究对象的匹配性、数据分类的差异性、数据的来源和可信度等问题。之所以出现这些问题，是因为找到的二手资料毕竟不是为解决当前的决策问题而定制的。

（3）通过探索性研究界定问题或机会

探索性研究通常是小规模研究，目的是确切掌握问题的性质和更好地了解问题发生的环境。探索性研究在时间和资金允许的条件下，通常没有对样本量、抽样方法等有严格的限制。随着探索性研究的开展，用户研究人员应从中识别出一些用户研究问题及子问题。研究人员应了解同问题有关的所有因素，这些因素将构成研究的主题。

实例 4-3

GC公司节水龙头用户研究

GC公司是一家成立不久的科技创业企业，致力于开发节能减排产品。首期产品基于流体共性，提出全新的节水概念，使平均洗手节水率达到90%，获得了多项国家发明专利。公司基于人们的洗手习惯、偏好，还考虑了产品未来研发的几个子方向，例如自动掺入杀菌药剂，或者在高端场所掺入精油洗手液等。但创业团队对这些研发思路心中没底，于是希望专业市场调研公司帮助其进行用户研究。

按照公司最初的研究设想，用户研究项目包括下列研究对象和研究内容。

1. 使用者

(1) 水龙头使用者的人口统计资料。

(2) 人们平时的洗手习惯（包括洗手的时长、洗手的用水习惯）。

(3) 人们对水龙头的使用习惯、对水流大小的要求等。

(3) 人们对于节约用水的偏好强度。

(4) 人们对于洗手龙头新功能的接受度（①除菌洗手，②高端场所的“精油”洗手）。

(5) 人们对于公共场所的水龙头的要求。

2. 行业

(1) 公共场所水龙头的总体使用情况。

(2) 水龙头供需上下游关系。

(3) 市场潜力测评。

3. 竞争者

(1) 现有水龙头使用情况调研。

(2) 现有水龙头价格区间调研。

(3) 现有水龙头维护保养情况调研。

(4) 现有节水水龙头在杭州公共场所的市场份额。

(5) 竞争对手对市场营销渠道企业关系的处理。

(6) 竞争对手的促销策略。

调研公司到企业仔细查看产品原型，与创业团队进行了深入交流，然后先做了一个 3 户家庭的小样本探索性研究。研究结束有一些重要发现：① 由于政府一直把水、电、燃气等看作民生工程，居民用水的价格非常便宜，一般家庭每个月用水大约十几元钱，因此难有意愿更换水龙头；② 除非新装修房子，大多数家庭在水龙头下面没有用电插座（如果有插座也是为小厨宝热水器设计），而节水龙头也要用电，因此已装修的房子须增加插座，比较麻烦。③ 节水龙头使用时因为有电机驱动水流，在安静的家里使用噪声明显。其他还有诸如水量切换开关等用户需求。

研究结果让创业团队冷静下来，看来公共场所是产品的主打市场，考虑到有限的资金，决定先推出针对公共场所的基本款，“除菌”龙头、“精油”龙头等新产品等公司站稳脚跟再开发。

（4）研究目标的确定

问题或机会识别过程的最终结果就是形成研究目标。目标应根据回答用户研究问题或机会所需的具体信息加以表述。经过精心分析确定的目标必须尽可能具体和切实可行。在实际操作中，研究人员与公司项目负责人见面时，应准备好一份书面的研究目标清单。如果项目负责人表示同意，研究人员应要求项目负责人签字。之后，研究人员应给负责人一份复印件，将原件作为研究文件保存起来。这样可以避免日后双方对研究成果进行评估时出现麻烦。

如果研究人员由于委托方的压力而对研究的作用言过其实，那么将不但损害研究的可信度，而且可能对公司声誉造成巨大损失。这样用户研究就会越来越缺少大家的信任。

（5）将研究目标表述为假设

研究人员经常以假设的形式来陈述研究目标。假设是关于两个或多个变量之间关系的推测性表述，这些关系可以通过研究数据加以检验。假设是在给定信息的条件下，被认为是合理的初步推测。好的假设中要检验的关系应该有明确的意义，也就是为营销决策所需的信息提供明确的答案。

2. 设计研究方案

研究设计是保证研究工作顺利进行的指导纲领，其主要工作有：确定信息的来源、选择研究方法、设计调研工具、设计抽样程序等。

（1）确定信息的来源

这一步工作就是根据研究的目标确定研究的范围及信息的来源。

研究的范围是根据研究的目标，确定所需信息资料的内容和数量。例如，是调研企业营销的宏观经济环境，还是调研企业的市场营销手段；是一般性调研还是深度调研等。信息资料的来源，是指获取信息资料的途径。用户研究所需的信息资料，可以从企业内部和企业外部两方面得到。如果企业已经建立了市场营销信息系统，则可以通过数据库得到信息资料。除此之外，还要确定搜集信息资料的地区范围。

（2）选择研究方法

前面我们介绍了定性和定量研究的 3 种基本方法。在具体用户研究项目中到底用哪些方法呢？一方面，由于不同研究方法各有所长，客观上需要采用多种研究方法的组合；另一方面，企业是讲投入产出的，研究人员的目标是以最低的成本获得理想的用户数据类型、质量和数量，因此要合理选择研究方法并设计出可执行方案。

选择研究方法时要考虑的因素主要有：① 预算。有句老话“巧妇难为无米之炊”，研究人员经常遇到这样的情况，在可选择的多种研究方案里，最终选择的是符合委托方预算的那个方案。② 时间。客户一旦想做用户研究，往往希望早点获得研究结果。在听了专业研究人员设计的方案后，虽然知道要获得理想的成果需要足够的时间，但还是会翘首以待。最后，**在与研究委托方确定了可接受的预算范围和时间后，研究人员还要考虑抽样精度、发生率、数据质量、问卷长度等因素，最终双方共同确定研究方案。**

（3）设计研究工具

在确定了研究方法之后，就要进行工具设计。所谓的工具设计，是指采用不同的研究方法，需要准备不同的研究工具。如采用询问法进行研究时，需要使用调研问卷。调研问卷设计中关键的问题是提什么问题，提问的方式等。又如，采用观察法进行研究时，需要考虑使用何种观察工具（手机、照相机、监视器等）。

（4）设计抽样程序

抽样设计程序就是根据研究的目的确定抽样单位、样本数量及抽样的方法。抽样单位即向什么人调研的问题。样本数量即对多少人调研。在其他条件相同的情况下，样本越大越有代表性，样本数量的多少影响结果的精度，但样本数量过大亦会造成成本的上升。线下抽样因为访问员能见到被访者，抽样质量比较可控。线上抽样能跨越时空，但难以把控抽样质量，除非对合格被访者定向邀请。

研究人员经过考虑可以有多种方案，每一种设计往往各有优缺点，客观上不存在唯一的、最好的研究设计。如果研究的是线上购买的用户，可以向线上电商平台购买数据（有的电商平台还会帮助分析数据），这样能缩短数据收集时间。

研究设计最后应生成一份总体方案设计报告，通常又被称为用户研究计划书，它是保证用户研究工作顺利进行的指导性文件，也是研究活动各个阶段主要工作的概述。此外还有以下功能：① 它是研究项目委托人与承担者之间合同或协议的一部分。由于主要的一些决定已明确写入计划书，例如研究目的、范围、方法等，有利于避免或减小后期出现误解的可能性。② 在争取项目经费，或是在与其他研究机构竞争某个项目，或是在投标说服招标者时，计划书撰写质量的高低可能直接影响到项目能否被批准或能否中标。

研究方案虽无固定格式，但基本内容应包括：研究背景、研究目的、研究方法、经费预算及时间进度安排等内容。

3. 实施研究方案

实施研究方案就是根据用户研究计划书规定的途径与方式，实地获取各种信息资料。在实施中，企业常常要聘请一些企业之外的调研员（访问员），因此需要做好调研员的选拔、培训和管理等工作。

（1）调研人员的选拔

参与实地调研人员素质的高低，将会直接影响到此次调研的结果。因此，调研人员的选择就显得十分重要了。我们应选取一些责任心强，口齿伶俐，对数据信息具有相当的敏感性与洞察力，最好有一定研究经验的人。

（2）调研人员的培训

当调研人员的选拔工作完成之后，就要对他们进行培训。特别是一些临时性的调研人员，因为他们缺乏必要的知识和实际经验。培训可以采用专家授课、角色扮演和操作试验等方式。专家授课一般讲述研究的目的、任务和所要获得的研究信息的特征、性质和内容范围。角色扮演和操作试验则让调研人员熟悉研究活动的技巧与方法，掌握要领。

（3）调研人员的管理

对于调研人员的管理工作要贯穿整个调研的始终，以保证获得信息资料的真实性。要对调研人员搜集的资料进行查看，验证是否符合要求，若发现问题，及时纠正。要对被调研对象进行复查，以防止有的调研人员不讲职业道德，自行乱填调研问卷，使调研结果失真。这些工作除了现场的督导进行管理外，在现场研究后的数据处理阶段，还会进行复查。

一项较大的研究项目往往需要在几个城市中搜集数据，很多数据搜集工作是由当地数据服务公司完成的。研究组织者与现场服务公司之间除了分包合同，为确保所有的现场服务公司按照统一的方式工作，还需要就每一件工作都制定详细的说明，如督导员说明、访问员说明等。数据服务公司必须严格按照规定的程序执行，除了访谈外，还负责提供研究设备、访谈场所、样品存储等工作。

4. 分析研究数据

数据搜集后，研究过程的下一步就是进行数据分析。分析的目的是解释所搜集的大量数据并提出结论。如果数据尚未录入到计算机中，在分析前先要把数据进行整理和编码，然后录入到计算机中，再用专门的统计软件分析。如果用问卷星等互联网工具进行调研，数据可以直接用多种格式导出。现在常用的用户研究统计软件是SPSS，包括了数据库的创建和管理、数据导入和处理、统计结果图表输出，以及描述性统计和多变量统计等功能。关于这款软件的最新信息可查询它们各自的网站http://www.spss.com。研究人员一般先做简单的描述统计，如频次、百分比、平均数、极大极小值、标准差等分析，然后可能会使用复杂的多变量统计技术。

5. 撰写研究报告

数据分析完成后，研究人员开始撰写调研报告，并向管理层沟通结论和建议。

用户研究的最后一步工作是撰写和提交研究报告。研究报告是对研究成果的总结和研究结论的说明。应满足以下几个基本要求。

（1）简明扼要，形象生动、重点突出

研究报告中切忌罗列一大堆数据和高深的数学公式，而应主要阐述研究中的发现和结论。

（2）对象明确，讲求实用

研究报告是给各级营销决策者看的，内容要实用，结论尽可能量化、可视化且明确，符合读者的理解水平。

（3）说明研究结果的局限性和误差范围

发现的问题要尽量列出来，显示研究的作用和意义，但在词语间减少存在问题的责任归属，委托方管理层会考虑。

6. 沟通和跟踪调研结果

绝大多数研究人员想让自己所做的研究能在公司决策时发挥作用，这样就必须使管理层相信，依据所搜集的数据得出的结论是可信的和公正的。这是整个过程中的一个相当重要的环节。除书面的调研报告以外，通常研究的组织者还要向管理层和相关人员做一次口头汇报。在做口头汇报时，一定要考虑听众的性质。不要用研究设计和统计分析中的太多术语，因为你的报告对象大多不是用户研究的专家，他们对结论和建议更感兴趣。

除此之外，研究的组织者应该在提交研究报告和口头汇报后 1 ～ 2 个星期，向管理层询问有关情况，例如：是否有必要进一步分析数据？提出的建议是否被接受？在花费了可观的精力和资金开展用户研究后，最重要的当然是方案能否付诸实施。

思考题

如果委托外部市场调研公司做用户研究，怎样选择被委托方？

五、大数据与用户研究

在互联网技术快速发展的背景下，互联网+时代已经来临。如果说互联网时代是一个网络互通的时代，那么移动互联网时代更是一个万物互联的时代，移动网络终端的大量普及给企业营销创新发展带来了良好的契机。精细划分客户群体、定制产品与服务并精准送达信息，越来越成为企业成功营销的必要条件。

实例 4–4

玛氏箭牌（中国）开创品牌大数据营销

作为全球知名的休闲食品快消领军企业，玛氏箭牌糖果公司（Mars Wrigley Confectionery，以下简称玛氏箭牌）旗下拥有绿箭、益达、德芙、士力架、M&M’s、脆香米、彩虹糖等众多家喻户晓的品牌，产品更是涉及巧克力、口香糖、润喉糖等多个品类。秉持“美好瞬间，欢笑世界”（better moments make the world smile）的愿景，玛氏箭牌始终致力于为广大消费者创造更多精彩时刻。

如何与不同产品的不同类型的消费群体进行有效沟通和连接，精细化地进行品牌运营和管理？玛氏箭牌（中国）有限公司［以下简称玛氏箭牌（中国）］积极布局大数据营销，与上市公司每日互动股份有限公司（大数据服务品牌“个推”）深度合作，探索通过大数据了解目标消费者、找到目标消费者并与之保持有效沟通的秘诀。

秘诀一：360 度画像，读懂细分人群的深层次诉求。

在当下的互联网环境里，品牌与消费者的沟通越来越频繁，但如何沟通才能让消费者真正共情，让品牌信息有效触达呢？消费者洞察很关键。

依托个推大数据能力和简单易用的人群洞察SaaS（software as a service，软件即服务）工具“个灯数盘”，玛氏箭牌（中国）对其旗下德芙、益达、士力架、绿箭等品牌的消费群体进行洞察，为开展精细化会员运营和有温度的广告触达提供有效支撑（见图 4-4）。

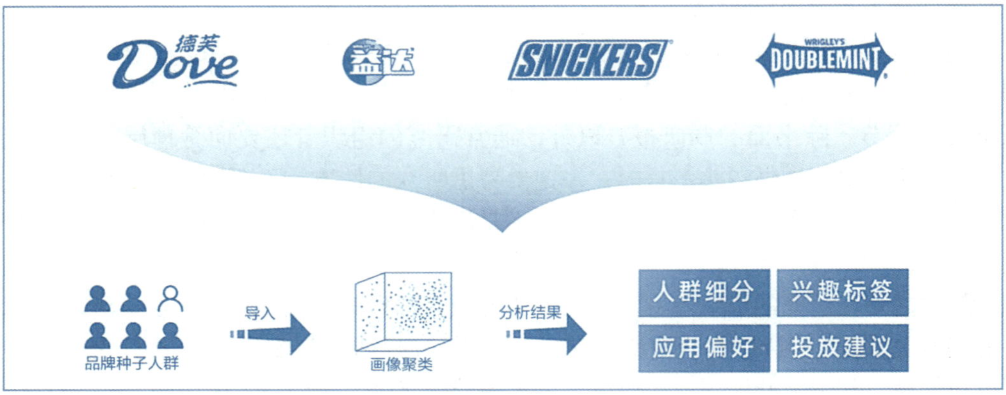

图 4-4 对玛氏箭牌多个品牌消费人群进行细分

例如，对士力架购买人群样本进行深度分析发现，喜欢购买士力架的人群主要是“高消费白领”、“年轻宅一族”和“精明生活家”3 类，这 3 类细分人群在年龄层次、消费水平、常住城市级别、线上线下兴趣偏好等属性特征方面差异较大（见图 4-5）。

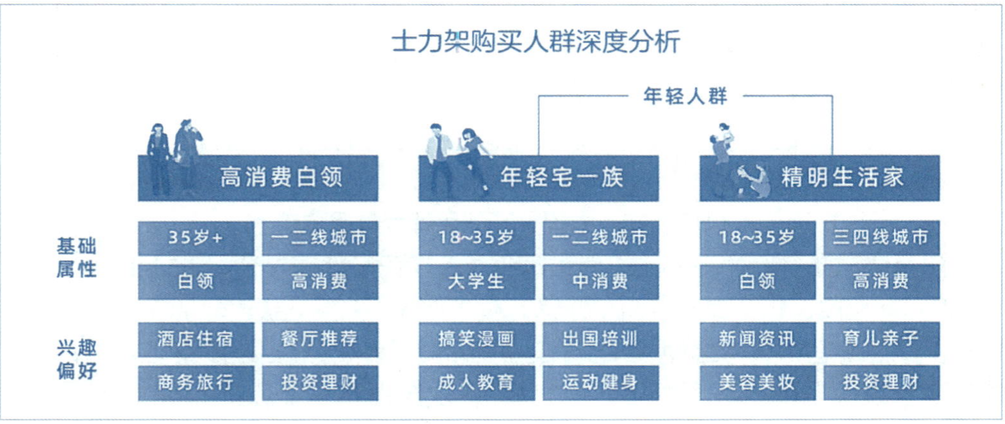

图 4-5 对士力架购买人群进行细分并找出特征

“高消费白领”多分布在一、二线城市，经常出差，对餐厅推荐类APP 偏好明显；“年轻宅一族”中有很多大学生和“Z世代”[1]，他们更为关注搞笑漫画、出国培训和运动健身；“精明生活家”相对年轻，多分布在下沉市场，更为关注育儿亲子和美容美妆。个推提供了这3类细分人群的全景画像，使玛氏箭牌（中国）在清晰了解消费者偏好特征和需求的基础上，针对不同的细分人群制定合适的沟通策略，让广告创意能够更有效地打动目标消费群体，走进他们的内心。

秘诀二：定向“种草”，轻松拉近和目标消费者的距离。

深入的消费者洞察不仅能全面了解既有的消费者和会员用户，也能为品牌从茫茫人海中找到更多的目标消费群体提供数据依据。

在上述的士力架营销案例中，个推不仅构建了“高消费白领”、“年轻宅一族”和“精明生活家”等细分人群画像，还以这3类人群为种子用户，在全网用户池中进行了相似性扩量，为士力架品牌找出了大规模相似特征的人群用于定向广告投放。

投放后效数据显示，个推提供的这3类细分人群转化效果非常显著，其中“高消费白领”群体的转化率相比整体投放人群提升了约65%。

除了相似特征人群扩量外，通过标签筛选、线下区域圈选等方式，玛氏箭牌（中国）从海量用户中快速找到目标群体，并一键对接给数据安全平台（data security platforms，简称DSP），实现特征人群的定向曝光和触达。2021年个推累计为玛氏箭牌（中国）的7大产品线提供了“二次元爱好者”“朋克养生族”“小镇青年”“家庭决策者”等超40个不同类型细分人群的投放策略，帮助玛氏箭牌（中国）提升广告投放效能。

秘诀三：预测购买，以更低成本和目标群体有效“连”接。

玛氏箭牌（中国）与个推在预测购买方面也开展了合作实践。依托亿级别的特征层数据，个推对喜欢玛氏箭牌绿箭口香糖的消费人群进行了特征解析和机器学习，构建出具有智能识别和判断能力的算法模型，对用户的购买潜力进行评分。针对得分较高的高购买潜力人群，玛氏箭牌（中国）就可以进行定向“种草”，而针对低购买潜力的人群，就可以减少相应的广告投入。如此一来，玛氏箭牌（中国）就能够以更高效、更低成本的方式进行广告投放，从而提升营销ROI（return on investment，投资回报率）。

分析玛氏箭牌（中国）某次投放后效数据，使用个推预测购买模型找出的高购买潜力人群，在品牌“种草”效果和下单转化方面均表现出明显的优势，其中转化率相比对照组投放人群提升了16.67%。

（资料来源：用数据驱动营销，个灯携手玛氏箭牌中国开创品牌营销新标杆[EB/OL].[2022-12-21].https://www.getui.com/college/2022040148.）

总结玛氏箭牌（中国）的营销实践，可以看到，无论是在细分市场分析、广告投放还是私域流量运营、会员运营等各方面，大数据和技术都能发挥积极的正向作用，正不断推动企业升级品牌营销解决方案。

---

[1] Z世代，也称为“网生代”“互联网世代”“二次元世代”“数媒土著”，通常是指1995—2009年出生的一代人，他们一出生就与网络信息时代无缝对接，受数字信息技术、即时通信设备、智能手机产品等影响比较大。

（一）企业的用户研究期望

在移动互联网、各种传感技术的推动下，企业对用户研究提出了更高的期望，具体表现如下。

1. 赋予企业数字营销的精准化操作能力

当企业营销部门的人员规模、预算大到一定程度，就难以通过营销经理的个人经验对用户研究活动进行微观操作，需要依赖数据+技术的营销信息系统驱动整个营销体系的精准化操作。

2. 提升营销执行的ROI

“我知道有一半的广告费浪费了，但不知道是哪一半。”在营销界这是企业最普遍的苦恼。中国几千家上市公司，营销费用每年超过1亿元的公司很多，超过10亿元的不少，如果通过数据+技术能提升1%的精准度，就能节省100万元、1000万元的成本，这是能直接体现公司业绩的真金白银。

3. 战略视角的营销策略

在打通生产、营销、销售、渠道、服务等用户数据后，公司高层就能看到更加全局的经营数据，可以站在更高维度，看待营销在公司战略布局中的定位和作用。以往虽说营销部门是公司经营的核心部门，但跨部门的计划执行还是会时时感到掣肘，但如果能用合适的用户研究和营销信息系统的数据说话，就有了更大的话语权和影响力。

（二）营销数据中台的概念及实现形式

“数据中台”是阿里巴巴公司较早提出并落地应用的，出现的背景是阿里系电商平台上下游业务的协同需要。淘宝、天猫、支付宝、菜鸟物流、盒马鲜生等业务板块每天都产生着大量有价值的数据，要在不同业务群做到数据的互联互通，对数据价值进行最大化挖掘，因此需要整合各业务群的数据建立集团层面的“数据中台”，统一管理和应用数据。

图4-6是数据中台的常见模型，从IT层面有以下几个模块。

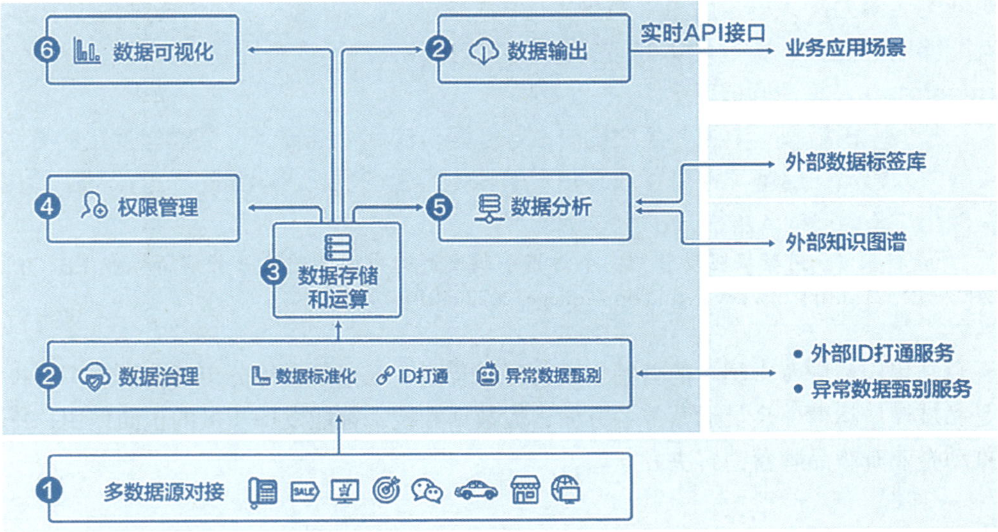

图4-6 营销数据中台架构模型

1. 多数据源对接

从各种数据源提取数据，放入数据中台，数据类型如下。

第一方数据：企业自己系统上产生的数据，例如CRM（customer relationship management，客户关系管理），售后服务，会员系统等。

第二方数据：企业在外部系统上产生的数据，由外部系统通过应用程序接口（application programming interface，简称API）提供，例如电商数据、广告监测数据、微信公众号数据等。

第三方数据：企业直接获取的外部数据资源。需要强调的是，第三方数据交易并非一手交钱一手交数据。目前我国的法律要求第三方数据交易不允许企业直接采购消费者的ID，数据服务商只能基于企业提供的消费者ID（identity document，身份证标识号）提供数据服务。

2. 数据治理

在获取不同数据后，对数据的治理包括以下3个任务。

① 数据标准化：例如不同数据源对于消费者性别的描述有“男—女”，“先生—女士”等多种写法，在做数据整合的时候，需要统一不同数据源对于相同含义的描述值。

② ID打通：上文也描述过，不同数据源对于消费者的识别是基于不同ID的，数据源的拼合需要ID打通。对于大部分企业来说，无法拥有像BAT[①]那样的数据，BAT每天能收集十亿级别ID发生的千亿级别的行为数据，他们的确能做到依靠自己的数据就能打通不同数据源。大部分企业在没有这么大量的数据和消费者活跃度的情况下，ID打通需要依赖外部数据源。

③ 异常数据甄别：和ID打通一样，异常数据的甄别在企业自身数据不够大的情况下，同样依赖外部数据。例如某个ID每天会点击2次某企业的广告，这个行为相对正常。但是如果放到全行业，这个ID也许每天会点击1万次各个企业的广告，这就很明显是流量作弊了。

3. 数据存储和运算

在数据完成治理后，统一放入数据库进行管理和运算。由于数据量过大，在单一服务器上无法完成存储和运算，这就涉及大数据的分布式运算，云计算等复杂IT层面的管理。

按照数据存储和计算的地方，可以分为营销云（数据存在第三方的云平台上）、自有云（企业自己的IT系统内）和混合模式（非敏感数据存放在第三方的云平台，敏感数据存放在自有云平台）。以上不同的方式有着不同的成本、数据安全和合规要求等。

4. 权限管理

数据中台的目标是支撑市场部，甚至全公司不同的业务场景，也意味着从公司高层到底层外包员工都需要从数据中台提取数据，为了防止数据泄露，需要对不同用户，不同场景进行权限分级管理。例如负责接听电话的客服人员，在客服系统中就不可以看到消费者的全名和实际手机号。

---

① BAT：即百度公司(Baidu)、阿里巴巴集团(Alibaba)、腾讯公司(Tencent)三大中国互联网公司首字母的缩写。

5. 数据分析

在使用“营销大数据”前，需要对数据通过分析生成业务侧用户能看得懂的标签，分析的过程包括非实时的传统数据挖掘，依靠人工智能的实时分析等。在分析过程中，企业很难在短期内积累自身的知识图谱和高质量的标签，需要依赖外部的数据能力。

6. 数据可视化

虽然数据中台是由技术背景的团队进行运维，但是实际使用的是对数据完全没有感觉的业务侧人员，对比成亿条原始数据，业务侧也许只需要一个柱状图就能得到商业结论，因此可视化是真正让业务侧使用数据中台的基本工具。

7. 数据输出

数据中台的产出，除了数据可视化展现的洞察外，还会对接不同的业务系统，通过数据来驱动业务场景，如程序化广告、新零售、动态定价等，很多业务场景需要毫秒级的查询和输出，也是IT层面需要解决的技术问题。

思考题

有人说“企业的IT投入是无底洞”，你怎样认为?

（三）营销数据中台的典型应用

以营销为中心的数据中台，除了开展精准营销、提升投入回报，还可以驱动公司关注数字化转型。图 4-7 是全球领先的营销技术公司 Adobe 展示的应用场景。

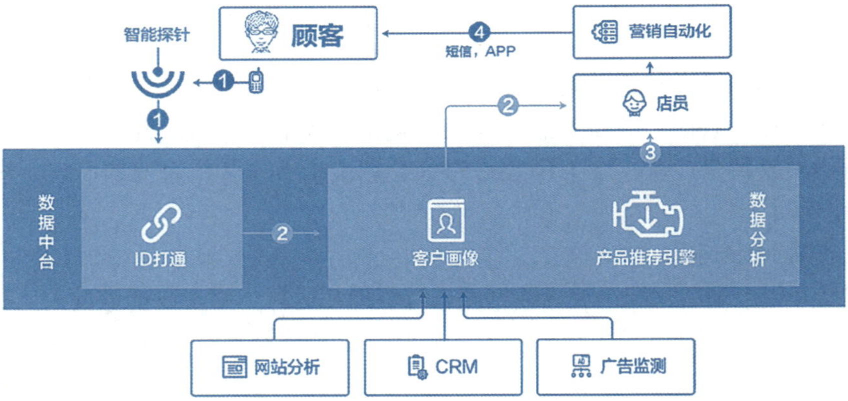

图 4-7　营销数据中台应用业务场景示意

1. 客户进入银行

当客户进入银行的那一刻，随身携带的手机便和银行智慧门店体系中的智能探针进行交互，完成了客户身份的识别，数据中台在银行柜员的显示终端提醒客户的名字和可能需求。

2. 柜员与客户交流

银行柜员叫出客户的名字，与客户确认需求。

3. 数据中台推荐业务方案

数据中台的算法模块提示柜员推荐给最适合的客户在公开渠道看不到的利率方案。以往营销人普遍想到的精准营销是“千人千面”，给不同类型的消费者推送不同的营销内容，目前“精准”还能达到“个性化定价”。

4.柜员与客户确认方案

柜员给出客户业务方案，对方案细节进行说明，解答客户的疑问，达成业务。

5.银行执行与反馈

银行执行业务方案，并通过微信、短信或APP等与客户建立长期联系。

营销自动化系统连接了消费者数据、AI算法驱动的产品推荐及触点工具（短信和APP），一线销售人员在被框定的范围内仍保有一定的灵活性，可以根据对消费者的主观判断，实时选择交流发送的内容，趁着消费者的需求旺盛期，推进销售的迅速落地。

这样的场景已经很难定义企业只是进行数字营销还是业务转型，数据中台起的作用是打通了多种数据，驱动了智慧门店+营销自动化两个应用场景的无缝嵌入，业务转化效率与效果发生了根本改变。

本章小结

1.用户研究收集数据的定性研究方法有3种：深度访谈、焦点小组访谈和投射法。深度访谈和焦点小组访谈相对使用较多。

2.用户研究收集数据的定量研究方法有3种：询问法、观察法、实验法。询问法可以用于描述性的，也可以用于因果性的研究；观察法通常用于描述性的研究；实验法则几乎都是用于因果性的研究。

3.用户体验地图是一种常用的提升用户体验的定性研究方法，尤其较多地用于提升服务类产品的用户体验。

4. A/B测试是一种常用的实验研究方法，能帮助企业持续提升用户体验和产品收益。

5.用户行为研究的程序分为6个步骤：① 问题识别与界定；② 设计研究方案；③ 实施研究方案；④ 分析研究数据；⑤ 撰写研究报告；⑥ 沟通和跟踪调研结果。

6.用户行为研究是企业营销数据中台的基础组成部分。

7.企业追求精准营销、提升经营绩效的脚步不会止步，在移动互联网的普及下，营销数据中台成为越来越多行业领先企业的选择，很可能是企业数字化转型的必由之路。

复习题

1. 什么是小数据？什么是大数据？
2. 用户行为研究在营销管理中处于什么地位？
3. 用户行为研究包括哪些定性研究方法？各有什么特点？
4. 用户行为研究包括哪些定量研究方法？各有什么特点？
5. 用户行为研究的一般程序是什么？
6. 你认为在用户行为研究中，哪个环节对于研究的成功最为重要？
7. 除了用户行为数据，营销数据中台还需要哪些数据？
8. 你认为营销数据中台的应用将在哪些行业更容易取得成功？

课后案例：数智融合重塑传统行业

面对数据应用的新浪潮，传统行业如何重塑自身新价值？2021 年 12 月 3 日，在"'数据新价值'——2021 南方智享会"主题沙龙上，尚品宅配CTO（chief technology officer，首席技术官）黄晓亮分享了以数据为基础建立生态的家居家装行业的革新路径。

"数据应用的深度与广度，决定了企业的高度。"黄晓亮认为，数据价值的三浪叠加非常清晰。第一重浪是信息化，以ERP（enterprise resource planning，企业资源计划）数据库为代表的数据记录，在世界 500 强企业中被普遍应用；第二重浪是消费互联网化，包括APP、大数据、云计算等数据链接，被互联网企业普遍采用；第三重浪就是工业互联网化，以 5G、物联网、区块链、人工智能、边缘计算等为代表的数智融合技术，是新型数字化企业的特征。从信息化到数字化，再进阶为数智化技术的运用，贯穿了尚品宅配发展的全阶段，数据价值的三重浪潮带来的红利，推动了家居行业不断拓展新赛道。

数字化的全屋定制时代，个性化设计与大规模生产

"尚品宅配骨子里是一家软件公司。"黄晓亮的演讲以这样的定义开场。他介绍了尚品宅配数据应用的 3 个阶段：第一阶段是"信息化"，时间从 1994—2004 年，通过圆方软件提供软件解决方案；第二阶段是"数字化"，从 2005—2017 年，通过O2O[①]+C2B[②]解决个性化定制和大规模生产的问题，尚品宅配进入全屋定制时代；第三阶段则是"数智化"，从 2018 年至今，O2O+C2B+S2B[③]、大数据、云计算、人工智能、工业互联网等技术的运用，带领尚品宅配进入全屋定制+全屋整装的新赛道（见图 4-8）。

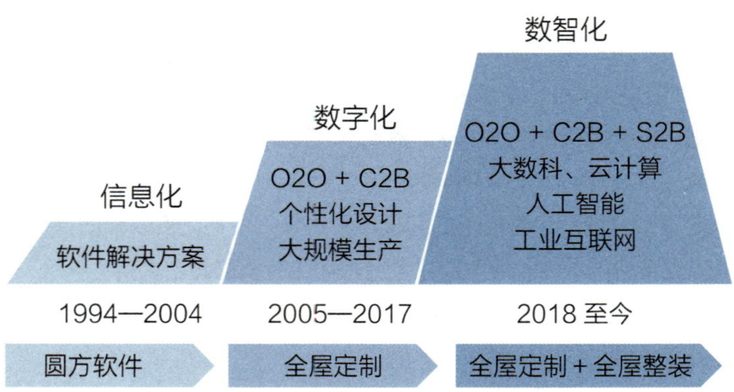

图 4-8　数据应用伴随尚品宅配的不同发展阶段

以软件起家的尚品宅配的两个核心技术是建模和渲染。如何在消费者—效果图—产品三者之间形成闭环？尚品宅配提出：提供免费设计服务，看着效果买家具。软件+服务解决方案通过商家导购来提供设计服务，触达消费者，从而促成看着效果买家具的实现。

作为以全屋定制为消费者所熟知的上市公司，尚品宅配总结的定制家具行业的特点是：前端个性化设计，后端柔性化生产，流程长，重决策，角色多。而解决个性化设计和大规模定制生产的关键是C2B模式。

① O2O：online to offline，即在线离线或线上到线下。
② C2B：customer to business，即消费者到企业。
③ S2B：supply chain platform to business，即供应链到企业。

个性化设计服务包括3个重要的组成部分：线上引流；线下体验；用户分类，精准推荐。O2O优化了交易结构，线上和线下的流量经历了到家量尺—到店体验—到店成交这一过程。

在用户分类方面，尚品宅配收集了500万个家庭样本，通过对户型的研究推出空间利用和墙面折叠等实用性更强的产品设计，更好地适配了消费者的需求；通过对生活方式的研究，针对中国家庭全生命周期不断完善设计理念。例如，"伴你童行"的设计理念，主要针对新婚家庭过渡到家中有婴幼儿的阶段，而这个阶段是全屋定制占比最高的，围绕3个关键词——陪伴、安全、收纳，"伴你童行"系列产品强调陪伴教育和成长，偏重材料、设计和使用上的全方位的安全性，以及强大的收纳功能，精准匹配消费者阶段性需求。

可以说，从用户分类到产品、场景分类，最终都是为了实现更精准的推荐。尚品宅配的精准推荐，基于强大的设计工具：全流程参数化驱动的产品库，包含20万个产品；集合200万套户型的户型库；拥有2600万个海量方案的方案库。"提交平面图，在2600万套设计方案中适配，一分钟内即可完成3套方案的输出。"黄晓亮透露，尚品宅配设计工具的效率不断在提升。

尚品宅配全屋定制构建的第二个核心能力是大规模定制生产。大规模定制生产的技术创新要点有：自研ERP，跑通大流程；自研拆单、排产、MES[①]、数控系统；数据上云+人工智能算法，逐步实现数据驱动的数字工厂。

以尚品宅配的订单为例，大规模定制生产的流程从订单汇总到位于广州佛山南海区的订单中心开始，经历数字孪生制造和订单混合排产，将不同用户的订单拆单后入板件池，分为不同批次，再通过混合排料订好生产计划，按批次出货；系统生成加工指令，为每一张板件提供"身份证"，上面板件材料和板件名称、板材尺寸、纹理方向、包装指令、孔位加工指令、开料机器编号、生产批次号一目了然。工厂按指令加工，开料、封边、钻孔、修色后存入立体仓，全流程完成。在大规模生产中，定制家具板件都拥有自己的"身份证"。

"经过无数次迭代，今天的数字工厂每天可以生产50万块完全不同的板件。"黄晓亮说，大规模定制生产的效果，使得生产能力扩大了10倍，利用率从70%提高到93%，出错率从30%下降到2%。

个性化定制服务带来的大量订单进一步扩大了生产规模，而大规模定制化、生产柔性化程度的提高，完善了个性化设计服务的实现效果，两者相互推动形成增长飞轮。在这一阶段，尚品宅配实现了全流程数字化。

数智化全屋整装新赛道，BIM[②]深化系统发力

时间来到2018年，从这一年至今，尚品宅配进入全屋定制+全屋整装阶段。在发展的新阶段，黄晓亮认为，数据是建立生态的基础。供应链升级为供应链平台，云端升级成数据中台。产品和设计的全程采集形成数据，汇集到数据中台，这个中台对供应链平台和产品设计双向更新扮演着重要的角色。他举例说明：如果一款沙发原先是不可售

① MES：manufacturing execution system，制造执行系统。
② BIM：building information modeling，建筑信息建模。

产品，但很多设计师将其运用到设计方案中之后，数据中台就会迅速更新供应链，让这款沙发进入可售范围。

装修客户的痛点在哪里？可以归纳为以下几点：设计吃回扣、花钱买未知、处处不透明、施工猫腻多、总价不可控、过程体验差、工期总延期。

针对这些痛点，尚品宅配“把数字车间搬到工地”：按平方米计价整装模式，公开透明，消除价格的不确定性；进行标准化设计，以35种标准化系统空间为基础；打造BIM虚拟装修系统，采用数字化建模，1∶1还原过程和结果；施工调度系统，对施工工人柔性化调度；采用中央厨房式供应链，主材半加工，施工装配化，配送柔性化。

据黄晓亮介绍，尚品宅配力推的BIM整装深化系统，采用1∶1数字孪生技术，在正式开工之前会虚拟装修一次，消除不确定性。在整个流程上，销售阶段采用K20设计系统，深化阶段采用BIM20深化系统，施工阶段采用BIM调度+小程序，通过5G数字工地指挥施工（见图4-9）。“在开工之前就完整地‘装修’一次，我们看到装修的每个节点，每天发生的事情，通过BIM这个软件，我们很直观地使用调度系统。”他说，“最后在工地通过数字大屏、手机指挥个人完成他要做的事情，这是机器指挥人的过程，我们希望把它的过程标准化。”

通过这样的全屋定制+全屋整装流程，尚品宅配实现了从平面到三维数字可视化，材料利用率从75%提升到了95%，效率提升了30%，平均客单价从8万元上浮至25万元，同时管控的工地数量从100个飙升至2000个（见图4-10）。

图4-9　5G数字工地指挥施工

图4-10　尚品宅配智能制造工厂实景

在家具行业和装修行业这些传统行业，尚品宅配做的事情其实就是把数据提取出来，把行业经验建模，再加上算法，最后形成一种新价值体系。“这个就是我们骨子里面是一家软件公司的原因，我们还将不断的叠加这个方法。”黄晓亮认为，这就是尚品宅配数智融合重塑传统行业新价值的主要做法。

（资料来源：许蕾．尚品宅配CTO黄晓亮：数智融合重塑传统行业[EB/OL]. [2022-12-18]. https://gov.sohu.com/a/505494397_100116740.）

思考题

1. 尚品宅配的用户研究有哪些特点？
2. 尚品宅配的C2B定制模式为什么能取得成功？
3. 尚品宅配的成功给中国制造业转型提供了哪些经验？

第五章

目标市场营销

由市场细分（segmenting）、目标市场选择（targeting）和市场定位（positioning）所构成的目标市场营销战略（STP战略）是最具战略性的营销活动。在移动互联网、人工智能、物联网、云计算、数字化等先进信息技术蓬勃发展的今天，虽然营销的一些方式方法、工具得到了创新，但是目标市场营销战略的理论体系和内涵精髓并没有被颠覆。

【本章学习目标】

1.理解市场细分概念并能运用细分变量灵活地细分市场。

2.熟悉目标市场类型并掌握目标市场选择的原则与方法。

3.熟知市场定位的概念并能灵活地运用各种常用的定位方法。

导入案例：亚朵集团如何用第四空间场景抓住新中产？

亚朵集团（以下简称亚朵）作为近几年的新锐酒店，是国内首家以人文品牌为定位的酒店集团，其服务态度、酒店设计风格在酒店圈口碑颇佳。“亚朵”，这个源自云南亚朵村的名字似一股清流，流淌着自然、生活及人文情怀。

亚朵的空间场景

亚朵每家店在统一的基本风格上融入了当地的人文特色，使每家酒店都有各自鲜明的主题。设计风格富有浓厚的艺术气息，带给顾客“自然、静谧、温暖、朴实”的健康生活理念。亚朵的酒店大堂均采用文艺、精致的设计风格，复古与时尚相得益彰。

作为中国头部的中高档连锁酒店，亚朵旗下已拥有中端、中高端、高端和豪华四大细分市场的6个品牌，具体包括中端品牌“轻居”，中高端品牌“亚朵酒店”“亚朵X酒店”，高端品牌“亚朵S酒店”“ZHOTEL”，以及豪华品牌“A.T.HOUSE”。

在数量规模方面，截至2021年第一季度，亚朵在营酒店数量达608家，客房数超7万间，覆盖131个城市，同时开发中的酒店数量为299家，开发中的客房数量超3万间。

重新定义第四空间——在路上

20世纪90年代星巴克用美国社会学家克拉斯·欧登伯格提出的第三空间概念重新定义了咖啡店，认为星巴克是家（第一空间）和办公室（第二空间）之外的第三空间，为现代人提供一个更为浪漫、轻松和悠闲的社交场所。亚朵在第三空间的基础上提出“第四空间”的概念，认为除了家、办公室和第三空间外，在路上的“第四空间”承载着人们旅途中的欢乐与悠闲、忙碌与释然。而亚朵所携带的人文、静谧、温暖的品牌基因赋予了第四空间更多的精神和内涵。

打造第四空间，亚朵不只是喊口号，而是借助阅读和摄影两个极具人文气息的抓手，撬动追求更高体验和情感共鸣的新中产群体。

亚朵的竹居

亚朵的大堂不叫大堂，而叫“竹居”。这里的每一本书都由专业团队根据新中产的旅游场景精心挑选，以文学、艺术、社科、历史为主要方向，辅以经典画本，颜值和内容兼备。同时，竹居还是个免费的流动图书馆，不仅有会员在这里看书工作，社区里的朋友也可以在竹居看书聊天。

此外，亚朵的壁画也不叫壁画，而叫“属地摄影”。亚朵的大部分客户都是商旅人群，这些人往往行色匆匆，来不及走进城市的大街小巷去细细品味城市的厚重。因此，每当新店开业之始，亚朵都会根据地理位置设定主题并向会员和签约摄影师征集展现当地特色的照片作为酒店的装饰照，让匆忙前行的新中产们得以概略和直观地了解这个城市。

完善体验场景

在产业与消费不断升级的时代背景下，亚朵不想再做低端的、仅能满足房客住宿需求的酒店。因此，差异化定位中高端市场，满足住宿需求的同时注重体验感就成了亚朵贯彻至今的发展方向。

差异化的市场定位，源自亚朵的“体验派”思路。这一思路的核心在于从“经营房间”向“经营人群”转变，不仅如此，亚朵还总结出一套“标准个性化”服务方法，使服务能紧跟消费者需求的变化。

在亚朵看来，酒店是一个生活方式体验及生活用品销售的天然场景。比如，当客户觉得酒店的床垫很舒适，可以直接在线上购买同款床垫。亚朵也由此从一家连锁酒店集团进一步升级为提供领先生活方式的品牌集团。

由“体验派”理念延伸出来的场景零售业务也早已开始为亚朵创收。截至 2021 年 3 月底，亚朵共开发了 1136 个场景零售 SKU（stock keeping unit，最小存货单位）。2019 年和 2020 年零售业务产生的 GMV（gross merchandise volume，商品交易总额）分别为 8280 万元和 1.072 亿元，同比增长 29.5%。

聚焦新中产

2020 年，亚朵场景零售业务收入占其总收入的 4.5%，高于国内其他连锁酒店产生的零售业务收入。得益于中高端市场定位，以及颇受年轻人欢迎的场景零售业务的发展，亚朵的受众群体逐渐聚焦于具备一定消费水平的高净值用户。

首先，从地域来看，亚朵旗下近 80% 的酒店均分布在一线、新一线和二线城市的核心地段。这在一定程度上意味着，亚朵旗下酒店的受众群体消费水平不低。同时，根据招股书，30 岁以下的亚朵用户的占比超过 24%，这部分用户贡献的交易额占比达 35%；30～40 岁之间的亚朵用户占比更是高达 45.8%。截至 2021 年第一季度，亚朵的会员数量已超 2500 万。2015—2020 年，亚朵的会员数量复合年均增长率高达 79.6%。2019、2020 年的会员间夜预订数占比分别为 39.3% 和 44.7%，占比较大且仍在增长。

中高端定位的连锁集团及生活方式品牌是亚朵的核心优势

未来，随着中高端酒店渗透率的提升，亚朵将进一步受益。2021 年，国内前五大酒店集团的中高档客房数量合计为 19.7 万间，占比 31.8%，中高档酒店行业集中度较低。其中，亚朵酒店拥有 5.8 万家中高端客房，占比达 9.5%，市场占有率位居行业第一。

据官方介绍，在中高端市场，亚朵是国内第一个正式拓展场景零售业务的酒店集团，其在品牌集成、合作供应商方面均已形成一定规模，且建立起较强的消费者偏好和口碑。

（资料来源：根据亚朵酒店官方报道及其他相关网络资料整理）

思考题

1. 亚朵为什么要定义“第四空间”？这一概念的设定对亚朵的经营起到了哪些作用？
2. 亚朵是如何实现差异化定位的？
3. 亚朵为什么选择定位在中高端市场？这个市场具备哪些特点？

一、市场细分

（一）市场细分的概念

市场细分是指企业根据消费者欲望、需求和购买行为的差异性把一个总体的市场依据一定变量划分成若干个具有共同特征的子市场的过程，**即从共性中找个性，从个性中求共性的过程**。具有相同或相近欲望、需求、购买行为的消费者的组合就是一个细分市场（market segment）。在每一个细分市场内部，消费者的欲望需求、购买行为某一方面是相同或者相近的。

思考题

消费者需求同质化的市场能否进行市场细分？

市场细分不是企业站在自身视角根据产品或服务的品种、系列等指标来进行细分，而是企业**站在消费者的视角**根据消费者欲望需求、购买行为等方面的差异来进行细分。

市场细分某种意义上就是在不断地创造应用场景。市场细分是创造市场需求和发现市场机会的重要手段。**市场细分是企业开拓新市场、创造新品类的有效工具**。

思考题

未来无人机会出现哪些有价值的细分市场？

（二）市场细分的步骤

企业在开展市场细分工作时通常按照以下 7 个步骤进行（见图 5-1）。

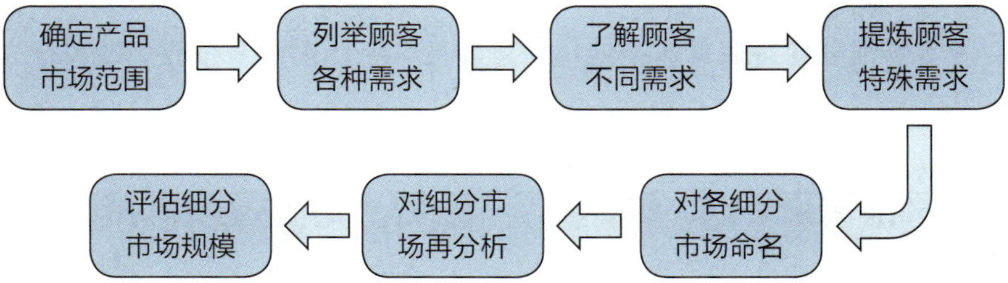

图 5-1　市场细分的步骤

第一步是确定产品市场的范围，即确定企业准备进入什么行业、生产什么产品。以一家房地产开发公司对房地产市场进行细分为例进行阐述。第一步就是确定公司要进入房地产行业，要造房子提供给市场中的消费者。

第二步是列举潜在顾客的各种需求。这家房地产开发公司需要采集或了解潜在顾客对房产的需求信息。不同的潜在顾客对房产品的需求会不尽相同。公司在这一阶段需要收集潜在顾客的各种需求，包括住宅形态、质量、面积、结构、价格、交易方式等各个方面的需求。

第三步是了解不同潜在顾客的不同需求。这一阶段，公司是在收集完潜在顾客各种需求的基础上着重分析不同潜在顾客的不同需求，按照需求的不同对潜在顾客进行归类，从而形成一个个具有相同或相似需求的细分市场。同样是想买房的消费者，他们在住宅形态、面积、结构、价格、交易方式等方面的需求存在差异。公司了解并掌握这些差异化的需求，然后把这些消费者归到不同类型的购房细分市场中。

第四步是提炼潜在顾客的特殊需求，把特殊需求作为细分标准。公司在这一阶段的主要任务是确定不同类型细分市场的核心需求。公司可能会发现不同类型细分市场的核心需求体现为住宅形态、面积、价格等其中的一个维度或者几个不同维度的整合。

第五步是为每一个细分市场取一个名字。公司通常会根据每一个细分市场的核心需求来进行命名。例如，可以根据住宅形态维度细分出公寓楼、排屋、别墅等不同子市场，也可以根据公寓楼这一住宅形态中的面积维度细分出不同子市场，还可以根据公寓楼这一住宅形态中的结构维度细分出不同子市场。

第六步是对各个细分市场进行再分析。公司可以通过再次分析每一个细分市场的需求与购买行为特点及其背后的原因来判定这些细分出来的子市场是否需要合并或者进一步细分。这里存在不同的情况：如果公司通过再分析发现细分出来的某两个子市场之间需求和购买行为特点其实差别不大，那么公司就会决定把这两个子市场合并回去，因为细分了本不该细分的市场；如果公司通过再分析发现细分出来的某一个子市场内部消费者的需求和购买行为特点还是有明显的差别，那么公司就会决定对这个子市场进行再进一步的细分。

第七步是评估各个细分市场的规模大小。公司在评估各个细分市场的规模大小的同时会对各个细分市场的产品竞争格局和未来发展潜力进行评判。

（三）消费者市场细分变量

对消费者市场进行细分首先需要找到合适的变量。企业不能站在自身视角把产品类型、特色作为细分市场的变量，而是应该站在消费者的视角通过分析消费者的特征、购买心理和行为来确定细分市场的变量。

消费者市场细分变量通常包括地理变量、人口统计变量、心理变量和行为变量等（见表 5-1）。

表 5-1　消费者市场细分变量

消费者特征变量		消费者反应特征变量	
地理变量	人口统计变量	心理变量	行为变量
世界地区	年龄	社会阶层	使用数量
国家	性别	生活方式	使用时间
城、镇、乡	家庭规模	个性	使用地点
城市规模	家庭生命周期	观念	使用频次
人口密度	职业	兴趣	期望利益
市场密度	收入	态度	品牌忠诚
气候	受教育程度	动机	使用时机
地形	世代	……	……

续表

消费者特征变量		消费者反应特征变量	
地理变量	人口统计变量	心理变量	行为变量
交通运输条件 ……	种族 国籍 宗教 社会等级 ……		

1.地理变量

所谓地理变量是指国家、地区、城市规模、人口密度、气候、交通运输条件等与地理区域相关的变量。企业采用地理变量进行市场细分其实就是根据消费者所处的不同地理位置来划分。地理细分的理论依据是处于不同地理区域的消费者需求和偏好是不同的，且他们对企业营销策略的反应也是不同的。依据地理物理特征差异而形成需求差异的细分相比较其他细分更容易分析且比较稳定。企业会根据国家和区域的不同进行市场细分，分析不同区域市场消费者的需求和喜好，继而提供不同的针对性产品或服务。例如，海尔在中国市场提供大容量冰箱，而在美国市场提供小容量冰箱。又如，肯德基在美国市场提供美式早餐，而在中国市场提供中式早餐。

2.人口统计变量

所谓人口统计变量是指年龄、性别、收入、职业、受教育程度、家庭人口规模、家庭生命周期、宗教、国籍、种族、世代、社会等级等人口统计方面的变量。企业采用人口统计变量进行市场细分就是根据消费者在人口统计特征上的差异来对市场进行划分。人口细分的理论依据是具有不同人口统计特征的消费者需求和偏好是不同的，且他们对企业营销策略的反应也是不同的。与地理细分一样，人口细分也是比较容易测量和划分而且比较稳定，是企业进行市场细分的重要维度之一。

不同年龄的消费者可能有着不同的需求和欲望，企业尝试向不同年龄层的消费者提供不同的产品形式或采用不同的营销策略。如针对青少年的产品，企业关注产品的新颖性多于性价比，而针对中老年的产品，企业关注产品的性价比多于新颖性。

不同性别的消费者也会有不同的需求和欲望，企业在向不同性别的消费者提供产品时也需要关注其不同的要求和偏好。除了服装、化妆品、杂志等产品企业通常采用性别作为市场细分的重要变量之外，越来越多的产品在不同性别消费者的需求上存在显著差异，引起了企业的重视。例如，家庭轿车生产企业原来只关注男性消费者的驾驶特点和偏好，在产品设计上更多迎合男性消费者的需求，现在基本上的生产企业都会根据女性消费者的驾驶特点和偏好开发出吸引女性消费者的轿车。

很多企业在进行市场细分时会采用收入这一人口统计变量。高收入消费者和低收入消费者在产品需求、消费偏好、购买决策和生活方式等方面都存在显著的差异。以外出旅游为例，高收入消费者更注重体验，他们对旅游目的地的选择、旅游方式、游玩内容、交通工具、食宿安排、旅游节奏、个性化服务程度等方面都会有比较高的要求，他们愿意为舒适、便利、独特、走心的旅游体验支付更高的价格；而低收入消费者更注重性价比，会选择更低廉的旅游线路，愿意乘坐红眼航班，甚至为了参加零团费的旅游团而愿意忍受把大量的时间花在乘坐长途大巴上或者购物上。

思考题

高收入者旅游市场和低收入者旅游市场哪一个更容易开发?

针对家庭消费的用品，小到家庭日用品，大到家庭轿车和住房，其需求都会因家庭人口规模大小而有差异。随着独生子女政策的结束、全面两孩政策的开放及三孩生育政策的出台，家庭人口规模就会出现多种类型。企业可以抓住这一细分变量，深入研究不同人口规模家庭的需求特征，寻找新的市场机会。

3.心理变量

所谓心理变量是指社会阶层、生活方式、个性特征、购买动机、消费观念、利益追求等反映消费者心理状态的变量。企业采用心理变量进行市场细分就是根据消费者心理特征的差异来进行划分。处于同一地理区域或具有相同人口统计特征的消费者在购买产品时所表现出的需求、偏好和购买行为会存在极大的差异，这主要是消费者的心理因素在起作用。企业会发现，虽然地理细分和人口细分比心理细分更容易测量和划分，但是**心理细分更为深入，因而更加行之有效**。很多企业有意识地把消费者的心理要素融入各项营销活动中，不仅可以让消费者自然分群，还可以吸引并凝聚那些对品牌个性产生共鸣、对企业理念产生认同感的忠实客群。

因职业、经济收入、受教育水平和社会地位的不同，人们在社会上归属于不同的社会阶层。而处于不同社会阶层的人们在价值观、兴趣爱好、行为方式上都很不一样。企业可以根据社会阶层进行市场细分，针对不同的社会阶层设计不同的产品或服务，实施不同的营销策略。例如，一汽奥迪公司向经济、社会地位较高的客群推出高贵尊享的奥迪 A8 系列轿车，而向经济、社会地位适中的客群提供价廉物美的奥迪 A1 系列轿车。

观念、兴趣和生活态度不同的人们，其生活方式也会不同。生活方式不同的人们，其需求和购买行为也会不同。很多企业深入研究消费者不同的生活方式，继而设计不同的产品和营销方案来满足追求不同生活方式的消费者的需求，从而实现了有效的细分市场营销。国际知名奢侈品品牌普拉达（Prada）面向追求高贵而精致生活方式的成熟女性，同属于一家公司的国际知名奢侈品品牌缪缪（Miu Miu）则面向追求时尚、灵动生活方式的年轻女性。

人们的个性会影响其购买行为，而不同的人有不同的个性。按照消费者的个性特征进行市场细分，可以帮助企业有效识别市场机会。通过塑造与目标客群的个性特征相吻合的品牌个性，可以帮助企业成功吸引目标客群。美国特斯拉汽车进入中国市场之初就是靠其独特的品牌个性深深地吸引了具有极客精神的种子用户，牢牢地占有了这批种子用户的心智资源，成功地打开了中国市场。

4.行为变量

所谓行为变量是指使用数量、使用频次、使用时间、使用地点、使用时机、忠诚度等消费者行为变量。行为变量是与消费者使用产品相关的变量。如果说地理变量、人口统计变量和心理变量是体现消费者特征的变量，那么行为变量则是体现消费者反应特征的变量。企业根据消费者特征变量进行细分的逻辑是消费者有什么样的特征就会有什么样的反应，但是事实上实际的反应和该有的反应未必完全一致。因此，企业根据消费者行为变量进行细分更加科学有效。

根据消费者的使用数量进行细分是企业在细分战略中通常采用的一种方法。企业把消费者分成一般使用者和大量使用者。对企业而言，一般使用者的数量比较庞大，而大量使用者的数量比较少，但是大量使用者消费的商品总量占比相对较高。企业通常会根据大量使用者的人格和心理特征为其量身订制产品，设计有针对性的营销方案。

产品使用频次不同的消费者对产品及附加服务的期望和要求会有差异。企业有必要分析使用频次不同的消费者的个性和心理特征，继而有针对性地开发不同的产品和服务以满足其不同的要求，同时还可以通过实施有效的营销策略，激励消费者增加使用频次。例如，瑞幸咖啡根据使用频次把消费者细分为潜在使用者、初次使用者、轻度或不定期使用者、中度使用者和重度使用者，针对不同的消费者开发不同的营销组合策略，把更多的营销资源投放在重度使用者细分市场，培养顾客忠诚。

企业可以根据消费者的内隐需求、使用习惯和实际购买行为，识别消费者的购买和使用时机，细分不同的市场，通过开展一些针对性的促销活动，引导某一细分市场中的消费者转向另一细分市场，或者促进消费者使用时机的多样化，从而提升产品销量。例如，某超市对上午开门一小时内来买菜的消费者提供产品折扣，从而吸引对价格敏感且有空余时间的消费者避开上班族下班后的超市高峰期购物。又如，另有一超市则在每天晚上打烊前一小时对部分商品以折扣价出售，同样也吸引了不少消费者选择这一时机前来购物。

企业在市场细分的实际工作中无法仅仅采用以上提及的某一种变量。采用地理变量是基于居住在同一地理区域的消费者具有相同或者相似需求的前提假设，人口流动性增加可能使这种假设失效。同样，采用人口统计变量是基于具有相同人口统计变量特征的消费者其需求是相同或者相似的前提假设，而实际上，具有相同人口统计变量特征的消费者之间的需求差异可能会截然不同，他们对企业相同营销策略的反应可能也会天差地别。如果企业仅仅按照地理变量、人口统计变量来细分，很难实现有效细分。企业只有整合以上提及的 4 种变量，既考虑消费者所处的地理区域和人口统计特征，也分析消费者的购买心理和行为特征，才能更为全面地把握消费者的购买动机和需求。

利益细分是根据消费者希望从产品或服务上获取的利益来对消费者市场进行细分。消费者的利益诉求与消费者所处的地理位置、人口统计特征和心理状态等相关，是基于这些消费者特征所产生的需要、欲望和需求。企业通过消费者特征分析，可以得出消费者的利益诉求，然后对消费者进行画像。例如，通信市场中的消费者利益诉求是不一样的，有些消费者注重实惠，希望获得免费的流量和通话时长，而有些消费者强调便利，寻求电话秘书、呼叫等待或其他服务。为此，各大通信运营商针对不同利益诉求的消费者设计了不同的套餐内容和资费标准。

场景由时空、情景和利益三要素构成，它是一种复合细分变量。场景细分是根据消费者购买或者使用产品的具体场景来对消费者市场进行细分。特定场景下的利益细分则是根据消费者在购买或者使用产品的具体场景下希望从产品或服务中获取的利益来对消费者市场进行细分。如庆祝“生日”是一种场景，发财是多数人的一种情感寄托，那么发财蛋糕能否成为生日蛋糕市场中很有价值的细分市场呢？会“吐”人民币的生日蛋糕成了一款爆品。

思考题

在什么样的场景下，消费者会购买金饭碗呢?

创新细分变量是市场细分成功的关键。亚朵“第四空间”就是一种创新的细分变量。市场中的企业按照已有的变量已经对市场进行细分，所形成的细分市场已被现有企业开发或者关注，进入这样的市场通常会遭遇激烈的竞争。因此，企业需要不断创新细分市场才有望发现新的市场机会，开辟新的赛道。细分变量创新的方法有多种：① 可以对现有的细分变量进行再细分，根据不同消费者不同的使用场景，进行深入细致的消费者洞察，找到现有细分变量的再细分维度，从而识别新的市场机会。例如，企业可以根据消费者不同场景下的需求，采用基于使用场景的利益细分变量把食用醋分成烹饪醋、凉拌醋、海鲜醋、红肉醋、苹果醋等。② 可以从了解现有细分市场中消费者的痛点和痒点出发，找到新的细分变量，从而开拓新的细分市场，例如，九阳股份有限公司（以下简称九阳公司）开辟了豆浆机品类，竞争对手美的集团根据九阳豆浆机用户的两大痛点，豆浆机使用之前需要先浸泡大豆，豆浆机使用之后清洗过滤网很费力，采用不同的利益细分变量，开发出有别于普通豆浆机的干豆现磨豆浆机。③ 可以站在用户视角思考用户未来有可能出现的新需求，通过刺激或者教育的方式培养用户新的使用习惯或产生新的消费行为方式，从而确立新的细分变量，开发新的细分市场。例如，在共享模式下，企业可以抓住消费者的社交和分享需求，为健身一族开发新的穿戴设备，记录人们的运动情况并在微信朋友圈或其他社交平台上与他人共享，以增强健身的趣味性和成就感，同时还能获得圈内朋友的监督和鼓励。

实例 5-1

加加面条鲜以创新细分变量开辟新市场

加加食品集团股份有限公司（以下简称加加食品公司）对调味品酱油的使用场景进行了研究，发现可以对酱油市场进行再细分。在炒菜时用上颜色浓郁且味道浓厚的老抽酱油，由于老抽酱油具有盐分高、糖分高、涩度高、浓度高等特点，不仅使得菜肴上色快而且更入味。而在制作凉拌菜时老抽酱油就会破坏菜肴的颜色和自然鲜度，因而用上色较淡而味感香鲜的生抽酱油更为合适。加加食品公司通过不断传播“炒菜用加加老抽，凉拌用加加生抽”的消费主张，培养了消费者新的酱油使用习惯。之后，加加酱油还推出了吃面条时用的“面条鲜”酱油，开发了“炒味鲜”和“味极鲜”以满足用户不同的炒菜需求，面向儿童研制了儿童酱油。加加食品公司通过细分在传统酱油市场觅取了诸多新的市场机会，同时也提升了加加品牌的市场影响力，扩大了加加酱油的市场份额。

（资料来源：根据网络相关资料整理）

思考题

对网络购物者可以采用哪些有效细分变量?

（四）组织市场细分变量

大部分消费者市场的细分变量同样适用于组织市场的细分。在组织市场中，企业也可以采用地理变量（组织所处的区域位置）、人口统计变量（组织规模和所属行业）、利益诉求（组织追求的服务支持、尖端技术和融资条件等）、用户状态、使用率及忠诚度等变量进行市场细分。企业还可以采用组织市场所特有的细分变量进行市场细分。具体包括客户基本情况、客户经营特点、购买方式、情境因素、个性特点、决策特点等（见表 5-2）。

表 5-2 组织市场细分变量

细分变量	具体指标
客户基本情况	所属行业、所处区域、公司规模等
客户经营特点	客户所注重的技术、使用者和非使用者状况、客户能力等
客户购买方式	采购职能组织、权力结构、现有业务联系的本质、总体采购政策、采购标准等
客户情境因素	紧急性、客户对产品应用的诉求、客户的定制化需求等
客户个性特点	客户的价值观、客户对待风险的态度、客户对供应商的忠诚度等
客户决策特点	客户的企业目标、政策、组织结构、决策流程、决策方式、决策风格、决策参与人员的结构、主要决策者的风格和说服力等

1. 客户基本情况

客户基本情况是指客户所属的行业、所处的区域和公司规模等。企业通过分析和掌握客户的这些资料和信息，对市场进行细分。在细分过程中，企业需要思考的问题包括：应该重点关注哪些行业？应该重点服务哪些区域的客户？应该把重心放在多大规模的公司？

2. 客户经营特点

企业根据客户经营特点对市场进行细分主要是在客户所注重的技术、使用者和非使用者状况、客户能力等细分维度上进行区分和归类。企业需要深入分析客户注重哪些技术，同时明确应该把重点放在顾客重视的那些技术上。不同的客户在使用者和非使用者状况上是不一样的。企业需要把客户分为重度使用者、中度使用者、轻度使用者和非使用者，同时明确应该服务其中的哪一种或者哪几种客户。企业还可以了解不同客户对服务的要求，有些客户需要企业提供大量的服务，有些客户需要企业提供少量的服务，有些客户不需要企业提供服务，然后据此对客户进行划分。划分之后，企业需要思考到底应该关注哪种类型的客户还是几种类型的客户都兼顾。

3. 客户购买方式

客户购买方式是组织市场中的一个重要细分变量，而客户在购买方式上的差异性体现在采购职能组织、权力结构、现有业务联系的本质、总体采购政策和采购标准等多个维度。企业可以根据这些细分维度进一步细分市场。企业根据采购职能组织维度可以把客户分为拥有高度集中采购组织的客户和拥有分散采购组织的客户。在权力结构方面，企业可以把市场划分为工程导向的市场、财务导向的市场和其他导向的市场。从客户与企业现有业务联系的本质出发，企业可以区分出哪些客户是关系牢固的，而哪些客户对企业是更为合适的。不同组织在总体采购政策上会存在比较大的差别，有些组织乐于采用租赁、签订合同、系统采购，而另外有些组织则倾向于采用秘密投标的方式。企业可以据此对市场进行划分。相比较总体采购政策，采购标准在不同组织之间的差异化则更加明显，企业可以通过分析细分出不同的市场：追求质量的细分市场、追求服务的细分市场、追求价格的细分市场，等等。企业根据以上各类细分维度进行细分之后还需要考虑有待关注的重点市场。

4.客户情境因素

紧急性是组织市场中一个独特的细分变量。有些客户希望快速交货，随时服务。企业如果有能力和资源，可以把这部分客户从常规客户中区分出来，通过提供特殊的营销方案来满足其特殊需求。

客户对产品应用诉求的不同促使企业对市场进行细分，对不同的客户实施不同的营销组合策略。对于那些希望提供所有应用的客户，企业需要给予一揽子的服务和解决方案，而对于那些希望提供其中某一种或者某几种应用的客户，企业需要通过具体的应用方案去解决其个性化的问题。

企业可以按照订单规模大小来区分大客户、一般客户和小客户。大客户的数量不多，但是其订单规模比较大，而一般客户和小客户的数量很多，比较分散，但是其订单规模不大。针对不同订单规模的客户，企业在产品、价格、渠道和促销等各种营销策略上都可以有所不同。例如，在产品方面，企业会给大客户提供定制方案，而给一般客户和小客户通常只提供标准化的产品；在价格方面，大客户通常会获得一般客户和小客户所无法获得的优惠价格；在渠道方面，企业和大客户直接联系，取消中间环节，而对于一般客户和小客户，只能通过中间商来完成销售并提供相关服务；在促销方面，企业面向一般客户和小客户的促销方案显然不同于面向大客户的促销方案。

5.客户个性特点

客户的价值观、对待风险的态度、对供应商的忠诚度等个性特点会影响到客户的购买行为。因此，企业在市场细分时有必要考虑这些变量。企业通过分析购销双方的相似性把客户分为与企业自身价值观相似的客户和与企业自身价值观相异的客户，思考是否应该把重点放在价值观与本企业相似的客户上。客户中有些属于风险偏好型而有些属于风险规避型。企业对客户进行区分后还需要思考到底应该服务风险偏好的客户还是风险规避的客户。对企业而言，客户对供应商的忠诚度是一个非常重要的细分变量，也是企业选择客户的关键指标，通常会更加关注对供应商高度忠诚的客户。

6.客户决策特点

组织市场的购买决策相对比较复杂，一般需要经历一个比较长的过程，参与主体也比较复杂，会涉及很多人员。企业在市场细分时需要考虑客户的企业目标、政策、组织结构、决策流程、决策方式、决策风格、参与决策人员的结构、主要决策者的风格和说服力等变量，同时根据这些变量来区分不同的客户，明确企业需要关注的客户类型，针对性地提供不同的解决方案。

（五）市场细分有效性评价

无论是消费者市场还是组织市场，企业可以采用多种方法对市场进行细分（见图 5-2），但是未必所有的市场细分都是有效的。为了保证市场细分的有效性，企业一方面需要重视细分变量的选择，不同的细分变量会影响到细分效果，有时还需要根据具体情况比较使用单个细分变量的有效性和使用两个或者两个以上细分变量

图 5-2　市场细分有效性评价指标

的有效性从而选择最佳的细分变量方案；另一方面需要通过以下 4 个标准来衡量从而提升市场细分结果的有效性。

1. 可区分性

不同细分市场的特征可以明确地区分开来。具体而言，不同细分市场中的顾客在欲望需求和购买行为等方面都具有明显的差异，不同细分市场中的顾客对于企业提供的不同营销组合的反应是不同的。例如，如果已婚女性和未婚女性对香水的诉求是一致的或者在香水消费上的反应是相似的，那么企业就没有必要把她们细分成两个不同的子市场。从理论上讲，细分市场之间的差异越明显越好，最好能够形成相互之间的排斥性。

2. 可测量性

企业可以获取细分市场中的顾客特征信息及其他相关信息，并且能对细分市场的规模、潜在顾客的数量、顾客的购买力和消费行为、细分市场的盈利潜力等进行有效测量，否则企业进行市场细分就毫无意义了。

3. 可进入性

企业可以有效地进入细分市场，可以凭借现有的资源和能力，通过采用一定的营销方案为细分市场服务以满足顾客的需求。如果某个细分市场很有前景，但是企业无法接近或者没有能力和资源去为之服务，那么企业进行市场细分就没有价值可言了。

4. 可盈利性

企业进行市场细分的目的是通过细分识别新的市场机会且通过服务细分市场获得利润，这就要求细分市场具有足够的市场容量或者足够的发展潜力，而且市场发展具有一定的稳定性。当然，有时出于战略的需要，企业也会服务于一些无利可图，但有价值的细分市场。

（六）数字化时代的市场细分

在数字化时代，人以群分，企业可以根据网民的心理和行为特点来进行细分。群邑中国（GroupM China）在其发布的《中国网民数字消费细分市场的调研报告》中指出，根据上网动机不同，可以把中国网民分为七大族群：虚拟世界的交际者、追求平衡的完美者、马不停蹄的工作者、分享与关怀者、寻求刺激的无聊者、自娱自乐的大孩子、忙里偷闲的享受者。

虚拟世界的交际者是指年轻的都市一族，是典型的喜欢网上生活的人，他们把网络视作一个做自己喜欢的事及表达真我感受的场所。这一族群最爱的活动不外乎在线游戏、网上聊天和网上购物。

马不停蹄的工作者是那些以工作为重心的专业人士，他们总是四处奔走，因而时刻需要连接互联网。这类人主要生活在一、二线城市，具有国际视野。他们过于繁忙，没有时间上网娱乐，他们是在线上游戏、社交网站及博客等平台上排名最低的人群。

分享与关怀者多为 35 岁以上的社交型女性，她们心地善良，运用网络和家人、朋友保持联系。她们追求时尚，喜欢购买最好的品牌，喜欢抢在别人之前体验新产品。这一族群最喜欢上网购物，对网上聊天和博客也有些兴趣。

寻求刺激的无聊者多为已婚男性，厌倦了日常生活的平淡无奇，通过上网满足自己的精神追求。这一族群对什么都感兴趣，他们在在线游戏、在线娱乐、网上聊天和博客等平台上的排名居中。

自娱自乐的大孩子是那些喜欢捣蛋、思想开放、对中国以外的世界很感兴趣，认为自己是潮流的引领者，总是购买最新潮的产品、尝试最先进的技术的一群人。这群人什么都玩一点，他们在在线游戏、在线娱乐、网上聊天和博客等平台上的排名比较靠后。

忙里偷闲的享受者，他们中大多数人已人到中年，事业稳定，有时间来放松。比起物质财富，他们更关心精神财富，使用网络建立个人空间。这一族群对在线游戏和在线娱乐感兴趣。

对新浪微博用户的细分可以采集用户UID（user identification，用户身份证明）、昵称、所在省、所在城市、所在地、个人描述、性别、粉丝数、关注数、微博数、收藏数、注册时间、微博认证类型、互粉数等数据；也可以抓取标签、教育信息、兴趣、等级、活跃天数、信用等级、积分等用户数据；还可以对众多数据进行归整，确定微博用户的关键细分变量，具体包括性别、地域、粉丝数、关注数、当前等级、微博认证类型、互粉数、微博热度，其中，性别和地域属于传统意义上的人口统计变量，其余则是具有社交网络特性的变量。

今天，越来越多的消费者通过互联网或者移动互联网来完成购买行为。互联网顾客的细分有其独特的细分变量。企业只有充分掌握互联网顾客的网络行为变量，才能对其进行精准的细分。常见的网络行为变量有使用互联网的熟练程度、使用浏览器软件、访问途径、访问时间、访问的规律性、访问频率、网页停留时间、支付方式等。

互联网生态下的消费者行为正在从个人行为转变为群体行为，消费者不再是单独的个人，而是一个有着共同兴趣、爱好与价值的群体。企业需要识别消费者所处的不同社区，抑或主动创建消费者网络社区来吸引消费者。娱乐社区、社交网络社区、交易社区、教育社区、品牌社区、消费者社区、专题社区是数字化时代常见的社区。

在现代网络语言中，粉丝是指迷恋、崇拜名人的人，也指对某物狂热的爱好者。在互联网时代，作为用户细分的类别之一，粉丝通常被认为是对平台、产品忠诚度较高的追随者。目前对粉丝的细分没有固定的变量，常见的有年龄、身份角色、忠实程度（迷恋程度、崇拜程度）、购买意愿等变量。不同身份的粉丝，其关注焦点、消费需求和网购行为都会不同。例如，创业粉关注创业咨询、项目招商，他们有赚钱的欲望，有较强的付费意愿和能力，业内把创业粉细分为网赚粉、代理粉和老板粉等；宝妈粉主要是有孩子的成年女性，她们有消费能力，有空闲时间，还有独立赚钱的欲望，这类粉丝是理想的代理商人选；网购粉是那些有网购经历或者网购较为频繁的用户，电商平台的忠实用户、网购社群里的用户都属于网购粉；学生粉是指以大学生为主的粉丝群体，他们具有一定的消费能力，同时也具有远超其他类型粉丝的社交和娱乐需求。按照粉丝的忠实程度（迷恋程度、崇拜程度），可以把粉丝分为铁粉、忠粉、路人粉、黑粉等。根据卷入度和购买意愿，可以把粉丝分为假粉、泛粉、半精准粉和精准粉等。假粉是由系统自动注册的虚假用户，也就是虚拟用户，他们通常用于刷关注、转发、点赞和评论等；泛粉是指那些不确定是否有需求的真实流量；半精准粉可能有潜在需求，但无法判断是否有购买意愿；精准粉则有潜在需求，对产品、项目、IP、人物等感兴趣，并愿意为其付费。

数字化时代的市场细分与传统市场细分最大的区别在于前者更多是定量细分而后者更多是定性细分。在数字化时代，企业可以充分利用大数据技术收集并分析海量的非结构化信息，对消费者的行为模式和价值进行准确判断，而且可以突破“目标客群”分析的局限性，做到对“每一个客户”进行深入洞察，从而实现精准细分。

二、目标市场选择

（一）目标市场选择的概念

企业依据不同的细分变量把市场划分为多个细分市场之后，对各个细分市场进行分析和评价，最后决定选择其中的一个或者多个细分市场的过程，就是所谓的目标市场选择。随着顾客需求越来越多元化和差异化，企业很难满足所有顾客的需求。随着企业之间竞争越来越激烈，很少有企业可以通吃整个市场。企业通过市场细分可以深入探析不同顾客的不同需求，发现新的市场机会，识别那些与企业的战略目标、资源能力相匹配的市场机会，从而选择最适合的细分市场作为目标市场。因此，所谓目标市场，就是指企业基于对自身战略目标和资源能力的研判，决定向其传递价值，满足其需要和欲望的细分市场。目标市场选择不仅要确定企业将服务多少个细分市场，而且要确定服务哪几个细分市场。在某些行业，虽然某个巨无霸企业最终占领了整个市场，但是并非采用单一的营销方案去满足所有顾客的需求，而是同样经历了市场细分和目标市场选择的过程，是通过不同的营销方案去服务了不同的细分市场。

（二）目标市场选择的步骤

1.收集信息数据

选择目标市场的基础是对相关信息和数据的充分分析。因此，目标市场选择的第一步是收集评估细分市场和选择目标市场所必需的相关信息和数据，具体包括顾客的需求信息和消费数据等，也包括行业和竞争对手的相关信息和数据等。企业收集这些信息和数据的途径有多种。对那些建有顾客信息数据库的企业来说，顾客相关信息和数据是随手可得且实时更新的，这对企业准确计算顾客价值和评估市场吸引力是很有帮助的。对那些没有建立顾客信息数据库的企业来说，他们需要通过市场调研来获取相关信息和数据。有些企业自行实施市场调查，面向一定范围的顾客抑或面向一线市场和服务人员，从而收集一手资料。有些企业会通过委托专业公司进行市场调查来收集相关数据和资料或直接向专业公司购买所需要的数据库。

2.评估细分市场

企业收集了顾客需求和消费数据及行业、竞争对手的信息资料之后，就可以依据一定的标准对各个细分市场进行评估。企业对细分市场的评估主要集中在对细分市场吸引力的分析上。为了客观准确地评估细分市场的吸引力，企业需要对细分市场的现有规模、发展潜力、利润前景、市场边界、竞争程度等方面进行综合全面的评判，还需要预测市场未来的演变趋势。

3.选择目标市场

企业在选择目标市场时并不一定选择最具吸引力的细分市场，因为最具吸引力的细分市场通常是各大企业争夺的对象，**选择目标市场的关键是门当户对，与企业目标、资源、实力相匹配**。因此，企业在选择目标市场之前还需要明晰自身的竞争优势。企业的竞争优势源自资源禀赋和能力储备。企业只有具备服务细分市场的资源和能力，甚至具有比竞争对手更有利的条件，才有可能去抢占细分市场。当某一市场的吸引力与企业自身的能力资源相匹配时，企业也未必一定会把该细分市场确定为目标市场，因为企业还会考虑该目标市场的开发是否与企业的发展战略目标相吻合。在房地产行业井喷发展的那几年，众多传统行业中的企业纷纷跨界冲进房地产市场，而娃哈哈集团的宗庆后却按兵不动。当有人问他为什么不进入这一暴利市场时，他坦诚地道出了原因，那就是企业战略目标及能力资源储备表明娃哈哈并不适合进入房地产市场。

（三）细分市场评估的指标

细分市场评估的结果是给企业选择目标市场提供现实和客观的依据。细分市场评估越全面、越客观、越准确，对企业目标市场选择越有利。因此，企业在评估不同的细分市场时需要采用多个视角的不同指标。

1. 市场规模

企业评估细分市场首先需要搜集细分市场的顾客数量、总购买力、总销售额等数据，了解细分市场的规模大小。一个具有吸引力的细分市场不一定是规模最大的，但是规模也不能太小，否则企业进入市场后很难获得预期利润。企业通常追求一个适度的市场规模，而不同的企业对“适度规模”的理解是不一样的。对实力雄厚的大企业而言，销售额足够大的细分市场才算是适度的；而对于资源能力有限的小企业而言，只要能够充分发挥其资源和能力的市场规模就算是适度的。

2. 市场成长性

企业若想实现盈利目标，仅仅评估细分市场的规模是不够的，还需要了解该市场未来的发展前景，判断该市场的稳定性和成长性。具体而言，企业需要分析市场需求的增长性和增长速度，预测顾客数量是否不断增加、顾客购买力是否不断增强。现实中有些企业进入一些规模不是很大且不受人关注的新兴市场，是因为他们认定这些新兴市场具有前瞻性，比其他企业更早地发现这些市场是具有成长性的细分市场，并快速进入这些市场，等后知后觉的企业进入市场时，他们早已赚得盆满钵满。例如，苹果公司是最早发现智能手机这个细分市场的。当摩托罗拉、诺基亚等手机市场的龙头企业还在不断地开发传统手机的新版本时，苹果公司已经悄悄地进入智能手机这一片蓝海市场。企业考虑如何在现有的市场中占领更多市场份额，是一种存量思维；而企业考虑如何拓展现有市场的需求规模或者考虑进入一个具有成长潜力和利润前景的市场，是一种增量思维。

3. 顾客质量

市场规模体现了顾客的数量和总购买力。一个顾客数量大、总购买力强、市场规模大的细分市场未必是最具吸引力的市场。假如一个细分市场的顾客数量庞大，总购买力也不弱，但是其中大部分顾客属于价格敏感型的顾客，那就意味着市场中的企业最终需要通过大打价格战来争夺顾客资源，顾客维系的成本很高，这会削弱企业的盈利空间。这样的市场对企业来说价值并不大。相反，那些价格敏感型顾客比例比较低的细分市场，顾客对品牌的忠诚度高，对企业的认同感强，企业会把更多的资源投放在技术创新、品质优化、服务提升和品牌锐化等方面，从而推动市场的可持续发展，企业因而也获得长期盈利的可能性。这类市场通常属于高端市场。

4. 市场竞争

企业评判一个细分市场是否具有吸引力，除了要分析市场的规模大小、市场的成长性、价格敏感型顾客的比例，还需要考虑市场的结构、竞争激烈程度、进入壁垒和退出壁垒。

一般来说，一个细分市场中竞争企业的数量越多，那么该细分市场的竞争就越激烈。但是，即便是竞争企业数量差不多的两个细分市场，如果市场内竞争企业之间实力的差距不同，也会使得两个市场的竞争性有差异。假如A市场中竞争企业之间实力比较相当，即市场中没有规模特别大、实力特别强的企业控制着该市场；而B市场中竞争企业之间实力比较悬殊，存在一个或者少数几个比较强大的企业控制了该市场，例如可乐市场，那么A市场相对来说吸引力更大一些。

细分市场竞争激烈程度还受产品差异性的影响。如果市场中竞争企业所生产的产品之间差异化程度比较低，那么竞争企业之间的竞争就比较激烈；反之，如果市场中竞争企业所生产的产品之间差异化程度比较高，那么竞争企业之间的竞争就会相对不太激烈。

细分市场的进入壁垒和退出壁垒也会影响细分市场竞争的激烈程度（见图 5–3）。不同行业的市场壁垒是不同的。进入高新技术行业市场通常要求企业具有先进的专业技术和雄厚的资金实力，市场壁垒比较高，一般的企业很难进入。而一些传统行业，如餐饮、日用消费品，市场进入壁垒比较低，一般的企业都可以进入。进入壁垒高的细分市场，企业进入困难，能够进入市场的企业数量比较少，因而市场竞争激烈程度比较弱；而进入壁垒低的细分市场，企业进入比较容易，能够进入市场的企业数量比较多，因而市场竞争激烈程度就比较强。一个细分市场如果退出壁垒高，意味着企业一旦退出市场就会遭受比较大的损失，于是在市场中的企业不会轻易退出，即便遭遇困难也会在市场中苦苦撑着，也会通过恶性降价等手段逼迫竞争对手退出市场，因此留在市场中的竞争企业之间通常会展开激烈甚至残酷的竞争。一个细分市场如果退出壁垒低，意味着企业退出市场不需要承受多少损失，因而在市场中的企业会理性分析去留利弊后最终做出决策。一个进入壁垒和退出壁垒双低的细分市场，竞争通常很激烈。一个进入壁垒和退出壁垒双高的细分市场，收益和风险并存，不是一个理想的市场。一个进入壁垒低而退出壁垒高的细分市场是一个收益低而风险高的市场，企业通常不会选择进入该类市场。一个进入壁垒高而退出壁垒低的细分市场才是一个具有吸引力的市场。

进入壁垒 \ 退出壁垒	低	高
高	稳定但高收益	高风险、高收益
低	稳定且低收益	高风险、低收益

图 5–3　细分市场的进入壁垒和退出壁垒

5. 市场管控

市场管控是指政府对企业在市场中的行为进行规范化。企业分析市场管控对一个细分市场的影响通常会从利和弊两个方面展开。市场管控可以保证所有企业都能按照市场规则有序经营和规范竞争，杜绝垄断和不正当竞争。因而从利的方面来分析，一个存在市场管控或者未来具有市场管控趋势的细分市场，会给企业带来更多公平竞争的机会。市场管控越严，企业受到的约束条件越多，企业可以施展的空间越小。一些在市场管控措施实施之前进入细分市场的企业通常成长非常迅速且有可能获得暴利，随着市场管控措施的落地实施，这些企业的野蛮生长空间受到一定的限制，此时细分市场的潜在利润就会下降。不同企业对市场管控所带来的利弊认知是不完全一致的，因而对市场管控下的细分市场的吸引力评判也会存有差异。我国市场环境下，管控型的市场对国有企业相对有利。

（四）目标市场选择的模式

企业对不同的细分市场进行逐一分析和评估之后会进行目标市场选择，具体决策应该进入一个还是几个细分市场，以及进入哪一个或哪几个细分市场。不同细分市场之间存在一定的关联，主要体现在产品和市场两个维度。企业在选择目标市场时会从这两个维度出发，呈现以下 5 种不同的目标市场选择模式（见图 5–4）。

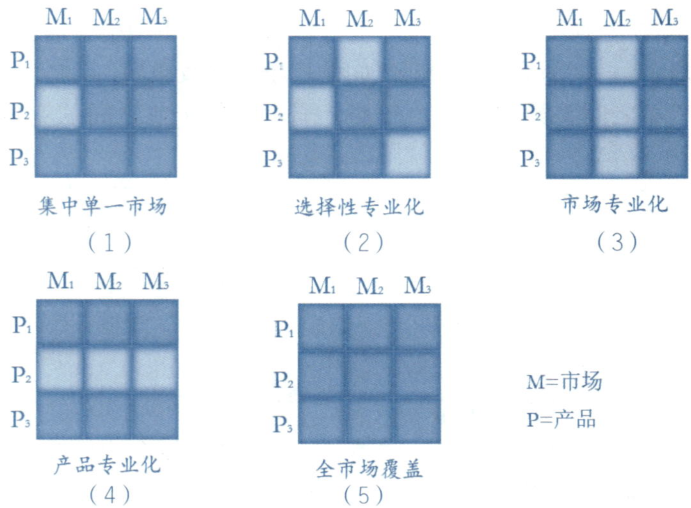

图 5–4　目标市场选择的 5 种模式

1. 集中单一市场

集中单一市场是指企业只选择一个细分市场进行集中营销。具体而言，企业只生产一种产品面向选择的这一细分市场，即企业集中力量服务该细分市场。这是 5 种目标市场选择模式中最为简单的一种模式。该模式的优点在于企业可以深刻了解该细分市场的需求特点，通过提供针对该细分市场需求特点的营销组合策略，有效地服务该细分市场，从而在该细分市场上建立起良好的声誉和强有力的市场地位。该模式适合规模相对比较小、实力相对比较弱的小企业，选择一个不受竞争对手关注的细分市场，先集中力量进行开发，在该市场巩固了市场地位后再逐步拓展到其他细分市场。但是该模式同时存在一定的风险。由于企业只选择一个细分市场，一旦该细分市场发生了突变，企业就没有其他回旋的余地。此外，一旦强大的竞争对手进入市场，企业就会遇到极大的挑战。

2. 选择性专业化

选择性专门化是指企业有选择地进入其中几个不同的细分市场。企业根据这些细分市场各自不同的需求特点，开发不同类型的产品，提供不同的营销组合策略，来满足不同市场的不同需求。例如，字节跳动公司采用的是选择性专业化模式，该公司旗下产品有今日头条、抖音、西瓜视频、皮皮虾、懂车帝、悟空问答等，每一个产品服务一个细分市场。该模式最大的优点在于可以分散企业风险，即便某一细分市场发生了市场突变，不至于其他细分市场都遭受损失，可以帮助企业实现“东边不亮西边亮”的效果。但是，正因为该模式把企业的资源分散在不同的细分市场，资源使用效率会受一定的影响。

3. 市场专业化

市场专业化是指企业只服务某一个细分市场，充分了解该细分市场顾客的各类需求，通过多种产品和服务来满足其各类需求。例如，随着中国老龄化程度的加深，银发市场成为一个极具吸引力的细分市场。该模式需要企业具有很强的品牌力，也需要企业构建起高效运营的生态系统，还需要企业构建起护城河以提高顾客转换成本。该模式的风险在于因各种原因导致的细分市场需求的突然下降和强大竞争对手的突然降临，企业需要建立相应的防范措施。

4. 产品专业化

产品专业化是指企业集中生产某一种产品面向各个细分市场。例如，特斯拉公司就是一家典型的产品专业化公司，该公司只生产电动车，但是进入各个细分市场。该模式有利于企业专注于某一产品领域的研发和生产，形成该产品领域的技术和生产优势，构建核心竞争力，树立企业在行业内的良好声誉和领军地位。产品专业化模式也存在一定的局限性。假如新技术出现，替代产品问世，企业就会面临产品销量急剧下滑甚至被彻底颠覆的危险。

5. 全市场覆盖

全市场覆盖是指企业进入所有的细分市场，为所有的顾客提供产品和服务。该模式对一般的企业而言不适用。只有实力足够强大的行业内领军企业才有可能成功实施该模式。例如，传统饮料行业中的可口可乐公司、传统计算机市场中的IBM公司、跨传统行业发展的宝洁公司及互联网时代中涌现出来的以阿里巴巴和腾讯为代表的巨无霸公司都采用了全市场覆盖的模式，只不过其中有些公司在发展早期采用了单一的市场营销策略服务所有顾客，但是随着市场竞争激烈程度的提高和不同细分市场需求差异化的加剧，企业必须采用差异化的产品和营销组合策略才能更好地满足不同细分市场的需求。

企业采用了某一种目标市场选择模式之后并非一定一直沿用该模式。现实中，很多企业在不同的发展阶段采用了不同的目标市场选择模式。在早期，企业通常采用集中单一市场模式，集中所有的资源开发某一个细分市场；当企业在该细分市场获得一定的优势和地位之后，企业会根据自身的优势和专长走专业化发展道路，采用产品专业化模式抑或市场专业化模式，通过进一步加强技术和生产优势抑或深耕细分市场的能力来提升企业实力；当企业的实力积累到一定程度后，企业会凭借资源整合优势构建起产品生态系统，以多产品营销策略服务多个细分市场，甚至实现全市场覆盖。例如，丰田汽车进入美国市场之初就是先以丰田花冠这一款经济型轿车面向大学生和低收入群体，由于丰田花冠在省油和人性化设计这两个方面做得很有特色，丰田汽车在该细分市场一举成名，之后，丰田汽车针对不同的细分市场推出凯美瑞、雷克萨斯等多个子品牌，开发了包括皮卡、SUV（sport utility vehicle，运动型多用途汽车）、MPV（multi-purpose vehicle，多用途汽车）、客车、混合动力轿车、轿跑车等在内的多种车型，逐步实现了全市场覆盖。

（五）目标市场选择的原则

细分市场的吸引力是企业在选择目标市场时要考虑的一个重要标准，但并不是唯一的标准。现实中，企业在选择目标市场时需要遵循以下两大原则。

1. 选择与企业资源能力相匹配的目标市场

有吸引力的细分市场通常受到企业的青睐，但是企业必须清醒地意识到这样的细分市场同样受到竞争对手的欢迎，如果有太多的企业进入该细分市场，那么市场中难免会出现彼此之间的激烈竞争，大家抢到的市场份额就会减少，这本身就会降低该细分市场的吸引力。另外，如果企业没有足够的实力在竞争中取胜，企业还有可能无法在该细分市场立足，甚至无法进入该细分市场。因此，企业在选择细分市场时，一定要正视自身的资源和能力，不一定非要选择高吸引力的细分市场，而是要选择更具有竞争优势的细分市场。企业只有选择能比竞争对手更有效地提供产品和服务的细分市场，才能真正占领该细分市场，这样的市场也是对企业而言最有价值的市场。例如，Vivo手机和Oppo手机并没有进入高端智能手机市场，因为他们非常清楚自身的资源和能力无法与苹果、三星、华为等竞争品牌相抗衡，他们最终选择了中低端年轻人的市场，根据年轻人的需求特点开发出性价比高的智能手机，成功地占领了该细分市场（见表5–3）。

表5-3 手机市场主要品牌目标市场选择策略

品牌	目标市场	选择策略
苹果	高端市场	差异化营销策略
三星	高中低端市场	差异化营销策略
华为	中高端市场	集中性营销策略
小米	中端市场	集中性营销策略
Vivo	中低端市场	集中性营销策略
Oppo	中低端市场	集中性营销策略

2. 选择符合企业发展战略方向的目标市场

每个企业都设定了自身的发展战略目标，所有的资源配置都围绕着战略发展目标而进行。企业对自身的业务单元会定期进行评估并取舍，符合战略发展方向的业务单元会加大投入，重点发展，而对那些与战略发展目标关联性比较小的业务单元会进行缩减并舍弃。因此，企业在选择目标市场时也需要考虑企业战略发展方向，即便某一细分市场极具吸引力且企业有足够的竞争实力，但如果该细分市场与企业发展战略方向并不符合，企业最终也不会选择。例如，浙江大学自从确立了建设“双一流”大学的目标之后，就对本硕博3个层次学生的培养目标和规模进行了重新设定，对一些不符合战略目标的教育项目进行了调整，把更多的资源投入重点发展领域。

（六）目标市场覆盖策略

对企业而言，建立在市场细分基础上的目标市场选择是一个战略决策，具体包括3个决策点：第一，选择进入一个细分市场还是几个细分市场；第二，选择进入哪一个或者哪几个细分市场；第三，以什么样的方式进入所选择的一个或者几个细分市场。企业对目标市场覆盖可以采用以下3种策略（见图5–5）。

1. 无差异营销

无差异策略是指企业不考虑不同细分市场中的需求差异，把所有的细分市场视为一个整体的市场，用一种产品、一种营销组合策略来面对所有的顾客。显然，企业采用无差异营销战略旨在满足市场的共性需求，尽可能服务更多的顾客。无差异营销战略有利于企业通过大规模生产标准化的产品，降低生产成本，同时通过单一的营销组合策略，降低营销成本，获得理想的收益和利润。此外，企业因集中生产一种产品而有利于强化品牌形象。

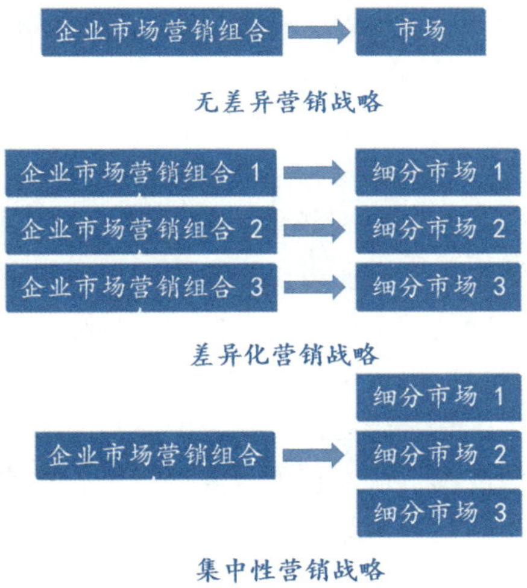

图 5-5　3 种目标市场选择战略

无差异营销并非适合所有的企业，因此企业在选用无差异营销之前必须了解该策略的适用情境。如果企业处于垄断性行业，例如，中石油、中石化，适合采用无差异营销。如果企业处于竞争性行业，但是与其他竞争对手相比具体有明显的竞争优势，也适合采用无差异营销，例如，可口可乐早期采用的就是无差异营销。如果企业推出的产品处于生命周期的初期阶段，消费者的需求和企业的销售渠道都比较单一，此时，企业适合采用无差异营销，例如，福特汽车公司推出的黑色T型车成为当时汽车市场上的产品标志。如果市场中消费者的需求和偏好比较相似，并且市场对营销刺激的反应比较接近，那么企业适合采用无差异营销。当市场中的竞争对手实力相当，大家都采用无差异营销，企业无意打破目前的竞争格局，也可以考虑采用无差异营销。

无差异营销仅仅满足市场中的共性需求，忽略了顾客的差异化需求，单一产品、单一营销组合策略很难让所有的顾客满意。随着消费者对差异化需求越来越重视，消费者购买力水平的不断提升，消费者就会转移品牌。当市场中有竞争对手启用了差异化营销，企业已经在实行的无差异营销就会受到冲击。因此，**无差异营销的市场适应性比较差，并不适合企业长期实行**。企业需要密切关注目标市场顾客需求和购买行为的变化，同时留意竞争对手的动向，及时调整目标市场营销战略。例如，可口可乐公司曾经以一种经典的可口可乐面向所有细分市场中的消费者，后来随着消费者个性化、差异化需求的涌现，目前已经推出了包括无糖低卡路里的健怡可口可乐在内的多种类型的可口可乐，还推出了纯净水、果汁、茶饮等多个品类。

2. 差异化营销

差异化营销是指企业选择几个细分市场作为目标市场，对每个细分市场提供不同的产品和营销组合策略，以满足不同细分市场的差异化需求。与无差异营销相比，差异化营销最大的优点在于能够更好地满足消费者个性化、差异化、多样化的需求，有利于企业与市场中的竞争对手展开差异化竞争，以提升企业自身竞争力，同时，经营多个细分市场在一定程度上降低了企业的市场风险。宝洁公司实行的就是经典的差异化营销，仅洗发水品类就开发了多种功能各异的洗发水，每一种洗发水拥有一个子品牌。飘柔洗发水具有柔顺头发的功效，使头发飘逸；海飞丝洗发水突显去屑效果；潘婷洗发水是修复受损发质的专家；沙宣洗发水专注护发理念。这些不同功效、不同品牌的洗发水进入不同的细分市场，满足不同细分市场消费者的需求，使得宝洁在各个细分市场获得了竞争力。

3. 集中性营销

集中性营销是指企业选择其中一个细分市场，集中企业所有的资源和力量开发该细分市场。对资源能力有限的中小企业而言，集中性营销是一种理想的目标市场选择战略。中小企业可以把有限的资源集中起来深耕目标市场，在深入研究目标市场需要和欲望的基础上提供针对性的产品和营销组合策略，更好地满足目标市场顾客的需求，从而在目标市场中占据较大的市场份额。集中性营销的优点很突出，一方面，企业通过集中生产某一产品可以提升产品生产率，同时通过集中提供服务和营销组合策略可以降低营销成本，从而获得较高的投资收益率；另一方面，企业通过深入了解目标市场的需求且不断调整产品和服务及营销组合策略从而更好地服务顾客，顾客的满意度和忠诚度因此不断攀升，企业不仅获得了强有力的市场地位，而且赢得了不菲的利润率。

九阳公司步入小家电市场时清晰地认识到无法与美的集团等行业大鳄相提并论，于是准备选择一个目标市场进行深耕。在选择目标市场的过程中，九阳公司采用双管齐下的策略，一方面通过市场调研识别消费者未被满足的需求，另一方面通过深入分析美的集团这一强劲竞争对手的产品组合，找到美的集团尚未涉足的品类。随着人们整体生活水平的提升，消费者愈来愈注重饮食质量，很多人把牛奶列入早餐食品清单之中，但是由于东方人的体质原因，并非所有体质的消费者都适合饮用牛奶，乳糖不耐受的消费者便苦于无法饮用蛋白质含量高的牛奶，九阳公司及时掌握了这部分消费者未被满足的需求信息。同时，九阳公司发现美的集团作为小家电市场的领军企业已经在电饭煲等一些品类上建立了稳固的市场竞争地位，却没有开发豆浆机。于是，九阳公司毅然决然地挺进这一细分市场，专注研发并生产不同类型的豆浆机，成为豆浆机生产专家，牢牢地占有这一细分市场。九阳公司在市场上立足并发展壮大，得益于集中性营销。

集中性营销的缺陷在于企业承担的风险比较大。由于企业集中服务目标市场，一旦目标市场的需求发生变化或者强大的竞争对手进入目标市场，那么企业就会遭遇重大危机。

三、市场定位

市场细分和目标市场选择为市场定位奠定了基础，而市场定位又为企业制定营销组合策略指明了方向。企业营销活动的核心是解决如何通过产品、价格、渠道、促销 4 种策略及其组合来满足消费者需求的问题，而市场定位恰恰确定了目标市场的进入模式，因此，市场定位决定了企业该采用何种产品策略、何种定价策略、何种渠道策略和何种促销策略。只有市场定位清晰、明确，企业才有可能实施与之相匹配的营销活动并获得良好的效果。

（一）市场定位的概念

市场定位是指企业针对潜在顾客的心理进行营销设计，创立产品、品牌或企业在目标顾客心目中的某种形象或个性特征，使其在顾客心中留下深刻的印象和独特的位置，从而取得竞争优势。**企业进行市场定位并不是对产品、品牌或者企业做点什么，而是在**

目标顾客的心目中做点什么，实际上是一项在目标顾客心目中占有一个独特的、有价值的位置的行动。所以，市场定位的实质就是占据消费者的心智资源。市场定位是企业的行为，但是企业进行市场定位需要建立在对目标顾客、竞争对手及企业三方的深度分析基础之上，既需要把握目标顾客的需求特征，也需要了解竞争对手的定位点和定位策略，还需要明晰企业自身的优势与特色。因而，市场定位是指企业根据竞争对手在目标市场上的定位点和定位策略，针对目标顾客的偏好和需求特征，结合企业自身的优势与特色，通过塑造企业提供产品或服务的个性形象，通过特定的营销组合策略吸引目标顾客并使其锁定企业特色，从而占据目标顾客的心智资源，确立在目标市场上的位置。

（二）市场定位的步骤

企业进行市场定位就是要在目标市场中确立一个独特的、有价值的位置。为了完成这一任务，企业需要了解竞争对手的定位点，继而寻找有别于竞争对手的差异化的定位点。因此，企业进行市场定位的关键在于识别自身比竞争对手更具有竞争优势的差异化价值。企业通过以下 3 个步骤来完成市场定位：识别可能的竞争优势；选择合适的竞争优势；实施整体的定位战略。

1.识别可能的竞争优势

企业只有比竞争对手更了解目标市场的需求并且提供比竞争对手更多的价值，才能赢得并保持顾客，获得竞争优势，有效实现差异化定位。企业的竞争优势源自差异化，这些差异化是顾客可以感知到的差异化，而且是优于竞争对手的差异化。企业可以从产品、服务、渠道、人员、形象识别差异化，构建自身的竞争优势。例如，农夫山泉股份有限公司（以下简称农夫山泉公司）以“农夫山泉有点甜”这一广告语进入饮用水市场，让广大消费者通过口感识别出农夫山泉与众不同，之后，农夫山泉公司又通过系列软文让消费者明白农夫山泉来自浙江千岛湖 30 ～ 60 米深度的深水层，富含多种天然矿物质，与市面上的纯净水不同，属于弱碱性水，饮用后有益于身体酸碱度的平衡。随着市场需求量的激增，农夫山泉公司增加了湖北丹江口、广东万绿湖和吉林长白山等水源地，但是对水源地选择标准依然严苛，于是更新了广告语“我们是大自然的搬运工”。农夫山泉公司坚持提供优质的天然水，赢得了消费者的青睐和信赖，在目标顾客心目中的位置一直没有变。

2.选择合适的竞争优势

企业在识别出自身具有的或可以构建的差异化竞争优势之后，需要选择一个或者几个差异点作为定位点并对外传播。关于选择一个还是多个差异点作为定位点更为合适这一问题，业界有不同的观点也有不同的做法。有一种观点认为，企业只需要选择一个差异点，但是要把该差异点开发成独特的卖点并进行全方位的宣传，力图在消费者心目中留下深刻的印象，依据该差异点所对应的功能属性或使用场景创建一个新品类，让消费者记住该品牌为这一新品类中排名第一的品牌。现实中，很多定位成功的品牌都采用了单一差异点策略。例如，王老吉品牌就是定位于“预防上火”这一功能，通过“怕上火，喝王老吉”这一句简洁明了的广告语让广大消费者瞬间明白王老吉的功效。另外一种观点则认为企业仅凭单一差异点很难与竞争对手区分开来，因此需要采用多个差异点进行定位。例如，沃尔沃汽车的利益定位点有两个，分别是安全和耐用。有些企业认为现代消费者的需求越来越多样化，不仅要求质量高，还要求价格低，不仅要求产品质量高，还要求服务质量优，因此仅有一个差异点很难得到消费者的青睐。但是，现实中要满足消费者的多样化需求不是一件容易的事情，大部分企业是无法做到的，而且，消费者的心智资源有限，他们只记住某个方面做得最好的企业或者品牌。因此，企业与其努力去做全能冠军还不如去做单项冠军，企业只要在顾客某个方面需求上做到极致，就足以赢得消费者的钟情。

3. 设计并推广价值主张

企业根据选定的差异点，通过价值主张与消费者沟通使其明白企业能为消费者创造何种优于竞争对手的差异化价值，从而被消费者接受并在消费者的心智中占据位置。

在这一环节中，企业需要着力设计并推广价值主张。企业的价值主张表达了消费者从产品或服务中获得的利益，向消费者提供为什么要购买企业产品或服务的理由。

如图 5-6 所示，左边的圆圈代表消费者的需要和欲望，右边的圆圈代表企业提供的产品或服务的利益，两个圆圈的重合部分反映了价值主张，即企业所提供的利益能满足消费者的需要和欲望的程度。企业提高价值主张的方法就是增加这两个圈的重合部分。最理想的情形是两个圈完全重合但是与竞争对手的利益圈不重合，这通常发生在企业垄断整个市场的状况下，企业提供的是一个独特的价值主张。在非垄断市场，企业和竞争对手都会努力满足消费者的需要和欲望。企业要提高价值主张就是要增加企业利益圈与消费者需要和欲望圈的重合部分。如果企业要提供优于竞争对手的价值，比竞争对手更有效地满足消费者的需要和欲望，那么就要使得企业利益圈与消费者需要和欲望圈的重合部分多于竞争对手利益圈与消费者需要和欲望圈的重合部分。

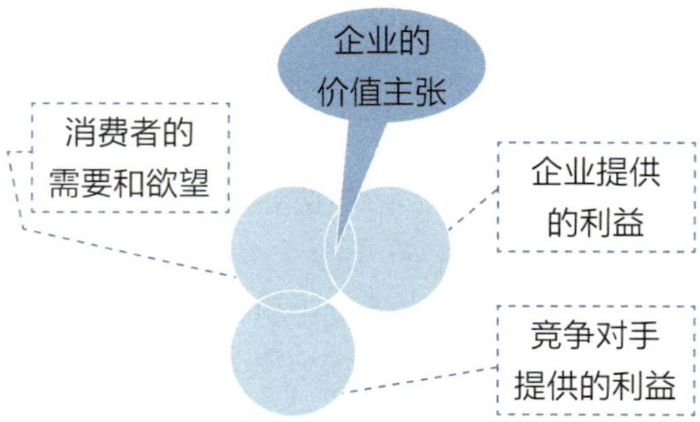

图 5-6　企业的价值主张

Airbnb提出的价值主张是让客户每次住宿都可以享受回到家一般的体验，告诉消费者Airbnb能够提供优于竞争对手的利益和价值，给予消费者为什么要选择Airbnb的理由。Airbnb的广告语“欢迎回家”与价值主张完美匹配，起到召唤消费者的作用。Nike提出的价值主张是鼓励人们放手去做，突破极限，并且鼓励人们无论在运动中还是在生活中都要敢于做自己，这样的价值主张明显区别于竞争对手的价值主张，再配上一句口号“JUST DO IT”，让消费者怦然心动。

（三）市场定位的依据

企业的市场定位可以是多维的、多视角的。企业可以从使用者、企业及竞争对手不同的视角来确立市场定位的依据。具体包括以下几个方面。

1. 使用者类型

企业可以分析产品或服务的使用者类型，针对不同的产品或服务使用者进行定位，将企业的某种产品或服务面向某一类特定的使用者。例如，江小白定位于年轻白领阶层，即追求简单、绿色、环保、低碳生活的城市年轻人，他们是一批有思想、有情感会表达的男文艺青年。江小白面向的白酒消费者显然不同于传统白酒品牌，如茅台、五粮液、剑南春等的消费者。市场上众多的酒品牌面向男性消费者居多，而RIO的横空出世，则将目光聚焦在年轻女性，吸引有个性有情调的城市女文艺青年。企业通过使用者类型分析可以发现很多市场机会，瞄准某一细分市场，挖掘该细分市场的个性需求特征，从而能够个性化的产品精准服务目标顾客。当今手机市场上的品牌很多，竞争很激烈，如果某个企业某个品牌能够瞄准老年人这个特殊群体，深入研究老年人对手机的特殊要求，开发出专门针对老年人的手机，应该也是一个不错的利基市场。宾卡推出的儿童手表可以高清视频通话，配有360° 旋转双摄像头，具有GPS/Wi-Fi智能定位功能，可以深度防水，还有手腕上智能AI问答的百科全书，所有的功能和特色都是根据儿童及其家长的需求开发的。

2. 使用场景

企业可以分析消费者使用某产品或服务的不同场景，根据使用场景进行定位。**使用场景定位是一种非常重要的定位方式，可以提醒或者引导消费者在特定场景下使用特定产品或服务，促使消费者按照企业设计的“场景—消费匹配性”逻辑，形成特定场景下使用特定产品或服务的行为定式，从而产生对特定产品或服务的依赖和忠诚，因而，使用场景定位也是一种高效的定位方式**。不少成功的品牌定位都是找到了合适的消费者使用场景，然后定位于此。王老吉的定位就是一种典型的使用场景定位，广告语“怕上火，喝王老吉”点明了消费者喝王老吉的场景是预防上火的场景，一旦消费者处于该场景中就会自然而然地想到喝王老吉。每当炎炎夏日，消费者就会把王老吉作为预防上火的理想饮品；每当消费者吃火锅又担心上火时，于是王老吉很自然地成了火锅伴侣。同样，根据消费者使用场景进行定位的香飘飘奶茶用一句广告语“小饿小困，喝点香飘飘”，提醒消费者可以将其作为下午茶也可以作为熬夜一族的提神饮品。

3. 产品属性

企业根据产品属性进行定位需要对产品的重要属性、特色，如所含成分、材料等有充分的认识，要抓住消费者最为关注的某个属性或者特色作为定位点。高露洁儿童牙膏强调含氟，对儿童防治龋齿功效明显。同样是牙膏，不同品牌会以不同的产品属性和特色作为定位点，从而实现与竞品之间的差异化。两面针牙膏的特色在于其采用多种中草药及天然草本精华制作而成；冷酸灵牙膏具有抗过敏的特殊功效，可以解决牙齿敏感问题，增强牙齿对冷热酸甜等刺激的耐受力；云南白药牙膏含有云南白药活性成分，可以帮助促进牙龈和口腔黏膜微循环的改善，提高牙龈和口腔其他组织营养供给，增强口腔组织抵抗能力，具有保护牙龈、健康牙周的作用，能持久保持口腔健康。

4. 产品用途

企业可以根据产品的某种用途进行定位。舒肤佳香皂就是定位于除菌功能。宝洁公司几个不同品牌的洗发水都有自己清晰的功能定位。

5. 质量价格组合

并不是所有的消费者都会注重价廉的商品或者服务，但是所有的消费者都会注重商品或者服务的性价比，所谓性价比就是指商品或者服务的性能、质量与商品或者服务的价格之间的比值。不同消费者对“价廉物美”的含义会有不同的理解，对商品或者服务性能、质量及价格有不同的偏好。因此，企业可以根据不同市场消费者的需求和偏好，以及自身提供的产品或者服务的特色和优势，构建优于竞争对手的质量价格组合，并以此作为产品或服务定位的依据，参与市场竞争。拼多多通过拼单来降低售价的策略吸引了一大批对价格敏感的消费群体，其定位属于“低质低价”的质量价格组合。当淘宝借助广告语“没有最低，只有更低”向消费者宣扬其商品的“价廉物美”优势时，也是剑指竞争对手京东，京东迅速反应，阐明自身的“高价更高质”的质量价格组合定位，以“好物价低”来回应，强调京东更注重商品质量，其商品质量要比淘宝高许多而价格只比淘宝高一点，同时推出“今年‘双十一’，我只上京东”和“认真购物，买点好的”等系列广告语来提醒消费者要对自己好一点，要买好一点的商品，而不是一味地追求价廉的商品。更多的质量价格组合定位实例如表 5–4 所示。

表 5-4　不同类型的质量价格组合

质量价格组合类型	典型例子
优质高价	奢侈品
优质同价	丰田雷克萨斯品牌
优质低价	小米手机
同质低价	开市客
低质更低价	沃尔玛
高价更高质	京东
低质低价	拼多多

6. 客户利益

产品用途定位比产品属性定位更能打动消费者的心，因为产品用途定位比产品属性定位更为直接，产品属性阐述的是产品为什么具有特定用途的理由和原因。为了更好地赢得消费者的心智，企业可以采用比产品用途定位更为直接的定位方式，即客户利益定位，直接点明产品或服务给客户带来了哪些利益。毕竟，消费者购买产品或者服务的目的是希望能从中获得功能性、情感性、社会性或者其他方面的利益。因此，企业品牌定位必须强调消费者能从某一品牌中获得的最根本或者最突出的利益。企业不需要向消费者提供并保证比竞争对手更多的利益，多重利益保证对企业来说未必能够做到，而且对消费者来说未必能够记住，因此，企业关键是要向消费者保证比竞争对手更具优势或者更具特色的利益。汽车行业中各大品牌都是努力为消费者提供区别于竞争对手且优于竞争对手的利益，由此确立自身的利益定位点。奔驰的利益定位点是尊贵，奔驰的客户可以获得尊贵感；宝马的利益定位点是操控感，宝马的客户可以获得由良好的操控感所带来的驾驶乐趣；沃尔沃的利益定位点是安全，沃尔沃的客户获得的最深刻感受就是开沃尔沃车是最安全的；保时捷是跑车品牌，强调始终秉承卓越的运动血统与赛道精神，融合动力科学与唯美个性的设计，保时捷的客户所获得的利益是内外兼修，内在与外在一样完美。

7. 竞争者

企业除了考虑消费者与产品或服务本身的特征之外，还可以根据竞争者的特征来进行定位。具体而言，可以把市场中的头部品牌、知名品牌作为参照系，比较并突出与这些品牌的差异和关系，在消费者心智中占据一个不同于这些品牌的位置。在可乐市场，可口可乐是响当当的头号品牌；百事可乐不甘落后，时不时地向可口可乐发起挑战，在消费者心目中是排名第二的挑战者；七喜作为市场中的老三，其实与老大、老二差距甚远，很难引起消费者足够的关注，更难让消费者记住。为了能够在消费者心目中占据一个深刻的位置，七喜需要区别于可口可乐和百事可乐，于是通过广告语“七喜，非可乐也”的广泛传播，确立了“非可乐”的定位。

企业的市场定位可以是多维的。江小白除了采用使用者定位之外还可以采用使用场景定位。王老吉的定位既含有产品属性定位成分，也含有产品用途定位和客户利益定位成分，更含有使用场景定位成分。如果企业能够从多个维度定位就可以从多个维度去影响消费者，提醒消费者，刺激消费者产生购买行为。

（四）市场定位的方法

企业通常采用一些方法进行市场定位。对于初创企业，初入市场会采用初次定位法。当现有企业有新产品投入市场或者现有产品进入新市场，也会采用初次定位法。当现有企业对产品进行创新，想改变目标消费者对产品的原有印象，通常会采用重新定位法。面对现有竞争对手的定位，企业会根据不同情况采用截然不同的定位方法。下文将具体介绍 4 种企业常用的定位方法。

1. 避强定位法

避强定位是指企业主动回避与目标市场上的竞争对手进行直接对抗，将自身的产品或服务定位于市场的“空白点”，针对目标市场上消费者未被满足的需求或者潜在需求，开发新的产品和服务，从而开拓出新的市场。根据长尾理论，企业如果能够通过深入的市场分析找到一些竞争对手忽略或者不感兴趣的领域，占据那些小的细分市场，也能给企业带来意想不到的高利润。该定位方法比较适合小企业。小企业可以把自己作为补缺者的身份，结合自身在产品和服务方面的特色和优势，通过专业化的经营方式切入市场，牢牢占据利基市场。企业实施专业化可以有多种维度，可以针对某些小规模用户，例如针对残疾人、生活不能自理的老人提供特殊的产品或服务；也可以只面向特定的地理区域销售产品，根据特定地理区域的特殊性改进产品，使得产品兼具地方特色和企业特色，从而受到目标市场消费者的欢迎。例如，星河湾只提供豪华住宅，劳斯莱斯只生产豪华轿车。避强定位法的优点在于企业可以专注某一没有竞争或者竞争相对不激烈的利基市场，充分发挥自身的专业优势，快速占领市场，风险比较小，而成功的概率却比较高。这也是为什么该方法深受小企业欢迎的原因。

2. 对峙定位法

对峙定位是指企业主动选择靠近目标市场上现有竞争对手的市场位置或者与现有竞争对手的市场位置重合，以期与现有竞争对手争夺同一批消费者。实施对峙定位法的企业通常具有与市场上现有竞争对手的产品或者服务相似甚至相同的特征。企业以挑战者的身份与现有竞争对手直面对抗，因此，对峙定位法又被称为迎头定位法。市场上很多企业采用了对峙定位法，这些企业普遍认为通过比较分析抓住竞争对手的弱项并发起对竞争对手的挑战可以凸显企业自身的特色和优势，可以获得市场的认可，从而吸引更多目标顾客，确立牢固的市场地位。强生公司推出的邦迪创可贴一直以来是中国市场中的领导者，消费者购买创可贴就会想到邦迪这个品牌，邦迪几乎已经成了创可贴的代名词。中国本土品牌云南白药发现邦迪创可贴只是一块应急小胶布而没有任何药物成分，结合自身的白药生产优势，推出含有白药的云南白药创可贴，直接攻击了强劲的竞争对手，同时也确立了自身在市场中的竞争优势和地位。其实，企业采用对峙定位法并非一定要挑战市场领导者，企业也可以把一些试图蚕食企业自身市场份额的小竞争对手或者地区性的竞争对手作为攻击对象，也可以面向与企业自身规模相当但经营不善或者资金不足的竞争对手发起进攻。例如，滴滴公司就是通过对峙定位法直逼优步中国公司最终成功将其收购。

思考题

为什么有些小公司会选择与一些实力强大的公司展开对峙定位?

3. 重新定位法

重新定位是指企业因为自身产品或服务的特色发生了变化而想通过重新塑造产品或者服务的形象来覆盖目标消费者心目中已有的印象。消费者一旦形成的印象通常比较难改变，因此，企业一般情况下不会轻易改变原有的市场定位，初次定位时就会尽可能地考虑产品或服务，以及企业自身的发展，企业在重新定位之前必须仔细考虑是否一定要这么做。当然，企业也需要时刻把握市场和环境的演变趋势，必要时还是需要果断地进行重新定位。当消费者的需求和偏好发生了变化，企业的产品或服务不再受到消费者的关注和认可，企业就需要考虑调整现有的定位策略。随着新技术的涌现，跨界竞争对手选择了与企业邻近的定位点进行定位，直接蚕食企业的市场份额，使得企业的市场占有率快速下滑，此时企业也需要重新考虑新的定位点。即便企业有意重新定位，企业也需要全面考虑重新定位的成本和代价，以及重新定位的成功概率。企业重新定位需要承担从一个细分市场转移到另一细分市场的所有费用，具体包括产品或服务创新改良的费用、营销传播的费用等。企业选择新的细分市场进行定位，该市场的规模、销售额、利润率、成长性、竞争格局等都需要仔细评估。王老吉原本是一个区域性的品牌，后来对产品属性与功能、目标客群和渠道等进行了系统的重新定位而成为全国性的大品牌。

4. 插位法

插位是指企业通过颠覆性的营销手段，打破市场上原有的竞争秩序，使新品牌或者后进品牌快速赶超市场上现有的竞争对手，成为市场上的领军品牌。插位法与前面提及的几种定位方法有着不同的思维方式，不是更多通过凸显企业自身产品或服务相比于竞争对手的差异和特色来占据消费者的心智，而是强调通过颠覆市场现有的竞争秩序和规则，通过重塑新的竞争秩序和规则，构建新的竞争格局，从而占据有利的市场地位。按照插位法的思维方式，插位不仅能让消费者理解企业自身的定位点，而且还能让消费者理解包含企业自身定位点和竞争对手定位点在内的整体市场格局，也就是说，企业通过插位法不仅把自己给定位了，同时还把竞争对手给定位了。

插位法具体包括斜行插位法、垂直插位法、联合插位法等多种。斜行插位法是指企业通过制定新的市场规则开辟一个新市场直接成为该市场的领导者。该方法中提及的新市场是完全由企业自己定义或创造出来的。企业通常通过重新细分消费者需求、构建一个新的品类或者采用新的渠道模式来实现新市场的创造。传统饮料行业中的竞争对手都在比拼口感，而元气森林从饮料的主力群体“90后”、Z世代的需求出发，为这群具有健康意识的年轻消费者提供了不仅口感好而且健康低热量的无糖饮料，元气森林提出的“0糖、0脂、0卡路里”的概念顺势出圈，在目标人群中迅速圈粉，颠覆了传统饮料行业的营销方式，切中了目标消费者的健康需求，创立了无糖饮料这一新品类，借助互联网的思维方式，创建了一条新的赛道，并成为该赛道中的领跑者。垂直插位法是指企业面临强大的竞争对手的情况下通过对行业内已有产品的创新超脱出原有的市场秩序而自成一路从而确立市场领先的地位。按照垂直插位法的思维方式，如果企业无法排在现有的市场序列"A、B、C……"中的前列，那就另立市场序列"甲、乙、丙……"并争取在新的市场序列中位列第一。该方法让原本市场中的跟随者因开创新的细分市场而成为细分市场中的领导者。运动服饰市场是一个红海市场，存在耐克、阿迪达斯等众多强劲竞争对手，新进入者露露乐蒙是很难挤到市场前列的，但是露露乐蒙发现了现有运动服穿起来臃肿、舒适度差，而且运动服的面料不透气，排汗性能差，在很大程度上影响了运动的效果，而瑜伽习练者希望能有贴身舒适的、适合瑜伽运动的专门服饰，于是选取了滑雪服的布料，对其厚度、重量和收缩性进行了创新性的改良，并采用了价格高昂的"flat seam"（平缝）拼接设计，解决了传统运动服透气性差和紧绷等问题，打破了运动服饰一直以来遵循的以功能为主打的规则，开创了功能与时尚相结合的运动服饰，增加了社交元素，成为时尚运动服饰头部品牌，不仅深受瑜伽练习者喜爱，还受到广大热爱运动、追求时尚且喜欢社交的年轻消费者的青睐。联合插位法是指企业通过把市场上已有的两三种产品的属性进行重组或结合从而创造出新的市场和新的产品。例如，茶室实际上整合了餐饮模式和会客模式的特色；浴场汇集了洗浴、休闲娱乐和便捷旅馆的功能；美容院则提供了养生、美容和微整形的服务。

思考题

请找日常生活中一个联合插位法定位的例子。

（五）数字化时代的市场定位

数字化时代之前，企业大多从自身的数据库、CRM系统中提取有关顾客信息、市场促销、广告活动、展览等结构化数据，或者再从企业的官网上获取一些数据。但是这些数据和数字化时代的大数据相比是非常有限的，不足以让企业对消费者进行充分的洞察并进行精准的营销。在数字化时代，企业的决策可以充分利用大数据，而这些大数据少部分来自企业内部，更多来自企业外部，其中有交易数据、移动通信数据、人为数据、机器和传感器数据、互联网上的开放数据等。交易数据包括POS机数据、信用卡刷卡数据、微信与支付宝等支付数据、电子商务数据、互联网点击数据等。今天众多消费者使用能够上网的智能手机等移动设备。移动通信设备记录的数据量和数据的立体完整度通常优于各家互联网公司掌握的数据。移动设备上的软件能够追踪和沟通无数时间，从运用软件储存的交易数据（如搜索产品的记录事件）到个人信息资料或状态报告事件（如地点变更即报告一个新的地理编码）等。人为数据包括电子邮件、文档、图片、音频、视频，以及通过微信、微博、抖音、小红书、知乎、豆瓣、陌陌等社交媒体产生的数据流。这些数据大多为非结构性数据，需要借助文本分析工具进行分析。来自感应器、量表和其他设施的数据、GPS定位系统数据等都属于机器和传感器数据。来自新兴的物联网的数据就是机器和传感器所产生的数据类型之一。互联网上的开放数据通常指政府机构、非营利组织和企业公开的数据。

在数字化时代，所有的数据被储存在数据仓库，大数据技术可以通过算法和机器分析，对消费者的日常行为数据和交易数据进行整合分析，不仅可以报告"发生了什么事"，而且可以解读"为什么会发生这种事"，甚至还可以预言"将要发生什么事"，并判断“消费者希望什么事发生”。

当一个消费者步入店铺，大数据技术就可以帮助企业搜索与该消费者相关的大数据并分析该消费者的消费偏好、购买力、当下的购买目的，助力企业的目标客户识别和市场定位。当一个消费者在搜索引擎平台上输入一个产品或者品牌名称，企业借助大数据技术就可以迅速判别该消费者是否为企业的目标顾客，一旦确定该消费者为企业的目标顾客，就会输出与其消费需求和偏好相匹配的价值诉求以成功占领该消费者的心智。

海信一直通过获取数据、分析数据来识别消费者需求，锁定目标客户。海信一方面通过企业内部服务系统和自有平台采集用户的基本信息、浏览轨迹、消费记录、使用情况等数据存放在内部数据库，另一方面利用企业外部的电商平台、社交媒体和科技公司获取消费者数据。获取内外部的大数据后，海信对这些数据进行整合处理，分析每一个消费者的购物习惯、消费需求和偏好、忠诚度等，区分不同消费者之间的需求差异，在此基础上对市场进行细分，对目标市场进行选择，对目标客户进行画像，根据目标客户的需求特征来制定市场定位策略。

沃尔沃与百度合作启动全营销（omni marketing）模式，借助百度大数据，全面、精准、高效地触达目标客户。沃尔沃在 2019 款 S90 新车上市之际，将百度大数据融入 AI 营销中，通过 AI ID 打通线上线下数据，更全面、深入地洞察消费者，更深刻理解和预测消费者的需求和偏好，全方位地识别目标客户。受数据赋能，沃尔沃把 2019 款 S90 新车投放市场前一个月内搜索浏览过沃尔沃 S90 并同时浏览比较过竞品车型且各自搜索频次不低于 5 次的消费者确定为目标客户。因为搜索，所以精准。大数据不仅助力沃尔沃精准识别目标客户，而且根据百度大数据标签及接入网络 IP 地址数据、地图注点（point of interest，POI）等数据，定义目标客户的生活场景、工作场景和社交场景，精准识别影响目标客户的群体，利用圈层营销更好地触达目标客户。

● 本章小结

1. 市场细分是指企业根据消费者欲望、需求和购买行为的差异性把一个总体的市场依据一定变量划分成若干个具有共同特征的子市场的过程，即从共性中找个性，从个性中求共性的过程。需要强调的是市场细分不是企业站在自身视角根据产品或服务的品种、系列等指标来进行划分，而是企业站在消费者的视角根据消费者欲望、需求、购买行为等方面的差异来进行划分。

2. 消费者市场细分变量通常包括地理变量、人口统计变量、心理变量和行为变量等。企业在市场细分的实际工作中会采用不止一种变量，同时还会根据现实情况整合不同的变量。利益细分和场景细分就是采用了两种以上不同的变量。

3. 在组织市场中，企业也可以通过地理变量（组织所处的区域位置）、人口统计变量（组织规模和所属行业）、利益诉求（组织追求的服务支持、尖端技术和融资条件等）、用户状态、使用率及忠诚度等与消费者市场相同的细分变量进行市场细分。当然，企业还可以采用组织市场所特有的细分变量进行市场细分，具体包括客户基本情况、客户经营特点、购买方式、情境因素、个性特点、决策特点等。

4. 企业衡量市场细分结果有效性的四大标准是可区分性、可测量性、可进入性和可盈利性。

5. 企业在选择目标市场之前需要对各个细分市场进行全面、充分的评估，不仅要测算市场规模，还要评估顾客质量，不仅要分析市场竞争性，还要考虑市场成长性，同时又要了解市场管控状况和趋势。

6. 目标市场选择的 5 种模式分别是集中单一市场、选择性专业化、产品专业化、市场专业化和全市场覆盖。

7. 3 种目标市场的覆盖策略是：无差异营销、差异化营销、集中性营销。

8. 市场定位是指企业针对潜在顾客的心理进行营销设计，创立产品、品牌或企业在目标顾客心目中的某种形象或个性特征，使其在顾客心中留下深刻的印象和独特的位置，从而取得竞争优势。市场定位的实质就是占据消费者的心智资源。

9. 企业的市场定位可以是多维的、多视角的。企业可以从使用者、企业及竞争对手不同的视角来确立市场定位的依据。具体包括使用者类型、使用场景、产品属性、产品用途、质量价格组合、客户利益、竞争者等。

10. 企业常用的市场定位方法有避强定位法、对峙定位法、重新定位法、插位法等。

● 复习题

1. 消费者特征变量和消费者反应特征变量之间有什么异同？
2. 企业为什么需要创新细分变量？
3. 请分析养老市场细分的变量和步骤。
4. 为什么细分市场评估不能仅仅看市场的规模？
5. 对初创企业而言，如何选择目标市场更有利？
6. 请分析海底捞的市场定位策略。
7. 请分析避强定位法、对峙定位法、重新定位法、插位法的优缺点及适用条件。
8. 请分析产品定位、品牌定位、市场定位、企业定位的区别与联系。

课后案例：沈荡黄酒如何定位？

会议刚刚散去，海盐沈荡酿造有限公司（以下简称沈荡酒厂）的汪总独自一人坐在会议室里，屋内弥漫着浓浓的烟雾。与近年同期相比，产品销售量正不断下降，产品均价也在不断下降，销售状况非常不好，公司已处于亏损状态，而经销商却还在强烈要求降价……

汪总知道，如果不去改变点什么，不去做点什么，凭惯性下去明年一季度的销售也不会好，更不用说接下来的淡季了，结果不敢想象……

"老祖宗留下的牌子决不能倒在我的手里，必须把沈荡品牌从红海竞争的泥沟里拉上来，重获新生！"汪总猛吸了一口烟，心里狠狠地对自己说。他突然想起之前有朋友提起过一位齐教授。他心里默默地想："我要尽快把他请到公司来，和他谈谈我的想法，也听听他的意见。"

汪总进入食品酿造行业以前一直在做汽车配件，他的凌云汽车配件厂在当地做得风生水起，客户都是境外的大品牌商，销售额超亿元。一次偶然的机会，政府有关部门找到他，希望他接手濒临破产的沈荡酒厂。促使汪总接手沈荡酒厂的原因很简单：一是他喜欢酒，懂得酒的好坏，比较容易找到感觉；二是沈荡酒厂已有 100 多年的历史，他看到了这个酒厂的文化价值。

沈荡酒厂位于嘉兴市海盐县沈荡古镇。清光绪十三年（1887年），由海宁硖石伊桥油车老板孙职卿和杭州盐商周克公两人合资创办。他们先在沈荡镇中市街开设了一家“三泰酒酱店”，后来又在西市街办起了“丰泰酱园”，在东市街开设“泰兴酱园”。“泰兴酱园”当时是总园，主要生产酱油、豆瓣酱等产品，附设黄酒工场。到1914年，“泰兴酱园”由海宁县旧仓籍沈乃儒出任经理，生产规模有所扩大。在其后的20多年中，泰兴酱园老板多次变换，企业曾兴盛一时。新中国成立后，政府对泰兴酱园进行了改制，1958年，泰兴酱园改名为沈荡酿造厂。

汪总2002年接手沈荡酒厂时，该厂占地面积为3.65万平方米，厂房建筑面积1.5万平方米，企业总资产1744万元，职工50人，具有初级以上专业技术职称的技术人员6人。沈荡黄酒的市场主要在海盐县，以中低端市场为主，依靠传统经销商渠道销往乡镇。当年，公司生产和销售黄酒2800吨、酱油200吨，实现销售收入1100万元，利税150万元。

汪总接管酒厂后，重点做了两件事：一是明确了沈荡酒厂传统酿造的工艺路线和方向；二是开始大量贮酒，为将来的年份酒奠定基础。他认为好的黄酒必须通过手工酿造和窖藏年份来实现。

一周后，齐教授带着两个学生如约来到沈荡酒厂。

汪总先带着齐教授一行参观工厂。汪总边走边说：“黄酒酿造发展到现在主要有两类酿造方法和工艺，一是传统酿造方法，这是我厂一直在采用的方法，另一种是现代酿造方法，采用大罐发酵的工艺，由计算机控制，可大大降低生产成本，缩短生产周期。”

“这个我知道，大罐发酵实际上应用了类似啤酒的酿造技术，虽然标准化，成本低，能实现量产，但酿造出来的黄酒缺少了那种特有的风味。撇除文化和情感因素，纯口感上的差异就很大，就好比机制水饺与手工水饺的差异。”齐教授回应道。

“是的，传统酿造需要酵场、酒窖和时间”，他指着堆满了酒坛的场地说，“像这样大小的场地，一年满负荷也只能生产3500 吨，如果要生产年份酒，还必须有足够大的酒窖和资金量。有些酒厂宣传说他们是传统酿造，其实是说说的。你只要进入厂区就能知道他们的酒是不是传统酿造，他们敢把产量和酵场、酒窖面积的比率告诉你吗？”

一行人从户外酵场走进了酿造车间。只见车间大厅里整齐地排放着几排大缸，工人们正忙碌着。两位工人抬着一个大木桶走过来，里面装着刚蒸煮好的米饭。他们把米饭倒入大缸，另一位师傅走过来在米饭中加入酒药并搅拌均匀，然后用手把缸内的米饭做成一个漏斗状的“窝”，再加入麦曲，最后盖上用稻草编织成的厚厚的盖子，让米饭自行发酵。工人们做满一缸后再做一缸，车间里显得热气腾腾。

汪总解释说：“沈荡做酒的工艺一共有 18 道。做酒是非常讲究的，每一道工艺都来不得半点马虎。整个酿造周期需要一年，仅一年的酒叫新酒，所谓的年份酒是以窖藏的时间来标记的，窖藏 5 年，就是 5 年陈，窖藏 8 年，就是 8 年陈。”王总说着就领着一行人走向酒窖。

酒窖非常大。只见一堆堆的酒坛子整齐地垒在通道两侧，高 4 坛，长宽约 20 坛不等，每堆酒坛前都有块牌子，标记着入库的时间。

汪总接着说：“我们的酒窖是浙江最大的。有的酒厂说他们的酒库有多大，他们说的是酒窖，其实是指中央酒库，也就是周转仓库，不是地下酒窖。我刚才讲了，传统酿造的产量一定会受到酵场和酒窖面积的限制，那些酵场和酒窖不大，产量却很大的品牌，虽然生产的也叫作黄酒，但这类酒不能叫作传统酿造的黄酒或年份酒。”说到这里，汪总脸上露出了不屑的表情。

最后，一行人来到了产品陈列室。展示架上陈列着为数不多的几个品种，包装都是一般般的，缺乏品牌调性和创意。汪总拿起一瓶黄酒告诉齐教授一行：“这瓶普通黄酒（以下简称沈荡普黄）1 斤装（约 480 毫升），价格只有 3 元。农村的人会喝，城里人大多把它当作料酒。本土市场的占有率约 85%，当地经销商没有这款酒不行，但这个价格真的是贱卖了，虽然不是年份酒但毕竟是全部传统酿造的！”接着他又拿出一瓶扁瓶 1 斤装的 6 年陈黄酒说：“这瓶我们卖 6 元。”齐教授心里嘀咕了一下：“相当于一年的时间价值才 5 毛钱，肯定抵不了贮存、损耗、财务、通货膨胀等所带来的成本。”

“现在我们正尝试着推出坛装精品黄酒，这坛 1 斤装 10 年陈的黄酒，我们卖 38 元；这坛 3 斤（约 1.5 升）8 年陈的黄酒我们卖 68 元。”（具体参见图 5-7）。

（1）沈荡普黄，480 毫升，3 元 / 瓶

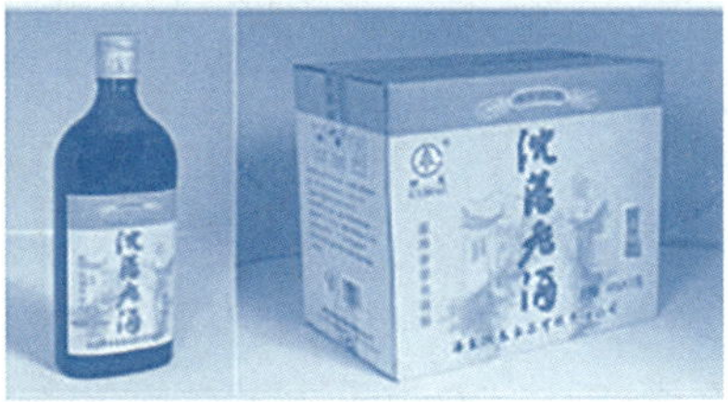

（2）沈荡 6 年陈，480 毫升，6 元 / 瓶

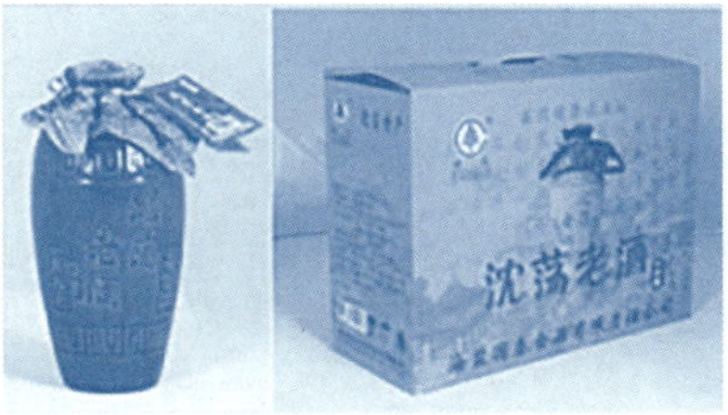

（3）沈荡 10 年陈，480 毫升，38 元 / 坛

（4）沈荡 8 年陈，1.5 升，68 元 / 坛

图 5-7 沈荡酒厂的产品系列及价格

“价格还是卖低了，不过你的酒还算不上有名的品牌，目前只是低端的牌子。”齐教授回应道。

“汪总，竞品的价格如何？”齐教授的一位学生问道。

“竞品主要有 3 类，一是绍兴过来的品牌酒，每瓶 20 元左右，年份其实是个概念；嘉兴过来的坛装酒，在当地算是个品牌，每坛 1 斤 20 元左右；邻县过来的酒，每瓶 1 斤 6～7 元。市场对前两个品牌的认知档次要比沈荡酒厂的高。我们酒的地位实际上沦为了料酒。”汪总无比痛苦地说。

“品牌很重要，等会我们要重点讨论这个问题！”齐教授说道。

“沈荡黄酒也是品牌啊，我们已有 100 多年的历史了”，汪总把斜靠在墙边的 3 块牌匾拿了过来展示给大家看。一块写着“官酱”，一块写着“槽坊”，另一块写着“官酱园”（见图 5-8）。

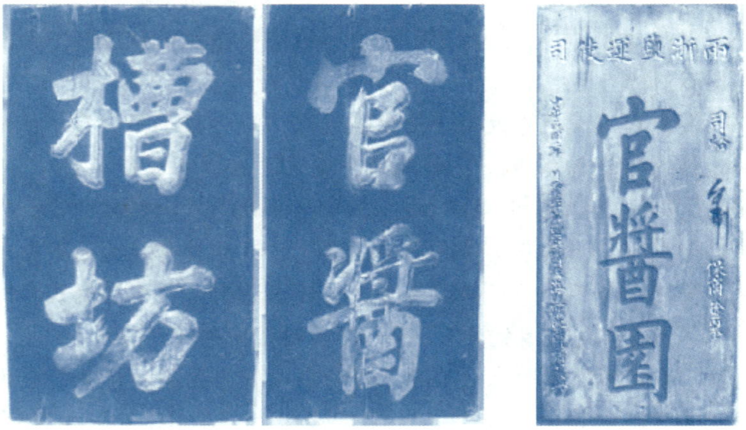

图 5-8 “官酱槽坊”“官酱园”两块牌匾

“‘官酱’‘槽坊’原来是一整块牌，后来裂成了两块，这是当年的老招牌，上面都有时间和落款的。‘官酱园’是 1913 年两浙盐运使司颁发的牌照，相当于现在的生产许可证。‘文革’期间这几块牌匾被人拿来用作食堂的砧板，才免遭毁坏，直到前段时间食堂搬迁时才被发现。这可是宝啊，是历史的见证。”汪总抚摸着牌匾，深情地说。

“沈荡黄酒现在市场认知为低档酒，无论从酿造还是从文化遗产上说，都是与它的身份不配的，我们首先需要对沈荡品牌重新定位。”齐教授说道，此刻他的心中产生了几个想法。

当天下午，齐教授一行与沈荡酒厂的管理层举行了一场品牌专题讨论会。

齐教授首先谈了自己对沈荡酒厂的初步印象，同时发表了自己的观点。他认为：“沈荡黄酒销售面临的问题，本质上是品牌影响力的问题。好产品卖不上价格固然跟宣传力度、包装设计等方面的问题有关，但更重要的是，与你想卖给谁和强调什么样的品牌价值主张有关，这就是一个定位的问题。今天我们先来讨论沈荡黄酒的定位。”

齐教授提出了以下 3 个问题。

第一，目前沈荡黄酒的目标消费群体由哪些人组成？有没有问题？有没有更好的目标群体可选择？为什么？

第二，竞品的优势是什么？这种优势中的劣势是什么？它们优势中的劣势会给沈荡酒厂留下什么样的空间和机会？

第三，沈荡黄酒有什么特有的竞争优势与资源？源自我们内心深处的愿景是什么？应该选择、挖掘什么样的核心价值提供给市场？为什么？

会议依次就 3 个问题展开讨论，现场讨论激烈，甚至出现了观点的争锋。

第一个问题是关于目标顾客。

据沈荡酒厂的管理层介绍，沈荡黄酒的市场主要在乡镇。现有的渠道主要是一些本地的传统批发商，由他们把货送至小店，然后小店再卖给消费者。销售模式基本上属于自然销售，即公司通过价格和销售政策实现销售。沈荡黄酒面对的市场大体上有两类：家庭市场和餐馆厨房市场。家庭市场主要由乡镇低收入人群组成，城镇高收入人群大多把沈荡黄酒作为料酒来使用。餐馆厨房市场是指黄酒作为料酒进入餐馆厨房的市场。以前普通黄酒在餐馆销量很大，但由于近期市场中新出现了专门的塑包料酒，价格很低，这导致了沈荡普黄销量的严重滑坡。

沈荡酒厂提供给餐馆的黄酒是新酒，但酿造时间也要一年，原料货真价实。市场上很多料酒基本上都由酒精勾兑，两者的成本差距很大。

据汪总介绍，沈荡酒厂曾考虑过提价，但失败了。黄酒价格上不去有品类认知方面的原因。市场上一瓶白酒可以卖到几百甚至几千元，而黄酒很难超过 50 元。价格卖不上去，广告就没钱投入；宣传上不去，价格便更卖不上去，由此产生恶性循环。沈荡黄酒生产成本高，中间利差小，在促销环节上没法与竞品正面竞争。

汪总向齐教授提出了自己的想法："我们的销售应重点转向那些愿意为高品质酒付费的顾客身上。懂酒的人一喝就能喝出沈荡黄酒的好。虽然目前我们推出的精品坛装酒总的销量还不行，但来厂里买酒的复购率应该上去了。有一些会喝酒的熟人，碰到时总会说我们的酒比其他牌子的酒来得好喝。这一点说明我们的酒还是有粉丝的。"

讨论中，齐教授提到了这样的一个观点：用高成本的酒在中低端市场上与大众品牌酒进行竞争，这仗没法打，沈荡酒厂必须寻找属于自己的市场。在谈到是否升级市场时，参会者观点不一，有人认为沈荡黄酒知名度虽高，但目前市场多将其定位在低端酒，价格向上走市场很难接受。另外，如果停止向低端市场供货，高端市场又没有形成，酒厂可能因销量上不去而关门。

汪总认为，目标市场的迁移可以有个过程，也可以通过品牌分类的方式来解决。大家提出了不同的沈荡黄酒理想的目标顾客及消费场景。虽然众说纷纭，但大家聚焦的认同点是：沈荡黄酒需要触达一个愿意为其品质溢价买单的群体。

第二个问题是比较竞品优劣势。

生产技术部经理介绍了黄酒行业的基本情况。他说："黄酒的生产和消费区域非常集中，主要在江浙一带，而又以浙江绍兴为中心。一线品牌，如会稽山、古越龙山、塔牌的市场覆盖面较广，市场占有率也较高；其他的二、三线品牌基本上在产地有一定的影响力和市场占有率。沈荡品牌只是在海盐本地的低端市场上有较大的销售量，而且这种销售量有下滑的趋势。虽然各大品牌在宣传产品时都以酿造文化和历史为卖点，但事实上大厂基本上通过技术改造修正了酿造工艺。现在他们采用的是大罐发酵。这使得它们在成本、产量、标准化和管理上更有优势。"

齐教授听了沈荡酒厂管理层的介绍，发现原来市场上很多黄酒在包装上标注的年份并非完全能做到，可信度不高，消费者基本上认品牌。大厂的优势是有品牌，依靠品牌就可实现销售。而沈荡酒厂在这方面明显处于劣势。他点评道："沈荡黄酒的劣势是生产成本高，品牌影响力低。整个黄酒行业在推广这一块上的努力做得不够，落后于其他酒类品牌。基本局限于'推'的策略而不是'拉'的策略，属于吃老本。这与行业特征其实是有关的。相对于啤酒和白酒，黄酒属于购买频率低、需求量较小，且市场认知售价不高的品类。价格与成本差额很小，又因缺乏规模经济效应，推广弹性不大，盲目投入有可能导致永久性的亏损。大厂正是利用了历史形成的品牌效应，并通过技术改造，突破量产瓶颈，降低成本。但应该看到，沈荡老酒有自己的优势。"

汪总点头表示同意，说："我们的优势还是在传统酿造上。真正的黄酒就是传统酿造的。我接手沈荡酒厂十年来的贮酒目的只有一个，就是要做正宗的黄酒。”

经过讨论，大家达成共识：沈荡老酒要结合黄酒行业的特征，找到问题症结，改变思路，发挥自身优势。

第三个问题大家重点讨论沈荡黄酒的核心价值。

参会人员的观点分歧比较大。有人竭力推崇以“传统酿造工艺”“货真价实”为核心价值。他们提出的理由归纳如下：第一，沈荡酒厂历史悠久，1887 年创办，已有 100 多年的历史；第二，沈荡酒厂一直以“古法”和“窖藏”为酿酒的工艺之魂，是传统酿造的守望者。目前“沈荡黄酒酿制技艺”和“修缸补髭技艺”已列入嘉兴市非物质文化遗产名录（与传统酿造相关的另一项“沈荡酱油酿造技艺”也被列入非物质文化遗产名录）；第三，酒厂所在地沈荡古镇可为其核心价值背书，沈荡古镇距今已有 2000 多年的历史，曾是江浙繁华重镇，并作为酿造之乡而闻名于江浙。

也有人建议放弃产品功能层面进入人的情感层面，强调“和”文化，通过讲故事的方法影响消费者的情感。他们认为：第一，情感永远是最易影响消费者行为产生的因素，比起功能因素显得更为高级。功能价值是站在企业角度来思考，是产品思维的体现，而情感价值是站在消费者的角度来思考，是顾客思维的体现；第二，从情感和人文入手更有创意空间，讲故事是创建品牌的基本方法；第三，互联网和移动互联网的兴起，社会化媒体的运用可实现传播成本的大幅下降，使以前不可能实现的传播投入产出比成为可能。

会场讨论非常热烈，更多的价值点被提出，但是最终没有形成一致的结论。

汪总送走齐教授之后，心中显然已经有了答案……

（资料来源：戚译，王曙青. 沈荡黄酒如何定位？[Z]. 浙江大学管理学院案例中心，2019.）

思考题

1. 沈荡酒厂原有的顾客构成有什么问题？如果进行目标顾客的迁移或重新聚焦，你将如何细分市场？细分的变量是什么？为什么？

2. 按选定的细分变量你将得到一个什么样的市场细分结果？你如何评价并选择目标市场？请你对最后选定的目标市场进行消费者画像。

3. 沈荡黄酒与竞品在价值提供上的优劣势是什么？应选择怎样的价值因子来建立定位图？竞品与沈荡黄酒在定位图上各自的价值位置怎样？你认为沈荡黄酒的核心价值（竞争性利益点）应该是什么？为什么？

营销管理

策略篇

第六章

市场营销战略

市场主体主要包括需求方、竞争者及企业（包括围绕企业所构建的供应链网络）。从“需求—竞争—资源”匹配的角度来看，市场营销策略是从企业拥有的资源、企业存在的价值，以及企业承担的使命出发，解决好3个主要问题：一是向什么市场、什么客户提供什么产品，以做到企业产品与市场需求相匹配；二是与竞争者相比，建立相对的竞争优势，让客户能够清晰地了解并选择本企业的产品；三是如何充分发挥企业的资源优势，动态匹配市场环境，以维持竞争优势。

为了制定行之有效的营销策略，企业需要先制定全方位的长期营销战略。为此，本章主要讨论营销战略的一般制定过程，产品寿命周期与营销策略的关系，以及不同竞争地位下的市场营销策略。

【本章学习目标】

1.理解和掌握市场营销战略的重要概念和制定过程。

2.理解和掌握产品市场策略的重要概念和适用规则。

3.理解和掌握产品生命周期的重要概念及不同阶段所适用的市场营销策略。

4.理解和掌握竞争地位策略的重要概念和相应的市场营销策略。

导入案例：千岛湖有机鱼该游向何方?

千岛湖主要鱼类为鲢、鳙鱼，而鲢、鳙鱼是我国四大鱼类的大众品种，有稻田、网箱、池塘、水库、湖泊及河流等养殖方式，由于水质、鱼种、饲料及养殖方式的差异，鲢、鳙鱼品质差异极大，绝大多数鲢、鳙鱼是鱼类中最低档的产品，整个行业既无品牌，又无标准，产品每斤只能卖3～4元。千岛湖渔业只能与普通鲢、鳙鱼打价格战，企业每年亏损几百万元。但千岛湖鲢、鳙鱼的特点就是生长时间长、个头大，无泥腥味、味道鲜美。那么如何同传统的鲢、鳙鱼区隔开来，使千岛湖鲢、鳙鱼有更高的市场价值呢？标准化保证品质，品牌化体现价值；标准化构建技术壁垒，品牌化体现特色。千岛湖渔业实施了以标准化为基础的品牌化发展战略，确立了以技术标准为支撑的品牌定位。

第一，全产业链标准化，提升产业链价值，确立高品质的品牌定位。以客户需求为导向，建立从水域到餐桌，即从鱼苗孵化到终端餐饮的标准化管理与可追溯食品安全体系，涵盖鱼苗孵化、养殖、水域管理、捕捞、加工、存储、配送、烹饪等环节，通过对有机鱼全产业链的标准和关键环节的有效掌控，形成整体核心竞争力，确保食品的安全、营养、美味，支撑高品质的品牌定位。

第二，创造有机鱼新品类，抢占新品类第一的定位。千岛湖渔业率先引入有机鱼与非有机鱼的细分标准，开创有机鱼新品类，强化新品类第一认知。利用千岛湖一级水体这一得天独厚的有利条件，高起点地与国家环保总局一起制定有机鱼生产标准。用国家有机鱼生产标准来规范鱼苗孵化、养殖、捕捞、加工环节。比如，在向大水域投放鱼苗之前，还须经过6个月的人工养育期，并规定养育期内用的饲料必须是天然饲料。鱼苗必须在自然环境生活5年以上，尾重达4千克以上方可捕捞。2000年，国家环保总局有机食品发展中心派出专家到千岛湖实地考证和检测后，认定千岛湖渔业生产的鱼完全达到有机鱼的标准，为其鲢、鳙等10个品种的鱼类颁发了国内最早的有机产品认证证书。

第三，以客户价值为导向攻克关键技术，并使技术成果专利化、技术专利标准化。活鱼的价值远远高于死鱼。如何让捕捞起来的鱼活得更长，是水产养殖行业的关键技术，千岛湖渔业组织力量开发活鱼静养技术、活鱼运输舱技术，无损伤活鱼捕捞技术、活鱼站养技术，形成了4项发明专利及10项实用新型技术专利，并融入企业技术标准中，为鱼苗孵化到烹饪的全产业链建立了200多项企业标准。千岛湖有机鱼站鱼的生存时间长达30天，而传统捕捞起来的鱼通常只能活1～2天，而且无法长途运输。这一系列的核心技术，一能为客户减少由于鱼的死亡而带来的损失；二能使公司目标客户的市场扩大，从而使有效目标客户数量大大增加；三是用活鱼静养替代冰冻存储，能平衡供求关系，稳定与提高产品价格。

第四，把技术标准延伸到终端餐饮环节。有机鱼本质是高品质的原料，是中间产品，如果烹饪技术水平不高或不规范，味道不好，会影响消费者的价值感知，最终影响有机鱼价值的实现。千岛湖渔业不仅开办了自己的烹饪学校，专门研发有机鱼菜肴，而且对影响消费者价值感知最重要烹饪环节实施标准化管理。千岛湖渔业研发出200多种有机鱼菜谱，光鱼头就有35种标准烧法，还对餐馆的餐具也进行了标准化管理，砂锅、鱼盘等由公司提供标准化专用餐具。通过一系列的标准化措施，确保产品健康、美味，在消费者中树立千岛湖“淳鱼”品牌的口碑。

随着千岛湖有机鱼品牌影响力的增强，游客和居民对有机鱼的需求大大增加，而千岛湖养鱼的主要目的是护水，一年只有500万斤有机鱼的产能，存在巨大的需求缺口。随之产生了许多外地的劣质鲢、鳙鱼冒充有机鱼进入市场，冲击千岛湖有机鱼的销售。同时，外地许多有水库水面的单位纷纷找到千岛湖渔业公司寻求合作养殖有机鱼，但公司一直下不了决心，怕影响千岛湖有机鱼的品牌形象。

（资料来源：改编自张大亮，张媛伊. 千岛湖有机鱼该游向何方？[Z]. 浙江大学管理学院案例中心，2013.）

思考题

千岛湖渔业应该采取什么样的市场发展策略呢？

一、市场营销战略

（一）市场营销战略概念

从资源配置的角度，市场营销战略的首要任务是有效地分配和协调各种营销资源和营销活动，以在特定的产品/市场上实现企业的目标。因此，制定市场营销战略的关键在于针对特定的产品或产品线识别目标市场，然后通过资源配置为目标市场中潜在顾客的需求制定合理的营销组合方案，从而形成竞争优势，实现企业经营目标。

市场营销战略的目标以顾客需求和企业营销目标为核心，包括销售额、市场份额、顾客满意度等。达成满足顾客需求目标和实现企业营销目标融合统一的唯一路径在于产品。只有以顾客为中心，准确识别顾客需求，并通过产品有效地满足顾客需求，使顾客感知获得更高的价值，顾客才会返回给企业更多的利润和资源，从而实现企业营销的目标。尤其是当企业面临激烈的同质化竞争及强大的替代产品压力时，企业更需要制定有效的营销战略，通过分析研究顾客需求，选择目标市场，确定竞争优势和设定企业经营目标，以最恰当的方式和最佳的计划组织向目标市场推介产品，传递价值。

制定市场营销战略时需要遵循以下原则。

1. 目标明确原则

营销战略的目标要明确。只有目标明确，执行才会有方向，执行的评估才会有标准有依据。

2. 统一原则

营销战略的目标要与公司战略目标和业务战略目标相统一。只有目标统一，才能够统一行动，统筹策划，做到各部门协调一致，并使各有关要素有机地结合在一起，谋求最大效果。

3. 集中原则

资源的分配和协调要相对集中。只有集中力量、集中控制，才能形成全面一盘棋。

4. 创新原则

要分析研究竞争者，充分利用资源优势，出奇制胜。要在竞争者意想不到的时间、意想不到的地点，以其意想不到的方式给竞争者造成压倒性的攻势。

5. 进攻原则

要时刻关注市场变化，积极调整企业资源配置，使企业经常处于主动进攻的位置、夺取主动地位，保持先行优势。

思考题

公司战略和营销战略的区别是什么?

（二）公司战略和业务战略对营销战略的影响

1. 公司战略对营销战略的影响

公司战略指导企业的所有经营活动，极大地影响企业的市场营销战略。例如，农夫山泉公司以“天然、健康”为品牌理念，这就决定了农夫山泉在市场营销活动中应当以健康的形象、合理的价格、正能量的宣传渠道和推广内容，向顾客提供优质、可靠的产品。

此外，公司战略中的公司成长目标和资源分配方案也对营销战略有重要的影响。

公司战略需要谋求企业的长期增长。为此，**企业需要从产品和市场两个维度出发，根据市场现状及发展趋势合理配置开发产品，制定公司成长战略**（见表 6–1）。为了实现企业的持续稳步成长，企业可以采取市场渗透策略，在现有市场中通过增加现有产品的使用频率、使用数量，或者开发现有产品的新用途等方式扩大市场需求和市场份额；也可以采用产品开发策略，在现有市场中推出新产品，延伸产品线；也可以利用公司现有产品开拓新市场，寻求增长；还可以对产业链进行延伸或扩张，从而增加企业营收。当公司成长战略确定之后，营销战略的制定就需要与该成长战略相统一，营销活动和资源配置也要与之相匹配。

表 6-1 公司成长战略模型

市场类型	现有产品	新产品
现有市场	市场渗透策略 •增加市场份额 •扩大市场需求	产品开发策略 •开发新产品 •产品改进 •产品线延伸
新市场	市场开发策略 •开拓新市场	多元化策略 •垂直多元化 •水平多元化 •同心多元化

除了谋求企业的长期成长，公司战略的另一核心内容就是制定企业的资源分配方案。**任何一家企业的资源都是有限的，如何优化资源配置，最大化利用资源，对企业寻求和保持竞争优势至关重要**。

思考题

海底捞采取了什么样的成长战略?

2. 业务战略对营销战略的影响

业务战略是企业各业务内部所有职能部门经营活动的指导方针。市场营销作为重要的职能部门，营销战略的制定同样受业务战略的影响。例如，花西子以东方文化和天然成分作为差异化优势来赢得市场，这就要求花西子在市场营销活动中将中华优秀传统文化融入产品设计和推广内容中，并通过渠道选择精准触达喜欢国风的潜在顾客。

业务战略对营销战略的影响主要体现在竞争战略上。**企业的竞争优势来源于高性价比的产品**。聚焦“价格”维度，企业可以采取成本领先战略；而聚焦“价值”维度，企业可以采取差异化战略。成本领先战略是指企业通过有效途径降低成本，使企业的总成本低于竞争对手，从而可以向顾客提供质优价廉的产品，并由此获得竞争性优势。差异化战略是指企业充分利用资源优势与竞争对手形成明显的区别，向顾客提供有价值的独特性产品。采用不同的竞争战略时，企业的业务战略在目标、资源配置和协同作用上都有所区别，对企业市场营销要素（产品、价格、渠道、促销）的要求也有很大的差异。因此，在制定营销战略时，要充分认识业务战略的影响作用，进行全局统筹考虑，从而制定出最合适的营销战略。

（三）市场营销战略制定的程序

在明确企业的公司战略和业务战略的基础上，制定市场营销战略一般有以下几个步骤：**分析市场机会，分析行业变动与竞争者，进行目标市场选择和定位，并根据特定的市场状况调整战略，确保有效的执行和控制**。

1. 市场机会分析

企业的高质量发展很大程度上取决于企业资源是否能够与外部市场相匹配。因此，在制定营销战略时，企业应该首先分析外部市场环境给企业带来的机会与形成的威胁是什么。具体而言，企业应该关注能够造成市场环境巨大变化的宏观因素，例如政策法律、社会文化、经济发展、技术变革、人口结构、自然环境等。

2. 行业变动与竞争者分析

对企业来说，竞争是最重要的市场环境因素之一。在一个特定的市场中，为顾客提供服务的企业往往不止一家，与竞争对手相比，企业是否能够形成并保持一定的竞争优势，是影响企业高质量发展的重要因素。因此，在制定营销战略时，企业需要分析现有竞争者和潜在竞争者的相对优势和劣势是什么？在确定的产品市场上，企业如何才能获得长期的竞争优势？当市场环境发生变化或者本企业采取某些营销活动时，竞争者会做出什么样的反应？

3. 目标市场选择和定位

由于企业的资源是相对有限的，与此同时，潜在顾客的需求和行为也存在差异，为了使企业资源可以发挥最大效用，需要选择合适匹配的目标市场。为此，企业需要首先对市场进行细分，将潜在客户依据需求和采购行为划分为不同的群体。然后，需要进一步分析各细分市场的可触达程度、可盈利空间、竞争程度，以及需求匹配程度，并结合企业自身资源，选择合适的目标市场。最后，针对该目标市场，挖掘企业差异化的竞争优势，进行恰当的定位。

4. 根据特定的市场状况调整战略

市场是动态变化的，因此，营销战略也不是一成不变的。为特定的产品/市场组合制定的营销战略应能够反映和适应目标市场的需求和竞争状况。当市场需求和竞争状况发生变化时，营销战略也应随之调整，做到动态匹配。例如，品牌活化就是营销战略调整的例子。

5. 执行和控制

营销战略成功的关键要素之一在于企业是否能够有效地执行战略计划。这取决于营销战略与企业资源、组织结构、合作和控制系统、人员技能和经验的结合协同程度。因此，制定营销战略还需要统筹资源、完善制度，确保战略可以有效地被执行落地。

最后，企业应该对营销战略的执行进行评价，并在执行不力时对营销战略进行调整。与此同时，企业应该认识到营销战略的评价和控制过程是重要的经验积累和学习机会，每一次的评价和控制过程都应成为后续市场机会分析的基础。

总结起来，**制定营销战略的关键是了解市场的真实状况，并合理分配协调企业的资源**。在制定营销战略之前，往往需要搞清楚下列问题。

第一，市场环境发生了什么变化？为什么？

第二，有哪些细分市场正在发展？有哪些正在逐渐消失？

第三，哪个细分市场最有潜力？

第四，每个细分市场内，成功的关键因素是什么？

第五，对竞争者是否有深入的了解，是否知道可能的竞争者？

只有了解了市场的真实情况以后，企业才能制定出有效的营销战略，才能产生有影响的实际行动。

实例 6-1

美菱"M鲜生"营销战略计划制订

宏观经济对家电包括冰箱行业的影响很大，特别是GDP（gross domestic product，国内生产总值）、商品房销售情况对家电行业的影响尤为显著。现阶段冰箱行业整体市场饱和、增长乏力；同时，消费升级带来企业转型的机会，其中冰箱的保鲜是消费者的关注点和痛点。若能够抓住这样机会，长虹美菱股份有限公司（以下简称美菱）是有可能顺利往高端转型的。

从企业内部来看，技术和产品创新一直是美菱的优势，具备创新能力，消费者也对美菱有创新的认知。劣势是由于前期美菱更注重产品给消费者带来的性价比，产品定位相对较低，这就需要提升产品、品牌、服务等各方面能力来适应转型的需要。而"M鲜生"也正是一个机遇，能够拉动企业的转型。

由此制订出"M鲜生"营销战略计划：产品定位为高端产品，价格8000元以上，以此来拉动品牌高端转型；目标消费群为追求高品质、高价值产品的城市精英家庭；目标销量为第一年10万台。

（资料来源：根据美菱官网及其他相关网络资料整理）

思考题

美菱"M鲜生"是如何制定营销战略的?

二、产品市场策略

从公司级层面来看，企业的长期增长依赖于对市场的不断拓展。**拓展市场一般有两条路径：提供更多、更新的产品，或是提高市场占有率、开拓新市场**。依据企业成长战略模型，从产品和市场两个维度切入，可以组合形成4种与产品市场密切相关的策略：市场渗透策略（现有产品—现有市场）、市场开发策略（现有产品—新市场）、产品开发策略（新产品—现有市场）、产品多元化策略（新产品—新市场）。

（一）市场渗透策略

市场渗透策略（market penetration strategy）是依托现有产品和现有市场，通过增加现有产品的销量，从而维持和提高市场占有率的一种策略。市场渗透策略的目的是扩大现有产品在现有市场上的渗透，通常可以通过下列途径来实现：① 鼓励老顾客多使用现有产品，增加产品使用频率或使用数量；② 通过降价或广告等促销手段为现有产品争取新顾客；③ 努力争取原来不购买本企业产品的顾客；④ 开拓现有产品的新用途。在此基础上，还需要加强推销活动和广告宣传，并改善客户服务，提升顾客体验。

企业运用这种策略的时候，必须深入了解分析目标市场上各种顾客的需要和行为习惯，采取多种促销手段争取顾客，并努力开发新场景培养新习惯来引导顾客，从而有效地出售产品。例如，益达宣传"要两粒一起嚼才最好"，通过培养新的产品使用习惯，提升了产品销量。元气森林与经典手游"和平精英"跨界联名，成功获得了一批游戏爱好者的青睐。

（二）市场开发策略

市场开发策略（market development strategy）是依托现有产品开拓新市场，

努力增加现有产品销量的策略。可以采用以下途径来实现这一目标：① 将现有产品销售到新市场。例如，娃哈哈公司在娃哈哈果奶打开杭州市场之后，及时开拓省外市场，后又进军东南亚市场，使该产品形成了较大的销售规模。② 发现新用途，开拓新细分市场。例如，片仔癀通过不断开发宣传其清热化瘀、解毒美白等作用，从中药成品市场成功进入护肤品市场和牙膏市场。农夫山泉深入挖掘"好茶配好水"的中国传统茶文化，成功扩展了其天然水的细分市场。③ 采用新的分销渠道开拓新市场。随着移动互联网及社交媒体平台的普及，企业有更多的渠道可以触及新市场。以奢侈品行业为例，通过开发电商渠道使得奢侈品成功拓展了下沉市场。

企业运用这种策略的时候，必须重视渠道变革，与此同时密切关注相关细分市场的需求差异，并积极发现拓展现有产品的新用途。**开拓新市场意味着较大的资源投入，因此，企业也需要认真评估资源分配与多个细分市场需求之间的匹配程度，以确保企业在相关细分市场上继续保持竞争优势**。

（三）产品开发策略

产品开发策略（product development strategy）聚焦产品创新，强调以产品的更新换代来维持和提高市场占有率。产品开发策略常用的方法是：① 改进提升现有产品的功能或质量；② 扩展现有产品的规格；③ 开发新的产品满足顾客新的需求，以产品创新为抓手，促进产品销售。例如，九阳公司以豆浆机进入小家电市场，然后不断更新换代，并及时推出了破壁机、空气炸锅、一体净水机、电饭煲等一系列家庭厨房电器，不断满足顾客变化的需求，从而使企业市场占有率不断提高。

企业运用这种策略的时候，必须深入研究顾客的需求变化，持续投入研发资源，加快产品更新换代周期，用新产品打造竞争优势。

思考题

产品开发策略成功的关键因素是什么？

实例 6-2

亿达食品：通过产品开发策略研发即食海蜇产品

福建亿达食品有限公司（以下简称亿达食品）最初进入海产品市场销售的是传统的海蜇产品，一方面该产品所具有的市场让亿达食品尝到了甜头，另一方面饱和的传统海蜇市场也让亿达食品感到发愁。结合自身发展情况，通过分析海蜇产品在运输与售卖过程中的痛点发现：海蜇体内有大量水分，体积较大，不易长距离运输。过去为了保证海蜇产品的供求关系，常常需要支付昂贵的运输费用。正因为如此，海蜇产品的市场主要在沿海区域，尚未扩展至内陆。另一方面，当时市面上流通的海蜇产品原料都是将盐渍皮或海蜇头作为整体来销售，顾客买回去还必须改刀、切小，再进行烹煮，工序繁杂，而快节奏的生活方式让大多数消费者更倾向于简单的即食产品。亿达食品围绕"产品难以运输"与"产品食用不便"的痛点，一步一步改良现有海蜇产品性能。首先，亿达食品参考餐饮产品做法，将即食概念引入海蜇市场，进而优化其产品形态。由于没有现成模板参照，亿达食品从"切片""漂洗""热烫"到"料包"均进行了尝试，在这些过程中，将传统的海蜇加工技艺与现代食品加工的方法结合，最终打造出了国内第一款即食海蜇产品。

（资料来源：根据亿达食品官网及其他相关网络资料整理）

（四）产品多元化策略

1.概述

产品多元化策略（product diversification strategy）**要求企业以核心优势产品为依托，研发生产与现有产品有一定关联性的新产品，不断拓展新市场。**根据新产品与现有产品的关系，可以将多元化策略进一步分为垂直多元化、水平多元化和同心多元化策略。

垂直多元化策略指企业借助优势业务向产业链的上游或下游进行拓展，其开发的新产品与现有产品的基本用途不同，但彼此之间有密切的产品加工阶段关联性或生产与流通关联性。例如，物产中大集团股份有限公司依靠能源化工原材料的资源优势，通过整合供应链上下游的商流、物流、资金流、信息流等，不断开发新业务，拓展新市场，为供应链和产业集群提供原材料采购、加工、分销、出口、物流、金融、信息等一体化集成服务。

水平多元化策略指企业借助市场渠道资源，挖掘已有客户的多元化需求，开发生产新产品，拓展新市场。其特点是新产品与现有产品的基本用途不同，但彼此之间有密切的销售关联性。例如，支付宝在核心支付业务的基础上，相继开发了借贷、理财、保险、物流等一系列新产品，开拓了新的市场。小米依托强大的消费类IoT（internet of things，物联网）平台，不断扩充新的智能产品，成功拓展了智能硬件、生活消费用品、教育、游戏、社交网络、文化娱乐、医疗健康、金融等多个领域。

同心多元化策略是指利用企业原有的生产技术条件，研发制造在技术上有较强关联性的新产品。例如，华为以领先的信息与通信技术为核心，将市场拓展至智能手机、移动宽带终端、智能手表、终端云等多个领域。

2.优势

实践证明，产品多元化策略有以下一些优势。

（1）减少企业承担的经营风险。

（2）充分利用企业的生产余力。

（3）综合利用企业资源。

（4）节约企业的经营费用。

3.应注意的问题

在运用产品多元化策略时，应注意以下问题。

（1）多元化经营要以一定的资源实力为基础。

（2）企业要控制多元化的程度，避免多元化进程分散，甚至是超过了企业的资源能力。

（3）多元化经营必须和集中经营相结合，要在立足主业，把主业做大做强的基础上，再寻求多元化经营，实现新的市场增长。

4.途径

企业的产品多元化策略可以有计划通过以下各种途径来实施。

（1）产品开发，包括自主开发与合作开发。

（2）合作：包括合资、产品交换等。

（3）购买企业：包括购买生产企业和科研机构等。

（4）业务许可：包括授予生产许可和销售许可等。

多元化的每一个实施途径均具有优缺点，如必需的投资量大小、实现速度快慢、风险大小、对其他企业依赖性大小、盈利大小、成本等方面（见表 6–2）。

表 6-2　产品多元化各种实施途径的优缺点比较

因素	途径			
	产品开发	合作	购买企业	业务许可
投资量	大	不定	大	无
实现速度	慢	不定	快	快
风险	大	不定	不定	小
依赖性	无	高	无	高
盈利	多	一般	多	少
成本	高	低	不定	低

（五）客户购买能力提升策略

产品市场策略实施的前提条件是客户的购买能力不变，在这种情况下思考如何拓展市场。其实，**现代营销还需要重视通过提升客户购买能力来扩大市场**。客户购买能力提升策略可以从以下几方面展开。

第一，提高客户购买能力的市场策略（配合客户的经济能力）。如降价、折扣、分期付款、信用卡融资、租赁、多功能产品。

第二，节省客户时间、距离的社会战略（配合客户的方便能力）。如便利店、大量扩充销售渠道与网点、人员直销、邮购、电视购物等。

第三，迷你化、少量化的市场战略（配合客户的需求能力）。如饮料、酒等小瓶化，食品的小分量包装，组合玩具先卖部分组合配件等。

购买能力提升战略是由创造性的想法所产生的，应用范围非常广泛，仔细研究，能产生许多有吸引力的方案。

三、产品生命周期与营销策略

（一）产品生命周期

1. 产品生命周期的概念

产品生命周期（product life cycle）是指产品从研制成功投入市场开始，经过成长、成熟阶段，到最终衰退被淘汰为止所经历的过程。产品生命周期一般可以分为投入期、成长期、成熟期和衰退期等 4 个阶段。产品的生命周期是以产

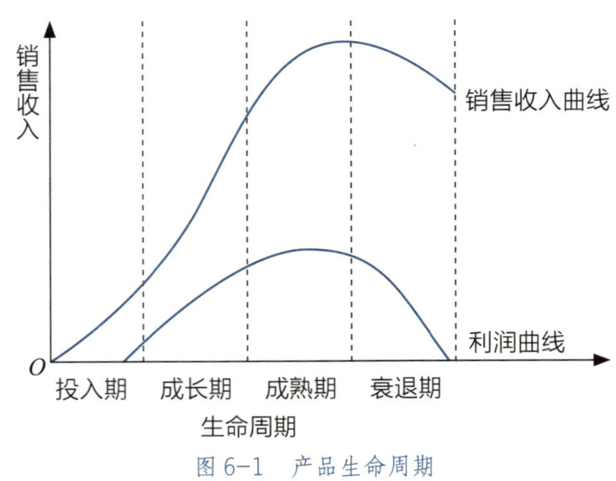

图 6–1　产品生命周期

品销售收入和企业所获得利润额的变化来衡量的。如果以时间为横坐标，以产品销售收入为纵坐标，则产品的生命周期曲线（销售收入曲线和利润曲线）如图 6–1 所示。

值得注意的是，产品生命周期、产品寿命、产品使用寿命、产品经济寿命是几个不同的概念。产品寿命是指产品从投入市场到最终退出市场所经历的时间。而产品使用寿命是指产品的耐用时间，即产品从投入使用到损坏为止所经历的时间。有些产品的使用寿命很短，但产品寿命却很长。例如某些食品、一次性消耗品就属于这种情况。而有些产品，如流行时装，使用寿命较长，但产品寿命却很短，有时可能是几个月，有时甚至只有几个星期。而产品经济寿命是指产品的经济价值在市场上的变化过程，它是由市场需求状况、科技因素及消费习惯所决定的。

产品生命周期是一个非常重要的概念，是企业制定产品营销策略的基础。以推广策略为例，在投入期，企业应该将宣传重点聚焦在产品的功能价值等方面，以提高产品的知名度。而在成长期，由于顾客已经对产品有了一定的了解，企业需要将重心放在提升顾客对产品的认知度上。当产品进入成熟期之后，企业的重点则需要变为建立产品与顾客之间的情感联结。当产品最终进入衰退期时，企业则需要以该产品为线索，将顾客的注意力引导至新产品上，并促进第二增长曲线的发展。

产品生命周期各阶段的分界点，是根据产品销售情况、盈利情况及市场情况综合分析而确定的，但**最重要的定量指标是产品的销售增长率**。

$$销售增长率 = \frac{下期销售收入-上期销售收入}{上期销售收入} \times 100\%$$

根据销售增长率来判断产品在某一时期、处于哪个阶段。通常情况下，投入期的销售增长率小于 10%，成长期的销售增长率大于 10%，成熟期的销售增长率在 0 ～ 10% 之间，而衰退期的销售率则呈负增长。

2. 产品生命周期各阶段的特点

（1）产品投入期

投入期（introduction）是新产品刚投放到某一细分市场的时期，这个阶段的主要特点是：产品设计可能有缺陷，生产批量小，生产成本高，生产工艺还不成熟，废品率高，质量波动性较大，顾客对产品不熟悉、不了解，销售量增长缓慢。销售费用开支较高，企业往往会出现亏损。企业可以通过精准识别种子顾客，加大产品宣传和促销力度，以尽快打开市场。

（2）产品成长期

成长期（growth）是指产品的销售量迅速增长的阶段，其特点是新产品逐步为顾客所熟悉与欢迎，需求不断扩大，从而形成了广阔的市场。在这个阶段，产品的设计基本定型，制造方法也基本成熟，生产成本较低且稳定，良品率较高。面临的主要问题是，看到市场利润后，竞争对手迅速增加，使同类产品供给量增加，价格随之下降，竞争日趋激烈。企业可以通过降低价格、提升品质，或者迭代创新来强化竞争优势。

（3）产品成熟期

成熟期（mature）是指产品销售量达到了高峰，销售增长速度开始减慢，并最终稳定在一定的水平上。该时期的主要特点是：产品的销售收入和利润均达到了高峰，市场上产品供需大体处于平衡状态，市场同类产品在式样、价格、促销等方面展开了激烈的竞争。在这个阶段，企业需要高度重视促销、渠道和产品创新，通过差异化的营销策略获得持续的竞争优势。

（4）产品衰退期

衰退期（decline）表现为产品陈旧老化，需求量迅速减少，同时市场上已出现了替代的新产品，产品即将被淘汰，企业盈利甚少。在该时期，企业工作重点是通过加强售后服务工作，以及用特种推销方法，尽快销售产品，以减少损失。与此同时，企业要加快推出新产品，以顺利进入新一轮的生命周期，从而实现可持续发展。

3. 产品生命周期的意义

研究产品生命周期对于企业持续经营，不断发展有重要的指导作用。按照产品生命周期理论，企业应该未雨绸缪，掌握数代产品，做到“四代同堂”，即构思一代，设计一代，试制一代，生产一代。只有这样，企业才可以不断推出新产品，保证企业收入的稳定增长。在这个过程中，企业还需要时刻关注分析市场变化，并保持一定的战略灵活性，以使企业可以及时调整，应对市场的突发性改变。以新型冠状病毒疫情为例，突如其来的疫情打乱了很多企业的战略部署，也一定程度上改变了人们的消费习惯。面对这种破坏性的环境变化，企业需要利用现有的资源优势，快速做出改变。

除了帮助企业分析单个产品，制定匹配的产品策略外，对企业产品线进行产品生命周期综合分析，也有助于了解企业的整体状况（见表 6-3）。

表 6-3　企业整体状况和产品生命周期的关系

不同阶段企业的销售额占比	产品生命周期			
	投入期	成长期	成熟期	衰退期
成长企业/%	10 ～ 15	30	40	15 ～ 20
一般企业/%	5 ～ 10	20	50	20 ～ 25
衰退企业/%	5	5 ～ 10	60 ～ 70	15 ～ 30

值得注意的是，并非所有的产品都要经过完整的S形产品生命周期，许多产品由于需求变化、环境因素等原因会呈现出不同的产品生命周期形态（见图 6-2）。

（1）增长—衰退—成熟形态

常见于有一定“柔性创新”的刚需产品。这种产品由于创新往往容易快速吸引顾客；但是，随着“新鲜感”的逝去，销售量会在达到高峰之后迎来一定程度的下滑，最后产品销量将一直稳定或僵化在某一水平上。这是因为不断有新用户初次购买和老用户为了更新而重新购买该产品的缘故。

（2）循环—再循环形态

常见于由于季节、身体状态、采购习惯等原因呈周期性消费的基本需求产品，例如药品、功能饮料等。

（3）扇贝形态

这是一种通过不断挖掘产品的新特性、新用途、开拓新客户，使销售额呈现为一连串迭代上升的生命周期。例如，长期以来，企业持续发现尼龙的新用途：可用来做降落伞、针织品、衬衫、地毯等，因此尼龙的销售量发展就呈扇贝形。

（4）风格形态

风格是人类活动某一领域中最主要、独特的表现模式，风格一旦创造，从时兴到不时兴很可能延续几代人。由于人们可能会对某一风格的兴趣一再复现，因此，往往呈现周而复始的循环周期。

（5）时尚形态

时尚是指某一领域里为人们当下所接受或欢迎的风格。时尚的发展通常会经过 4 个主要阶段：标新阶段、模仿阶段、大众风行阶段和衰退阶段。

（6）热潮形态

热潮是指那些迅速引起公众注意，人们狂热地使用，很快达到销量顶峰，又迅速衰退的时尚。网红经济的快速发展便催生了很多这种形态的产品，企业在追逐热潮产品时应格外审慎。

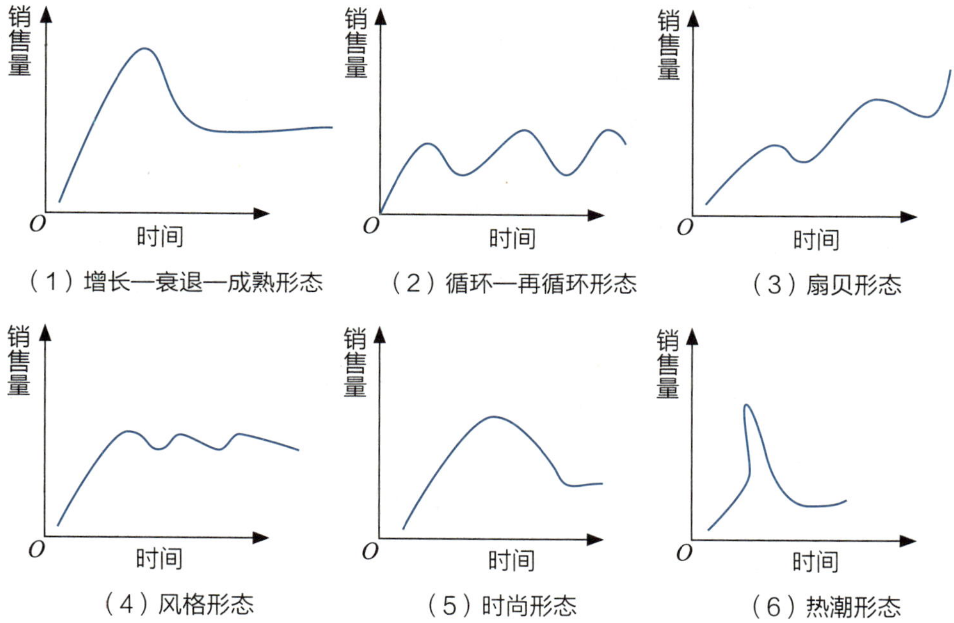

图 6–2　不同产品的生命周期形态

（二）产品生命周期营销策略

产品在生命周期的不同阶段具有不同的特点，因此，企业的营销策略也应有所不同。对于企业来说，运用产品生命周期理论主要有 3 个目的：一是使企业的产品尽快为顾客所接受，缩短产品的引入期；二是尽可能保持和延长产品的增长阶段；三是尽可能使产品以较慢的速度被淘汰。

1. 引入期的营销策略

在引入期，企业的营销重点应该主要集中在促销和价格两个方面，以尽快获得利润或尽快占领市场。一般有 4 种市场策略可供选择（见表 6–4）。

表 6-4　4 种市场策略

价格	促销投入	
	低	高
高	缓慢取脂策略	迅速取脂策略
低	缓慢渗透策略	迅速渗透策略

（1）迅速取脂策略

即以高价格和高水平的促销推出新产品。企业在促销方面耗费巨资，目的是使目标顾客相信产品的高价格是有价值的，先声夺人，快速占领市场，并希望在竞争者还没有大量出现之前就能收回成本，获得利润。例如，有些企业在推出新的化妆品、保健产品时采用的就是这种策略。实施这种策略的条件如下。

① 有很大的市场潜在需求量。

② 了解该产品的人急欲购买并能照价付款。

③ 大部分消费者还不知道该产品。

④ 企业面临着潜在的竞争对手，想快速地建立良好的品牌形象。

（2）缓慢取脂策略

即以高价格和低水平促销将新产品推向市场，以求获取高额利润和降低营销费用。采用这种营销策略，要符合以下条件。

① 市场规模有限，大规模促销意义不大。

② 产品的市场比较固定、明确。

③ 大部分潜在的消费者熟悉该产品，而且愿意高价购买。

④ 没有激烈的潜在竞争。

如特斯拉汽车、苹果手机等产品推向中国市场时，都是采取这种策略。

（3）迅速渗透策略

即以低价格和高水平的促销推出新产品。其目的是使产品迅速进入市场，有效地限制竞争对手出现，为企业带来最大的市场占有率。该策略的适应性很广泛，符合下列条件，便可采用此策略。

① 商品具有很大的市场容量，且规模经济效益明显。

② 顾客对产品不熟悉，而对价格又十分敏感。

③ 潜在的竞争比较激烈。

当年，在“康师傅”方便面已经深入人心的情况下，“统一”方便面以比“康师傅”方便面低 0.2 元的价格及大规模广告轰炸向中国市场推出同类的方便面，不失为一种面对现实的合理策略。

（4）缓慢渗透策略

即以低价格和低水平促销推出新产品。低价格会激发市场尽快接受这种产品，企业保持低水平的促销费用是为了实现更多的毛利润。适应这种策略的市场条件如下。

① 产品的市场容量大。

② 消费者对产品有所了解，同时对价格又十分敏感。

③ 存在着潜在竞争对手。

2. 成长期的营销策略

在成长期，企业营销的重点应放在保持并扩大市场占有率，使销售额快速上升方面。与此同时，企业还必须密切关注成长速度的变化，一旦发现成长的速度由递增变为递减时，必须适时调整营销策略。在这一阶段可选用的具体策略如下。

（1）积极筹措和集中必要的人力、物力和财力，进行基本建设或技术改造，以利于迅速增加或扩大生产批量。

（2）改进产品的质量，增加产品的新特色，在商标、包装、款式、规格和定价等方面做出改进。

（3）进一步加强市场细分，积极开拓新市场，创造新用户，以利于扩大销售。

（4）努力疏通并增加新的营销渠道，扩大产品的销售面。

（5）改变企业促销重点。如在广告宣传上，从介绍产品转为建立产品形象，以利于进一步提高企业产品在社会上的认知度。

（6）充分利用价格手段。企业可在适当的时候降低价格，以吸引要求低价供应的另一层次价格敏感的购买者。

在成长阶段，企业应该把大量资源用在产品改进、促销、树立品牌形象等方面，以增强企业产品的竞争能力，并为成熟期激烈的市场竞争做好充分的准备。

3.成熟期的营销策略

在成熟期，有些企业会快速放弃弱势产品，而把更多的人财物投入新产品的开发，这是一种忽视新产品成功率低和老产品仍有高潜力的做法。事实上，好的进攻也是最佳的防御。**在成熟期，企业应该系统地考虑市场、产品的改进策略，以及营销组合的改进策略**。主要有以下 3 种策略。

（1）市场修正策略

企业某一产品的销售量取决于使用者的数量和每个使用者的使用量，因此，企业可以从这两个方面入手，采取以下措施。

① 一个企业可以通过下列 3 种方法来**扩大品牌使用者的数量**。

一是转变非使用者。企业可以努力把非使用者转变为该类产品的使用者。例如，要扩大牙线的销量，可以通过宣传，使没有使用牙线习惯的人，开始使用牙线。

二是进入新的细分市场。企业可以设法进入那些虽然使用该类产品，但不使用本企业品牌的新细分市场。例如以地理、人口、年龄为基础的细分市场。

三是争取竞争者的顾客。例如，百事可乐公司经常说服喝可口可乐的消费者改饮百事可乐。

② 可以通过下列 3 种方法来**增加现有使用者的使用量**。

一是增加使用频率。企业设法使消费者更高频地使用自己的产品。例如，使每天刷一次牙的消费者每天刷两次牙。

二是增加单次使用的使用量。例如，洗发液生产企业可以告诉消费者，每次洗头使用两次比一次效果更好。

三是增加新的和更广泛的用途。企业可以努力发掘产品的新用途，并说服人们开发产品的新用途。例如，食品企业可以向消费者提供各种各样的食谱，使消费者逐一尝试而增加销量。

（2）产品改进策略

企业可以努力改进产品特性，使其可以吸引新用户和增加现有用户的使用量，以提升销售量。主要有以下 3 种策略。

① 质量改进。质量改进的目的是提高产品的使用性能。如耐用性、可靠性、速食性和口味等。企业推出“新款和改进的”汽车、电视机、冰箱、化妆品、香烟等，通常能非常有效地促进销售量的提升。企业可以把这种做法称之为“附加”推出，并冠以

"更强""更佳"等特征，进行大力广告宣传。这种策略有效的前提是质量的确能改进，且买方相信质量被改进的说法；与此同时，有高质量需求的用户数量应足够多。

② 特色改进。特色改进的目的是注重增加产品的新特色（例如尺寸、重量、材料、附件等），扩大产品的功能性、安全性、便利性。例如，华为和小米手机率先增加了5G通信功能，极大地刺激了产品销售。产品新特色有助于企业建立进步、领先的形象，能够赢得细分市场的忠诚，能够给公司带来免费的大众宣传，给销售人员和分销商带来热情。

③ 式样改进。式样改进的目的是提高产品的美感价值。如定期推出的新车型实际上就是款式的竞争，而不是质量或特性的竞争，改进款式可使产品获得独特的市场个性，确保顾客忠实于它。在小包装食品和家庭日用品方面，一些企业常借助产品颜色和结构的变化，以及对包装式样的更新来提升销售量。

（3）营销组合改进策略

企业应努力通过改进营销组合的一个或几个要素，来刺激销售增长。通常，企业可对营销组合中的非产品因素逐一考察，提出营销组合的变革方案。一般来说，可以从以下几个方面进行改进。

① 价格。降价能否吸引新的顾客试用这种产品？如有可能，是否应降低价格，还是通过数量折扣、早期购买折扣、特价、补贴运费等其他方法来降价？通过提高价格来凸显产品质量是否有利？

② 渠道。企业在现有的分销渠道上能够获得比较多的产品支持和曝光吗？企业能够渗入其他流量更大的销售渠道吗？企业的产品能够进入某些新的分销渠道吗？

③ 广告。广告费用应该增加吗？宣传媒体组合是否要变化？广告时间、频率和规模是否应该变动？

④ 促销。企业是否应该增加促销措施？是否应该在近期展开促销攻势？如廉价销售、打折、赠品、竞赛、担保等。

⑤ 人员推销。销售人员的数量和质量应该增加或提高吗？销售区域应该重新划分吗？对销售队伍的奖励方法应该修改吗？销售访问计划需要改进吗？

⑥ 服务。企业能否提高交货速度？能否提高维修、退货、换货的速度？企业能否在技术上为顾客提供更多指导与帮助？可否分期付款？

营销组合改进的主要问题是很容易被竞争者模仿，尤其是减价、附加服务和大量分销渗透等方法，因此，企业实际所获利润不会如预期的那么多。

4.衰退期的营销策略

当产品进入衰退期时，企业既不能简单地一弃了之，也不应该恋恋不舍，一味维护原有的生产和销售规模。**企业必须认真研究商品在市场的真实地位，然后决定是继续经营下去，还是放弃经营**。

（1）维持策略

即企业在目标市场、价格、销售渠道、促销行动等方面维持原状。由于这一阶段很多企业会先行退出市场，因此，对一些有条件的企业来说，并不一定会减少销售量和利润。一般情况下。企业可以通过价值分析、降低产品成本，来进一步降低产品价格；通过科学研究，增加产品功能，开辟新用途；加强市场调研，开拓新市场，创造新内容；

改进产品设计，以提高产品的性能、质量、包装、外观等，从而使产品生命周期不断实现再循环。

（2）缩减策略

即企业仍然留在原目标市场继续经营，但是根据市场变动情况和行业退出障碍等因素，在规模上做出适当收缩。例如，把所有的营销力量集中到一个或者少数几个细分市场上，以加强这几个细分市场的营销力量；也可以大幅度地降低市场营销费用，以增加当前利润。

（3）撤退策略

即企业决定放弃经营某种商品以撤出该目标市场。在撤出现有目标市场时，应主动考虑以下几个问题：将进入哪一个新细分市场，经营哪一种新产品，可以利用以前哪些资源；品牌及生产设备等残余资源如何转让或出卖；保留多少零件存货和服务以便在今后为过去的顾客服务。

根据上述讨论，针对不同阶段的产品，我们对相应的营销目标和策略进行了系统总结（见表 6-5），以指导日常的营销活动。

表 6-5 产品生命周期与营销策略

生命周期的阶段	引入期	成长期	成熟期	衰退期
营销目标	创造产品知名度与试用	最大限度提高市场占有率	维持市场占有率获取最大利润	对该品牌削减支出和挤取收益
产品策略	提供一个基本产品	提供产品的扩展品、服务、担保	品牌和样式的多样性	逐步淘汰疲软项目
价格策略	采用成本加成	市场渗透价格	竞争定价	削价
分销策略	建立选择性分销	建立密集性分销	更密集的分销	淘汰无盈利网点
广告策略	在早期采用者和中间商中建立产品的知名度	在大量市场中建立知名度，引起顾客兴趣	强调品牌的区别和利益	减少到保持坚定忠诚者需求的水平
促销策略	大力加强销售吸引试用	利用有大量消费者需求的有利条件适当减少促销	增加对品牌转换的鼓励	减少到最低水平

（三）新产品接受过程与爆款打造策略

1. 新产品的接受过程

新产品是构建企业未来成长与发展的基本单元，消费者对新产品的态度影响着企业的未来利润水平和长期发展。然而，消费者对于新产品的认知度往往较低。对于大部分具有不确定性规避意识的消费群体来说，只有让他们认识新产品、认可新产品，才会最终选择购买使用新产品。因此，企业是否能成功引导消费者接受新产品是决定新产品生死存亡的关键步骤。**新产品接受过程**（也称新产品采用过程）由美国学者埃弗雷特·罗杰斯提出，指的是**个人从认识新产品，直至最终消费并重复购买新产品的心理过程，主要包含认知了解、说服、决策、实施和证实 5 个阶段。**

（1）认知了解阶段（awareness and knowledge）

认知了解是指客户认识到新产品的存在，对新产品内容有一定的总体认知。整个阶段通常由营销传播引发的识别需求驱动。

（2）说服阶段（persuasion and interest）

当消费者处理与创新相关的可用信息并考虑产品或服务的吸引力时，就意味着消费者已经处于说服阶段。受个人因素（如性格特征、社会经济地位、性别、年龄、教育水平等）、社会因素（如文化、经济、社会、政治、科技等）等因素的影响，不同消费者对新产品的反应可能截然不同（见表 6–6）。

表 6-6　5 种新产品接受者类型

接受者类型	特点	对企业的意义
创新者	敢于冒险、勇于承担风险、喜欢追寻新事物、收入水平较高、易受广告宣传等活动的影响	企业投放新产品的重点目标群体
早期采用者	富有探索精神、乐于接受新事物、有较高的适应性、经济状况良好，通常是在其社会群体中受到尊重的意见领袖，被他人视为榜样	企业推广新产品的目标群体
前期追随者	在采纳新想法之前会慎重考虑、有固定收入、经常模仿自己崇拜的“舆论领袖”进行消费、不甘于落后、购买持谨慎态度	对企业提高市场份额具有很大的意义
后期追随者	倾向于对新事物持怀疑态度、能感受到同行的采纳压力、收入水平相对较低、只有当他们感受到创新能解决需求或者产品出名才愿意购买	企业新产品的潜在顾客
落后购买者	思想非常保守、固守传统消费行为方式，在社会制度中处于末位，很少注意别人的意见，决策过程往往很漫长	不是企业推广新产品的目标群体

（3）决策阶段（decision and assessment）

在说服阶段后，消费者将决定是采用还是拒绝采用新产品。在决策阶段，消费者会寻求建议、收集数据、比较或进行评估。在这个阶段，消费者将充分考虑新旧转换成本并权衡优劣势。这是对于消费者采纳而言最困难的阶段。该阶段形成了消费者对于新产品的预期。

（4）实施阶段（implementation and exploration）

该阶段包含了一系列使用新产品的活动。消费者学习使用新产品，并且确定了新产品的功效价值。在这个阶段中，消费者可能仍会继续搜集有关新产品的信息。该阶段决定了消费者的实际体验，与决策阶段所形成的预期相比，最终构成了消费者对于新产品的满意度。

（5）证实阶段（confirmation and adoption）

证实阶段主要聚焦于消费者的采纳后行为。人们在消费后会尝试证明自己的决策是正确的，这种尝试会被新产品表现出的实际功能所影响。在这个阶段，消费者将最终决定是否继续使用新产品，因此营销人员需要做好采纳后的管理，加强营销力度，确保消费者对新产品的购买行为持积极评价，维持消费者继续使用新产品的动力。

2. 新产品的扩散过程

新产品的成功推广不仅需要个体消费者的采纳选择，同时还需要社会网络来加速新

产品的传播，即完成新产品扩散。新产品扩散（new product diffusion）一词由美国学者弗兰克·巴斯在其构建的巴斯模型中明确提出，它指的是在某段时间内，新产品通过特定渠道（如大众传媒或口碑传播），由率先采纳的少数消费者逐渐扩展为更多消费者的动态社会传播过程。新产品扩散理论反映了消费者群体行为的客观规律，推动了市场预测与营销策略相关理论与实践的发展。新产品在市场扩散中的影响因素主要包括：产品因素（产品的特性、质量、价格、功能、外观等）、消费者自身因素（需求特征、购买动机、购买习惯乃至性格特征等），也有环境因素（宏观环境、市场环境、企业内部环境）、传播渠道因素（大众传播、人际传播）。

新产品的扩散过程和消费者的采用过程是紧密联系在一起的。消费者个体层面对产品的采用过程构成了新产品在社会系统间扩散的基础，新产品的扩散是在一定的社会系统或细分市场中发生的，市场水平的扩散模式取决于消费者个人采用决策的分布形式。而消费者采用过程和新产品扩散过程的区别就在于考察问题的角度不同。

企业在推出新产品时，都希望新产品能够成为“爆款”，被大量的消费者认可选择，而移动互联网和社交媒体时代则加速了“爆款”的诞生。**爆款指的是在市场上获得消费者广泛认可，销售量极高甚至出现供不应求状态的产品**。

爆款的打造一方面需要通过产品创新设计赋予产品较强的引爆力，产品的质量是根本。**爆款的成功一定要有好的产品质量，爆款必须具备令顾客心动的高性价比和兴趣点**。大数据在打探消费者的喜好上发挥了重要作用，大数据分析选品和目标顾客的精准触达，帮助企业极大地提高了打造爆款的成功率。

另一方面，制造爆款还需要营销手段推波助澜，引发消费者的从众心理。好的产品造成了较高的产品人气，其他消费者看到别人在买也会有一种跟风的心理。在社交媒体时代，企业“引爆”变得更加简单，线上意见领袖矩阵引爆讨论，搭配线下饥饿营销，最终形成全网社交平台热搜和社会讨论。

通常一个爆品的生命周期为 3 个月，且呈现季节特性。因此，单一爆款不足以支撑一家企业实现长远发展，当单品热度衰退时，不可避免的是流量的下滑。因此，企业应当设立爆款的长效开发运作模式，通过精准洞察价值，持续打造爆款，传递价值。

延伸阅读 6-1

互联网时代爆款打造新方法：社群营销

社群营销通过互联网超强的传播效应，借助社群成员对社群的归属感和认可度而建立，通过互动分享增加社群成员之间的黏合度和归属感，让社群成员自觉传播品牌，甚至是直接销售产品，从而达到营销目的。与传统的营销方式相比，社群营销具有明显的优势。

第一，营销成本低。不同于付出高昂广告费的传统广告营销，社群营销无须撒网式铺开，只需找准目标用户，进行精准投放，同时凭借社群超高的裂变复制性，就可大大降低营销成本。

第二，销售转化率高。传统营销重点是单纯地提高客户流量，势必造成大量浪费，例如，传统的广告形式让 1000 人看到，其中 100 人进行了关注，最后只有 10 个人购买产品，实际转化率极低。但在社群中，因为群成员长久的交流沟通，信任感逐渐增强，这种建立在信任基础上的推广，更容易促成购买行为。

第三，复制裂变性强。社群营销是典型的社交营销，主要依靠分享达到传播的目的。充分利用这一特点，加之在传播过程中借助一定的营销技巧，可以实现爆发式的增长。同时，营销裂变产生的用户往往具有很高的忠诚度，进行二次消费的可能性非常大。

（四）产品创新策略

产品创新是通过开发新产品或者改进现有产品，以满足顾客和企业利益相关者的需求，实现企业预期的创新绩效目标。产品创新的“新”既可以是相对于世界的首创，也可以是相对于行业、公司的更新升级（见表 6–7）。

表 6–7　新产品分类及内涵

新产品的分类	新产品分类的内涵
新问世产品或全新产品	这些产品往往是新发明的，可以创造一个全新的市场
公司新产品或新产品线	公司导入新的产品品类的产品，不是新问世产品，但是对公司而言是全新的
现有产品线的新增产品	指副品牌或产品线延伸，以充实企业已有市场的产品线
现有产品的改进和修正	指把现有产品改得更好
重新定位	指产品用于新用途或有新的应用方式
成本降低	指新产品以同等效果和价格提供、取代产品线现有产品

1. 产品创新机会识别

产品创新并非拍脑袋决策，相反，创新需要顺时而为，顺势而为。**营销人员需要具备识别产品创新机会的能力。**一方面，产品创新机会可以从公司内部发现。公司的战略规划或者营销计划会对产品创新提出要求。例如，当企业某产品线的年度营销计划要求进行产品线延伸时，营销人员就需要配合营销计划，主导推出新产品。除了企业的战略策略外，资源也可以为产品创新提供契机。企业引入新的物质资源或者人才资源可以作为新产品规划的基础，为产品创新创造机会。

另一方面，外部环境也是产品创新机会的重要来源。**市场变动、竞争者的新动作、顾客偏好的改变等都会促使企业开发新产品，进行产品创新。**

2. 产品创新策略

在观察到产品创新契机的基础上，企业可以根据自身需求采用不同的产品创新策略。

（1）差异型产品创新策略

企业创造的新产品应当在某些维度上能与现有产品区别开，在目标市场中凸显自己独特的优势。该种策略需要企业对细分目标市场和同类产品有较充分的了解。

（2）组合型产品创新策略

该策略主要通过对现有功能、技术进行重新排列组合形成创新产品。组合技术创新的产品，可以以现有的市场为目标来满足现有的需要，也可以以新市场作为目标市场创造新需求。譬如市面上推出的各类人工智能音箱就是将音乐播放功能、上网功能和遥控技术整合在一起形成的创新产品。

（3）技术型产品创新策略

这种策略主要通过应用新技术、新原理来解决现有产品或相对成熟市场中存在的问题，从而实现产品创新。其核心在于通过技术创新实现新产品在目标市场中的成本或质量优势。因此，这种策略对公司的人才与技术的储备提出了很高的要求。通常来说，创造一种全新产品难度较大，企业更倾向于在现有基础上进行部分技术创新，譬如智能手机每年推出的新品往往只在某些功能上做出变动。

（4）复合型产品创新策略

该策略要求企业同时在技术和市场两方面进行创新。采用此类策略开发的新产品对顾客而言更为陌生，新产品接受过程也更长，需要营销人员付出较多努力引导消费者采纳新产品。复合型创新产品往往属于非竞争性产品，采用此类策略开发出来的新产品一旦成功，将在一定时期内具有垄断性。

实例 6-3

微亦足道：后疫情下春秋集团的产品创新之路

2019 年年底突如其来的新型冠状病毒疫情，对旅游业的发展造成了严重的影响。在此艰难条件下，上海春秋国际旅行社（集团）有限公司（以下简称春秋集团）推出的“都市微游”产品在不到两年的时间里历经 6 次迭代，创新研发出 150 多个产品，形成了如今融合文旅商资源、多频次、多站点的灵活形态，充分满足了游客碎片化的都市旅游需求。

疫情暴发的最初两个月是企业最艰难的时刻。在旅游市场深耕多年的周卫红对市场需求和变化已非常敏感，她判断后疫情时期的旅游重启一定是从本地开始的，而疫情常态化趋势下游客对本地游和周边游的需求会越来越强烈。于是，周卫红决定深耕上海“都市微游”新产品的研发。上海 2500 万人口中的老上海人和新上海人对微游产品的需求是有差异的，为了能够提供相应的产品，周卫红带领团队通过多种渠道全面了解上海市民及游客对本地微游市场的需求和期望，“老上海人希望看到城市的变化，新上海人想要了解海派文化和历史”。基于对调研数据的分析，最终确定了“都市微游”的市场定位，相继推出街区漫步款、人物故事款、文化演出款等各类型的都市微游新产品，让更多本地市民和外地游客深入了解上海，了解其丰富的人文、历史、建筑、民俗风情、日常生活，以及城市建设与发展等，发现和体验都市之美！

（资料来源：根据网络相关资料整理）

3. 产品创新方法与流程

产品创新主要有两种方法：螺旋式开发和开放式创新。在进行新产品开发时，一个流畅的、敏捷的新产品流程可以开发更有创造性的产品。如果尚不知道产品的最终形式，企业有必要尝试多种原型，展示给顾客并征询意见反馈，然后反复这个过程，直到找出一个能被顾客接受的形式。这样的流程被称为螺旋式开发，指企业与顾客间的反复迭代。螺旋式开发可以描述为“建构—测试—反馈—修改”的全过程（见图 6-3）。

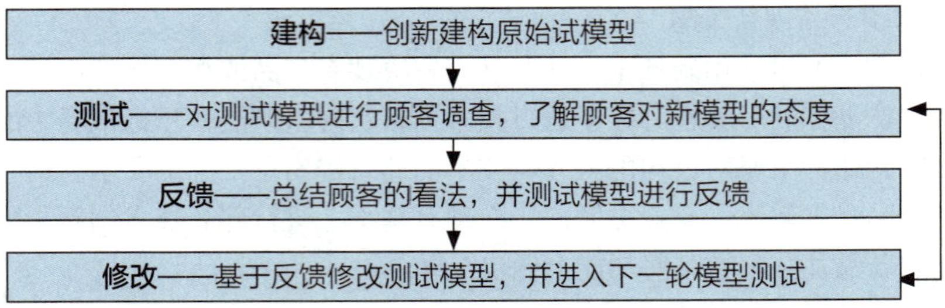

图 6-3 螺旋式开发流程

开放式创新则是指企业通过利用外部合作伙伴、供应商、科学团体、创意公司、社会公众等创意来源寻求新思路、发明及革新方向。通过开放式创新，企业可以平衡内外部思路，创造出更新奇的产品。

4. 产品创新成功的关键因素

产品创新的成功与否受多种因素的影响，想要创造出受欢迎的新产品需要营销人员在各个环节上严格把关。在新产品的前期开发阶段，营销人员应当做好充分的前期调查，不仅要倾听顾客的声音，把握顾客需求，还必须对竞品企业、行业、替代行业乃至整个大环境有所了解。

在开发过程中，营销人员须尽早确定创新策略，明确新产品定义，获得清晰的产品概念和项目内容，避免范围蔓延和规格不稳定，这样将带来更高的成功率和更快的上市速度。同时，产品创新还应把握好差异化的准则，确保新产品与现有产品之间存在明显的价值差异，能为顾客或用户带来独特的利益和有吸引力的价值主张。开发的速度也是产品创新的重要因素之一，产品创新的速度在一定程度上决定着新产品上市的时间早晚及新产品的市场机会。值得注意的是，加快产品开发进程的方法很多，但不能以忽视顾客反馈盲目创新或者牺牲产品的执行质量为代价。

新产品之所以“新”，表明一定有新的目标群体、新的渠道、新的定位。在产品创新之后的营销阶段，完善的营销计划是产品创新成功的关键内容。精心构思并有效执行的营销工作对新产品开发成功至关重要。

思考题

产品迭代创新有什么优缺点?

四、竞争战略与市场竞争地位策略

（一）3 种基本的竞争战略

每个企业在市场竞争中都会有自己相对的优势和劣势，要获得竞争胜利，就必须以一定的竞争优势为基础。企业的竞争优势是由企业应对潜在竞争者、现有竞争者、替代品竞争者、买方竞争者、供方竞争者的能力所决定的。从市场竞争的普遍规律而言，**企业为增强竞争能力，争取竞争优势的基本市场竞争策略有 3 种：成本领先战略、差异化战略和聚焦战略**。

1. 成本领先战略

成本领先战略（cost leadership strategy）是通过采取一整套行动，与竞争对手相比，以最低的成本提供具有某种特性的产品或者服务，且这种特性是被消费者所接受的。采用成本领先战略的企业向这一产业的最典型消费者销售标准化的产品或服务。值得注意的是，**成本领先者的产品和服务必须保证产品或服务具有较强的竞争力**（并且通常存在差异化）。如果企业一味地追求低成本而致使消费者失去了对企业产品和服务的信任度，那么企业所依赖的成本领先优势就无法让其取得满意的市场占有率，而企业必须进一步提高降价幅度，这种实际营销状况已经抵消了原有成本优势能给企业带来的竞争优势。在最极端的情况下，仅仅专注于降低成本的企业也许可以非常高效率地制造出产品，但却会面临无人问津的结局。如碧桂园采取低成本竞争战略，致力于打造住得起的五星级家园，依靠布局三、四线城市，获取大面积廉价土地，同时进行全产业链布局，内部化交易控制成本，满足目标消费者需求。

2. 差异化战略

差异化战略（differentiation strategy）是指集成一系列的行动以按照顾客需求且以其可接受的成本向他们提不同的产品或者服务。**如果能够深入理解目标顾客所需要的价值是什么，各种不同需求的重要性次序如何，以及他们愿意为哪种需求支付额外的价钱时，差异化战略才能成功**。通过差异化战略，企业为顾客生产非标准化的产品。相对于成本来说，这类顾客更重视产品多样化的价值。要使差异化战略能够持续成功，企业应能不断地升级顾客重视的差异化特性，并且持续创新并保持成本没有重大的变动，这就要求企业不断地改变其产品线。企业也可以提供一系列的产品组合用以弥补产品间的不足，从而为顾客提供丰富的差异化价值，满足顾客的需求。

由于差异化的产品能够满足顾客的独特需求，所以采取差异化战略的企业通常能获取额外的利润。要想做到这一点，企业必须在某一方面做到不同寻常或被认为是不同寻常的。如果能够以比创造产品差异化特征所需要费用更高的价格销售产品或服务，企业就可以超越竞争对手，赚取超额利润。

一个好的产品或者一项好的服务可以在很多方面实现差异化。不寻常的特性、及时的顾客服务、快速的产品创新、技术上的领先、在顾客心中的声誉和地位、不同的口味、工程设计和性能的特殊性都可以成为差异化的来源。减少成本的途径相对来说很有限。**企业能够为顾客创造真实的或者感知的价值的一切都可以作为差异化的基础**。

实例 6-4

茶颜悦色差异化竞争战略

作为茶饮品牌，茶颜悦色运用差异化战略，取得了事半功倍的效果。首先在产品的整体定位上，在各类茶饮品牌层出不穷，产品同质化严重时，茶颜悦色首次提出“中茶西做”的产品理念，以中式呈现方式结合西式制作方法，首创新中式鲜茶；在品牌形象上，茶颜悦色押中了“中国风”这个大风口，最先提出将“中国风”与新式茶饮进行融合；在产品定价上，茶颜悦色打破了以往高质量、高价格的规则，主动提供高品质茶饮的同时降低定价，让消费者花费 15 元左右就能体验到优质茶饮的口感；在品牌营销上，茶颜悦色践行着“做一杯有温度的茶”的使命，推出了雨天半价、“一杯永久求偿权”等各种“高情商”的品牌营销活动。通过亲民化的策略，保持与粉丝间的互动，不断提高顾客黏性和忠诚度，使得品牌形象深入人心。

差异化战略的成功应用，使得茶颜悦色在新茶饮市场成为独树一帜的存在，增强了顾客对茶颜悦色的忠诚度，对那些想要走类似路线的新企业也形成了强有力的进入壁垒。

（资料来源：根据茶颜悦色官网及其他相关网络资料整理）

3. 聚焦战略

当企业想利用其核心竞争力以满足某一特定行业细分市场的需求而不考虑其他需求时，可以采用聚焦战略（focus strategy）。聚焦战略是通过设计一整套行动来生产产品或提供服务，以满足某一特定的竞争性细分市场的需求。因此，企业通常集中服务于几个细分市场，而不是追求整个市场。企业利用聚焦战略，需要比在行业宽度内竞争的竞争对手更有效地服务于某一个细分市场。当企业可以有效地服务于拥有独特需求，而行业宽度内的竞争对手选择不服务的细分市场；或者企业拥有行业宽度的竞争对手不能很好地满足细分市场需求的能力时，就会取得成功。**企业可以在特殊的和独特的细分市场上通过成本聚焦战略或者差异化聚焦战略为顾客创造价值。**

可以作为聚焦战略目标市场的特定细分市场的，举例来说，某特定的购买群体（如年轻人或老年人）、某一产品线的一个特定部分（如自助用户使用的产品）、某一地理统计变量市场（如中国东部或西部），都属于此类。

实例 6-5

飞鹤乳业“更适合中国宝宝体质”的竞争战略

“更适合中国宝宝”的“更专业”战略给黑龙江飞鹤乳业有限公司（以下简称飞鹤乳业）带来了竞争优势，2019 年飞鹤乳业实现净利润 39.35 亿元，同比增长 75.55%。其竞争战略具体如下。

第一，消费者认知维度。主流消费者仍以外资奶粉为主要选购对象，国产奶粉少有聚焦婴幼儿奶粉的专业品牌，因此通过“更适合中国宝宝体质”的战略定位来传递企业的品牌价值是提高消费者认知的有效途径。

第二，竞争维度。外资奶粉在城市市场份额达 80% 以上，但是外资奶粉是全球统一配方，不是专门给中国宝宝设计的。因此，飞鹤乳业将主要竞争对手设定为外资品牌婴幼儿奶粉，且针对其弱点制定竞争战略。

第三，企业运营优势维度。多年专注于婴幼儿奶粉产品所形成的研发能力为其带来了其他竞争对手难以超越的品质优势，从而在质量、销售渠道、客户品牌忠诚度等方面优于竞争对手。

第四，行业市场趋势维度。中国婴幼儿奶粉市场容量增大，家庭可支配收入上升及健康意识持续增长是飞鹤乳业实施专业化战略的推动力。

（资料来源：根据飞鹤乳业官网及其他相关网络资料整理）

（二）互联网时代的竞争战略

1. 互联网时代给企业竞争战略带来新的可能性

20 世纪 80 年代，迈克尔·波特在其著作《竞争战略》中提出了企业获得竞争优势的 3 种基本战略，即成本领先战略、差异化战略和聚焦战略，成为管理学中的重要理论。时至今日，互联网时代的浪潮对企业形态、盈利方式、竞争环境、消费者需求等方面都带来了巨大的变革，互联网时代的企业竞争战略也有了新的可能性。

在成本方面，产品的在线展示与交易极大地降低了企业的运营成本；在满足顾客需求方面，大数据挖掘等互联网信息技术的发展使得企业有能力准确洞悉顾客的差异化需求，实现精准营销。同时，互联网平台也极大地降低了顾客获取信息的成本和转换成本（当顾客从一个产品或服务的提供者转向另一个提供者时所产生的一次性成本），这也给互联网时代的企业竞争战略带来了新的挑战。

2. 互联网时代的平台化战略

以往研究将企业类型分为线型企业（pipelines）、平台型企业（platforms）和工具型企业（tools）。其中，线型企业参与最终用户核心价值的创造。平台型企业不参与核心价值的创造，但链接核心价值的创造者和用户，搭建了一个信息的生产、浏览、互动的平台，相当于中间商。工具型企业既不像线性公司那样直接提供产品，也不是提供一个第三方商户与最终用户交易的平台，而是提供某个特定的工具，双方在使用这个工具的过程中，产生潜在的交易可能。互联网时代的信息技术为企业平台化提供了成本较低的实施可能性。

平台型企业服务于两个或更多的相互依存的客户细分群体，为其提供互动机制，并巧妙地从中赢利。大多数平台企业本质上都是轻资产公司，将多边不同群体的供给和需求整合，建立互动体系实现盈利目标。平台商业模式形成的基础是网络效应，通过使用者之间关系网络的建立，达到价值创造的目的。多数平台企业不仅能够拓展单一群体之间的关系规模，还能够连接双边或数边的使用群体，让不同的群体通过平台相连而达到为彼此增值的目的。

在商业实践中，越来越多的企业也依托互联网技术进行平台化转型。如主营二手房买卖、租房业务的链家于 2018 年实施平台化战略，转型为贝壳找房，致力于打造为客户提供新房、二手房、租房和装修等一系列服务的信息与大数据技术推动的平台，在互联网时代确立并提升了自己的核心竞争力。

3. 互联网时代的竞争战略整合模式

20 世纪 80 年代，诸多学者已经在探索战略整合模式的可能性。例如，亨利·明茨伯格认为，成本领先战略实质上就是一种特殊的差异化战略——价格差异化战略，进而提出两种战略并行的可能性。**互联网时代信息技术的飞速发展为企业实现低成本的差异化运营提供了技术支持**。一方面，借助现代生产管理技术，如全面质量管理体系与管理信息系统的融合应用，企业可以实现成本领先；另一方面，大数据挖掘等互联网技术的发展使得企业可以准确洞悉消费者的个性化需求，使得通过成本较低的方法实现大规模定制及个性化服务成为可能。

（三）市场竞争地位策略

除了上述所介绍的几种基本的竞争战略，具体的营销策略取决于各个公司的规模和它在行业中的地位，大公司可以采取使小公司负担不起的某些战略，小公司也可以找到适合自身生存和发展的策略，关键在于辨明自己处于哪一种竞争地位。**根据公司市场占有率的高低来判断企业的竞争地位，把它们分成市场领先者、市场挑战者、市场追随**

者和市场补缺者。一般来说，市场领先者、市场挑战者、市场追随者和市场补缺者的市场占有率分布情况为 40%、30%、20%、10%。如市场补缺者所拥有的 10% 的市场，是那些大公司不感兴趣的子细分市场。下面将逐一讨论 4 种不同竞争地位企业的市场营销策略。

在任何一个时点上，在同一个既定目标市场中竞争的企业，其目标和资源各不相同，一些企业大，一些企业小；一些拥有很多资源，另一些为资源缺乏所困；一些企业追求市场份额的快速增长，另一些企业谋求长期利润。而竞争战略的核心问题是企业在市场上的相对地位，这种地位显示了企业是否具有竞争优势。一个地位选择得当的企业，即使在行业平均盈利水平不高的情况下，也能有较高的收益率。

1. 市场领先者策略

市场领导者（market leader）是在行业中占绝对竞争优势的企业，一般占有最大的市场份额（约 40%），其营销行为会对市场产生很大的影响。市场领导者是指相关产品的市场占有率最高的企业，一般来说大多数行业都会有一家企业被认为是市场领导者，它在价格变动、新产品开发、销售渠道的宽度和促销力量等方面处于主导地位。处于市场领先地位的企业时刻面临着巨大的竞争与挑战，领导者为了维护自己的竞争优势、领导地位，必须保持高度警惕并采取适当的竞争策略，否则可能失去领导地位。因此需要**保护现有的市场份额，并进一步扩大现有的市场份额。市场领导者战略核心是保持其领导地位，一般可采取三方面的行动，扩大市场总需求量**。

（1）扩大市场总需求量

当一种产品的市场需求总量扩大时，受益最大的肯定是处于领导地位的企业，它可以通过 3 种途径来扩大需求量：一是寻找新的使用者，如香水生产商可以设法说服不使用香水的女士使用香水，说服男士也开始使用香水或者将香水销售到其他国家；二是寻找新用途；三是扩大使用量。如法国某轮胎公司，出资为远离巴黎的度假区、旅游景点作广告，引导消费者驱车更多地进行远距离长途旅游，从而加快汽车轮胎磨损，以增加轮胎的更换量，并取得了显著的效果。提高购买频率也是扩大消费者购买量的一种常用的方法，如时装生产企业每季都不断推出新的流行款式，消费者就不断购买新装，流行款式的变化越快，购买新装的频率也就越高。

（2）保护市场占有率

处于市场主导地位的企业总是面临着一个或几个实力雄厚的竞争者，甚至是面临整个行业、替代产品行业竞争者的激烈竞争，领先者必须有效地防御自己的阵地，保护自己已经取得的市场占有率。保护市场占有率的途径有两个：进攻与防御。

领先者保护阵地最有建设性的途径是进攻，即不断创新，领先者应拒绝满足现状，必须在产品创新、服务提升、销售增长、成本降低等方面始终处于行业领先地位。同时抓住对手的弱点主动出击。防御的策略包括 6 种，可供领先者选择：阵地防御、侧翼防御、先发防御、反攻防御、运动防御、收缩防御。

（3）提高市场占有率

市场占有率是与投资收益率有关的最主要的变数之一。一般来说，市场占有率越高，投资收益率越大。许多企业以提高市场占有率为目标，主导企业更可根据其规模经济的优势，降低成本、扩大市场占有率。但要考虑 3 种因素：引起反垄断的可能性，为提高市场占有率所付出的成本，以及所采用的营销组合策略。市场领先者可采取以下措施，提高市场占有率：增加新产品，提高企业与对手竞争的产品质量，以及增加开拓市场费用。

实例 6-6

农夫山泉的市场领先者策略

2012—2019 年，农夫山泉公司已连续 8 年保持中国包装饮用水市场占有率第一，龙头地位逐渐稳固。农夫山泉公司就立即借势扩大生产产能和规模，完成企业资源整合，实现公司高效快速发展。在这一阶段中，公司集中寻找并发现新的优质水源地，进行品质的严格检验以提高产品质量。在市场营销方面，通过用户体验活动、与大型企业联合促销、支持赞助北京冬奥会等活动和措施，极大地增强了公司和品牌的市场影响力。更重要的是公司实施了新品种战略，相继推出农夫山泉玻璃瓶高端水、儿童天然饮用水、学生天然矿泉水等系列高端饮用水新品系列，深受市场青睐。新品种战略的实施使农夫山泉的品牌种类和经营业绩又迈上了一个新的台阶，不仅巩固了农夫山泉公司在饮用水行业的龙头地位，更拉大了与行业竞争对手间的距离。

（资料来源：根据农夫山泉公司官网及其他相关网络资料整理）

2. 市场挑战者策略

市场挑战者（market challenger）是在行业中仅次于市场领导者的一些企业，同样具有较强的竞争优势（约占 30% 的市场份额），有能力向市场领导者发起挑战，争取取代市场领导者的地位。市场挑战者大多是在本行业产品的销售额中处于前几名的大企业，它们的营销战略目标是不断增加市场份额。

（1）确定战略目标和竞争对手

市场挑战者首先必须确定其战略目标，大多数市场挑战者的战略目标是增加市场占有率，认为增加销量将获得更大的利益。一个挑战者一般可以从下列 3 种类型中选择一种进击。

① 进击市场领先者。这是一种具有高度风险但又具有潜在高报酬的策略，如果市场领先者并非真正的领先者，且无法为市场提供良好服务时，这种策略更具有意义。**挑战者应了解顾客的需要或不满之处，如果有一种实质的需要尚未被满足或未能获得完全满足时，就给挑战者提供了一个战略性的目标市场。**

② 进击那些与自己规模相当，但经营不良且财务状况不佳的公司。攻击者必须无时无刻不调查顾客的满意程度，以及潜在的创新机会，假如其他企业资源有限，那么即便采取正面的攻击亦能奏效。

③ 进击地方性或区域性运营与财务状况均不佳的企业。很多大公司之所以有今日的规模，并不是争夺彼此的顾客而来的，主要是靠着争取一些“小企业”或“小公司”的顾客而日渐壮大的。

由此可知，选择战略目标与选择竞争者是相互关联的，如果攻击的对象针对的是市场领先者，则其目标可能是夺取某些市场。若攻击的对象为地方性的小企业，则其目标可能是把小企业逐出市场。

（2）适用于挑战者的几种营销策略

① 价格折扣策略

挑战者可以用较低的价格提供与领导者相当的产品。当然，欲使价格折扣策略奏效，必须符合下列 3 个条件：第一，挑战者必须使购买者相信该企业的产品与服务可以与市场领先者比美；第二，购买者对于价格差异必须具有敏感性，并且乐于转换供应商；第三，无论竞争者如何攻击，市场领先者决不降价。

② 廉价品策略

即提供中等或者质量稍低但价格低很多的产品，而且随着时间推移，产品质量逐渐提高。如乐凯胶卷就是采用这种策略与柯达、富士胶卷抗衡，乐凯胶卷品质略逊于柯达、富士胶卷，但价格仅有它们的一半，因此占有了相当的市场份额。

③ 名牌产品策略

即努力创造一种名优产品，虽然价格也较高，却更有可能将领先者同类产品的市场份额挤掉一部分。

④ 产品扩散策略

挑战者可以靠推出多元的产品给顾客以更多的选择来同领先者竞争。汉斯公司为了追上亨氏公司在番茄酱市场的领先地位，他们创造出多种新的番茄酱口味并装在各种规格的瓶子里，这与亨氏公司依靠一种口味和有限数目的瓶子规格形成了鲜明的对比。B站主要依靠广告收入获取利润，随着广告业务竞争加剧且增速放缓，以及追赶爱奇艺、腾讯视频等行业巨头的竞争压力加剧，B站实施了多元化战略，拓展了游戏、直播、付费会员、电商等四项业务板块，进一步提升了自己的行业竞争力。

⑤ 产品创新策略

产品扩散策略主要是向广度发展的产品发展策略，而这里的产品创新策略主要是向深度发展的产品发展策略，即企业对其核心产品不断创新，精益求精。

⑥ 改进服务策略

挑战者可以找到一些为顾客提供新的或更好服务的方法。IBM公司获得成功，是因为它认识到顾客对软件和服务比对硬件更感兴趣。

⑦ 分销创新策略

一个挑战者可以发现或发展一个新的分销渠道。花西子的成功主要靠其社交媒体直播等营销渠道，而不是在传统电商平台上与其他品牌竞争。

⑧ 降低制造成本的策略

挑战者可以靠有效的材料采购、较低的人工成本和更现代化的生产设备，来寻求比竞争对手更低的制造成本。企业可以凭低成本优势，做出更具有进攻性的定价以获得市场份额。

⑨ 密集广告促销

有些挑战者靠增加广告和促销费用，向领导者发动进攻。当然，这一策略的成功必须基于挑战者的产品或广告信息有着某些能胜过竞争对手的优越之处。

3. 市场追随者策略

市场跟随者（market follower）指一大批在竞争实力上远远不如市场领导者或市场挑战者的企业（约占 20% 的市场份额）。他们往往不可能以自己的行为去影响市场的发展趋势，而只能跟随市场竞争力强的企业去开展经营活动。市场追随者营销策略的重要特征是“随大流”，也就是模仿领导者，以较低价格提供类似产品或服务给顾客。

但这并不意味着市场追随者毫无策略可言，**一个市场追随者必须了解如何掌握现有的顾客，并且在新的目标顾客群中争取更多的顾客**。每一个追随者都应设法为其目标市场带来现实的利益。由于追随者往往是挑战者的主要攻击目标，因此追随者必须随时保持低的制造成本及高的产品品质与服务，以免遭到致命攻击。此外，一旦有新市场出现，追随者更应积极地进入该市场。不过，追随者并非仅仅是被动地模仿领导者；相反地，追随者必须自行决定一条不会引起报复的成长途径。

（1）追随者可选择的追随策略

按追随的紧密程度，追随者的具体战略可分为紧密追随、有距离追随和有选择追随。

① 紧密追随

紧密追随者在尽可能多的细分市场和营销组合领域中模仿领先者，但它不会发动任何进攻而只是期望能分享市场领先者的投资，直接冲突不会发生。有些追随者甚至可能被说成是寄生者，他们在刺激市场方面很少主动动作，而是靠紧密追随领先者而获利。

② 有距离追随

有距离追随者会从领先者那里模仿一些事物，但这种模仿往往是带有差异性的模仿，如在包装、广告、渠道等方面有所不同。领先者十分欢迎这种追随者，乐意让他们有一些市场份额，以使自己免遭市场各界的指责。例如真心瓜子瞄准了洽洽煮制香瓜子的成功，推出了用清明上河图包装的真心香瓜子，成功开辟了市场，而且在局部市场上还有所超越。

③ 有选择追随

有选择追随者除了生产与领先者相似的产品外，通常也会进一步对产品加以改良，这类企业也会选择不同的细分市场，以避免直接与领先者发生冲突，这类企业常常能成为未来的挑战者。

（2）市场追随者可供选择的营销策略

虽然市场追随者占有的市场份额比市场领先者低，但他们可能拥有更好的盈利能力。有资料表明，采用市场追随者战略的企业，其报酬往往超过本行业的平均水平，关键就在于正确地选择了营销策略。

① 竞争导向定价策略

这一策略特别适用于紧密追随者，选择竞争导向定价，既有利于紧跟领导者，又不会与领导者发生直接的正面冲突。

② 市场发展策略

这一策略适用于有距离追随者，选用这一策略可减少对领导者的市场计划的干扰，又可依靠与同行业的小企业竞争而得到成长。

③市场细分化策略

这适用于有选择追随者。选择不同于领导者的细分市场，能避免与领先者直接发生冲突。集中于某些细分市场，能有效地研究和开发新产品，条件一旦成功就有可能成为迂回进攻的挑战者。

4. 市场补缺者策略

（1）概述

市场补缺者（market nicher）指一些虽然竞争实力不强，但并不追随市场主流趋势，而选择市场上大多数企业所忽略的或不愿进入的市场为自己的目标市场的企业（约占10%的市场份额）。市场补缺者最主要的制胜策略就是定位与再定位策略。**在激烈竞争的目标市场中，唯有采取定位与再定位策略，才能否定市场领先者、市场追随者与市场挑战者的优势，进而取得有利的“市场空间定位优势”，反败为胜。**

几乎在每一行业中都有许多小企业为市场的某些顾客提供专门的服务，它们避免同大企业产生直接的冲突，通过专业化优势为那些可能被大企业忽视或放弃的市场进行有效的服务。

市场补缺者成功的关键在于设法找到一个或几个既安全又有利可图的市场空缺。一个理想的市场空缺必须具有下列几项特征。

一是空缺市场具有足以获利的规模与购买力。

二是产品价格弹性高、价格浮动空间大、整个品类的品牌忠诚度相对不高。

三是空缺市场具有成长的潜力。

四是空缺市场被大的竞争者所忽视。

五是厂商有足够的技术与资源，可以有效地服务空缺市场。

六是厂商能够靠已建立的顾客信誉，保卫自身地位，对抗大企业的攻击。

（2）专业化策略

市场补缺者的关键因素是专业化。企业必须在市场、顾客、产品或营销组合上实行专业化，以下就是市场补缺者可运用的专业化策略。

① 最终使用者专业化

企业专门为一类最终使用顾客提供服务。例如，一家广告公司可以选择企业形象策划CI（corporate image，组织形象）为社会提供服务。

② 垂直整合专业化

企业可以在原材料供应、生产和流通的任一领域的任一环节实施专业化服务。如宁波维科精华集团股份有限公司在服装行业中，专门生产服装加工缝纫线，取得年销售额数亿元的良好销售业绩。

③ 顾客规模专业化

企业可集中力量向小型、中型或大型的客户销售，许多补缺者专门为小客户服务，因为他们往往被大企业所忽视。

④ 特定顾客专业化

企业只限于营销给一个或数个主要客户，许多企业将其所有产品只销售给一家特定的企业或特定的顾客。例如统一番茄酱只向统一超市连锁店供货。

⑤ 地理区域专业化

企业仅在某一个地方、区域进行销售。例如有些面包店只为附近区域的固定顾客提供服务。

⑥ 产品或产品线专业化

企业只生产一种产品或只有一条产品线。如美宝莲集团专营口红，推出的唇膏多达数百个品种，成为名副其实的口红专家。飞鹤乳业几十年来专注于研发和生产针对中国人体质的奶粉，采取“更适合中国宝宝体质”的竞争战略，在2018年成为中国婴幼儿奶粉行业首个突破百亿元的民族品牌。

⑦ 产品特色专业化

企业专精于某类产品的生产或具有特色的产品的生产。

⑧ 定制专业化

企业只生产顾客订单所指定的产品，例如，有些西服生产厂家专门加工订制西服，也取得了一定市场份额。广州亿尚家居有限公司在行业同质化产品竞争激烈的背景下，打造出直接面向客户端的C2M（customer to manufacture，从消费者到生产者）云家居在线定制平台，帮助企业成功实现了从测量、设计、制造到营销的全链路数字化转型，开启了定制家居工业4.0时代。

⑨ 服务专业化

企业选择一种或多种其他企业所没有提供的服务，提供给顾客。

⑩ 渠道专业化

企业只专门服务于一种销售渠道。

市场补缺者的主要风险是，该有利的空缺市场可能会消失或是遭受攻击。这也是多元空缺较优于单一空缺的主要原因，**企业可以发展两个或更多的空缺市场以增加生存机会，甚至可以采用整体多元空缺策略以满足并服务整个目标市场。**

（3）成功做法

一些市场占有率较低的企业，往往可以通过有效的细分市场补缺战略获得很好收益，以下就是他们成功的一些做法。

① 企业目标高度集中化，不愿意样样都干，往往在较狭窄的细分市场中、集中在一个较狭窄的产品线上。

② 正确选择补缺的目标市场。许多能赢利的补缺企业往往存在于很稳定的低成长市场上。它们中的大多数只生产经营标准的工业部件或供应品，这些企业不改变它们的产品，大部分产品都标准化，几乎不提供额外服务。

③ 有效地使用开发研究费用。生产质量较好而价格相对而言中、低档的产品，并具有这方面的声誉。

④ 注重实际收益，注意降低成本。小细分市场补缺者十分重视实际收益，而不是过分注意销售增长率和市场占有率。补缺者的单位成本常常较低，因为它们集中在一个较狭窄的产品线上，在产品的研究和开发，新产品引入，广告、促销和销售队伍开支上往往花费较小。

5. 小结

这4种类型的企业实际上又可以分为两个层次：一是强势企业层次，主要由市场领先者和市场挑战者所组成，他们是对市场具有影响力和控制力的企业，所以也可将这一层次称为“市场控制层”；二是弱势企业层次，主要包括市场追随者和市场补缺者，他们没有同强势企业相抗衡的实力，而在策略上则可选择追随强势企业或避开强势企业两种不同的做法。在竞争性市场上处于不同地位的各类企业其竞争策略显然也是各不相同的，企业必须根据自身的地位和市场的具体情况制定相应的竞争策略（见表6–8）。

表 6-8　不同市场地位的企业的竞争战略

企业类型	竞争战略	具体途径
市场领先者战略	扩大市场需求总量	寻求新的消费对象、开辟产品新的用途、刺激原有消费群体增加使用量等
	保护市场占有率	进攻措施：即在产品创新、服务提升、销售增长、成本降低等方面争取能始终处于行业领先地位，同时针对竞争对手的薄弱环节主动出击 防御措施：即根据竞争的实际情况，在企业现有阵地周围建立不同防线
	提高市场占有率	根据经济规模的优势，降低成本
市场挑战者战略	全面正面进攻	当市场挑战者企业实力明显高于对方企业时，可以采用正面或全面进攻的策略。比如经营和竞争对手相同的产品，进行价格竞争，或者采用势均力敌的促销措施等
	迂回进攻	如果竞争对手的实力较强，正面的防御阵线非常严密，市场挑战者可以采用迂回进攻的策略。比如选择竞争对手忽视的细分市场进攻，或者选择竞争对手产品销售薄弱地区、服务较差的地区进攻
	游击进攻	如果挑战者企业暂时规模较小、力量较弱的话，可以采用游击进攻的策略，根据自己的力量针对竞争对手的不同侧面，进行小规模的、时断时续的攻势。比如进行有选择、有限度的降价，采用突然的强度促销措施，与中间商联合行动等
市场追随者战略	紧密跟随	在进行营销活动的所有市场范围内，都尽可能仿效市场领先者，以借助先行者的优势打开市场，并跟着获得一定的份额
	有距离追随	在营销策略的主要方面紧跟市场领先者，比如选择同样的目标市场、提供类似的产品、紧随其价格水平、模仿其分销渠道等；在企业营销策略的其他方面则发展自己的特色，争取和市场领先者企业保持一定的差异
	有选择追随	根据自身的具体条件，部分地仿效市场领先者，择优追随；同时在其他方面自行其是，坚持独创，比如主动地细分和集中市场、有效地研究和开发产品等，尽量在别的企业想不到或者做不到的地方去争取一席之地
市场补缺者战略	专业化精细化营销	识别“市场空隙”，并坚持补缺观念，从而创造补缺市场、扩大补缺市场，最后保护补缺市场，全力维护自己在特定市场的领先地位

● 本章小结

1. 制定市场营销战略的关键在于针对特定的产品或产品线识别目标市场，然后通过资源配置为目标市场中潜在顾客的需求制定合理的营销组合方案，从而形成竞争优势，实现企业经营目标。

2. 制定市场营销战略的步骤：分析市场机会，分析行业变动与竞争者，进行目标市场选择和定位，并根据特定的市场状况调整战略，确保有效的执行和控制。

3. 从产品和市场两个维度切入，企业市场成长战略可分为：市场渗透策略、市场开发策略、产品开发策略、产品多元化策略。

4. 产品生命周期是指产品从研制成功投入市场开始，经过成长、成熟阶段，到最终衰退被淘汰为止所经历的过程。产品生命周期一般可以分为投入期、成长期、成熟期和衰退期等 4 个阶段。

5. 新产品接受过程是指个人从认识新产品，直至最终消费并重复购买新产品的心理过程，主要包含认知了解、说服、决策、实施和证实 5 个阶段。

6. 基本的竞争战略有 3 种：成本领先战略、差异化战略和聚焦战略。

7. 根据公司市场占有率的高低来判断企业竞争地位，可以把公司分成市场领先者、市场挑战者、市场追随者和市场补缺者。并根据其竞争地位形成市场领先者策略、市场挑战者策略、市场跟随者策略和市场补缺者策略。

复习题

1. 某汽车零件生产企业生产 3 种产品：排气管、滤音器和消音器，该公司正在寻求新的成长机会，试为该企业制定一个显示某些潜在发展机会的产品—市场矩阵。

2. 在产品生命周期的各个阶段，企业营销工作重点应有什么不同？

3. 逛任何一家商店都能发现新包装正在以惊人的速度代替旧包装。包装策略如何同产品生命周期的各阶段相一致？哪个阶段的包装最奢华？哪个阶段的包装最基本？哪个阶段的包装会被重新设计得最前卫？

4. 请介绍一家你所了解的我国的市场挑战者企业，并分析和评价一下它目前所采取的战略。

5. 采取市场补缺战略的关键问题主要有哪些？

6. 市场领先者如何做才能有利于整个行业的发展？

课后案例：文化，让万事利丝绸重放光彩

前身为杭州笕桥丝绸厂的万事利集团（以下简称万事利）有着半个世纪的发展历程，而起源于中国的丝绸却已有 5000 多年的历史。西汉时期开辟的陆上丝绸之路和海上丝绸之路为东方和西方的经济、文化、宗教交流提供了纽带，这两条丝绸之路在西方的受益者多为王公贵族，他们对丝绸极度喜爱，蚕丝华丽的色泽和亲肤的柔和质感让他们在穿得舒适透气的同时，也彰显了自己的身份与权势。

斗转星移，几千年以后，随着丝绸产业的大发展，丝绸终于不再只是王公贵族的专属品，寻常百姓也可以穿得起丝绸制衣。因为它的简洁舒适，在 20 世纪 90 年代初期，成了北美和东南亚人民的主选衣衫材质，中国一批小丝绸企业如雨后春笋般破土而出，获得了快速的发展。而 1997 年爆发的亚洲金融危机使全球经济都受到波及，也导致丝绸制品销量大幅萎缩；与此同时，蓬勃发展的化纤面料，开始逐步取代难打理的丝绸面料。尽管在中国，大多数人都认为天然纤维面料的性能优于化纤面料，但在发达国家，大多数消费者的观点正好相反，他们认为化纤面料在舒适性、功能性、高感性等方面更具优势。就这样，丝绸行业经营状况陡转直下，80% 靠出口外销的国内丝绸企业纷纷倒闭，而杭州的丝绸企业更是从 3000 多家锐减到 30 多家。

穷则思变，面对丝绸行业遭遇的这一困境，留下来的企业纷纷思考各自的出路。作为丝绸相关专业出身且对中国文化颇感兴趣的万事利总裁李建华，看到的不仅是丝绸作为服装的面料属性，还有它悠久的历史和文化属性。2000 年，万事利随国家文化部出

访美国，并带去了“黄河之梦”大型时装秀；2001年，万事利为上海召开的亚太经济合作组织领导人非正式会议（Asia-Pacific Economic Cooperation，APEC）提供唐装丝绸面料和唐装丝绸睡衣。从这些大型活动中，李建华看到了万事利丝绸的未来：丝绸在这里充当的是面料，承载的却是中国文化，它不仅仅是丝绸，还是中国的象征。

将丝绸转变为文化产品，关键在于体现“中国”元素，这是李建华转型时期最初的想法。中华文明在世界文化舞台上有着举足轻重的地位，光辉璀璨的悠久历史闪耀着茶、瓷器、丝绸等中国特色的文化明珠，随着21世纪中国经济的迅速崛起，以及奥运会、世博会等几大盛事在中国的举行，这些中国元素逐渐引起西方世界的浓厚兴趣。在联合国教科文组织特意举行的一场推选最能代表中国形象的符号的会议中，199个与会国家给陶瓷投了80票，而丝绸竟然获得了100%的赞同票。这一无可争议的对比将丝绸打上了“最中国”的烙印，也意味着提起丝绸，人们就会想到中国，提到中国，最先想到的也是丝绸。

把丝绸作为中国文化的载体推广出去，首先能想到的营销对象自然是对中国文化感兴趣的外国人。但是这些外国人大多生活在西方国家，仅有少数来过中国或者在中国生活过的，才有机会可以买上几件具有中国文化特色的丝绸制品。如何能让这些特色产品到达更远的地方，出现在更多的外国人面前呢？李建华瞄准了那些出国的人，他们是丝绸的购买者，但不是最终消费者，因为丝绸可以被他们当作礼品带给国外的朋友。

李建华将市场开发部的同事召集在一起，开了一次丝绸礼品“开垦”讨论会。会上，大家踊跃发言，最后将万事利的礼品分成三大类：政务礼品、商务礼品和社交礼品，对应的顾客群分别为政府、企事业单位和个人。通过分析比较，他们把第一阶段的着力点放在了政务礼品市场的开拓上。政府单位出访向对方赠送中国丝绸最能代表其身份，又能得到外国重要人物的青睐，难的是如何设计出有特色的、高档的、有品位的丝绸礼品。

此时，光是将丝绸做成上好布料或者服装是远远不够的。万事利经过对丝绸功能的全面分析，发现丝绸与中国的汉字、四大发明、造纸术等文化共存了几千年，在东汉蔡伦改进造纸术之前，丝绸就曾作为承载文字的载体之一，何不“回归丝绸最初属性，让中国名著、名画在丝绸上得以流传”？为此，万事利想到了要将中国的经典名著，如《道德经》《孙子兵法》《水浒传》《红楼梦》等，用丝绸体现出来。得益于集团强大的科技研发团队的支撑，在丝绸上印刷或织字都不是难题。这些产品让人耳目一新，还能进行批量生产，除了阅读功能，还有鉴赏、收藏的价值。

2006年，时任中国国家主席胡锦涛出访美国，万事利集团精心制作的丝绸精装中英文版《孙子兵法》被作为礼品送给了当时的美国总统布什先生。后又相继制作了2001年APEC会议各国元首及夫人睡衣、《孙子兵法》、奥运“典雅”真丝方巾等一系列国礼，万事利成为国礼的制造商和供应商。

丝绸制成的书画作为国礼走出国门，“最中国”元素被万事利发挥得淋漓尽致，这些丝绸礼品为万事利丝绸产品树立了高档丝绸礼品的品牌形象。

作为主要消费对象是国内顾客的商务礼品，其切入点就不能只是“最中国”元素了。那么，应该如何着手来开发商务礼品市场呢？是先开发产品还是先寻找客户？李建华思虑再三，在没有商务礼品开发经验的情况下，决定先从找客户着手，先找到客户再设计客户所需要的产品。

找到对丝绸礼品感兴趣的客户只是第一步，如何设计生产出客户想要的产品才是重点。李建华思考：在政务礼品中，我们是将丝绸的“最中国”元素作为主要卖点，名著则是体现中国文化的亮点；那么在商务礼品市场中，我们能不能将客户文化作为主要卖点，丝绸作为文化载体呢？如果这样能够得到客户的认同，则这个模式将比较容易在不同客户中进行复制。基于这样的初步考虑，当招商局集团有限公司（以下简称招商局集团）让万事利定制140周年庆典礼品时，李建华带着同事们认真研究了招商局集团成立至今的发展历程，用心体会了招商局集团的企业文化，最终设计师决定将丝绸的底色定为土黄色，将设立轮船招商局（招商局集团的前身）的奏折一字不差地呈现在长达3.6米的丝绸上，而奏折的旁边，是轮船招商局最初建立时的古朴模样。作为民族工商业的先行者，轮船招商局成立时的一幕幕，就这样在万事利集团匠心独具设计出来的丝绸礼品上生动地呈现出来。当这一作品送到招商局集团时，客户赞不绝口，向万事利一口气签下了千万元的丝绸礼品定制合约。“商务丝绸礼品＝客户文化＋丝绸”获得了市场的认可。

让客户参与产品开发，则使产品更具个性化。在其后的商务礼品市场开拓中，万事利除了提供一些基于中国文化的基础丝绸文化产品（如丝绸版名著、名画、丝巾）外，主要是根据每一个企事业单位客户自身的特点，将客户独特生动的文化加入丝绸产品，作为客户个性化的礼品。如在设计上海交通大学的丝巾礼品时，聪明的设计师将丝巾上展示的内容交给客户来决定，由客户发动在校学生海选出最有代表性、最受欢迎的校园建筑，通过专业设计，将排名前十的建筑栩栩如生地印在了丝巾上。由于体现的是学生心目中学校的代表性建筑，加上设计制作过程中学生的积极参与和设计师的助力，最终形成的这款丝巾，时尚与厚重兼具，获得了师生的广泛好评。

就这样，定制的商务丝绸礼品逐渐获得了市场的认可。

杭城作为中国最美丽古典的城市之一，有灵动的西湖、古朴的寺庙和温润的居民，每到年底，杭州总会有各种各样的祈福活动。在杭州市电视台录制丝绸文化系列节目的李总，敏锐地察觉到可以与万事利在祈福活动上合作。他立即召集相关人员一起来寻找丝绸和祈福活动的契合点。“大型活动必须要有标志性产品才能让人留下深刻的记忆”，曾经为亚运会、全运会、大运会等大型活动设计和提供过产品的万事利工作人员，想到了这些活动中都曾经用到过的丝绸产品设计元素——“彩”，如为无私奉献的志愿者们设计的“志愿彩”、为长江商学院十周年校庆设计的“长江彩”、为浙江日报报业集团年会设计的“浙报彩”、为洛阳花会设计的“洛阳彩”、为全球浙商大会设计的“浙商彩”，等等。善于挖掘文化的万事利，已经在为这些大型活动服务的过程中，不知不觉地创造了属于自己的一个新文化标签——“彩”文化。这一次，是否也可以延续“彩”文化的内涵，为祈福活动打造一种标志性的产品——“祈福彩”呢？

最终形成的“祈福彩”，以红色为底色，以万事利先进的真丝拉毛技术为支撑，将养殖场蚕宝宝吐的桑蚕丝，制成了柔软温暖的真丝拉毛长方形围巾，以“天下第一福”的“福”字等汉字元素，以及中华传统的祥云、双鱼等吉祥图案为主，配色经典，表现手法简洁明了，充分体现了新春喜庆吉祥的感觉，画面洋溢着浓浓的爱意和祝福。

由这么多祈福文化元素组合而成的“祈福彩”围巾，引发了当年的热潮。这一款“祈福彩”，不仅不少单位下了订单，在普通老百姓中也有不少的销量。

“文化决定深度，责任决定高度，视野决定宽度”，这是李建华的经营哲学。看到中国经济快速发展的李建华判断：“中国的人均GDP达到5000美元之后，在丝绸上的人均消费也会有很大的增长。”尽管万事利在APEC会议、奥运会、世博会、亚运会等一系列国际大型活动中吸引了不少西方人的眼球，但是他们更想提升的是中国人对中国丝绸的关注。

在万事利的丝绸产品中，现有的面向个人的业务主要是丝绸服装，特别是旗袍的定制，此外，各色丝巾也是较为常见的产品。在杭州，普通的丝巾到处都有，几十元的比比皆是。如何摆脱丝巾廉价的局面，出路仍然是在文化上做文章。李建华提出：“每一条丝巾都应有一个故事，你要让送礼的人有故事可讲，这个礼品送出去才是有趣的、有意义的，人家才会对它印象深刻。”万事利集团有一款价格在358～398元的青花瓷系列丝巾，一推出市场就颇受欢迎，到目前为止已累计销售了几十万条。它就是凭借人们对2008年奥运会上青花瓷颁奖礼服的高度关注脱颖而出的。“爱马仕丝巾有深层的设计故事，而万事利丝巾的故事与它有很大的区别，万事利丝巾的根应该在中国文化上，每一条万事利丝巾背后都应该有一个中国文化故事。”如旗下忻兰品牌主营质地轻盈、手感舒适的十二星座丝巾，每一个星座都有独特的“丝语”和个性，它受到年轻消费者的追捧；另一款璇玑图丝巾则以前秦才女苏若兰对夫君的满腔深情写就的841字组合在一起形成几百篇诗词为设计故事。丝巾兼具时尚与经典的特色，传达出了现代女性期待浪漫的心情和享受生活的态度。旗袍、职业女装、丝巾和领带，都是万事利的重要产品品类。在对丝绸原有功能属性强化后，万事利重新让丝绸的价值带着个性的时尚标签闪亮发光。

（资料来源：改编自邢以群，丁露，张大亮．文化，让万事利丝绸重放光彩[Z]．浙江大学管理学院案例中心，2015.）

思考题

1. 传统丝绸产品为什么会衰落，怎样才能有效延缓丝绸产品的寿命？
2. 万事利集团采用了什么市场策略来开发丝绸市场？
3. 从万事利集团开发丝绸文化市场的成功经验中我们可以得到什么启示？

第七章

产品策略与品牌管理

产品是向市场提供的，引起注意、获取、使用或消费，以满足欲望或需要的任何东西。感知比事实更重要，重要的不是产品好，而是顾客觉得好。产品并不是独立于顾客感知的客观事物，产品的本质是顾客“感知”到的事物，好的产品能够满足顾客潜在的需求。企业需要根据顾客需求制定有效的产品策略对产品进行管理，提升品牌价值。

做成一笔生意可能不难，然而，打造一个知名的品牌则需要创意、信誉和毅力。品牌作为企业的无形资产正得到越来越多人的关注，要想打响自己的品牌，就离不开成功的品牌建设。品牌能够强化产品的竞争力，使得任何与品牌相关联的产品可以快速占据消费者心智，帮助企业高效地开拓市场。企业的品牌建设不能只停留在产品层面，而要向消费者传递一种价值观，提升消费者的忠诚度。品牌的建设对打造一个百年企业而言是十分关键且核心的部分。

本章围绕着产品和品牌的创建，探讨产品策略和品牌管理的方法和路径。

【本章学习目标】

1. 了解和掌握产品和品牌的概念。
2. 了解产品组合和品牌联想的构成要素。
3. 正确认知产品和品牌在营销中的作用。
4. 掌握产品策略制定和品牌建设的方法与要点。

导入案例：钟薛高的“去网红化”品牌塑造之路

“小瓦片”的网红之路

从 2018 年“双十一”钟薛高以 66 元一支的价格进入人们视线到如今打开小红书能搜到两万多篇相关笔记，钟薛高很快走上了“网红”之路。

2019 年被称为“国潮元年”。这一年，将产品与国风文化融合成为企业推陈出新的营销亮点。林盛作为推广高手自然少不了搭乘这趟国潮的列车，钟薛高从品牌名称到产品设计处处体现着中国元素。钟薛高，集百家姓“钟”“薛”“高”为名，蕴含“中国的雪糕”之意，独特的中式瓦片造型辅以顶部“回”字花纹，体现“回归”初心之意，也能让人自然联想到江南青瓦白墙的水乡意境（因此也被称为“小瓦片”），呼应国潮文化的同时也为其成为网红产品树立了差异化的品牌形象。

但对于钟薛高来说，仅凭网红身份想要在群狼环伺的冰品市场走得更远并不容易。在钟薛高之前，中街 1946 就抢占了一部分冰激凌市场，除此之外，一大波网红冷饮如抖音爆火的土耳其冰激凌、刷爆朋友圈的“椰子灰”冰激凌、奥雪双黄蛋冰激凌等都以独特的外形和新奇的口味和钟薛高一同在冰激凌赛道上竞争。同时，一些原本只在线下销售的老牌乳品企业也先后挺进电商平台。2019年，蒙牛集团与天猫开展冷链合作，陆续上线低温奶和冰品；同年6月，伊利集团冷饮事业部打造高端品牌鲜果活菌冰激凌“NOC须尽欢”，首月天猫线上店铺销售131万元。同样是以线下为主战场的外资冰品和路雪、梦龙等也涉猎O2O模式，雀巢旗下的高端意式冰激凌品牌安缇亚朵选择天猫作为通道进入中国市场。线上冰品多样化意味着林盛需要为钟薛高加速，避免淹没在冰激凌赛道里。

钟薛高想要去网红化塑造品牌的出发点是想在新品牌迭出的激烈竞争中培养一代人的消费习惯，保持品牌长青。钟薛高偏高的价格定位与其他新生代国货走亲民的价格路线相比显得独辟蹊径。这种独树一帜的价格战打法可能容易吸引年轻人的一时关注，但从长远来看，如何才能使年轻的消费者群体在猎奇之后还能维持这种较高的消费水平从而保持对品牌的忠诚度呢？

此外，天猫超级品牌日的活动也成为钟薛高去网红化的催化剂。天猫超级品牌日一方面会触发品牌间的激烈较量，另一方面也是对线上品牌的一种认可。天猫行业小二告诉林盛，要想参加天猫超级品牌日，首先得是在类目里具有代表性的品牌；其次，企业必须具有成长性，是以塑造品牌为主，而不是只盯着销量。林盛自成立钟薛高天猫旗舰店以来多次想参加天猫超级品牌日，奈何入围品牌日的新兴国产品牌很少，基本上都是国内外一线大牌才有机会入选。因此，这也促使钟薛高想要去网红化发展，塑造历久弥新的品牌。

“小瓦片”的品牌之路

1.破圈层IP联名，维系话题铸品牌

林盛说：“钟薛高的所有跨界必须创造独一无二的产品，这个是我们自己内部的底线，我们决不允许只是把两个logo放一块，换个包装。”

为了维系持续的热度和话题，让更多的顾客了解钟薛高，林盛的营销团队在联名宣传上下足了功夫，大幅度跨圈层合作。钟薛高选择在端午节与传统文化交融，和江南粽王五芳斋联名推出“粽香四溢”，采用呼伦贝尔优质鲜奶与饱满的糯米，配上江西大山箬叶，制作成口感清香的清煮箬叶雪糕。粽子里对传统文化的怀旧情夹杂着雪糕里糯米的相思情，辅以“近香情义盛，轻舟一片寄清凉”的文案，不由得让人们有在端午期间买一支钟薛高的冲动，同时也映射出端午节吃粽子的文化传统。钟薛高还助推了潮文化与酒文化的碰撞，从元代传承下来的泸州老窖作为国内四大名酒，有着“浓香鼻祖，酒中泰斗”的美称，在2006年入选国家非物质文化遗产，是中国酒文化的一种符号。钟薛高与泸州老窖合作的“断片”雪糕内含52度的60年窖龄的白酒，口感清香浓厚，“断片”与瓦片读起来相似，显得趣味性、生活化，“一片敬明天，一片敬过往”的宣传语与中国的酒桌文化显得不谋而合，钟薛高与泸州老窖的合作对自身来说是多元文化的注入，而泸州老窖则把自己的酒文化延展到年轻人的领域，形成无违和感的品牌宣传。作为自带国潮属性的中式雪糕，钟薛高凭借超强的传播能力与精品品牌不断进行脑洞大开的合作推广，“双十一”期间与小仙炖共同推出燕窝流心雪糕、与三只松鼠联名推出大鱿鱼咸味雪糕、与娃哈哈AD钙奶推出未成年雪糕。在钟薛高的营销文化里，没有关联不到的，只有你想不到的。母亲节和妈妈在一起的每一刻，都是最好的专属时光。为此，钟薛高与*ELLE*杂志一起拍了《专属时刻》的微电影祝天下母亲节日快乐，与飞亚

达手表联名推出礼盒套装，与朱仙镇木版年画联名宣传年画艺术。

2. 坚守匠人工艺，传承品牌文化

走进钟薛高的公司，你会注意到墙壁上的标语：做时间的朋友，直道而行。工作中林盛时常和自己的员工讲，要做自己认为对的事，而不是为了流量打造爆品而急功近利，要有踏实和克制的态度。尤其是研发和品控部门要慢下来，与时间做朋友，放慢脚步，以工匠精神细心打磨产品，才能打造出经得起经济周期和市场考验的好产品。在林盛眼中，公司运作的永远是钟薛高的品牌而不是某个爆款，去网红化塑造品牌是公司一直以来前进的方向，品牌创新和产品导向是公司内部推崇的文化。

“小瓦片”的未来

2018 年成立钟薛高前，林盛曾去境外考察企业，对方很有礼貌，也很疑惑，问他：“中国有好冰激凌吗？”这也是林盛取“钟薛高”的缘由，想要做中国最好的雪糕。2019 年，钟薛高一举斩获 7 项被誉为“舌尖上奥斯卡”的比利时 ITQI（International Taste & Quality Institute，国际风味暨品质评鉴所）顶级风味奖章，“那可是由 15 家最负盛名的欧洲餐饮烹饪协会的 100 多个首席厨师和评鉴师盲测测出来的”，林盛说。

“我会觉得很可能过 10 年以后，我们自己再去谈钟薛高一路走来，才会真的很有底气地说，2020 年 7 月 17 日的天猫超级品牌日是钟薛高在整个淘系里的一个重要的时间节点和里程碑。”林盛大部分时候都斟酌自己的表达，他很少把做到第一当成愿景，在他的想象中，10 年、20 年后，能有很多年轻人说，自己是吃着钟薛高长大的，“这是对我们最高的褒奖”。

（资料来源：改编自李佳璐，毛文娟. 钟薛高：“去网红化”品牌塑造之路[Z]. 中国管理案例共享中心，2022；周取. 网红钟薛高的“去红”之路[EB/OL]. (2020-07-28)[2021-03-09]. https://baijiahao.baidu.com/s?id=1673465110424971396&wfr=spider&for=pc.）

思考题

1. 钟薛高如何打造网红产品成为雪糕界的“爱马仕”？
2. 钟薛高为什么要去网红化塑造品牌？
3. 钟薛高在未来的发展中应如何继续去网红化塑造品牌？

一、产品和产品组合

（一）定义产品

什么是产品？科特勒和阿姆斯特朗（2013）将产品定义为向市场提供的，引起注意、获取、使用或消费，以满足欲望或需要的任何东西。产品不仅包括有形产品，如汽车、电脑和手机，从广义上讲，还包括服务、事件、人员、地点、组织、观念或者上述内容的组合。对于企业和商家来说，如何定义自己的产品，从而找准产品对于目标顾客的定位、认识到产品对于企业的核心价值，成为企业的生存和发展至关重要的，也是最本质的问题。

思考题

房子是什么？请给出 5 种不同的定义。

消费者购买的不只是产品的实体，产品策划者需要考虑产品的 3 个层次（见图 7-1）[①]。最基础的一层是核心顾客价值（core customer value），它提出这样一个问题：购买者真正购买的是什么？即强调向消费者提供的基本效用和利益。产品的第二层次，是产品策划者必须围绕产品的核心利益构造一个实体产品（actual product）。他们需要构建产品的特征、设计、质量水平、品牌名称和包装。产品实体是产品的基本形式，只有依附于产品实体，产品的核心利益才能实现。产品的第三层次，是产品策划者还要向顾客提供一些附加服务和利益，以便围绕核心利益和实体产品构造附加产品（augmented product），比如购买产品后获得的保修服务、免费咨询服务和产品使用指南等。

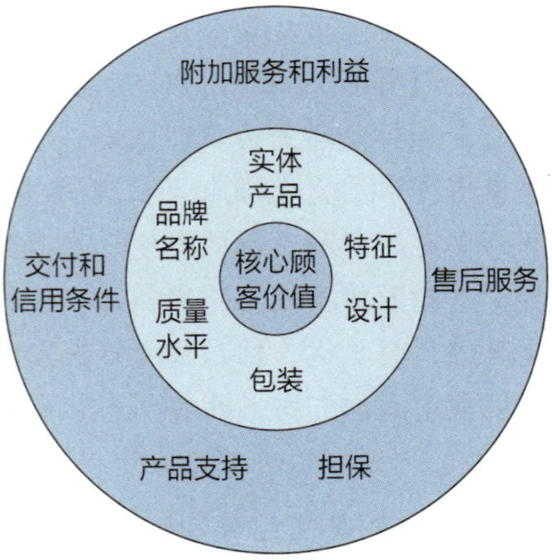

图 7-1　产品的 3 个层次

对于企业来说，定义产品，就是要明确产品能选择性地满足哪些用户的哪类需求。

应该如何定义产品？首先应做好产品定位，可以采用**产品定位五步法：目标市场定位（who）、产品需求定位（what）、产品测试定位（if）、差异化价值点定位（which）和营销组合定位（how）**。

1. 目标市场定位

目标市场定位是一个市场细分与目标市场选择的过程，即明白为谁服务（who）。用户对象直接决定了产品的表现方式，准确来说是确定想要解决哪一部分用户的问题，而不是所有用户的问题（这意味着有意识地放弃某些用户的需求）。对任何产品来说，它都不可能满足所有的需求，解决不了所有的问题，所以必须在产品定位阶段锁定目标用户对象，聚焦于解决这些用户在哪些场景下的具体问题。这样做既可以更好地维护特定的用户关系，也可以聚焦资源提供更好的产品体验，是任何产品想要成功的基础。

2. 产品需求定位

产品需求定位是了解需求的过程，即满足目标市场的什么需要（what）。一般来说，一个产品确定了目标市场，也就确定了用户的产品需求。顾客在购买产品时，总是为了获取某种产品的价值。对目标市场需求的确定，是根据需求痛点来设计产品解决方案，典型的例子是福特汽车和苹果手机。

这个环节的问题是如何找到用户想要什么，商家可以调研目标市场的需求，这些需求的获得可以指导新产品开发或产品改进，从而提供与顾客诉求点相同的产品。商家还可以通过用户的触达点（也就是用户的问题场景）来寻找痛点的切入点：传播场景（用户对同类产品的印象、接受程度和传播方式）、购买场景（用户在购买场景中的体验有什么痛点）、使用场景（用户在使用场景中存在哪些痛点）和售后场景（用户在产品维护和售后咨询中有哪些痛点）。

① 科特勒，阿姆斯特朗．市场营销：原理与实践（原书第 17 版）[M]. 楼尊，译．北京：中国人民大学出版社，2020.

3. 产品测试定位

产品测试定位是对企业进行产品创意或产品测试，即确定企业提供何种产品或提供的产品是否满足需求（if），该环节主要是进行企业自身产品的设计或改进。本环节通过使用符号或者实体形式来展示产品（未开发和已开发）的特性，考察消费者对产品概念的理解、偏好、接受程度。这需要从心理层面到行为层面来深入探究，以获得消费者对某一产品概念的整体接受情况。

（1）考察产品概念的可解释性与传播性，进行产品概念与顾客认知、顾客接受的对应分析。

（2）进行同类产品的市场开发度分析，以衡量产品概念的可推广度与偏爱度。有时，整个行业都会面临消费者的信任危机，此时推出新品就面临着产品概念的不被信任与不被认可的危机。

（3）进行产品属性定位与消费者需求的关联分析，如果产品的功能不是恰恰满足了消费者某方面的需求，或者消费者的这种需求有很多的产品给予了很好的满足，这一产品概念仍然很难有好的市场前景。

（4）进行消费者的选择购买意向分析，探究消费者是否可能将心理的接受与需求转化为行为上的购买与使用，以进行企业自身产品定位的最终效果测定。

4. 差异化价值点定位

差异化价值点定位即需要解决目标需要、企业提供产品及竞争各方的特点的结合问题，同时，要考虑提炼的这些独特点如何与其他营销属性整合（which）。用户为什么选择A产品而不选择B产品？产品的价值体现了用户需求的痛点，也展现出比竞争对手更优更好的差异点，它可以是更优质的价格或者是全新的设计带来的体验。这种独特的、个性化的产品和服务可能只是新增了一些特性和功能，也可能是某种创新性甚至是颠覆性的革新。

5. 营销组合定位

营销组合定位即如何满足需要（how），它是进行营销组合定位的过程。在确定满足目标顾客的需求与企业提供的产品之后，需要设计一个营销组合方案并实施这个方案，使定位实施到位。这不仅仅是品牌推广的过程，也是价格策略、渠道策略和促销策略有机组合的过程。在价格方面，确定产品的价格有 3 种基本的策略：成本导向、价值导向、竞争导向。不管采用哪种策略，既需要考虑企业的成本补偿和盈利诉求，也需要考虑消费者对价格的接受能力，从而使定价策略具有买卖双方双向决策的特征；在渠道方面，销售渠道是用户与产品的接触点，它在整个用户体验链路中扮演着重要的角色，包括从了解产品、购买产品、使用产品到售后服务的全过程。**整合和平衡不同类型的渠道差异并创造让用户满意的体验是一项重大挑战；**在促销方面，应在适当地点、以适当的价格将出售的信息传递到目标市场，从而突出产品特点，建立产品形象，扩大产品需求，激发购买欲望。

拥有清晰的产品定位后，再定义产品就能容易找准关键词。首先，产品定义是通过简单、专业及深刻的关键词，说明**你的产品是什么、核心价值是什么、解决什么问题及产品的愿景**。其次，产品定义的作用是要明确产品能选择性地满足哪些用户的哪类需求，以明确这个产品要达到的水平和标准。所以产品定义一定是非常清晰、完整和精准的，不允许任何含糊不清和无法量化的概念存在。

定义产品还需要注意以下两点，以更有效地定义产品：① 找准消费者心理账户位置。当产品本身是利润品时，商家应争取把它放在消费者最愿意花钱的心理账户上，比如和那些将褪黑素定义为保健品的产品相比，脑白金被定义为礼品，每一粒单价可以翻几十倍。② 与商业模式进行结合。当产品不是利润品时，可以把它作为商业模式的一部分，比如盒马鲜生的门店。

思考题

定义产品和定位产品的区别是什么？

（二）产品组合与产品品类

1. 产品组合

产品组合或产品搭配是指一个企业提供给市场的全部产品线和产品项目[①]。美国光学公司生产的产品超过 3 万种，美国通用电气公司经营的产品多达 25 万种，大型企业往往拥有多条产品线或者多个产品项目，用一个组合来覆盖企业想要的细分市场，以满足日益细分的顾客差异化需求。产品组合是企业对消费者细分市场和消费者购买偏好变迁的一种回应。

当然，产品线不是越多越好，产品线之间如何配合使得每条产品线都独一无二并且使得企业利益最大化，这就是如何进行产品组合的问题。企业在调整和优化产品组合时，应根据不同的情况，选择不同的产品组合策略。不同的企业制定和调整的产品组合策略差异很大，必须根据企业产品的实际销售情况、产品的盈利能力和发展潜力、整个行业的发展趋势等制定产品组合策略。

产品组合包括 4 个因素：产品系列的宽度、长度、深度和关联性。这 4 个不同的因素，构成了不同的产品组合（示例见表 7–1）。

表 7-1 宝洁公司产品组合

	产品组合的宽度				
产品组合的长度	个人保健	口腔护理	织物保养	家居护理	皮肤与个人护理
	Vicks NyQuil 等 10 个产品	佳洁士牙膏等 8 个产品	汰渍洗衣液等 12 个产品	Dawn Power Wash 强效洗洁精等 11 个产品	舒肤佳等 9 个产品
	头发护理	剃须护理	婴儿护理	女性护理	家庭护理
	飘柔等 8 个产品	博朗男士等 12 个产品	帮宝适等 5 个产品	护舒宝等 7 个产品	Bounty 等 3 个产品

资料来源：整理自宝洁公司官网 [EB/OL]. [2022–09–12]. http://www.pg.com.cn.

（1）产品组合宽度（width）

产品组合宽度指一个企业有多少产品线。产品线数量越多，说明企业产品组合就越宽；产品线越少，企业产品组合就越窄。以宝洁公司为例，它有 10 个产品线，包括个人保健、口腔护理、织物保养、家居护理、皮肤与个人护理、头发护理、剃须护理、婴儿护理、女性护理和家庭护理。产品组合的宽度说明了企业的经营范围大小、跨行业经营，甚至实行多角化经营的程度。一般来讲，各价位段的产品线宽度，应该和各价位段

① 科特勒，阿姆斯特朗 . 营销学导论（原书第 4 版）[M]. 北京：华夏出版社，1998.

的市场份额占有率成正比。增加产品组合的宽度可以充分发挥企业的特长，使企业的资源得到充分利用，提高经营效益。此外，多角化经营还可以降低风险。

当公司预测现有产品线的销售额和盈利率在未来一段时间可能上升时，就应该考虑增加新的产品线。扩大产品组合的宽度，有利于公司充分利用现有的资源，发掘生产潜力，更广泛地满足各类需求，覆盖更宽的市场。当市场不景气或者能源、原材料供应紧张时，缩减产品组合中获利少的产品线，可以使公司集中资源，发展获利多的产品。缩减产品组合的广度，便于公司集中力量，实行专门化生产或经营，更深入地满足某一类需求，但风险较大。

（2）产品组合长度（length）

产品组合长度是指一个企业的产品项目总数。产品项目指列入企业产品线中具有不同规格、型号、式样或价格的最基本产品单位。通常，每一条产品线中包括多个产品项目，企业各产品线的产品项目总数就是企业产品组合长度。产品线的平均长度=产品组合的总长度 ÷ 产品线数。产品线长度视企业的情况不同而有不同标准。以宝洁公司为例，产品组合的长度是85，产品线的平均长度为8.5。

对于美的、格兰仕集团等传统企业来说，产品线是非常长的，也可以认为是传统意义上的“机海”战术。而对于像苹果、小米这种互联网属性比较强的企业来说，奉行的是“爆品”策略，每个品类都只有很少的几款产品，有些甚至是一个品类一款产品。

（3）产品组合深度（depth）

产品组合深度是指产品线中的每一款产品有多少花色品种。假设佳洁士牙膏有10种配方和3种尺寸规格，佳洁士牙膏的深度是30。产品组合的长度和深度反映了企业满足各个不同细分子市场的程度。增加产品项目或增加产品的规格、型号、式样、花色，可以迎合不同细分市场消费者的不同需要和爱好。

一般来讲，当公司打算增加产品特色或者为更多的细分市场提供产品时，可以选择在原有产品线内增加新的产品项目；当公司在市场上处于劣势，或者能源、原材料供应紧张时，可以选择在原来的产品线内缩减产品项目。

（4）产品组合相关性（consistency）

产品组合相关性（或称一致性）是指一个企业的各产品线在最终用途、生产条件、分销渠道等方面的密切相关程度。

产品线的紧密度是为了帮助企业无缝隙地覆盖整个市场。较高的紧密度能带来企业的规模效益和企业的范围效益，提高企业在某一地区、行业的声誉。但产品线的紧密度应保持适中的程度，不应太稀疏或太紧凑。若紧密度太稀疏，将导致很多市场空白被漏掉，为竞争对手占据；若紧密度太紧凑，将导致产品与产品之间的差异化不够，企业自己蚕食自己的市场。

2. 品类创新

企业除了要耕耘好现有的产品线和产品组合，也需要积极开拓新品类，进行品类创新，因为品类创新能够实现爆炸性增长和企业的可持续发展。具体来说，企业可以依据以下几个方向在现有竞争市场中开拓新品类。

（1）借助高阶品类开创新品类

由于市场发展水平与所处的历史阶段不同，处于发展不成熟、竞争不激烈的初阶市场（初级阶段市场）的品类，可以研究发展成熟、竞争激烈的高阶市场品类的发展历史，以此提供判断品类分化趋势的重要依据。

2008 年前中国市场的消费者因传统洗衣习惯，无法快速地从洗衣粉转到洗衣液。当时把控中国市场的宝洁、联合利华误判了中国消费市场，它们认为中国消费者仍然会长期使用洗衣粉、肥皂等低端用品，而忽略了中国中产阶级的崛起及中产消费能力提升的需求。2008 年，蓝月亮集团控股有限公司推出深层洁净护理洗衣液，抓住了这个被国外巨头忽视的机会，成功主导了洗衣液品类。

（2）借助相近或相似品类开创新品类

借鉴发展成熟度高、竞争激烈的相近品类的发展历史，从而实现创新。

立顿茶包的成功给予小罐茶以启示：方便、快捷是未来世界茶叶消费的大势所趋。既然有标准化的一袋一泡的拼配茶叶包，那么就会有标准化的一罐一泡的原叶小包装罐。小罐茶完美实现了消费者对喝原叶茶"便捷"的核心诉求：一罐一泡，充氮工艺，干净新鲜。

（3）借助追溯品类前身开创新品类

追溯品类前身能够清晰地把握需求本质，不管品类物理形态如何变化，顾客对品类的基本核心需求是不变的。同时，品类前身拥有强大的客户心智资源，借助这个强大心智资源，新品类一出场就很容易被消费者接受。

当方太集团对中国家庭洗碗行为进行深入研究后，发现人们会习惯一边洗碗一边控水。于是就想到将水槽和洗碗机结合起来做一个全新的嵌入式电器，同时加入果蔬去农残功能，由此，将水槽、洗碗机、果蔬净化功能"三合一"的水槽洗碗机诞生了。洗碗机作为舶来品于 1995 年开始进入中国市场，但迟迟未能引爆中国家庭消费市场。直到 2015 年方太水槽洗碗机的上市，占领了中国消费者的心智，国内掀起了对洗碗机追捧的热潮，引领了中国家庭健康洗涤的新趋势。

思考题

如何实现产品组合的动态平衡？

二、制定产品策略

（一）通过产品地图管理产品

面对数量众多且品种多样的产品，企业可以通过产品地图来管理产品。产品地图是按照产品的主要特征，把企业的产品和竞争对手的产品放在同一坐标轴内，根据核心特征，建立坐标轴，并按照产品组合把地图划分成不同的细小空间。建立清晰合适的产品地图有利于企业将市面上琳琅满目的商品进行分类与合并，指导企业后续的产品策略。

产品地图构建有以下 3 个关键步骤。

1. 特征提取

在构建一个产品地图时，总是有很多特征可供选择。而特征提取的过程会大量减少所考虑的特征。例如，准确考虑市面上的所有枕头的每种款式、材料和颜色选项是不现实的，因此优先考虑关键特征将有助于创建更精准的地图。同时特征提取需要确定最重要的特征。例如，如果销售冰箱，请选择消费者关心的功能（冷冻空间、制冰机、滑出式货架等）并优先匹配这些产品。

例如在构建护肤品市场的产品地图时，根据市面上大部分的护肤品的特性和企业自己的目标定位，主要确定了“材质”和“效果”两个特征。虽然包装、价格、颜色等都是护肤品的产品特征，但在众多的特征中进行筛选和提取，最终确定了两个最有意义和精准的特征。

2. 指标构建

在提取特征构建坐标系之后，需要将产品嵌入坐标图之中，而标准化测量指标是产品嵌入的重要前置条件。例如，枕头的柔软度作为枕头的重要特征，将不同的枕头放入一个坐标系内，不能全凭直觉进行放置，而是根据一套稳定且实用的测量标准测量软硬度后确定位置。

对护肤品的指标进行标准化分解，将“材质”分为化学品和天然两个维度，将“效果”分为增白和自然肌肤。这是根据企业本身的产品特性进行的坐标划分，对于护肤品而言，“材质”和“效果”有多种多样的划分方法，如滋润、去皱等。因此在确认指标的过程中，依然要围绕企业的产品本身对指标进行划分。

3. 放置产品

将市面上的产品根据所确定的特征和指标进行分类，嵌入产品地图内，并进行归类总结，形成完整的产品地图。

举例来说，将洗发露的产品放置到地图之中，这些产品包括本企业生产的产品，也包含竞争对手生产的产品。将聚集且密布的产品进行聚类整合，分析该类产品的特点和市场空间。由此一个清晰且具有实践意义的洗发露市场产品地图已构建完毕。在这个地图中（见图 7-2），可以看出“蓬松—防脱”这一类别的产品数量众多，竞争大，同时也说明这一块受众多，消费者需求高，而“蓬松—修护”这一类别几乎完全没有产品。通过分析产品地图，可以识别消费者需求、挖掘产品潜力、找到市场空白，指导企业制定后续产品策略。

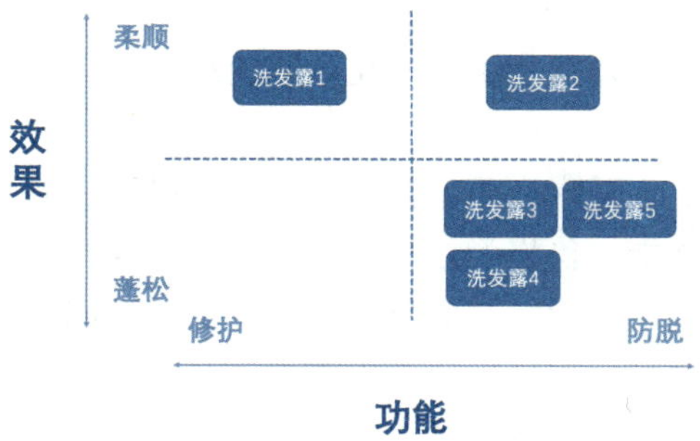

图 7-2 洗发露市场产品地图

4. 调整优化

在构建了产品地图后，依然需要定期对产品地图进行优化和调整。市场和消费者需求在不断发生变化，产品地图只有紧跟这些变化，才能发挥出它的作用。

值得注意的是，调整优化依然是产品地图构建中重要但容易被忽视的一环，市场是动态的，本年度的“蓬松—修护”分类还是一个市场空白区域，下一年度产品便蜂拥而至，因此，产品地图具有很强的时效性，要想更好地利用产品地图，必须对产品地图进行调整和改进。

（二）从产品功能视角管理产品

1. 产品功能

产品功能是指这个产品所具有的特定职能，即产品总体的功用或用途。产品功能是最终为用户带来价值并使产品在市场上脱颖而出的产品特性或属性。产品主要分为以下 3 种功能。

（1）核心功能

核心功能是指产品能为顾客提供最基本的效用或利益的功能，是满足消费者需求的重要内容。例如，汽车的核心功能是运输，食物的核心功能是饱腹，这些都是消费者对产品最底层的要求。如果在核心功能上有所缺失，即使其他功能再完善，产品也不能长久地被消费者选择。

（2）优化功能

优化功能即产品在核心功能以外的附加功能，主要用于满足消费者对特殊使用场合等较高阶的需求，其包括产品的外部特征和可见形体、产品的特性等，如品牌本身的认可度、款式的新颖独特、包装的精美简便等，这些是顾客需求的不同满足形式，是满足人们扩展需要的部分，也是产品基本功能的载体。

（3）附加功能

附加功能即产品的额外功能，指产品能为消费者提供各种附加服务和利益的功能，如产品的使用示范或指导、免费送货、售后服务等，以及一些商品本身就是因为附加功能而产生的，例如带有品牌标志的文化衫、品牌推出的周边产品等。

2. 产品类别

而通过不同产品功能的组合，可以将产品划分为以下 4 类。

（1）基本产品

基本产品是指产品组合中最重要的产品和核心产品，覆盖了核心客户所需要的基本功能，价格为主流客户所接受。现在市面上售卖的大部分产品都是基本产品，基本产品也是企业核心竞争力的来源之一。例如咖啡店的基本产品为咖啡，咖啡品质优劣、价格高低将直接影响咖啡店的经营状况。

（2）附加值产品

附加值产品是指在产品原有价值的基础上，企业提供和产品功能相关的增值性服务，即附加在产品原有价值上的新价值。附加值产品虽然不是企业的核心产品，但是其为企业提供的高额利润不容小觑，甚至会成为企业大获成功的重要影响因素。附加值产品主要有以下 5 个特点。

① 使企业更好地发挥产品的核心功能。

② 使客户以更低的成本使用企业的产品。

③ 使企业产品的使用门槛降低。

④ 使企业产品的服务人群扩大。

⑤ 使企业的收入增加。

例如，星巴克作为售卖咖啡的门店，其附加值产品为空间与增值型服务，消费者可以在星巴克办公、会谈、欣赏音乐等，这也是星巴克的“第三空间”概念的体现——一个除了公司和家以外的地点。正是这些增值型服务使得星巴克从各类咖啡店中脱颖而出。

（3）增强型产品

增强型产品是指把基本产品当中的核心利益进行放大、升级和极致化，它强化了企业基本产品当中的重要核心功能，从而满足顾客特定的使用场景。

例如，在防晒霜这一类产品中，由于不同场合和特殊人群的需要，会推出冲浪、通勤、户外运动这些不同场合使用的防晒霜，也会有针对敏感肌人群、儿童等特殊群体推出的防晒霜，这一类就是增强型产品。

（4）衍生型产品

衍生型产品是指未必和核心产品相关，但是和品牌、顾客和顾客关系的培养有关的产品。例如，米其林作为一家轮胎公司，米其林餐厅评选榜单就是它的一种衍生型产品，它与核心产品无关，但是帮助米其林公司增强了与顾客的联系。

星巴克作为一家售卖咖啡的企业，其基本产品为咖啡，而售卖咖啡是公司的主营业务。附加值产品为办公、商务空间，通过这些产品，公司吸引了大量顾客，降低了顾客进入的门槛，创造了大量的利润。增强型产品为浓缩咖啡，适用于喜欢浓度更高的咖啡人群；咖啡粉囊适用于想要在家里/办公室喝到星巴克咖啡的人群，增强型产品通过特殊的适用人群和使用场景对自己的核心产品进行了增强。衍生型产品为星巴克的杯子、月饼等，这些产品与咖啡本身不相关，但增强了企业和消费者的联结（见图 7-3）。

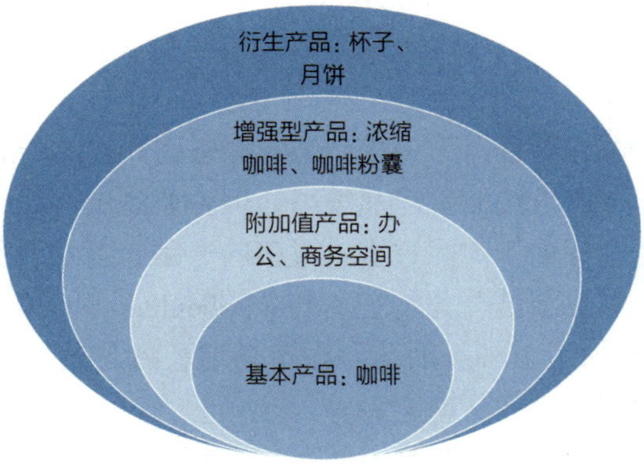

图 7-3　产品类型案例：星巴克不同功能的产品

（三）从产品角色入手管理产品

整个公司的产品线可以形象地概括为一台飞机，而产品的不同角色也可以概括成飞机的每一个部分，其包括：头部产品、机身型产品、两翼型产品、尾部产品。根据不同产品角色搭配产品，才能使企业最大化利润，如图 7-4 所示。

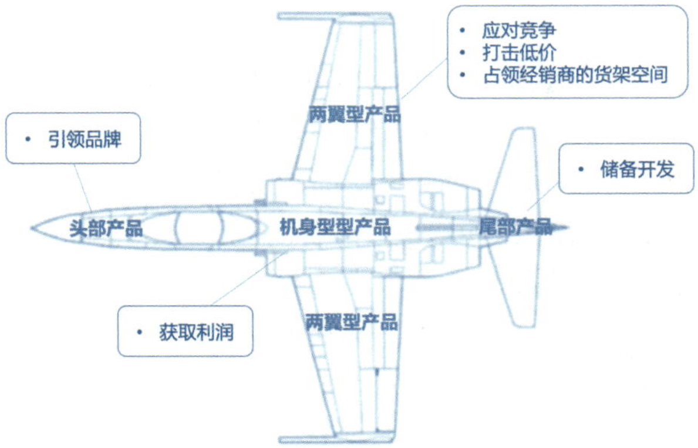

资料来源：如何制定产品策略[BE/OL]. [2022-09-06]. https://zhuanlan.zhihu.com/p/491506232.

图 7-4　产品的不同角色

1. 头部产品

头部产品是指产品组合当中价格最高、功能最大、品牌形象最高的头部产品，主要使命是定义和代表企业品牌形象，给总体的品牌价格、品牌使用场景、品牌诉求做定位。例如，苹果电脑作为苹果产品序列中价格最高、集成技术最多的产品类型，对于苹果公司而言是头部产品。

2. 机身型产品

机身型产品是指企业的主销售产品，是企业主要的销售来源和利润来源，满足了市场中最大、最重要客户的需求。例如，每个汽车品牌中都有几款主打车型，可以满足大部分人的需求，也因此市场份额最大。

3. 两翼型产品

两翼型产品是为了应对竞争而开发的具备特殊功能的产品，应对特殊的场合和时间，起到保护市场的作用。其实现保护目标主要通过两个途径：抵消和钳制竞争对手、占领经销商和货架空间。例如，苹果公司推出的iPhone 5c就是为了巩固下沉市场推出的产品。

4. 尾部产品

尾部产品是储备产品，是针对下一代产品的储备而开发的产品。

虽然有多条路径、多种方法制定产品策略，但企业制定产品组合策略时依然会有两个常见的误区。很多企业倾向于产品过多，过多的产品会引发消费者混淆，反而表现不如产品少的时候好。例如，宝洁公司将 Head and Shoulders洗发乳的种类从 26 种减少到 15 种时，销售额反而增加了 10%。因此，在市场增长疲乏的时候，要做减法，削减品牌，把有限的资源集中到重要的品牌上去。

另一个误区是产品线过窄或者长度不够会丧失新机遇，过往很多企业墨守成规，不愿改变自己的产品线，导致没有抓紧市场机遇，被时代淘汰。因此，在市场增长迅速的时候，要抓住机遇，尽可能抓住市场的新风向，防止被市场淘汰。

（四）从市场表现视角管理产品

通过对分析企业所开展的业务类型和其生产产品系列的市场表现的分析，绘制适用于企业的波士顿矩阵，协助企业更妥善地分配资源，服务企业的品牌建立和营销、产品管理、战略管理及公司整体业务。

1. 波士顿矩阵

波士顿矩阵（BCG Matrix，又称BCG矩阵）是波士顿咨询公司设计的一个图表，由布鲁斯·亨德森于 1970 年提出，波士顿矩阵不仅考虑到市场截面的产品表现，也将时间纳入考量。其纵轴为相对市场占有率（以产品的市场占有率除以同业最高的市场占有率而获得），横轴为市场预期增长。市场占有率代表了公司现在的盈利率和竞争力，市场预期增长则是对企业未来的预期现金流和成长性的预估。

将企业的产品一一进行计算和放置，得到企业产品的波士顿矩阵，用以判断公司各产品的当下市场表现和未来市场潜力（见图 7–5）。

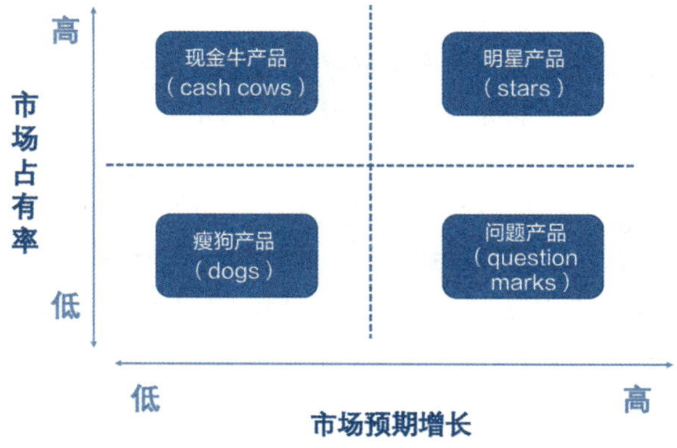

图 7-5 波士顿矩阵

2. 矩阵象限

波士顿矩阵的 4 个象限分别代表了 4 类产品。

（1）现金牛产品（cash cows）

即高市场占有率、低预期市场增长的产品。顾名思义，这类产品通常能够为企业带来较多的现金收入，维持公司稳定的现金流，是企业的龙头业务和支柱业务。它们通常都被认为是稳定的，其所属市场已经成熟，竞争者众多，消费量也大，但未来并不会有太多的市场增长空间。因此，企业在这类业务上的投资不会使收入大量增加，只需为这些产品维持最基本的开支，保证现有的市场占有率和现金流即可。

（2）瘦狗产品（dogs）

即低市场占有率、低预期增长的产品。这类产品通常只能维持自身的收支平衡，不能为公司带来可观的收入，所以对公司来说是没有用处的。而且，这些产品降低了公司的资产回报率（return on assets，ROA）。资产回报率是投资者分析一家公司是否管理良好的一个重要数据。因此，从会计角度来看，这类产品应该被售出或者停产。但从实际来看，企业不同的产品之间存在互补和竞争关系，这些产品可能实际上协助了其他业务。例如，iPhone 的新品发布会发布一个主推产品和一个相对表现较差的产品，后者主要功能并不是提供收入，而是作为主推产品的对比项，用以推动另一款的销售。

（3）问题产品（question marks）

即低市场占有率、高预期增长的产品。这类产品市场占有率低，不能为企业带来可观的收入，反而出现大笔现金净支出。同时，这类产品有潜力为企业带来大量收入——在增加市场占有率后，这些产品将会变成明星产品，并在市场成熟后转为现金牛产品。但如产品销售多年都未能成为市场领先者，则会变成瘦狗产品。因此，对这些产品投放资源前，必先对它们小心分析，以确定业务是否值得投资，并且要格外注重该类产品的产品策略，以增加其成为明星产品和现金牛产品可能。

（4）明星产品（stars）

即高市场占有率、高预期增长的产品。这些产品均被期望成为现金牛产品，承担企业的龙头业务。虽然这些产品需要企业投放更多的财力来维持市场领先者地位。但这些投资都是有所回报的，维持住该产品市场领先者的地位，当市场转趋成熟时，明星产品就会变为现金牛产品。否则，维持不住市场占有率，明星产品也会沦落为瘦狗产品。

3. 产品生命周期

企业所面对的市场是新兴市场的时候，其产品大部分为问题产品，小部分为明星产品。随着市场逐渐增长，其中一部分问题产品在该过程中变为明星产品。在市场成熟和稳定之后，面向该市场的产品最终均会进化成现金牛产品或者是瘦狗产品。从波士顿矩阵上看，大部分产品的生命周期都是自问题区域开始，然后移向明星区域。当市场增长放缓时候，则会移向现金牛。最终则会移向瘦狗区域，并完成一个生命周期。

因此，企业需要合理安排产品线，让产品在生命周期（即波士顿矩阵的各个象限）合理分布，并针对相应的产品采取合适的投资策略。

实例 7–1

联合利华和可口可乐

联合利华公司(Unilever N.V.)是世界领先的美妆及个人护理、家庭护理、食品、冰激凌和饮料提供商之一，产品畅销 190 多个国家和地区，其旗下有多条产品线和巨量的品牌，最多时有 9000 多个品牌，但在这些品牌中，不到 80 个的头部品牌贡献了 90% 的利润。

可口可乐公司（The Coca–Cola Company）是知名跨国企业，以无酒精饮料生产、销售闻名，也是世界第一个可乐品牌。1886 年，美国药剂师约翰·彭伯顿发明了可口可乐配方。1889 年，美国实业家阿萨·坎德勒全数购入可口可乐的配方、品牌，并于 1892 年正式在美国亚特兰大市注册建立可口可乐公司。可口可乐公司最出名的产品是红罐的可口可乐饮料。在 100 多年的公司历史中，可口可乐公司在碳酸饮料市场的主销产品始终是红罐的可乐，即使后续推出了无糖可乐、可乐纤维+，也是围绕着原来的可乐在做文章，并且红罐可乐的地位从未被动摇。

（资料来源：科特勒咨询集团，曹虎，王赛.什么是营销[M].北京：机械工业出版社，2020.）

思考题

1. 结合联合利华公司和可口可乐公司的案例，思考为什么可口可乐公司始终以红罐作为主销产品，没有过度追求多元化?

2. 为什么大部分品牌不创造利润，但是企业仍然要推出这么多品牌?

三、品牌概念和品牌联想

（一）品牌概念

1. 概念

品牌是用来创造市场价值的象征性标识。从公司的角度来说，品牌具有帮助消费者识别公司产品和服务的功能，是一种创造独特市场价值的营销手段。正是由于品牌之间在感知到的价值上存在差别，企业才能够依靠品牌的力量在激烈的市场竞争中脱颖而出。而从客户的角度来说，品牌是特定产品和服务的标识符，所有相关的联想都指向该标识符。因此品牌向客户传递了一种独特的品牌联想，这种品牌联想会加深消费者的印象，并且吸引到不同的目标客户人群。

美国市场营销协会在1960年出版的《营销术语词典》对于品牌的定义是：用以识别一个或一群产品的名称、术语、记号、象征及其设计组合，以便于和竞争者的产品和劳务相区别。

然而，实际上，随着营销活动的发展，品牌一词具备了更深的意义，**品牌并非仅仅是名称、术语、记号、象征及其设计的组合，而是所有客户心中形成的对于一个产品及相关企业所有印象的总和**。正如品牌管理研究的国际先驱凯文·莱恩·凯勒所说，品牌是立足于现实的认知集合体，存在于人的认知当中，是品牌受众关于某一认知对象，如企业、非营利组织、地区、个人的所有信息、态度和行为的集合体。例如，1851年，宝洁公司的创始人威廉·宝特发现负责运货的工人总是在宝洁公司产品的货箱上标记星星月亮等图案与其他公司的货物区分，宝洁公司以此为灵感，设计了以月亮和星星为标志的商标。

品牌包括产品品牌、企业家品牌及企业品牌。产品品牌是指产品的名称、术语、标记、符号、设计等方面的组合体，以及有关产品的一系列附加价值，包含功能和心理的双重利益。企业家品牌是企业家在内、外环境下所表现的一种稳定的心理因素或态度，是他人对由企业家内在特点决定的外在表现的总体印象和评价。而企业品牌则是指以企业名称为品牌名称，企业品牌传达了企业的经营理念、企业文化、企业价值观及对消费者的态度。

产品品牌、企业家品牌和企业品牌是互相联系的有机体，这三者合力塑造了企业的品牌基因和品牌文化。产品品牌是在企业经营战略之下，企业经营战略实现的重要载体。产品品牌以个别产品为核心，考虑该产品本身的发展及产品所在行业的发展趋势。产品品牌的塑造是通过建立有吸引力的品牌形象或诉求来推动具体产品的销售。企业家品牌具有人性、真实性、亲切化的独特优势。企业家的人格魅力促进企业品牌深入人心。构成企业品牌的品牌价值、品牌文化、品牌精神、品牌个性等均深受企业家品牌的影响，企业家是这些理念的最忠实的贯彻者和践行者，企业家品牌与企业品牌在深层次上具有高度的同一性和一致性。企业家品牌是企业品牌的高度浓缩，是品牌的"人格化"展现，代表了品牌独特的个性特征。企业品牌在企业成立初期完成设定，通常企业品牌都同它所提供的特定产品与服务相联系，在随后的经营过程中，不会轻易进行调整。丰富、凸显企业品牌的内涵是一个的长期过程，需要产品品牌及企业家品牌予以相应的支撑。企业品牌能有效突破地域之间的壁垒，进行跨地区的经营活动，并且为各个产品提供统一的形象及消费者承诺，使不同的产品之间形成关联，整合产品品牌资源。

品牌的本质是用户的心智区域和记忆结构（见图7–6）。在提到一个品牌时，用户能够联想到的关键词就是品牌的记忆结构。联想到的关键词越多，就说明品牌的记忆结构越广阔、越深厚。品牌的记忆结构越广阔，就能够在不同的场景不断激活用户的认知，加强记忆。而品牌的记忆结构越深入，就越能够塑造强有力的品牌个性，从而促使用户将短期记忆转换为长远记忆。总而言之，用户关于品牌的记忆越深远，品牌就越强大，能够为企业带来更大的价值。

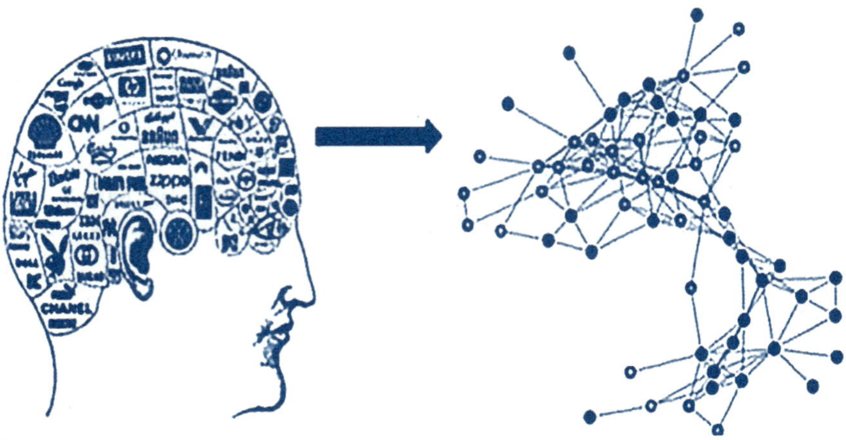

资料来源：整理自名称中性化：打造百年俱乐部品牌的起点 [EB/OL]. (2019-01-04) [2022-10-11]. https://www.sohu.com/a/286716423_753679.

图 7-6 用户的心智区域与记忆结构

因此，品牌建设实际上就是在客户头脑中建立一个深入广阔的记忆结构的过程，包括企业在和客户接触过程中能够塑造他们对企业品牌印象的所有活动。品牌建设需要利用系统化思维对企业所要形成的记忆结构进行全局性的规划，从品牌的本质出发做决策，真正做到从多个维度打造品牌的同时避免记忆结构中互相矛盾冲突的部分，在用户的心中形成稳固的标签化的印象，并不断强化品牌在用户脑海中所占据的心智区域和形成的记忆结构。

实例 7-2

麦当劳记忆结构的构建

提到麦当劳，我们首先会想到的是它的标志——金拱门，然后是它的IP形象——有一个顶着红色爆炸头的麦当劳叔叔。麦当劳的主要产品是汉堡、薯条、小吃一类，结合其服务速度，给用户留下了快速、便捷的印象。餐厅内部的游乐场、不定期举办的主题生日派对，将品牌与有趣、友好、温暖及家庭团聚这些概念绑定在一起。麦当劳为儿童设计的生日派对包括DIY汉堡、做游戏、“麦当劳”之舞及专属礼物这些环节，在用户年龄很小的时候就占据了一块心智区域。

麦当劳曾通过将两只手摆放成金拱门的标志并一起品尝薯条等活动，来将品牌与“分享爱”这一概念联系起来。此外，麦当劳还利用热点营销和捆绑营销将品牌与万圣节的糖果、圣诞节的彩蛋、中国的传统节日中秋节等联系起来。除了营销活动，麦当劳也积极投身公益事业，资助了麦当劳叔叔之家、儿童先天性心脏病救治项目及自然灾害救助项目等，支持有需要的儿童及灾区教育、医疗事业。麦当劳叔叔之家不仅缓解了患儿及其家人因治疗而产生的一系列生活压力，也给了患儿一种温暖快乐的就医体验。

（资料来源：根据网络相关资料整理）

思考题

在你心目中麦当劳的记忆结构是什么样的呢?

2. 组成部分

品牌的记忆结构可以分为节点（nodes）、关联（links）及层级（levels）3 个组成部分。

（1）节点

记忆节点可以分为功能型和情感型两种类型。功能型的节点表达的是品牌给用户带来的实际效用，包括是什么、做什么、在哪里、什么时间、如何、谁用、与谁一起、如何识别及感知。而情感型的节点描述的则是品牌给用户带来的情感体验，如信任、喜欢、温暖、安心、激动、快乐、失望、愤怒、好坏等。功能型节点构建的是品牌的关联场景，而情感型节点则构建了用户对品牌的情感需求。

（2）关联

评价品牌记忆结构的关联可以从深度和广度两个方面出发。记忆关联的深度描述的是品牌在某一关键场景或关键情感维度的渗透程度。关联深度越大的节点往往是品牌记忆结构中的核心组成部分，是品牌独特价值的来源。记忆关联的广度则描述的是品牌对不同场景或不同情感体验的覆盖程度。记忆关联越广，就越有可能在不同场景多次激活用户对品牌的记忆和联想，从而占据用户的心智资源。可口可乐在消费者心中搭建的全场景记忆就是记忆关联广度的一个例子。可口可乐的场景营销抓住了运动时、吃汉堡时，甚至过圣诞节时的每一个时刻，让用户在这些场景下不自觉地就联想到了品牌。

（3）层级

品牌的记忆结构是有层级的，有的品牌记忆结构是单层的，而有的则是多层的。一般而言，随着品牌的发展，记忆结构的层级会不断丰富。

构建品牌的记忆结构，首先要明白记忆结构中的关键节点有哪些，将记忆节点从产品和营销中提炼出来，然后从中挑选有差异化的节点，将这些节点由浅做到深，不断强化用户的印象，最好的品牌是通过加深差异化的记忆节点做到品类垄断，为企业创造额外的价值。

记忆结构的组成部分

（二）品牌联想

品牌联想即消费者看到某一特定品牌时，从他的记忆中所能被引发出对该品牌的任何想法，包括感觉、经验、评价、品牌定位等。这些想法可能是来自消费者在日常生活中的各个层面，例如消费者本身的使用经验、朋友的口耳相传、广告信息及市面上的各种营销方式等。品牌联想可以分为属性（attributes）联想、利益（benefits）联想和态度（attitudes）联想。

1. 属性联想

属性的联想是有关于产品或服务的描述性特征。属性联想又分为与产品有关及与产品无关两类。与产品有关的属性定义是执行该产品或服务功能的必备要素。而与产品无关的属性是有关于产品或服务的购买或消费的外在方面（external aspects）。与产品有关的属性主要包括价格信息（price information）、包装或产品外观（packaging or product appearance information）、使用者形态（user imagery，即何种形态的人会使用此产品或者是服务）及使用情境（usage imagery）（即在何处及何种情境下，此产品或服务会被使用）。

2. 利益联想

利益联想是指消费者给予产品或服务属性的个人价值，也就是消费者心目中认为此产品或服务能够为他们做些什么。利益联想又可以进一步分成3类：功能利益、经验利益和象征利益。功能利益是指产品或服务的内在优势（intrinsic advantages），通常与生理及安全需求有关。经验利益是有关使用产品或服务的感觉，其通常与产品属性有关。例如感官乐趣（sensory pleasure）、多样化（variety）及认知刺激（cognitive stimulation）。象征利益是指产品或服务的外在优势（extrinsic advantages），其通常与产品属性无关，而是有关社会认同的需求，或是个人表现及自尊。

3. 态度联想

品牌态度联想是消费者对品牌的整体评价，是形成消费者行为的基础，反映的是品牌想要传递的一种信念和价值观，也是品牌人格特质的来源。品牌态度联想除了与产品本身有关之外，与信念、功能利益、经验利益及与象征利益间均存在着相关性。

在这3种不同类型的联想中，属性联想是品牌必须提供的特点和过程，是品牌联想的脊柱，没有属性联想，其他联想就如空中楼阁一般不切实际。尽管品牌属性联想是其他联想的基础，但由于产品属性容易被竞争者模仿，容易在市场上传递，所以品牌仅有属性联想是远远不足以创造出价值的。而利益联想则传达了提供给顾客的功能性价值，是品牌联想中的大脑。态度联想传递的是品牌的一种信念和价值观，也是品牌联想中的心脏，是最难模仿、最难传递，同时也是最有意义的。这3种联想的构建难度不断提升，同时给企业带来的价值也是逐渐增加的，品牌联想构建要从产品的属性出发，强调品牌的利益，传递品牌的价值观。品牌联想之间的关系如图7–7所示。

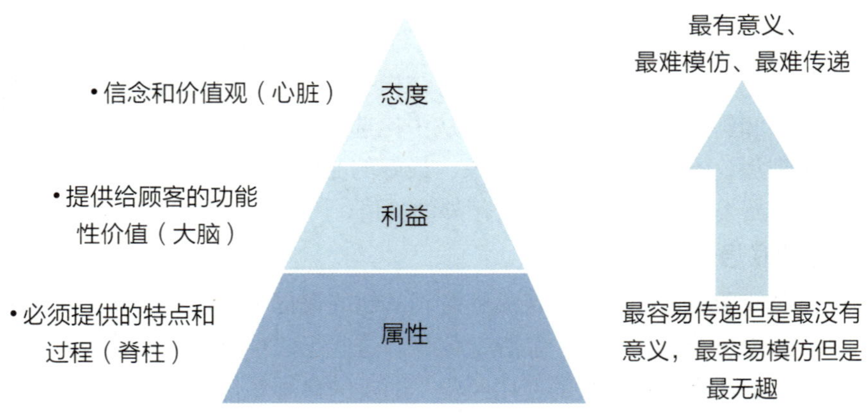

图7–7 品牌联想的关系

四、品牌建设

随着“品牌”的概念得到重视，品牌建设成了企业与营销人员愈发关注的环节。品牌建设一般意义上是指品牌拥有者对品牌进行的规划、设计、宣传、管理的行为。品牌建设的过程通常涵盖了所有与品牌有接触的对象，包括用户、渠道、合作伙伴、媒体，甚至竞争品牌。越来越多的营销人员意识到“品牌”是一种无形资产，打响了品牌就是有了知名度，有了知名度就具有凝聚力与扩散力，并能进一步转换为企业自身的发展与盈利。显然，对于任何一个企业，将自己的品牌变成具有市场竞争力的著名品牌（即成功品牌）是一件梦寐以求的事情。这其实也是品牌建设的实质所在。

营销学者及从业人员针对企业如何成功地进行品牌建设做了大量的研究，并提出了众多可以指导企业进行实践的理论模型。大卫·艾克在提出品牌价值概念的同时，创造性地推出了多个品牌建设的方法和理论。其中，品牌建设的四段里程模型被业内广泛认同和借鉴。该理论认为品牌建设需要经历4个步骤：品牌知名—品牌认知—品牌联想—品牌忠诚，即一个成功的品牌，首先应该具备比较高的知名度；然后应努力让消费者对该品牌的内涵、个性等有较充分的了解，并进一步在不同场合下能对该品牌产生正面积极的联想；最后，在消费者使用了产品、认可了产品价值后，还会出现重复购买行为，成为忠诚的消费者。如此便完成了成功的品牌建设。

也有学者从联想的角度剖析品牌建设，例如黄合水认为品牌建设实质上就是在消费者记忆中建设尽可能多的关于品牌的联想。消费者关于品牌各种各样的联想概括起来有3种，即品牌名字与产品类别的联想、品牌名字与产品评价的联想和品牌名字与关联物的联想。企业如果想进行成功的品牌建设，就需要通过各种努力尽可能强化消费者在这三方面的联想。

随着经济与科技的发展，各大知名企业也在与时俱进地探索品牌建设在新时代的新框架。全球知名品牌咨询公司Prophet铂慧咨询公司与阿里巴巴集团合作，针对数字化时代中国市场的品牌建设提出了具有现代化意义的“品牌建设META模型”。META品牌建设模型可以概括为：maintain（保持）、evolve（演进）、transform（变革）的approach（方法论），其中，“保持”强调企业需要识别并且维护住品牌的核心原则与定位，“演进”旨在从传统的品牌建设策略出发，协助企业逐步了解洞悉影响品牌建设的关键因素，“变革”则是指企业需要发挥现有优势，利用中国市场数字生态体系中独有的丰富数据和实时的全渠道进行现代化转型。

在以上研究的基础上，我们在本章着重介绍品牌建设的三角模型（见图7-8），该模型认为品牌建设需要围绕品牌认知度、品牌认可度、品牌覆盖度3个核心概念展开并进行营销实践。这一模型已经得到了广泛的实践与认可。接下来，我们将循序渐进地逐步介绍品牌认知度、品牌认可度与品牌覆盖度。

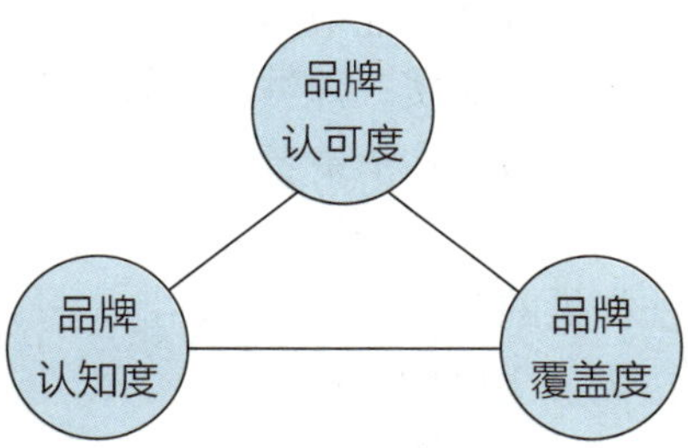

图7-8　品牌建设三角模型

（一）品牌认知度

1. 层级

企业或营销人员想进行成功的品牌建设，第一步就是建立品牌的认知度。品牌认知度是品牌价值的重要组成部分，是指消费者对品牌的了解、记忆和识别程度。具体表现为消费者在想到某一类别的产品时，在脑海中想起或辨别某一品牌的程度。品牌认知度是衡量消费者对品牌内涵及价值的认识和理解度的标准。一般来说，根据品牌被想起的难易程度，可以将品牌认知度划分为4个层级：无认知度（unaware of brand）、提示认知度（aided awareness）、未提示认知度（unaided awareness）和第一提及认知度（top of mind）。4个层次呈金字塔形，从底层往上发展，实现难度逐渐加大。

（1）无认知度，指的是无论在何种情况下，消费者都对该品牌没有任何印象。

（2）提示认知度，指的是消费者在受到某种提示或触发某些暗示后，能够想起某一品牌，但了解程度并不高，只是有一个粗略但并不清晰的整体印象。

（3）未提示认知度，指的是消费者在接触某类产品时，即便没有任何提示，也会想到该品牌。比如提到汽车，本田、大众等品牌很可能会被消费者所想到，显然，消费者对这些品牌有较深的印象。他们在选购汽车时，也会更加倾向于选择这类品牌。

（4）第一提及认知度，指的是消费者在没有任何提示的情况下，所想到或说出的某类产品的第一个品牌。一般来讲，消费者对这类产品有较强烈的偏好，甚至形成了一定的品牌忠诚感。在消费者的心目中它总是处于其他品牌前面的位置。如可口可乐、苹果手机等。

可以看出，如果品牌认知度可以达到未提示认知度，甚至第一提及认知度，那么对企业的营销实践会有非常大的帮助。但在实际生活中，做到这一点却并不容易。尤其在当今这个信息时代，消费者无论购买何种产品都有大量的品牌可以选择，各个企业也愿意投入资源进行自身的品牌建设。这就导致消费者几乎时刻被各类品牌所宣传的信息包围，而很难有一个特定的品牌信息留存在消费者的记忆中。这无疑是对各品牌提高自身认知度提出的一个挑战。

2. 客观因素

要想让自身的品牌在庞杂的信息流中脱颖而出令消费者印象深刻，首先就需要明确影响消费者品牌认知度的因素。从理论上来说，影响消费者对品牌认知度的因素既包括品牌自身的客观因素，也包括消费者的主观因素。影响消费者品牌认知度的客观因素主要包括以下几种。

（1）品牌独特性

品牌独特性指的是某一品牌所具有的区别于其他品牌的鲜明特点。其区别可以表现在价格、品质、种类、功效、市场等多个方面。在这个信息爆炸的时代，同质化的信息是很难留存在消费者的记忆里的，因此想要提高自己品牌认知度，必须能让消费者感受到该品牌在某个特定方面与其他品牌有显著的不同，可以给消费者提供某种其他品牌无法提供的独特价值。

（2）品牌传播

品牌传播指的是企业始终贯彻品牌的核心价值，并通过广告、销售、公关、人际等方式，将品牌的核心价值转化为信息流，传递到消费者端，以将特定品牌推广开来，建立品牌形象。品牌本身能提供独特价值仅仅是企业端做到的第一步，进一步让这份价值被消费者端接触并了解，是提高品牌认知度中必不可少的一环。企业通常可以选择紧扣消费者需求的广告，或以降价、抽奖等促销方式，或通过口碑推广来传播自己的品牌价值，提高品牌认知度。

（3）品牌行为

品牌行为指的是在品牌理念指导下的企业员工对内和对外的各种行为，以及企业的各种生产经营的外在表现。品牌行为既可以通过对内贯彻品牌文化与理念，从根本上规范员工和企业自身的行为来提高品牌影响力，也可以通过对外表现潜移默化地影响消费者的认知——对消费者而言，除了品牌所宣传推广的价值外，品牌自身的行为表现，例如慈善行为、政治行为等，也会成为他们对品牌印象留存的重要影响因素，决定着消费者的品牌认知度。

3. 主观因素

影响消费者品牌认知度的主观因素主要包括以下几种。

（1）消费者需要

为了利用有限的精力与资源得到尽可能多的效用，消费者通常只会搜集他们需要的品牌信息。不满足消费者需要的品牌信息往往根本不会被消费者注意，贴近但不能完全契合消费者需求的信息也很容易随着时间的推移而被消费者遗忘。相反，如果消费者对某类产品有迫切的需求，就会主动收集相关的品牌信息，一旦出现能解决消费者痛点的品牌，其信息就很容易留存在消费者的记忆中。因此品牌信息要想在消费者脑海中留下印象，首先需要满足或激发消费者的相应需要。

（2）消费者经验

消费者经验是消费者在个人认知过程中通过以往经历所总结、积累出的、储存在消费者记忆中的特定的信息处理范式。认知心理学的研究表明，与陌生的信息相比，熟悉的信息更容易被消费者获取、理解并记忆。因此对某一类产品熟悉的消费者往往更能全面理解该类别品牌传递的信息。企业如果能通过消费者熟悉的媒体渠道和信息表现形式来传递自身的信息，也会取得事半功倍的效果，给消费者留下深刻印象。

（3）消费者特征

消费者特征是指消费者自身作为特定个体有别于其他消费者的代表性因素，其包括年龄、性别、职业、学历、性格、宗教信仰等多个方面。具有不同特征的消费者往往会对品牌信息做出不同的反应。例如，年龄较大的消费者总体上会对养生类的产品更加熟悉和关注，而这类产品在年轻的消费者中可能很难留下印象。品牌如果想有效提高自身的认知度，就需要识别出具备特定特征的消费者进行营销活动，或者对不同特征的消费者制定不同的营销策略。

4. 具体方法

除了明确影响消费者品牌认知度的主要因素，企业和营销人员还应当掌握在营销实践中提高品牌认知度的具体方法。接下来从品牌的组成要素进行介绍和探讨。

（1）品牌名称

品牌名称是一个品牌向消费者展示的第一个，也是最精练的元素，一个品牌的名称通常以非常紧凑和经济的方式捕获产品的中心主题或关键关联，进而影响品牌留给消费者的第一印象。好的品牌名称既能吸引消费者的注意，又能间接地传达出品牌的核心价值或理念，从而给消费者留下深刻的印象，为品牌认知度的打开与提升打下坚实的基础，而一个草率的品牌名称很可能让品牌形象过于大众化，难以和其他品牌区分开，在消费者初步的信息筛选中就被忽略，甚至一个糟糕的品牌名称还会对品牌形象产生负面的影响，对品牌认知度的提高产生阻力。

对于营销人员而言，品牌名称往往是他们最难改变或操纵的因素——品牌名称一旦确定，在企业今后的活动中都几乎不会发生变动。这也就意味着品牌名称需要在品牌确立之时就经过深思熟虑的设计。虽然品牌名称的表现形式往往只是由一个或几个文字所组成，但并不意味着其设计是简单的。一般来说，要想为品牌认知度的提高打好基础，一个品牌名称的设计需要兼顾以下特质：简短、容易拼写和阅读、易于识别和记住、易于发音、表示产品的好处、满足标志的需求、适合广告媒介、没有不良影响等。在注意这些基本纲领的基础上，品牌可以选择最适合自己的命名策略以达到提高品牌认知度的目的，常见的命名策略有：① 用形象美好的动物、花卉名称命名，可以引起人们对商品的注意与好感，并追求某种象征意义。如“宝马”汽车。② 根据人名、地名命名，以人和产地的信誉吸引消费者，如青岛啤酒等。③ 根据商品制作工艺和商品主要成分命名，以引起消费者对其质量产生信赖感，如“珍珠”口服液。④ 以具有感情颜色的吉祥词或褒义词命名，以引起人们对商品的好感，如“富士康”给人留下财富与健康的积极印象。

（2）徽标和符号

品牌徽标和符号与品牌名称类似，都是区别产品或服务的最基本的手段，一个品牌的符号通常以图像的形式表现，通过组合各类识别元素构成一个有机结构，对消费者施加影响。它是形成品牌概念的基础，成功的品牌符号是公司的重要资产，在品牌认知度的建设中发挥着重要的作用。由于消费者对文字和图像有着不同的认知模式，品牌符号和品牌名称往往能相辅相成地构成品牌的形象，给消费者留下重要的第一印象。另外，品牌符号所传递出的信息可以帮助消费者简化他们的消费决策，在品牌宣传中可以通过最简洁、快速、低成本的方法捕获消费者的注意。

成功的品牌徽标和符号往往能传递出品牌的核心价值。例如，万宝路西部牛仔代表的是自由精神；耐克的“对勾”代表叛逆的心理；奥迪以四个圆环作为标志，表现其团结、平等的经营理念；微信的两个卡通化对话图标，恰当地传达了软件沟通的基本功能。这些品牌通过各种各样的视觉符号，与消费者从精神层面上沟通，在提高品牌认知度方面取得了重大的成功。如果希望品牌徽标能够契合品牌精神，吸引消费者，营销人员在具体设计一个品牌符号时，需要考虑多方面的因素。例如，品牌徽标是设计成方形还是圆形的？尖锐还是圆润的？是否带有文字？采用上下还是左右的结构？采用何种颜色？是否动画化？此类问题都是需要在品牌设计之初着重考虑。

（3）口号

品牌口号是指用简短的句子传达关于品牌的描述性或说服性的信息。品牌口号常出现在广告中，有一些品牌也会将口号放在包装上。品牌口号对一个品牌而言起着非常重要的作用，通常品牌口号会发挥“把手”或“钩子”的功能，即通过简短的文字信息帮助消费者快速理解品牌的含义。同时品牌口号也可以发挥其他作用，例如宣传品牌方所坚持的核心精神、反映该品牌在具体市场的定位、丰富消费者关于品牌形象的联想、辅助消费者记忆品牌的名称和符号等。在营销实践中，品牌口号是一种强大的品牌宣传手段。相比于品牌名称，品牌口号同样是一种极其有效的、有助于速记的、建立品牌资产的手段，并且品牌口号往往比品牌名称更加灵活，因为其可以随着品牌的发展、市场环境的变化而随时做出调整。例如，淘宝在 2003 年初创时的口号是“淘你喜欢”，这是站在商家的视角向消费者介绍产品的功能；2005 年时口号改为“淘我喜欢”，完成了从商家视角到消费者视角的转变，拉近了品牌与消费者的距离；2013 年时口号再次更换为“随时随地，想淘就淘”，非常契合移动消费初步兴起时的市场需求；至 2021 年，淘宝的口号改为“太好逛了吧”，首次将淘宝的功能从“消费”向“享受生活”过渡。可以看到，虽然产品的核心功能和价值并没有发生变化，但品牌口号却可以随着市场需求随时调整，从而让消费者感受到不同的品牌价值，记住不一样的品牌形象，一步步深化品牌认知度。

（4）包装

包装是企业出于流通过程中保护产品、方便储运、促进销售等一系列目的，按一定的技术方法所用的容器、材料和辅助物等的总称。在生活中包装是如此的普遍，但其对消费者品牌认知的影响却常常被营销人员所低估。英敏特咨询公司开展的《2017 全球包装趋势调查》显示，大多数消费者都会关注包装形式和设计，而消费者的购买动力要么直接与包装有关，要么与通过包装展现的产品沟通有关。在线下购物的环境中，诸如食品、化妆品等产品本身是不会直接展现在消费者面前的，这类产品留给消费者的第一视觉印象往往都是其包装产生的。因此如果有一个独特的包装，品牌产品便会很容易脱颖而出，吸引消费者的注意，提高品牌认知度。从企业和消费者的角度来看，要设计出一款成功的包装，必须实现以下目标：① 识别品牌，该品牌的包装需要能和同类产品进行区分；② 提供描述性和有说服力的信息，帮助消费者在短时间内快速了解品牌的相关信息；③ 便利产品运输和保护，节约企业的物流成本；④ 便于家庭存储；⑤ 辅助产品消费，强化消费者的购买意愿。

其中，在辅助产品消费的功能上，包装可以从多方面发挥作用。相同容量和口味的雪碧，仅仅是外观形状上的变化，就能让消费者感觉高高瘦瘦的雪碧包装更具备“高富帅”的气质，美化了品牌形象。乐事薯片为其不同口味的产品定制了不同的包装，通过在包装袋上印上火锅、烧烤等图片，就能激发消费者对品牌的联想，并通过这类暗示性的信息刺激消费者的味觉体验。另外，包装除了形状、图案的设计，也可以通过文字传递品牌信息。江小白品牌就通过在包装上印上简洁而有感染力的语录，成功吸引了年轻消费者的注意，打开了品牌认知度，为其占领市场做好了铺垫。

不同包装的视觉呈现

想要提高品牌认知度，除了上述几个重要的品牌元素外，营销人员还可以从产品颜色、品牌代言人、品牌故事等多个方面进行设计。值得注意的是，在挑选品牌元素进行设计时，需要遵循以下原则，才能有效提高品牌认知度：① **可记忆的：**品牌元素应当是可记忆的、引起关注的，因此容易记住和唤起记忆。② **有意义的：**品牌元素应当承担所有的意义，包括描述性内容和劝说性内容。其中产品类别本质的一般信息与品牌特殊属性和利益的特殊信息尤为重要。③ **吸引人的：**品牌元素应当是有趣的、有审美价值的，带给人丰富的视觉和语言意象。④ **可调整的：**品牌元素越灵活多变，消费者对品牌的价值观和认识越容易更新，例如，品牌标志和符号可以以一种新的样貌呈现，使它们看起来更现代、更相关。⑤ **受保护的：**营销人员应当选择在国际上受法律保护的品牌元素，在适当的法律机构正式注册选定的品牌元素，并有力地与竞争者的标志区分开。⑥ **可迁移的：**品牌元素应当既可以在品牌内跨产品适应，也可以在营销实践中跨地理、跨文化地发挥作用。

（二）品牌认可度

品牌认可度同样是品牌建设中组成品牌资产的重要一环，品牌认可度通常是指消费者对某一品牌的好感和信任程度，代表了品牌在消费者心中的良好形象。品牌认知度和品牌认可度间的关系非常密切——品牌认知度为品牌认可度打下了基础；而认可度反映了品牌认知度的结果，即品牌被认知后最终在消费者心中的价值水平，二者都是衡量品牌价值外延度的重要指标。品牌认可度是以品牌认知度为前提的。一个品牌如果没有很好的认知度，那么其品牌形象也很难得到广泛的认可。但需要注意的是，品牌认知度虽然可以通过上面介绍的营销策略快速提升，但品牌认可度却需要长期的精心的品牌运营，只有品牌从始至终地保持一个良好的形象，经历了时间和市场的检验，才能建立起优秀的口碑，得到消费者的广泛认可。

零点公司进一步构建了品牌认知度与品牌认可度之间的关系模型，具体而言，有以下几种：① 如果品牌认知度低且品牌认可度也低，则说明了该品牌刚刚进入市场，产品的品质有待检验，营销推广做得不够，还没有吸引到足够多的目标用户，或在市场中面临相当激烈的竞争。此时企业应当更仔细地制定营销战略，确认可以耕耘的细分市场，挖掘目标用户的痛点，努力改进产品质量，以期为消费者提供更多且具有区分度的价值。② 如果品牌认知度低但品牌认可度高，说明品牌的核心价值已经能满足当前市场的消费者需求，但由于营销策略的缺陷或龙头企业的垄断等因素，产品无法广泛地被消费者接触到。此时企业应重点关注产品的宣发与销售，尽可能地让更多消费者了解到本品牌的价值，为此可加大广告宣传的投入、改换品牌口号与形象、动员忠诚用户进行口碑宣传等。③ 如果品牌认知度高但品牌认可度低，说明品牌的核心价值不足，无法满足目标用户的需求，需要对产品进行彻底的更新迭代，通过市场调研了解消费者的真实需求，并重新设计产品来满足消费者的愿景，同时，还需要对产品进行重新包装与宣传，使之与之前消极的品牌形象区分开来，以崭新的面貌出现在消费者的视野中。④ 如果品牌认知度高且品牌认可度高，说明该品牌当前的品牌建设做得非常成功，建立起了广为人知且深入人心的品牌形象。此时品牌需要时刻关注市场动向，灵活调整营销资源，维持住现有的认知度与认可度，或在此基础上进一步拓宽产品种类，以吸引更多的消费群体。

为了达成上述第④种理想情况，企业需要了解品牌认可度的内在驱动力，即明白消费者为何会认可一个品牌，才能有效提高自身的品牌认可度。由于品牌认可度反映的是品牌在消费者心中的价值水平，只有能给消费者提供符合需求的价值的品牌，才能得到消费者的认可。因此品牌认可度的驱动力主要由消费者感知到的理性价值和感性价值构成。

其中，消费者感知到的理性价值包括：① 价格：消费者总是希望付出最低的成本获取尽可能多的回报，因此廉价的产品本身对消费者而言就是一种吸引力。② 渠道：如果消费者能通过快捷、便利、公平的渠道获得产品，他们对产品价值的感知也会更高。③ 产品：产品本身所提供的价值无疑是消费者最看重的，如果产品本身可以满足消费者需求，它就是有价值的。④ 服务：与产品配套的售前与售后服务，往往能为消费者提供额外的价值，品牌方如果愿意在这方面投入成本，就能在很大程度上提高消费者的认可度与忠诚度。

消费者感知到的感性价值包括：① 场景：消费的场景随着科技的发展变得有越来越多的可能性，企业应当提供尽可能多元化的消费场景，并找出最能满足消费者情绪价值的场景加以推广。② 体验：消费者在其购买行为过程中，会体验或积极或消极的情绪，一般而言，定制化的、便捷的、热情的销售流程会让消费者感到体验良好。③ 设计：产品的形象设计也许不会改变其实际功能，但是会影响消费者对产品的观感，观感越好的产品越能提供情绪价值。④ 内容：品牌产品所蕴含的内容越多，越可能满足消费者的多元化需求，提供额外的感性价值。当品牌成功地把上述理性价值交付给消费者，并把感性价值传递给消费者时，品牌在消费者心中的总体价值水平就提升了，消费者对品牌的认可度也会随之增加。

（三）品牌覆盖度

品牌覆盖度是指对品牌的市场份额或其他经济效益的终端反映，是衡量品牌建设成果的一个重要指标。根据品牌建设的双流模型，如果在消费者的记忆结构中，品牌认知度和品牌认可度都达到较高的水平，那么在市场中品牌的覆盖度就也应当处于一个较高的水平，进而会产生富有竞争力的强品牌。之所以将品牌覆盖度作为反映品牌建设成果的指标，是因为传统的指标如生产规模或厂商市场占有率，其实不能反映市场的实际情况。首先，基于不同的品牌定位策略，有些品牌生产和销售所有的产品品型，但也有些品牌产品仅仅覆盖了部分类型市场或者以某一个类型的市场为主。其次，即使同一厂商，也可能采取多品牌策略来覆盖不同产品类型的市场，而且这些品牌是可以在不同的厂商间进行收购、转让的。最后，不同品类的市场容量大小和产品生命周期不尽相同，对市场结构演进的影响也不同。因此，选择品牌覆盖度而非市场占有率更能体现品牌建设的成果。

值得注意的是，即便有了较高的品牌认知度和品牌认可度，品牌覆盖度也不一定就能达到理想的水平。为了打造高品牌覆盖度，企业需要注意在如下方面的投入。① **零售覆盖：**零售终端往往是消费者接触品牌产品最直接的途径，要想提高品牌的覆盖度，首先要注意将零售端在各级市场上普遍铺开。② **线上覆盖：**随着科技的发展，线上消费已经成为消费行为中不可忽视的一环，足够方便快捷的线上流程能有效提高品牌的覆盖度。③ **店中位置和摆放：**在商店中品牌的摆放位置和摆放方式都会影响产品的销量，例如摆放在核心位置的商品会得到更多的关注。④ **可购买时间：**全天候的销售无疑会增加消费者的购买机会，但营造稀缺性的销售时间有时也会激发消费者的竞争意识，刺激购买。⑤ **容易购买度：**越低的购买门槛就能帮助企业招揽到越多的消费者，尽量简化购买流程是每个品牌都应当关注的。

综上可以看出，一个品牌若想进行成功的品牌建设，首先需要掌握影响消费者品牌认知度的因素，通过对品牌名称、徽标、口号、包装等多个品牌元素的设计，强化消费者对品牌的印象，提高品牌的认知度梯度。同时，品牌需要给消费者提供足够的理性价值与感性价值，满足消费者对品牌的价格预期，提高品牌认可度，并在此基础上，通过多途径稳固住品牌覆盖度，最终完成品牌建设。

五、品牌资产

能够为企业带来经济价值的资源就叫资产，品牌是企业无形资产的重要组成部分，**品牌资产（brand equity）是品牌赋予产品或服务的附加价值**，其附着于品牌之上，并且能为企业在未来带来额外收益的顾客关系，已成为企业管理者和营销研究人员关注的重要话题之一。品牌资产的鼻祖大卫·艾克将品牌资产概念化为与品牌、其名称和标志相关的一组品牌资产（或负债）的集合体，这些资产（或负债）会增加（或减少）产品、服务为企业或企业客户所提供的价值。大卫·艾克进一步提出了全面的品牌资产模型，它由5种不同的资产组成，被称为品牌资产的“五星”概念模型，包括品牌忠诚度、品牌质量感知、品牌联想、品牌知名度和其他品牌专有资产。而品牌管理的国际先驱凯文·莱恩·凯勒则认为应从营销而非财务方面去衡量品牌资产价值，他将基于顾客的品牌资产描述为品牌知识所造成的顾客对品牌营销活动的不同反应，顾客在知晓品牌名称后会与品牌建立起某些联系，表现出对品牌不同的感知、偏好和行为。

（一）特征

品牌资产主要有以下5个基本特征。

1.品牌资产具有无形性

品牌资产以无形资产形式出现在企业的会计账上。品牌资产是没有实物形态的可辨认非货币性资产，尽管客观存在，但难以直观把握，其所有权获得和转移也与厂房、设备等有形资产存在差异。

2.品牌资产在利用中增值

与有形资产投资增加资产存量、利用减少资产存量的情况不同，品牌资产的投资和利用并不存在分明的背道而驰的界限。如果利用得当，品牌资产很可能在利用的过程中增值。

3.品牌资产难以准确计量

品牌资产作为无形资产很难准确地进行计量。尽管学者们试图将品牌资产拆分为多个要素分别进行测量，但品牌资产反映的是企业与顾客之间的复杂关系，这些要素相互影响、不完全独立，测量方式存在不准确性和不确定性。除此之外，不同品牌资产计量模型中的具体指标也存在较大差异。

4.品牌资产具有波动性

品牌资产并不是只增不减的。伴随着企业管理者和品牌经营者的努力，品牌知名度逐渐提高、顾客的品牌忠诚度逐渐提高，品牌资产也在逐渐增加。但市场环境是瞬息万变的，品牌与品牌之间也存在着激烈的竞争关系，无论是品牌自然老化或是突发的灾难性打击都可能使得品牌资产一落千丈。品牌资产就是在不确定中不断地上下波动。

5.品牌资产是营销绩效的主要衡量指标

品牌资产所反映的附加价值来源于企业和顾客长期形成的互惠互利的关系，是企业不断进行营销投入、开展营销手段的综合结果，可以作为企业营销绩效的主要衡量指标。

（二）作用

品牌资产的作用体现在多个方面。**首先，品牌资产可以提高顾客对品牌的忠诚度。**品牌通过建设、积累，与顾客之间形成了长期的良好关系，顾客对品牌形成了长期认同，提高了品牌忠诚度。**其次，品牌资产可以使企业获得超额利润。**品牌资产是对企业、顾客、渠道成员间的良好联结，能够为企业产品带来实质性和差异性的竞争优势，有效提高企业的利润率。**不仅如此，品牌资产还可以降低企业在遭遇危机时的易损性。**企业可以快速地通过品牌资产重新占据市场，和原有顾客建立新的联系。可口可乐前总裁道格拉斯·达夫特曾说过，如果可口可乐工厂一夜之间被烧毁，拥有可口可乐的品牌或者是商标，可以在短时间之内东山再起。**除此之外，品牌资产还能增加企业的商业合作机会。**品牌资产是企业能力的背书，能够为企业带来众多的商业合作机会。

（三）阶段

基于品牌资产建立客户分为 3 个阶段。

1.品牌建立工具和目标

创建品牌资产有 3 种方法。第一种是选择品牌元素，包括品牌名、商标、标志、符号、包装、口号等，在进行选择时可以遵循可记忆、有意义、可爱、可转移、可调整、可保护的原则，以便在顾客心中留下深刻的品牌记忆。第二种是营销的“4P”策略，在产品策略上兼顾有形和无形的利益，在价格策略上影响顾客的价值感知，在渠道策略上将“推”和“拉”结合起来，在沟通策略上采用混合匹配选项。第三种是利用次级联想杠杆通过其他实体帮助品牌建立品牌联想，例如公司的品牌战略、原产地的产品来源认同、分销渠道的渠道策略、其他品牌形成的品牌联盟、赞助商等。

2.消费者知识效应

在创建品牌资产之后，消费者会形成品牌认知，在深度上表现为品牌回忆和品牌识别，在广度上表现为购买和消费行为。如果品牌资产被良好建立，消费者会形成强有力的、偏好性的、独特的品牌联想。

3.品牌利益

这种消费者知识效应会对品牌利益产生可能的积极影响，例如更高的忠诚度、在营销竞争和危机中更少的损耗、更大的利润、对价格下降更多弹性的反应、对价格上升的反应更不弹性、更多的交易合作和支持、增加营销沟通的效率和有效性、可能的机会许可、更有利的品牌延伸评价等。

为了回答什么是强势品牌和怎样构建一个强势品牌的问题，**凯文·莱恩·凯勒提出了基于顾客的品牌资产金字塔模型**（见图 7–9），展示了品牌创建的步骤和每一阶段品牌建设的目标。品牌资产由 4 个不同层面构成：第一步是建立品牌识别，目的是建立良好、广泛的品牌认知，突出品牌的显著性，让消费者知道“你是谁”；第二步是创建品牌内涵，确立品牌与其他品牌之间的差异点和共同点，让消费者对品牌及产品的功能体系、形象体系、理性和感性价值形成认知，让消费者理解“你是什么”；第三步是引导品牌反应，获得消费者的品牌认可度，让消费者得出积极的评判和感觉“你怎么样”；第四步是缔造品牌关系，建立强力的、积极的忠诚度，形成品牌和消费者的共振，让消费者绑定自己和品牌“你和我怎么样”。

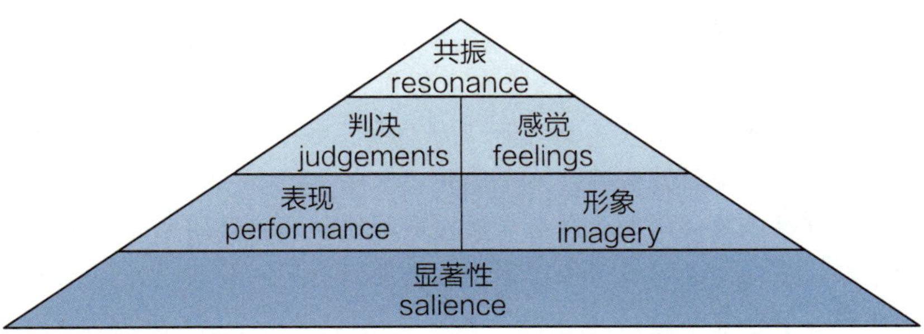

图 7–9 基于顾客的品牌资产金字塔模型

● 本章小结

1. 产品指的是向市场提供的，引起注意、获取、使用或消费，以满足欲望或需要的任何东西。产品具有 3 个层次：核心顾客价值、实体产品和附加产品。产品定义是通过简单、专业及深刻的关键词，说明产品是什么、核心价值是什么、解决什么问题及产品的愿景。

2. 产品组合包括 4 个因素：产品系列的宽度、长度、深度和关联性。企业必须根据产品的实际销售情况、产品的盈利能力和发展潜力、整个行业的发展趋势等制定产品组合策略。

3. 制定产品策略的方法包括通过产品地图管理产品、从产品功能视角管理产品、从产品角色入手管理产品。产品地图构建的关键步骤是特征提取、指标构建、放置产品、调整优化。

4. 品牌是所有客户心中形成的对于一个产品及相关企业所有印象的总和。用户关于品牌的记忆越深远，品牌就能够为企业带来更大的价值，因此品牌建设实际上就是在客户头脑中建立一个深入广阔的记忆结构的过程。品牌联想可以分为属性联想、利益联想和态度联想。

5. 品牌建设需要依次关注品牌认知度、品牌认可度、品牌覆盖度 3 个核心概念。企业首先需要掌握影响消费者品牌认知度的主客观因素，并通过品牌元素的设计，强化消费者对品牌的印象，提高品牌的认知度。品牌需要给消费者提供足够的理性价值与感性价值，提高认可度。在此基础上，企业需要通过零售覆盖、线上覆盖等多途径提高品牌覆盖度。

6. 品牌资产的基本特征是：具有无形性、在利用中增值、难以准确计量、具有波动性、是营销绩效的主要衡量指标。

7. 品牌资产的作用体现在多个方面：提高顾客对品牌的忠诚度、使企业获得超额利润、降低企业在遭遇危机时的易损性、增加企业的商业合作机会。

● 复习题

1. 定义产品和定位产品的区别是什么？如何实现产品组合的动态平衡？
2. 品牌的基本组成部分包括哪些？如何打造品牌的记忆结构？
3. 有哪些方法可以提高品牌认知度？消费者认可品牌的内驱力是什么？如何提高品牌覆盖度？
4. 企业可以怎样创建自己的品牌资产？

课后案例：华龙方便面的产品组合

在中国市场上，位于河北省邢台市隆尧县的河北华龙食品集团有限公司（以下简称华龙）曾以超过 60 亿包方便面的销量排在方便面行业第二位，仅次于康师傅，同时与康师傅、统一等方便面品牌形成了三足鼎立的市场格局。这使当时的华龙真正地由一个地方方便面品牌转变为全国性品牌。

作为一个地方性品牌，华龙为什么能够在康师傅和统一这两家方便面品牌巨头前取得全国销量第二的成绩，从而成为中国国内方便面行业又一股强大的势力呢？当时的华龙采取了哪些产品组合策略呢？

发展初期的产品市场定位：针对农村市场的高中低产品组合

在 20 世纪 90 年代初期，大的方便面厂家将其目标市场大多定位于中国的城市市场。如康师傅和统一方便面的销售主要依靠城市市场的消费来实现。而广大的农村市场则属于一些质量不稳定、无品牌可言的地方小型方便面生产厂家，且销量极小。中国的农村方便面市场仍然蕴藏巨大的市场潜力。

1994 年，华龙在创业之初便把产品准确定位在广大农民和工薪阶层消费群上。同时，华龙依托当地优质的小麦和廉价的劳动力资源，将一袋方便面的零售价定在 0.6 元以下，比一般品牌低 0.8 元左右，售价低廉。

2000 年以前，主推的大众面有“108”“甲一麦”“华龙小仔”，中档面有“小康家庭”“大众三代”，高档面有“红红红”“煮着吃”。

凭借正确的目标市场定位策略，华龙一下在北方广大的农村打开市场，农村市场支撑了华龙的发展。

发展中期的区域产品策略：针对不同区域市场高中低的产品组合

作为一个后起挑战者，华龙推行区域营销策略。它创建了一条研究区域市场、了解区域文化、推行区域营销、运作区域品牌、创作区域广告的思路，在当地市场不断获得消费者的青睐。华龙从 2001 年开始推行区域品牌战略，针对不同地域的消费者推出不同口味和不同品牌的系列新品。华龙方便面的产品种类如表 7-2 所示。

表 7-2 华龙方便面的产品种类

<table>
<tr><th>地域</th><th>主推产品</th><th>广告诉求</th><th>系列</th><th>规格</th><th>价位</th><th>定位</th></tr>
<tr><td rowspan="4">河南</td><td rowspan="4">六丁目</td><td rowspan="4">演绎不脆（不贵）</td><td>六丁目</td><td rowspan="4">分为红烧牛肉、麻辣牛肉等 14 种口味</td><td rowspan="4">低价位</td><td rowspan="4">目前市场上最低价位、最实惠产品</td></tr>
<tr><td>六丁目 108</td></tr>
<tr><td>六丁目 120</td></tr>
<tr><td>超级六丁目</td></tr>
<tr><td rowspan="3">山东</td><td rowspan="3">金华龙</td><td rowspan="3">山东人都认同“实在”的价值观</td><td>金华龙</td><td rowspan="3">分为红烧牛肉、麻辣牛肉等 12 种口味</td><td>低价位</td><td>低档面</td></tr>
<tr><td>金华龙 108</td><td>中价位</td><td>中档面</td></tr>
<tr><td>金华龙 120</td><td>高价位</td><td>高档面</td></tr>
<tr><td rowspan="4">东北三省</td><td rowspan="3">东三福</td><td rowspan="3">核心诉求是“咱东北人的福面”</td><td>东三福</td><td rowspan="3">红烧牛肉等 6 种口味、5 种规格</td><td>低价位</td><td>低档面</td></tr>
<tr><td>东三福 120</td><td>中价位</td><td>中档面</td></tr>
<tr><td>东三福 130</td><td>高价位</td><td>高档面</td></tr>
<tr><td>可劲造</td><td>大家来可劲造，你说香不香</td><td>可劲造</td><td>红烧牛肉等 3 种口味、5 种规格</td><td>高价位</td><td>继东三福 130 之后的又一高档面</td></tr>
<tr><td>全国</td><td>今麦郎</td><td>有弹性的方便面，向康师傅、统一等强势品牌挑战，分割高端市场</td><td>煮弹面</td><td>红烧牛肉等 4 种口味、16 种规格</td><td>高价位</td><td>高档面系列、以城市消费者为主</td></tr>
</table>

另外，华龙还有如下系列产品：定位在小康家庭的最高档产品的“小康 130”系列，面饼为圆形的“已圆面”系列，适合少年儿童的“A—干脆面”系列，为感谢消费者推出的“甲一麦”系列，为符合少数民族习俗推出的“清真”系列，回报农民兄弟的“农家兄弟”系列，适合中老年人的“煮着吃”系列。以上系列产品都有 3 个以上的口味和 6 种以上的规格。

华龙方便面组合策略分析

华龙拥有方便面、调味品、饼业、面粉、彩页、纸品等六大产品线，也就是其产品组合的长度为 6。方便面是华龙的主要产品线，在这里，我们也主要研究方便面的产品组合。

一、产品组合丰富

华龙的方便面产品组合非常丰富，其产品线的长度、深度和密度都达到了比较合理的水平。它共有 17 种产品系列，十几种产品口味，上百种产品规格。其合理的产品组合，使企业充分利用了现有资源，发掘现有生产潜力，更广泛地满足了市场的各种需求，覆盖了更宽的市场。华龙丰富的产品组合有力地推动了其产品的销售，有力地提升了华龙的市场份额。

二、华龙面在产品组合上的成功经验

（一）阶段产品策略

根据企业不同的发展阶段，适时地推出适合市场的产品。

（1）在发展初期将目标市场定位于河北省及周边几个省的农村市场。由于农村市场本身受经济发展水平的制约，不可能接受高价位的产品，华龙非常清楚这一点，一开始就推出适合农村市场的“大众面”系列，该系列产品由于其超低的价位，一下子为华龙打开了进入农村市场的大门，随后“大众面”系列红遍大江南北，抢占了大部分的低端市场。

（2）在企业发展几年后，华龙积聚了更大的资本和更足的市场经验，又推出了面向全国其他市场的大众面的中高档系列：如中档的“小康家庭”“大众三代”，高档的“红红红”等。华龙由此打开了更大的北方农村市场。1999 年，华龙产值达到 9 亿元。

这是华龙根据市场发展需要和企业自身状况而推出的又一阶段性产品策略，同样取得了成功。

（3）从 2000 年开始，华龙的发展更为迅速，它也开始逐渐丰富自己的产品系列，面向全国不同市场又开发出了十几个产品品种，几十种产品规格。2001 年，华龙的销售额猛增到 19 亿元。这个时候，华龙主要抢占的仍然是中低档面市场。

（4）从 2002 年起，华龙开始走高档面路线，开发出第一个高档面品牌——“今麦郎”。华龙开始大力开发城市市场中的中高价位市场，此举在北京、上海等大城市大获成功。

（二）区域产品策略

华龙从 2001 年开始推行区域品牌战略，针对不同地域的消费者推出不同口味和不同品牌的系列新品。

（1）华龙的产品策略和品牌战略是：不同区域推广不同产品；少做全国品牌，多做区域品牌。

（2）作为一个后起挑战者，华龙在开始时选择了中低端的大众市场，考虑到中国市场营销环境的差异性很大，地域不同，则市场不同、文化不同、价值观不同，生活形态也大不同。因此，华龙想最大限度地挖掘区域市场，制定了区域产品策略，因地制宜，各个击破，占领当地市场。如华龙针对河南省开发出“六丁目”，针对东北三省推出“东三福”，针对山东省推出“金华龙”等产品系列，与此同时还提炼出区域广告亮点（见表 7-2）。

（3）华龙推行区域产品策略，实际上创建了一条研究区域市场、了解区域文化、推行区域营销、运作区域品牌、创作区域广告的思路。

（4）之后它又开始推行区域品牌战略，针对不同地域的消费者推出不同口味和不同品牌的系列新品。如针对回族的“清真”系列、针对东三省的“可劲造”系列等产品。

（三）市场细分的产品策略

（1）华龙根据行政区划推出不同产品，如在河南省推出“六丁目”，在山东省推出“金华龙”，在东北三省推出“可劲造”等不同产品系列。

（2）华龙根据地理属性推出不同档次的产品，如在城市和农村推出的产品有别。

（3）华龙根据经济发达程度推出不同的产品。如在经济发达的北京推广最高档的“今麦郎”桶面、碗面。

（4）华龙根据年龄因素推出适合少年儿童的“A—干脆面”系列，适合中老年人的“煮着吃”系列。

（5）华龙为感谢消费者推出的“甲一麦”系列，为回报农民兄弟推出的“农家兄弟”系列。

华龙十分注重市场细分，且不依靠一种模式。它尝试各种不同的细分变量或变量组合，找到了同对手竞争、扩大消费群体、促进销售的新渠道。

（四）高中低档产品组合策略

华龙面的产品组合是一个高中低档产品相结合的产品组合形式。当时，低档面仍占据着其市场销量的大部分份额。该策略具体介绍如下。

（1）全国市场整体上的高中低档产品组合策略。在全国市场中，既有低档的“大众面”系列，又有中档的“甲一麦”系列，也有高档的“今麦郎”系列。

（2）不同区域的高中低档产品组合策略。如在方便面竞争非常激烈的河南市场一直主推的就是超低价位的“六丁目”系列。“六丁目”主打口号就是“不跪（贵）”。这是华龙为了和河南市场众多方便面企业竞争而开发出来的一种产品，它的零售价只有0.4元/包（给经销商0.24元/包）。同时，华龙将工厂设在河南许昌，因此让河南省很多方便面品牌倍感压力。而在全国其他市场，如东北三省，则在继“东三福”系列之后投放中档的“可劲造”系列，在大城市投放“今麦郎”系列。

（3）同一区域的高中低档产品组合策略，开发不同消费层次的市场。如在东北三省、山东省等地都推出高中低3个不同档次、3种不同价位的产品，以满足不同消费者对产品的需要。

（五）创新产品策略

每一个产品都有其生命发展的周期。华龙是一个新产品开发的专家。它十分注意开发新的产品和发展新的产品系列，从而来满足市场不断变化的需求。

（1）华龙在产品规格和口味上不断进行创新。从50克到130克，华龙在市场拓展时期总共开发了几十种规格的产品。还开发出了如翡翠鲜虾、香辣牛肉、烤肉味道等十余种新型口味。

（2）华龙在产品形状和包装上进行大胆创新。如推出面饼为圆形的“已圆面”系列；“弹得好，弹得妙，弹得味道呱呱叫”的弹面系列；封面上体现新潮、时尚、酷的“A小孩”系列；等等。

（3）华龙在产品概念上不断创新。如华龙创造出适合中老年人的“煮着吃”的概念，煮着吃就是非油炸方便面，只能煮着吃，可以更软更入味，非常适合中老年人的需要。

（六）产品延伸策略

（1）产品延伸策略是华龙重要的产品策略。每一个系列产品都有其跟进的“后代”产品。

如在推出“六丁目”之后，又推出“六丁目 108”“六丁目 120”“超级六丁目”等产品；在推出“金华龙”之后，又推出“金华龙 108”“金华龙 120”等产品；在推出“东三福”之后，又推出“东三福 120”“东三福 130”等产品。

（2）不仅有产品本身的延伸，而且在同一市场也注意对产品品牌进行延伸。如在东北三省推出“东三福”系列之后，又推出“可劲造”系列。

[资料来源：张立森. 从 108 到今麦郎：华龙面产品组合策略分析[J]. 农产品市场周刊，2005（1）：27–29.]

思考题

1. 请总结华龙方便面在市场取得成功的因素。
2. 华龙方便面的产品组合策略中最核心的策略是什么？
3. 如何理解产品市场定位和产品组合的关系？

第八章

定价影响因素及定价方法

价格是4P理论的一个重要元素，产品、渠道、促销等都会产生成本，而价格是唯一带来收入的营销组合元素。**价格是最常用的竞争手段，也是最昂贵的竞争手段。定价定战略、定价定客户、定价定产品、定价定竞争**。如何有效地制定价格策略是能否赢利的关键。本章我们将深入探讨定价的重要性，研究影响定价策略的外部和内部因素，并在此基础上探讨定价策略。最后，我们还将探讨定价思维和方法。

【本章学习目标】

1.理解价格的概念及表现形式。

2.熟悉影响定价的内部、外部因素。

3.掌握常见的定价方法及适用条件。

导入案例：机票价格的秘密

小李在北京一家展览公司做市场销售，常年在国内城市飞来飞去。

9月11日，他准备上网购买第二天从北京到烟台的机票。携程网显示，9月12日北京到烟台航班共有2趟，机票全价在690元左右，最低价打9折也要621元。然而，9月13日同一时段的航班票价可以打7折，为483元。小李纳闷，为什么同一航班的票价在前后两天有这么大的差距？

小李对此很感兴趣，在网上搜索了中国民用航空局（以下简称民航局）对机票的定价方法，搜索结果显示：中国民用航空局公布的票价按照飞行里程制定，一般来说，每千米0.75元，从北京到烟台920千米，票价标准是690元。民航局规定，各家航空公司机票价格不能超过标准价，比如北京到烟台的标准价690元就是上限。航空公司由于竞争的压力，在民航局公布的标准价格上打折，推出多等级的舱位。

20世纪90年代中期，国内的航空公司开始试行多舱位销售，将经济舱分成好几个舱，最初分为六七等，后来按26个英文字母划分且被分完。100%价格的经济舱叫Y舱，其他还有K舱、M舱、N舱、T舱等，每个舱位价格是不同的，不同舱位的字母代表95折、9折、85折、8折，一直下去到3折、2折、1折都有。

如今，全球民航产业是发展最成熟、竞争也最为激烈的市场之一。以低票价为特色的廉价航空迅速崛起，更加剧了航空公司间的“内卷”。航空公司营销部门意识到，对于一班航班来说，燃料费、维护费和人员工资等大部分成本是固定的，每增加一位乘客，所增加的边际成本仅仅是增加一份飞机餐。因而当已售机票能够覆盖该次航班的固定成本时，只要还有空余座位，即使低价也应当尽量将机票售完。这成为机票“动态定价”的开端，机票的售价开始与“供需”直接挂钩，需求量大的航线/时刻价格更高，反之则可以有很优惠的折扣。

目前，用价格调控供需，以卖出更多机票为目标的动态定价成了全球民航产业通用的定价方式。影响定价的因素也由时间逐步扩展至成本（如油价波动）、天气、旅客组成（如商务人士或旅游游客）、竞争策略（如追求客流或收益率）、影响客流量的重大事件（如奥运会）等。

（资料来源：机票价格的秘密 [EB/OL]. (2013-09-18)[2022-12-16]. http://edu.sina.com.cn/bschool/2013-09-18/1732395847.shtml.）

思考题

1. 导致同一航班的机票价格（北京—烟台）在不同时间段发生变动的原因有哪些？
2. 航空公司的动态定价法的本质是什么？

一、什么是价格

价格的形式多种多样，你每天在食堂刷的学生卡的金额、每月付的房租、每年交的学费、买衣服时刷的信用卡金额等都可能是你购买某个产品或服务时支付的价格。除了你支出的金钱，你获得的收入也有可能是价格的一种。例如，保姆的“价格”可能是薪水，服务生的“价格”可能是小费，销售人员的“价格”可能是佣金。另外，价格还可能由多个部分组成，在美国超市购物时你除了需要为产品支付价格外，还需要额外支付消费税。

尽管移动互联网的出现催生了多种支付方式，我们仍然可以简单地将价格看作是消费者为了获得产品或服务所支付的一笔钱。这笔支付的价格对商家和消费者都至关重要。对于商家来说，价格是营销组合四要素中唯一直接赢利的手段，而4P中的其他要素——产品、渠道、促销都是商家的营销成本。并且，价格作为产品价值的信号，与商家的品牌定位和产品的细分市场紧密相关。同样的，价格是影响消费者购物决策的重要影响因素之一，消费者在购买产品或服务时付出了真金白银，会产生“肉疼”的感觉，因此**产品价格与消费者获得价值之间的差距深刻影响着消费者满意度。要牢记消费者不是想要便宜的产品，而是一种占了便宜的感觉。**

在卖方市场主导的时代，商品价格主要是由商家决定的。例如，我国从改革开放开始到2002年，都处于一个商品相对短缺的时代，在商品供不应求的背景下，一些经销商利用信息不对称获取利润差价，例如由于地理环境的限制消费者很难比较同款产品在不同经销商处的价格。但是随着经济环境的变化，互联网的出现改变了买家和卖家的互动方式，例如淘宝的出现将许多商家集合在同一个平台上，消费者能轻松动动手指，即可在不同商家中比较价格，互联网催生的买方市场，直接导致了产品定价主导权的变更。在一些更极端的情况下，有一些数字产品的生产商直接将定价的主导权完全交付到了消费者手上，采用任意付的定价方式。例如，Radiohead乐队让消费者采用任意付的价格购买数字音乐专辑。

思考题

什么情况下可采用任意付的定价方式？

二、影响定价的因素

产品和服务的定价受到企业内部和外部市场环境的影响。本节对这两类影响因素进行归纳整理和分析。

（一）内部因素

1. 营销目标

在为产品制定价格之前，学习过营销战略的企业管理者已经依据市场定位，生产了符合目标顾客群体需求的产品，那么作为一个明智的管理者应该如何制定产品价格策略呢？答案显而易见——制定与STP战略相辅相成的价格策略。例如，当喜茶决定推出一款茶饮料作为星巴克咖啡的竞品时，这款茶饮料的价格就需要定高价。相反，如果喜茶决定推出一款茶饮料作为蜜雪冰城的奶茶的竞品时，这款茶饮料的价格需要定低价。由此可见，产品的市场定位影响着产品的价格策略。通常来说，**价格策略要与产品的市场定位及目标顾客的支付意愿相匹配**。

另外，产品的定价目标也可能与公司的其他营销目标一致。公司常见的营销目标有维持生存、当期利润最大化、市场份额领先、阻止竞争者进入市场等。例如，当喜茶的营销目标变为阻止星巴克进入奶茶市场时，可能采取较低的定价策略，甚至打价格战阻止竞争对手进入市场。产品的定价策略还与公司所处的阶段密切相关。例如，公司在产能过剩的时期，可能采取薄利多销的定价方式；在品牌建设期，可能采取高质量、高价格的定价方式；在顾客拉新时期，可能采用高质量、低价格的定价方式等。因此，定价策略在帮助公司实现营销目标时起了重要的作用。

2. 营销组合要素

根据营销组合四要素理论，产品价格仅为营销组合要素中的一环。对于一款产品是否能成功推入市场，要依赖 4 个要素相互配合，相辅相成。在营销组合四要素中，产品策略往往是最先制定的，其余 3 个要素根据产品的需要进行匹配。例如，当公司投入巨额研发经费开发了一款可以自动驾驶的汽车，那么必须制定相应的高价格。如果公司推出了一款中规中矩的电动汽车希望快速抢占电动车的市场，那么产品经理可能倾向于给产品制定体现出性价比的定价。因此，定价策略需要与营销组合的其他要素相匹配。

另外，目前一些企业也可能利用产品价格对产品进行定位。这种定价方式依赖于目标成本（target cost），与以往先生产产品然后再为产品定价的思路不同，依据目标成本先制定价格的定价方式采用先设定一个目标生产成本，然后依据该成本设计产品的方式。

3. 成本

成本是公司制定价格策略的底线，需要注意的是这里的成本不仅仅指生产产品的成本，还包括其他营销费用，例如企业日常运营的费用、广告费用、销售费用、税费、包装费等。

（1）成本的类型

以上的成本可以进一步分为固定成本（fixed cost）和可变成本（flexible cost）。固定成本指的是不随产量或销售而变动的成本，例如设备投入成本、公司日常运营成本等。可变成本指的是直接随着产量或销售而改变的成本，例如营销投入费用等。

（2）边际成本

边际成本是指每增加一单位产量所增加的成本。这个概念表明，每一单位的产品的成本与总产量有关（见图8-1）。例如，仅生产一辆汽车的成本是巨大的，因为企业需要上线一系列生产设备，而生产第一百辆汽车时的成本就会随之降低，生产到第一万辆汽车时成本会降得更低。这个例子说明，对于一般产品来说，边际成本呈现逐步递减的趋势，从而产生规模效应。但是需要注意的是，其递减范围是有限的，超过一定的产量限额，边际成本会出现递增趋势。计算边际成本的公式如下

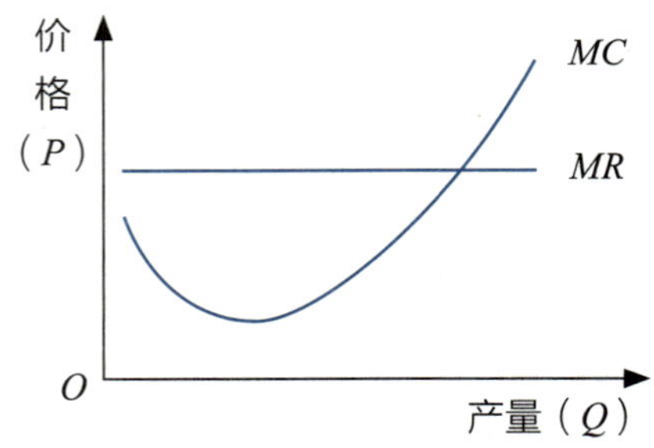

图8-1　产品边际成本曲线示意

$$MC=\frac{\Delta C}{\Delta Q}$$

其中，MC指的是边际成本，ΔC指的是成本变化，ΔQ指的是产量的变化。

图8-1展示了边际成本曲线，其中MR指的是边际收益。

4. 价格—质量推断

理性的逻辑是优质优价，质量好价格高。价格—质量推断的现象指的是如果某样东西的价格较高，人们就会联想到它的质量较高，**特别是难以判断产品质量高低时，价格往往成为衡量质量的标准**。尤其是对于一些享乐型产品或礼品来说高价格是非常有效的，例如一个价格为2000元的香水礼盒，可能成本只有200元，但是送礼者却愿意花高价买礼物，这表达了对接受礼物的人的重视。

思考题

什么情况下可以突破成本底线，采用免费策略？

（二）外部因素

1. 供需关系

需求（demand）和供给（supply）是经济学模型中用来决定竞争市场中的均衡价格和均衡产量的关键因素。需求指的是消费者愿意并且能够购买的某产品数量，供给指的是生产方愿意并且能够出售的该产品的数量。供给和需求是使市场经济运行的主导力量，它们共同决定了每种商品的产量及出售价格（见图8-2）。

（1）需求函数和曲线

需求函数描述了一种商品的需求量和影响该需求量的各个因素之间的关系。经济学研究发现以下几类因素会影响需求量：① 商品价格。对于一般产品来说，商品价格越高，需求越小。② 消费者收入。收入提高后，消费者对产品的需求量增加。③ 相关商品价格。相关商品价格高，自身商品价格低，则需求量增加。④ 消费偏好。消费者对某商品偏好度增加，消费需求上升。⑤ 对商品价格的

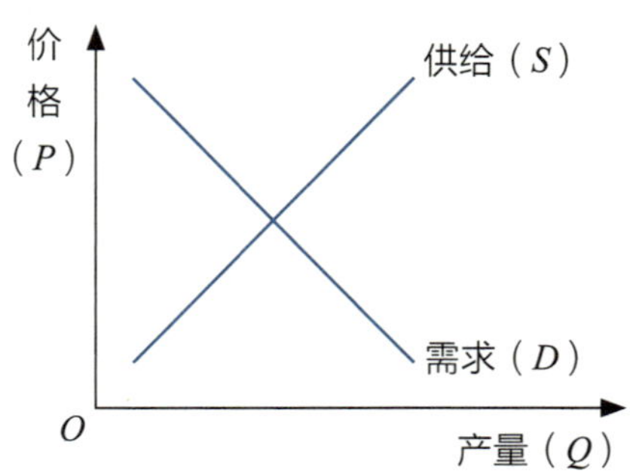

图8-2　产品供需曲线示意

预期。如果对某商品预期其未来价格会上升，则当期需求会增加。假设其他因素保持不变，仅考虑价格因素对产品需求的影响可以用下面的公式表示

$$Q^d=f(P)$$

其中，P 为商品价格，Q^d 是商品需求。正如上面提到的，对于一般产品来说，商品价格越高，需求越小。因此，根据上面的需求函数，我们可以画出如图 8–2 所示的需求曲线。我们发现需求曲线向右下方倾斜，即斜率为负。

（2）供给函数和曲线

供给函数描述了一种产品的供给量和影响供给量的各个因素之间的关系。同样的，经济学研究发现下面几类因素会影响供给量：① 商品的价格。商品价格升高，生产者的供给提高。② 商品生产成本。生产成本上升，生产者的供给量下降。③ 生产技术水平。技术提高，供给量上升。④ 相关商品的价格。相关商品价格高，自身商品价格低，则需求量增加。⑤ 对未来的预期。如果生产者对未来预期乐观，会扩大生产，增加供给。假设其他因素保持不变的情况下，仅考虑价格因素对产品供给的影响可以用下面公式表示

$$Q^s=f(P)$$

其中，P 为商品价格，Q^s 是商品供给。正如上面提到的，对于一般产品来说，商品价格越高，供给越旺盛。因此，根据上面的供给函数，我们可以画出如图 8–2 所示的供给曲线。我们发现供给曲线向右上方倾斜，即斜率为正。

（3）均衡价格

已知需求曲线和供给曲线，我们如何得到商品的均衡价格呢？从图 8–2 中可以看出，均衡价格即需求曲线和供给曲线的交点。这一均衡价格也叫作市场清算价格。需要注意的是，商品的均衡价格是市场上供给和需求两种相反力量共同作用的结果。当市场价格偏离均衡价格时，市场上会出现供给量和需求量不均衡的现象。一般说来，在完全竞争的市场中，这种供求不均衡的状态会逐步消失，市场价格会自动回到均衡价格水平。

2. 需求价格弹性

（1）定义

在市场中，我们经常观测到有的商品的价格下降会导致需求小范围提升，而有的产品价格下降则会导致需求大规模的增长。需求价格弹性正是用来衡量需求对价格变动敏感程度的指标。需求价格弹性的定义是：需求量变化的百分比除以价格变化的百分比。具体来说，假设 Q 为某产品的需求数量，P 为该产品的价格，则计算需求的价格弹性为

$$E_d=\frac{\Delta Q/Q}{\Delta P/P}=\frac{\Delta Q}{\Delta P}\cdot\frac{P}{Q}=\frac{dQ}{dP}\cdot\frac{P}{Q}$$

例如，猪肉的价格上涨了 10%，消费者对猪肉的需求下降了 5%，根据上面的公式，可以计算出猪肉的需求价格弹性等于 0.5。那么，当我们得知猪肉的价格弹性等于 0.5 时，这个值代表猪肉的价格弹性大，还是价格弹性小呢？当弹性大于 1（忽略正负号），即需求量的变化幅度大于价格的变化幅度，代表该商品是有弹性的；当弹性小于 1，大于 0 时，代表该商品缺乏弹性；当弹性等于 0 时，代表该商品完全无弹性。

（2）影响需求弹性的因素

经济学研究发现了 4 类主要影响需求价格弹性的因素：① 商品的可替代性。一般情况下，一种商品的可替代品越多，需求的价格弹性越大。② 商品的耐用程度。一般情况下，商品越耐用，需求的价格弹性可能较高。③ 商品对消费者生活的重要程度。一般情况下，生活必需品的需求价格弹性较小，非必需品的弹性较大。④ 商品消费支出在消费者总预算支出中所占的比例。一般消费支出在总预算支出中所占比重越大，该商品的需求的价格弹性可能越大。

思考题

对价格弹性低的商品通常采用什么样的定价策略？

3. 竞争者

影响公司定价决策的外部因素还有竞争者的定价策略，一般情况下公司在定价时会参考竞品的价格。如果定价高于市场均价，则向市场发出信号——该产品或服务从多方面优于其他产品或服务。至于具体是哪方面优于其他产品或服务，就需要其他营销组合的要素发挥作用去向潜在“顾客”提供信息了。同样的，如果定价低于市场均价，就会向市场发出其他类型的信号。这里要注意的是，并不是低价格一定发出低质量的信号，低价格也可能发出性价比高的信号，这里主要是需要辅助其他的营销组合要素给潜在消费者发出一个综合的信号。

竞争者定价策略示例

思考题

什么样情况下，低价格发出的是性价比高的信号？

4. 国家政策

一些产品的价格受到国家宏观调控政策的影响，例如我国对粮食、食盐、糖等居民生活必需品的价格管理非常严格。这是因为食盐等产品无论价格上涨多高，大家都必须消费。如果国家放弃对食盐等必需品价格的管控，可能会造成市场混乱，影响人们的正常生活。除了生活必需品，一些在特殊时期非常重要的产品的价格也受到国家政策的管控，例如在这次新型冠状病毒疫情暴发期间，我国政府考虑到普通民众的经济承受能力，对药品和口罩的价格进行管控，防止市场出现哄抬价格、损害人民利益的情况发生。

政府除了出台政策对产品的价格进行管控，还可能通过一些经济手段对市场上某些必需品的价格进行调控。例如，在每年春节前期，国家发改委都会组织相关部门开展对中央冻猪肉储备的投放工作，例如在 2021 年春节前，政府为保证猪肉价格稳定向市场投放了 15 万吨平价的储备猪肉，在提供充足猪肉供给的同时，通过经济手段保证了猪肉价格的稳定。

三、定价目标、程序与方法

企业在为产品定价时，一般可以遵从如下的定价步骤：制定价格目标、按程序定价，以及采用某种定价方式或组合。

（一）定价目标

企业在定价时，首先应该确定目标定位，公司的目标越明确，制定价格就越容易。通常来说，企业一般有 6 类目标：维持生存、最大限度地保留顾客、利润最大化、市场份额最大化、市场获利最大化、保持市场竞争力和维护品牌形象。

1. 维持生存

显然，大多数经理人都希望能够维持公司的长期运作。因此，生存是大多数管理者追求的一个主要目标。一般来说，企业面临产能过剩、竞争激烈或者突发灾害的状况时，会面临生存危机。但只要定价能够补偿总成本，公司就可以维持生存。

2. 最大限度地保留顾客

对许多公司来说，留住顾客远比获取新顾客更重要。如果公司的定价目标是留存顾客，那么定价时应该充分考虑已有顾客的支付意愿，定价不能高于顾客的支付意愿，也不能太低，以使客户重视你的产品并继续使用它。并且，公司需要保持产品价格的相对稳定。

3. 利润最大化

利润最大化是最流行、最传统的定价目标之一。考虑利润也是有道理的——不赚钱的企业难以生存并且企业的经营要满足股东的利益。通常这类企业应该提高价格和尽可能削减成本来提高投资回报率，追求利润最大化的企业往往以牺牲销售量为代价。并且，企业还需要考虑自己追求的是短期的还是长期的利润最大化。

4. 市场份额最大化

所有公司，无论大小，都关心如何保持足够的市场份额，以便其销售量能够使公司生存和繁荣。因此，一些公司制定和修改他们的定价策略，以最大限度地提高销售量，甚至专门设置促销价格以刺激销量增长，增加改变市场地位的可能性。

5. 保持市场竞争力

有时，一个企业需要使产品或服务在其更广泛的市场中更具竞争力。在这种情况下，简单地匹配竞争对手的价格是一个企业可以追求的更有效的定价目标之一。匹配竞争对手的价格可能成为企业在其行业内获得竞争优势的一个绝佳途径。

6. 维护品牌形象

价格作为一种市场信号，影响着企业的品牌形象，理想情况下，较高的价格会创造出一种威望和奢华的氛围，而较低的价格则是低价值的信号。

（二）定价程序

一般情况下，企业可以遵循下面的步骤制定价格：预测市场需求、估计成本、确定产量，以及分析竞争者的成本、价格和供给水平。

1. 预测市场需求

市场需求受很多因素的影响，因此精准地估计市场需求几乎是不可能完成的任务。不过，我们也可以利用一些方法，对需求进行预测。

（1）使用过去的销售数据预测未来的需求

如果你经营公司已经一段时间了，最简单的方法是通过查看你以前的销售数据来估计需求。公司往年的销售收入一般情况下遵循基于你的行业和你公司的具体情况而产生。因此，利用历史数据预测未来的市场需求是可行和合理的方法。当然，这种方法并不是一个完美的方法，它可能不能捕捉一些突发性事件对企业经营的影响。例如，2020年末暴发的新型冠状病毒疫情深刻地影响着酒店行业，如果酒店老板能提前预知有疫情暴发，可能将酒店业务出售是最好的保值手段。但是，利用历史销售数据完全无法捕捉此类突发事件对未来需求的影响。

（2）使用公开可用的市场数据

如果你正在进入一个全新的市场，或者估计潜在的新消费市场的规模，你可以借助公开的数据源进行大致的市场预测工作，如公开的数据库数据、消费者问卷调查数据、咨询公司发布的行业调查数据等。公司可以利用回归分析、结构经济模型等方法对需求进行预测。

（3）价格实验或问卷调查

除了利用已有的二手数据（企业历史销售数据和公开数据），公司也可以自己收集一手数据，自行收集数据常用的两种方法是进行价格实验或者向消费者发放问卷。价格实验可以为同一个产品制定不同的价格，分别小范围投放在类似区域，然后观察价格变化如何影响消费者，收集消费者购买的数据，以便后续分析使用。实验方法的优势在于如果前期控制好各种因素，那么观测到的消费者行为的变化就来源于价格的变化，缺点在于对同一个产品定不同的价格，可能引起消费者反感，因此在投放市场时最好寻找两个隔离的市场进行实验。另外，企业也可以采用问卷调查的方式调查消费者对定价的接受度和愿意支付的价格。问卷调查的优势在于发放简单，目前已有很多在线平台可以帮助发放问卷，缺点在于问卷的回答率较低，可能导致样本偏差的问题。

（4）利用互联网的广告数据预测需求

如果你的企业恰巧在百度或小红书等网站上投放了点击付费广告（pay-per-click advertising），那么你可以获得消费者搜索、浏览、点击及购买数据。这些数据可以用来了解消费者的购物路径，并计算转换率，该转换率可以用来估计市场对你企业的产品的需求。

2. 估计成本

消费者的支付意愿为价格制定了上限，而成本为价格制定了下限。公司希望制定一个价格，这个价格不仅能弥补生产、分销和广告成本，还可以获得一定的利润。因此，企业在定价之前需要认真地估算所有的成本。前面我们介绍过，总成本可以分为固定成本和可变成本两类（见表 8-1），制定的价格应该至少能够弥补生产一定产品的总成本。

表 8-1　固定成本与可变成本

特征及示例	固定成本	可变成本
特征	成本总额在一定时期内及一定业务范围内，不受到产量的影响	成本总额与产量相关的成本
示例	设备采购费用、土地租赁费用、行政费用等	原材料费用、电费、劳动力成本、销售人员薪资等

3. 确定产量

定价时首先应该弥补总成本，而总成本需要均摊在每个产品上，因此确定产量对公司定价十分重要。除了需求决定产量外，其他的营销策略也可能影响产量，甚至决定产量。一些高价值的品牌采用“饥饿营销”的策略，以保证品牌的排他性。例如，一些奢侈品推出少于市场需求的“限量版”，为这些产品制定很高的价格，以此满足高价值顾客对独特性的需求。

实例 8-1

奢侈品的“饥饿营销”定价法则

饥饿营销是近年来商家十分喜欢使用的一种营销策略，许多品牌通过饥饿营销策略提高品牌的美誉度。简单地说，饥饿营销的重点是制造稀缺性激发用户拥有产品的强烈欲望，通常商家使用的营销手段是限制供应数量。如果饥饿营销策略用得好，对一个品牌的价值提升无疑有巨大的帮助。

一些奢侈品品牌将饥饿营销手段使用得炉火纯青。香奈儿推出经典 5 号香水的限量套装时，产品售罄后还有许多卖家留下电话，希望排队等候专柜再次到货；爱马仕的经典皮包款式也是“限量”，许多商店橱窗里的皮包都只能看不能买，如果消费者想购买，需要进入一个等候名单（waiting list），许多客人甚至会花费几年时间等待一只限量版爱马仕皮包。

奢侈品品牌用这种方式向顾客传达着“物以稀为贵”的信号，越让消费者感觉供不应求，就越能彰显品牌的价值，也越能吸引高价值的用户。同时，饥饿营销的方式避免了很多消费者拥有同样的产品，保证了高价值顾客的独特性需求。

（资料来源：根据网络相关资料整理）

思考题

那么哪些品牌适合使用饥饿营销的定价策略呢？饥饿营销定价给客户带来了什么价值？

4. 分析竞争者的成本、价格和供给水平

由于在竞争市场中，市场需求是由多个企业共同决定的，因此公司在定价时必须考虑竞争对手的生产成本、价格和供给水平。如果竞争对手在今年启用了新的生产线，可将成本降低 20%，在这种情况下竞争对手很可能降价销售，公司在定价时需要充分参考竞争对手的定价。

（三）定价方法选择

给定消费者的需求水平、企业的生产函数及竞争者的价格后，企业就可以开始制定价格了。一般情况下，制定价格需要考虑 3 个方面：成本是价格的下限、消费者支付意愿是价格的上限、竞争对手的价格是消费者做决策的参考点。公司应选择考虑一个或多个因素的定价方法。我们在前文已经详细地描述了一些定价方法，在此不做赘述。这里我们将着重介绍 3 种较为普遍的产品定价方法：基于成本的定价方法、基于价值的定价方法及基于竞争的定价方法。

思考题

给一种产品定价，大大超出消费者支付意愿的上限有什么意义？

1. 基于成本的定价方法

（1）成本加成定价法

成本加成定价法（cost-plus pricing）也被称为加成定价法（markup pricing）。这种定价的计算方式是在生产一单位产品的成本（单位成本）的基础上再加上一个固定的百分比，得出的数字就是产品的销售价格。像服装、杂货店和百货公司这样的零售公司经常使用成本加成定价。对于这些公司来说，所销售的商品存在差异，公司根据自己的情况对每种产品采用不同的加价百分比。需要注意的是，由于忽略了市场需求和竞争者的定价，仅仅利用成本加成定价法给产品定价是具有风险的。

为了说明成本加成定价法，假设一家生产平板电脑的厂商的成本和预期产量如表 8-2 所示。

表 8-2　某企业成本和预期产量

成本和预期产量	数据
总可变成本 / 元	500000
固定成本 / 元	1000000
预期产量 / 台	1000

那么，这家企业生产每个平板电脑的单位成本如下

$$单位成本=\frac{总可变成本+固定成本}{预期产量}=\frac{500000+1000000}{1000}=1500\text{ 元}$$

假设这家企业计划赚取 25% 的加成利润。那么这家企业的加成价格如下

$$加成价格=\frac{单位成本}{1-预期回报率}=\frac{1500}{1-25\%}=2000\text{ 元}$$

根据上面的计算过程，我们可以得知，该企业会以每台 2000 元的价格将平板电脑推入市场，那么每台平板电脑可以赚取 500 元利润。当然，该企业也可能将平板电脑卖给下游经销商，经销商又会依据自己的期望利润率给产品加价，然后卖给消费者。

尽管这种定价方式忽略了市场供需关系与竞品的价格，但却是企业普遍使用的定价方法，因为这种方法简便易行，而且所需要的决定价格的因素都是企业了解的。此外，这样的定价方式也被消费者认为是公平合理的。

（2）目标收益定价法

另外一种基于成本定价的方法叫作目标收益定价法（target profit pricing），是根据企业预期总销售额和总成本，确定目标利润的定价方法。在使用这种方法定价时，首先要确定一个总的利润目标，然后把总利润分摊到每个产品上。目标收益定价法的计算公式如下

$$销售量=\frac{固定成本}{价格-可变成本}$$

其中，可变成本指的是分摊到每个产品上的可变成本。

我们用一个例子说明这个公式的含义。如一种玩具的固定成本为 100 万元，可变成本为 10 元，定价为 50 元时，我们可以计算得出销售量等于 25000 套。也就是说，当销售量达到 25000 套时，公司的净利润为零。之后如果每多卖出一套产品，则净赚 40 元。

这种定价方式的缺点是价格是由销量估计出来的，但在实际应用时，销量往往难以

估计和保证，因此企业要想准确估计盈亏平衡价格（break-even pricing）是较为困难的。

2.基于价值的定价方法

想象一下，一场销售对话是这样展开的。

销售人员：“喜欢这个产品吗？”

消费者：“还可以，这个产品多少钱？”

销售人员：“这取决于你愿意为它支付多少钱？”

这段对话里销售人员所提及的消费者“愿意支付的价格”就是消费者的感知价值。基于价值的定价方法指的就是企业基于消费者感知价值定价，也就是根据消费者愿意支付的价格定价。那么哪些产品适合价值定价方法呢？答案是体验型产品比较适合使用这种定价方式，以及那些涉及个人声望或拥有独特性的产品。需要注意的是，体验型产品除了服务类产品，也包含一些实体产品，例如高端汽车、香水、丝巾等。一个例子是设计师服装公司常常利用感知价值来设定价格。虽然一件设计师衬衫的生产成本并没有比非设计师衬衫高，但设计师品牌所承载的地位增加了衬衫的感知价值。许多公司利用消费者的这种感觉，大幅度赚取利润。基于价值的定价不一定是公司的最佳定价策略，实施它可能会有一些障碍。评估一个产品或服务的感知价值可能非常困难。

在使用基于价值的定价方法时，需要注意，下面的因素会影响消费者的价值感知。

（1）消费者心理因素。

（2）产品为客户提供的利益影响了该产品的价值。

（3）竞争对手的定价会影响消费者对产品价值的看法。

图 8-3 展示了基于价值的定价方法和基于成本的定价方法的区别。从图中我们可以看出，基于价值的定价方法类似于在基于成本的定价方法的基础上再加上一个溢价。

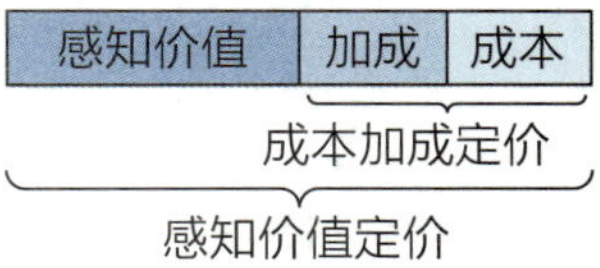

图 8-3　基于价值的定价方法和基于成本的定价方法的区别示意

思考题

如何来提高消费者的感知价值?

3. 基于竞争的定价方法

一般情况下，竞争市场中存在许多类似的或同质化的产品供消费者选择。企业也可以采取随行就市定价法（going-rate pricing），参考本行业领导者价格或者本行业平均价格水平给自己的产品定价。这种定价方式在消费者的观念中是“合理的价格”，容易被消费者接受。并且，这种定价方式有助于保持市场稳定，避免和竞争对手打价格战，一般能给企业带来适度的盈利。

思考题

上海证券交易所的股票交易定价是属于哪种定价方法?

四、主要的定价策略

前面我们提到，成本是价格的下限，消费者支付意愿是价格的上限，那么，企业在为产品定价时，既不能亏本销售，也不能使价格过高以致无人购买，而应该让价格处于两者之间。

思考题

如果一种产品价格突破了价格上限意味着什么?

接下来主要介绍一个新的概念——消费者价值（customer value）。

（一）消费者价值的 3 个维度

在营销学中的相关研究总结了消费者价值的 3 个维度。

1. 功能价值

这是消费者通过使用产品或服务获得的效用。

2. 情感价值

即消费者从产品或服务中获得的情感价值，例如一些营销研究发现消费者有时将产品看作自己的一部分，产品是自我的延伸（extent self）。通常来说，人们所珍视的物品或对自己重要的物品都可能成为消费者的自我延伸。例如，消费者在玩游戏时会将自我带入游戏人物。

3. 社会价值

即消费者选择的产品与某个社会群体有所关联。社会价值强调的是产品或服务给消费者带来的社会属性，帮助消费者表达“我在社会中是一个什么样的人”。例如，一些奢侈品的产品不仅仅为消费者带来使用价值，更多的是身份和地位的体现。

（二）定价策略

在了解了消费者价值后，我们来看看产品价格与消费者价值之间的关系。第一，价格是价值的体现，一般情况下高价格的产品具有高价值。当然也存在一些例外，例如粮食和食盐等生活必需品的价格受到政府管控，这些产品对于消费者的价值很高，但价格较低。第二，对于同一类型的产品，由于其为消费者带来的价值不同，定价可能千差万别。一个例子是虽然手提包的功能都是用来装东西的，但奢侈品手提包的定价可能是非奢侈品手包定价的几倍到几十倍不等。这是因为奢侈品手提包不仅用来装东西，更体现了消费者的“身份”和“社会地位”。接下来的部分我们将着重介绍 7 类定价策略。

1. 新产品定价策略

公司的定价策略通常会随着产品的生命周期不同而发生变化。首先请大家回顾一下，产品的生命周期有几个阶段呢? 新产品推出阶段是非常具有挑战性的阶段，根据哈佛商学院教授克莱顿·克里斯坦森的调查，每年有超过 30000 种新产品问世，而 95% 都是失败的。由此可见，新产品的失败率极高。对于一个进入市场的新产品来说，除了产品设计等因素，价格也是影响消费者决策的关键因素，因此我们将着重介绍新产品的定价策略。

（1）市场撇脂定价法

一些企业在将新产品推出市场之初将价格定得很高，以获取市场利润的最大化，一些高科技的电子产品公司往往采用市场撇脂定价（market-skimming pricing）的方式。例如，在苹果公司在推出新款iPhone时往往定价很高，随着时间推移，在推出新一代产品后对上一代产品逐步进行打折销售的方式进行清仓销售。再比如ZARA 等快消品服装公司，每个季度都采用动态折扣的方式对服装进行销售，这种动态折扣的方式像一把汤勺，一层一层获取消费者利润。这就是现在网络上流行说的“早买早享受，晚买享折扣”，这句话形象而生动地描述了市场撇脂定价的精髓。

需要注意的是，市场撇脂定价法只有在特定的条件下使用才有意义，营销大师菲利普·科特勒总结了 3 类适合使用这种定价方式的情况：① 产品的质量和形象能够支撑产品的高价格，并且有具有一定规模的顾客群体愿意为之买单；② 获得的利润能够抵消小批量生产产品的成本；③ 具有难以复制的竞争优势。

值得注意的是，对于普通的消费者来说，“早买早享受，晚买享折扣”并不是适用于所有情况。有时候一些特殊事件的发生，反而导致一些产品涨价。例如，2020 年末暴发的新型冠状病毒疫情扰乱了全球供应链，导致劳动力价格和部分原材料价格上涨，一些行业的毛利下滑导致产品价格不降反增。例如，在此次疫情中，由于原材料价格大幅上涨，新能源汽车的价格正在节节攀升，例如特斯拉、小鹏汽车、比亚迪等新能源品牌汽车都在 2020 年初完成了涨价。

（2）市场渗透定价法

一些公司希望能使其市场份额最大化。它们认为销量越高，产品单位成本越低，长期利润越高。因此它们制定了最低价格，认为市场对价格是高度敏感的。德州仪器公司（Texas Instruments Incorporated）多年来极好地实施了市场渗透定价法（market-penetration pricing）。该公司建造大型工厂使成本下降，制定尽可能低的价格来赢得较高市场份额，并随成本降低而进一步降价。

符合以下条件的公司适合采用市场渗透定价法：① 市场对价格高度敏感，低价可以促使市场增长；② 随着生产经验的积累，可使生产成本和分销成本降低；③ 低价可以减少实际和潜在的竞争。

2. 产品组合定价策略

企业往往不只生产一种产品，很多时候某个单独的产品都是产品组合的一部……这种情况下，企业考虑产品定价时需要统筹考虑产品组合的定价，才能获取……润。接下来我们将着重介绍 3 类相关的产品组合定价方式。

（1）产品线定价

① 概述

企业通常会开发产品线，而非单一产品。在产品线定价（produc……企业可以采取两种定价方式。第一种定价方式是对产品线中的每个……这类定价方式主要适用于具有以下特点的产品：产品的同质性较……本差别微乎其微，产品对应的目标顾客群体差别很小，消费者在……多样性选择（variety seeking）。例如，康师傅对 500 毫升的……元，并且购买冰红茶、茉莉花茶、绿茶的消费者群体差别不……产品上来回选择。第二种定价方式是差异化定价方式，在……要特别考虑到消费者对不同产品的感知价值的差别，并……苹果公司推出的iPhone手机型号分为iPhone SE、iPh……店体验这几类手机时，能明显地感觉到它们在功能……用第二种差异定价法的企业，首先需要建立顾客……

② 优点

产品线定价方式具有以下优点。

第一，产品线为消费者提供了多样化选择，消费者唯一的决策因素是价格，如果采用差异化定价法，消费者可以根据自己的预算选择产品。

第二，同一个产品线的不同产品，可以使用相同的生产设备和工艺，从而降低了成本。

第三，尽管公司提供了多种产品，但是这些产品隶属于同一个品牌，因此营销人员只需要专注于打造一个品牌即可，从而减少了营销推广费用。

③ 缺点

产品线定价方式具有以下缺点。

第一，市场的变化容易导致同一产品线的产品滞销。

第二，如果其中一款产品出现质量问题，对同品牌的其他产品也能起到负面作用。

（2）附属产品定价

① 概述

附属产品（captive product）指的是某些企业在生产主体产品时，生产的一些一起使用的产品。生活中的附属产品的例子数不胜数，例如和咖啡机（主体产品）一起使用的咖啡胶囊（附属产品），和剃须刀一起使用的刀片，和Switch游戏机一起使用的游戏卡，和平板阅读器一起使用的电子版书籍，和打印机一起使用的墨盒等。那么，大家觉得这些企业主要靠卖主产品赚取利润，还是靠卖附属产品赚取利润呢？答案是：企业往往在主体产品上的利润率很低，主要依赖附属产品赚取利润。因此，在定价时主体产品的价格可以适中以降低顾客的进入门槛，但附属产品的定价较高以帮助公司赚取利润。例如，亚马逊推出的Kindle电子书的价格十分低廉，它的CEO杰夫·贝索斯表示亚马逊的Kindle几乎不赢利，利润主要依赖卖电子书籍。

② 优点

附属产品定价方式具有以下优点。

第一，通过低价的主体产品为企业引流，通过高价的附属产品赚取源源不断的

二，通过特定品牌的配件提高客户的忠诚度。

，会为忠诚的客户提供其他产品，最终实现交叉销售。

点

品定价方式也存在以下几个缺点。

人长远来看，消费者可能会因为不得不重复购买附属商品而变得不满意。

件的高价格会损害品牌的形象，导致销售的损失。

司必须不断为主产品提供升级服务，防止生产附属产品的其他竞争者进入

邦定价

（product bundle pricing）是一种营销策略，有利于人们方便地从一家

J/或服务。这些捆绑的产品和服务通常是相关的。在超市里，经常

组合在一起销售的情况，如剃须刀和剃须用的乳液放在同一个打包

售的一个案例。在捆绑定价计划中，公司以低于单个项目收费的

供折扣以刺激需求，使公司也许能够销售他们本来难以推销的产

品或服务，从而减少库存、获取利润。价格捆绑在许多垂直整合的行业中发挥着越来越重要的作用，如银行、保险、软件和汽车。事实上，一些企业在捆绑定价的基础上制定了整体营销战略。捆绑的典型例子如新汽车的选项包和餐馆的超值套餐等。

捆绑销售主要有混合捆绑和纯粹捆绑两种方式。

（1）混合捆绑（mixed bundle）

这种捆绑方式通常给消费者一个选择，让他们以比单独购买更低的价格来购买一组物品，这个过程被称为混合捆绑。消费者也可以选择单独购买。

（2）纯粹捆绑（pure bundle）

这种捆绑方式并不给顾客选择单独购买商品的权利，消费者必须购买一组完整产品，例如，消费者只能直接购买Office 365软件包，而不能单独购买Word；购买电视频道计划时，必须同时购买一整套电视节目频道，而不能只购买CCTV5，这意味着客户不能随意挑选他们想要支付的频道。

思考题

可口可乐一瓶1.99元，二瓶2.99元，促销时一瓶价格又降到1.59元，6小瓶3.99元，一大瓶3.18元。其定价策略意图是什么?

3. 数字产品定价策略

（1）任意付定价方式

任意付定价方式（pay what you want pricing）是一种完全以顾客为中心的定价方式，正如字面意思，消费者可以支付任意价格获得产品，有时商家会设定一个最低价格，有时商家不设定最低价格，这意味着消费者可以完全免费获得产品。这种定价方式听起来十分荒唐，你可能很担心企业亏得血本无归。其实这种定价方式很早就出现在我们的日常生活中了，想一想街头唱歌的艺人，他们提供音乐服务时，路人经常会在他们的盒子里丢下一些零钱。瞧！总有消费者愿意为产品买单，甚至有的路人会丢下面值很高的纸币。

实例8-2

任意付的定价方式

你也许会担忧，会有企业采用这种定价方式吗？答案是有的！一家名为Humble Bundle的网站自2010年成立以来，一直以任意付的定价方式售卖电子游戏、电子音乐或电子书，该公司在新型冠状病毒疫情暴发期间推出的抗疫慈善包，不到一周时间就募集了479万美元，有超过15万人使用任意付的方式购买该网站的产品。此外，美国的线上历史自然博物馆、在线学习网站（如StackSocial）和一些乐队等都采用任意付的定价方式。

（资料来源：根据网络相关资料整理）

值得注意的是，目前大规模采用任意付定价方式的公司都是生产数字产品的企业，生产实体产品的企业较少使用这种定价方式，这是为什么呢？请回顾有关边际成本的知识，生产数字产品的边际成本大约是多少呢？答案是几乎为零！请试想一张数字专辑的售卖，除了生产第一张数字专辑的成本外，第二张数字专辑的生产成本几乎为零。任意付的定价方式有如下优点。

首先，它能捕捉和了解客户的支付意愿。想一想，为了看你最喜欢的足球队的最后一场比赛，你最愿意支付多少钱？对一些人来说，答案可能是 30 欧元。对其他人来说，可能是 50 欧元。一个足球俱乐部如果将其主场比赛的门票定价为 40 欧元，可能会失去一些观众（那些只愿意支付 30 欧元的人），也无法获取其他观众（那些愿意支付高达 50 欧元的人）的全部价值。在这种情况下，通过让人们按自己的意愿付费，足球俱乐部可以成功地开发两种类型的球迷，让精准营销成为可能。

其次，它可以增加新的客户。这是另一个选择任意付定价的好理由。让我们以柏林剧团为例，这是一家位于德国首都的剧团。为了庆祝他们的新场馆“Neues Haus”在 9 月 20 日启用，他们决定在 7 个戏剧之夜选择“随心所欲“的定价方式。观众被邀请欣赏舞台剧，并根据他们对体验的重视程度选择他们希望支付的费用。这一任意付的结果是什么？平均而言，观众支付了 9 欧元——比他们通常支付的票价低得多。事实上，新场地的正常价格通常在 13 ～ 29 欧元，减价票为 9 欧元。然而，这种策略能够带来需求的增加，并吸引更多新的观众来到剧院。任意付的定价方式吸引了超过 1/4 的新观众。这表明，任意付的定价方式可以帮助公司引流。

最后，它也可能产生更多的收入。回到上面剧团的案例，如果剧团还提供一些其他的付费项目，例如零食饮料等餐饮服务，由于客流量增加，可能增加收入。

当然，任意付的定价方式的风险很高，使用不当，可能导致企业血本无归。因此企业需要谨慎使用。

思考题

什么情况下任意付定价方式效果会比较好?

（2）免费增值定价

免费增值定价（freemium）方式的英文是“free”和“premium”的结合，这是一种经常被用来给软件定价的策略。一般来说，软件生产商为消费者提供免费的基础版本，如果消费者想使用有更多功能的高级版本则需要付费，而且消费者往往不能一次性买断使用权，而需要按时支付月费或年费。免费增值定价策略有以下优势。

①“免费”是一种有效的营销工具，消费者总是对免费的产品趋之若鹜，采用“免费”定价模式可以帮助公司吸引大量用户。

②“免费”对消费者的诱惑力足够大，能帮助公司节省一笔营销开支。

③“增值”正好弥补了“免费”无法获得利润的不足。

④ 按月收费或按年收费可以为公司带来持续的现金流。

除了一些软件公司采用免费增值的定价策略，目前一些生产实体产品的厂商也开始采用这种定价模型，特斯拉（Tesla）汽车在一些汽车配件的使用权的销售上就采取了这种定价方式。

实例 8-3

特斯拉的“寒冷套件”升级服务

特斯拉汽车官方在 2021 年 12 月宣布，即日起正式在中国市场推出“寒冷套件”OTA（over the air technology，空中下载技术）付费升级服务。这项服务针对搭载方向盘加热硬件和后排座椅加热硬件的Model 3 标准续航升级版（2021 年 1 月 1 日之后交付的车型）。用户可以花费 2400 元购买“寒冷套件”，即可同时获得方向盘加热功能和后排座椅加热功能。

特斯拉汽车还表示，此前单独购买“后排座椅加热功能”服务的用户，将于近期免费升级“方向盘加热功能”。对于未搭载后排座椅加热硬件的Model 3 标准续航升级版车型，用户仅需购买 1600 元的套件，即可升级“后排座椅加热功能”。用户可通过手机APP或官网My Tesla页面查看其爱车适用的升级方案，系统会根据不同车型来显示对应的“寒冷套件”OTA 升级服务价格和升级功能。

（资料来源：根据网络相关资料整理）

（3）透明定价

在互联网出现之前，经销商往往可以利用两个不同地域的消费者之间的信息不对称，将A地的货物运输到B地销售，赚取差价。但互联网电商及快递行业的出现，打破了货品之间的地域差别，为消费者提供了充足的比较价格的渠道。另外，一些互联网主播开始从事产品测评工作，在视频中将产品设计、功能等方方面面的信息完全披露给消费者，导致价格信息对消费者是“透明”的。因此，一些互联网产品公司顺势推出了透明定价的方式，透明定价方式即公司向消费者披露自己的产品价格组成，例如生产一条牛仔裤的面料成本、拉链成本、运输成本、电费、水费、公司运营成、税费等，并且告诉消费者这条牛仔裤加价 30% 销售。这种定价方式可以获取消费者的信任，因为价格信息对企业来说是一种秘密信息，企业通过与消费者交换秘密信息获取消费者信任。

实例 8-4

Everlane的透明定价方式

近年来，互联网技术不断重塑着传统行业。传统的时装行业受到前所未有的冲击，面临行业的创新和改革。Everlane于 2010 年创办于旧金山，是一家互联网+服装公司，最早靠着买白色棉质T恤获得了 110 万美元的天使轮投资。之后，这个品牌推出简洁但面料奢华的各种服饰，成为一个成功的小众又时尚的品牌。迈克尔·普利斯曼创建的Everlane定位为中高端服装品牌，面向城市的年轻顾客群体，提供生产材质优良的基础款服饰，受到很多好莱坞明星的青睐。

迈克尔·普利斯曼毕业于卡内基梅隆大学计算机系，是一个典型的IT男。29 岁之前，他一直任职于一家私募基金公司。他在从业过程中发现，奢侈品服饰这个领域利润率非常高，有时一件衣服的零售价格是生产成本的 8 倍甚至更高，而这也是整个行业众所周知的“秘密”。迈克尔·普利斯曼注意到这个商机，试图撼动奢侈品服饰高利润率的行业规则，为消费者提供价格适中但品质优良的服饰。

Everlane采取的价格策略不是实行简单的价格战，而是采用了另一种“低价”的价格策略——透明定价策略。透明定价策略的精髓在于“公布成本，透明定价”，Everlane选择直接将自己的成本摊开在消费者面前，并且告知消费者每件服装的利润率，为了让消费者进一步信任Everlane公开的信息，公司还提供了生产工厂所在地信息和图片信息，工人工资信息和生产厂环境信息，另外Everlane还公布了行业平均利润率，给消费者提供了参考价格。Everlane用这种全透明的经营方式获得了消费者的信任（见图 8-4）。

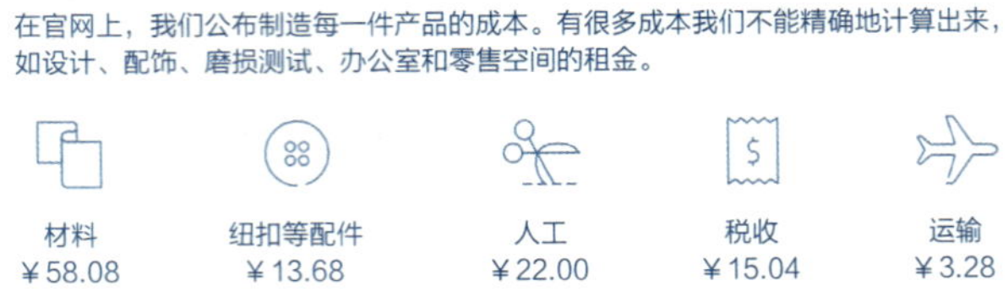

图 8-4　透明定价法示意

根据《金融时报》报道，2016 年Everlane的营收为 1 亿美元，2019 年营收超过 2.3 亿美元。2018 年，国际知名商业媒体《快公司》做了一个全球创新力公司的评选，Everlane就位列其中，入选的理由是：“构建下一代的服装品牌。”

（资料来源：根据Everlane官网及其他相关网络资料整理）

思考题

透明定价方式存在哪些风险?

4.心理与折扣定价策略

心理与折扣定价通常要考虑**锚定效应和参考价格**。锚定效应是人们的一种认知偏见，描述了人们在做决定时过于依赖所提供的参照信息（也就是”锚”）的常见倾向。而在消费者进行购物决策时，这种“锚”就是我们通常所说的参考价格。例如，消费者之前的购买价格、邻居的购买价格、竞品的价格、历史低价等。这些参考价格会影响消费者对价格的感知，从而影响最终的购物决定。

一些公司依据锚定效应理论，在实践中主要采用尾数定价法、调整显示价格的字号的大小、分期付款等方式定价。

（1）尾数定价

尾数定价指的是在为产品定价时使用尾数而不是整数，这使得消费者在购买产品时感到产品特别便宜。尾数定价策略是基于隐含效应，这意味着消费者的产品价格是由商家精心计算的，具有很高的可信度。调查显示，价格尾数的微小差异往往会带来不同的效果。顾客通常认为 199 元的产品比 200 元的产品便宜很多，201 元的产品太贵了，其实只少了 1 元。尾数定价策略能够被广泛采用，主要是因为消费者往往一开始注意到的是最左边的数字，而常常忽略了小数点之后的数字，因此尾数定价法可以给消费者一种低价的感觉。如果某种产品定价为 99 元，虽然只比 100 元少 1 元，但人们会习惯性地认为这是一笔几十元的开支，是比较便宜的。而如果同一产品的价格定为 100 元，人们就会认为这是一笔数百元的开支，价格比较高。另外，尾数定价向消费者传达了折扣或减价的信息，提升了产品吸引度。因此，并不是所有的产品都适用尾数定价法，高价值品牌形象的产品不适合用尾数定价法，如路易威登等奢侈品品牌。

（2）调整字号的定价

字号的大小是否影响消费者对价格高低的感知？来自美国克拉克大学和辛辛那提大学的两位教授在实验室设计了一系列实验来研究这个问题。他们招募了一些实验参与者，将实验参与者随机分配到两组并给他们展示不同的价格广告（见图 8–5），除了价格字号的大小，两个图片广告的所有内容都保持相同。随后实验者测量了实验参与者对滑冰鞋的折扣价格的高低感知及购买意愿。结果显示，被分在折扣价格字号较小组［图 8–5（1）］的被试者的感知价格更低，购买意愿更高。

（1）　　　　（2）

资料来源：Coulter, K. S., Coulter, R. A. Size Does Matter: The Effects of Magnitude Representation Congruency on Price Perceptions and Purchase Likelihood[J]. *Journal of Consumer Psychology*，2005，15(1):64–76.

图 8–5　折扣字号大小与购买意愿实验

（3）分期付款的定价

请思考下面这个例子：当你在淘宝购物时，看中了一双价格为 2400 元的球鞋，由于价格较高你正在犹豫是否购买，这时商家页面上弹出一个选项告诉你，这款球鞋可以分 12 个月进行付款，总共只需要支付 7.5% 的手续费，计算下来你每月只需要支付 215 元就可以拥有这双球鞋。很多消费者，尤其是年轻消费者，会立马下单，觉得每月只需要支付 215 元是非常划算的，这是因为分期付款影响了消费者对价格高低的感知。分期付款还有另一种呈现方式，例如健身房在销售一张价值 3000 元的年卡时，往往会告诉消费者费用平均到每天不足 10 元，非常划算！但是请理性地想一想自己到底多久会去一次健身房。

（4）折中效应

鲍勃是一家超市的主管，超市的货架上摆放了两种牛奶供消费者选择：A 牛奶——1 升装，18 元；B 牛奶——1 升装，28 元。一周以后员工向鲍勃汇报购买 B 牛奶的消费者很少，不足 10%。这时如何提高 B 牛奶的销量呢？鲍勃让员工集思广益，一个员工站出来说，可以尝试引入一升装的售价 58 元的 C 牛奶。其他员工都表示这个方法真荒唐，明摆着消费者不愿意尝试价格高的牛奶。但鲍勃决定试运行一周，一周后发现 B 牛奶的销量占总销量的 70%。这个现象就是折中效应。1989 年，斯坦福大学的教授伊塔马尔·西蒙森首次发表论文证明了折中效应的存在。折中效应发现，当人们在偏好不确定的情况下倾向于选择中间选项，因为中间的选项看起来更安全，不至于犯下严重的决策错误。一些公司依据折中效应理论，在实践中采用提供“衬价”的方式提高产品的吸引力。

如美国厨具零售商威廉姆斯-索拿马（Williams-Sonoma）公司推出了一种面包机，但是销量却很一般。威廉姆斯-索拿马公司不仅没有下架原来滞销的产品，反而又推出了一种新的面包机，它比当时已经上市的面包机还要更大而且价格更贵。结果是新面包机的推出却让原先的那种面包机销量大增。事实上人们很少会在没有对比的情况下就做出消费决定。而且大多数时候人们总是习惯于把同类产品进行对比，当货架上只有孤零零的一种型号的面包机时，顾客很难把它与其他的厨房用品放在一起做比较，所以顾客也很难做出是否购买的决策。但是当有了可对比的选项之后，情况就变得不一样了，顾客在两个都能满足自身使用需求的商品中做选择时，通常会选择价格较低的那个。

5.竞争应对性定价策略

顾名思义，竞争应对性定价指的是公司在观察竞争情况后为其产品制定价格。首先，这种定价方式需要找到市场中的竞品，这需要对市场的全面把握和了解。其次，在参考了竞品的价格后，可以制定与竞品相同、高于竞品或低于竞品的价格，接下来将具体介绍这3种定价思路。

（1）基于竞争者定价的平价水平定价

当你的产品和竞争对手的产品之间的差异为零或几乎没有差异时，将价格设定在与竞争对手相同的水平。这种策略可用于产品以常规方式定价的市场，例如面包或鸡蛋。

（2）制定低于竞争对手价格的定价

这表明企业采用渗透战略，制定低于竞争对手的价格进入市场，以获得更多客户，增加市场份额。这种策略从长远来看，对大企业是有效的，利用这种定价方式的最终目的是挤走竞争对手，全面占领市场。滴滴公司和Uber公司在进入中国市场初期，就采用了低价格的渗透战略，为用户提供大量补贴抢占市场份额。在使用这种定价策略时，需要充分考虑自己企业的现金流和利润率。

（3）制定高于竞争对手价格的定价

设定高于竞争对手的价格是一把双刃剑，虽然从长远来看，你可以建立自己的品牌，占领高端市场，以此收回之前的资金投入。但是，用户可能会对涨价做出负面反应，这无疑会影响你的销售量。

6.基于大数据的产品定价策略

（1）价格歧视

价格歧视是一种以最大化利润为目标的定价策略，即对同一产品或服务向顾客/顾客群体收取不同的价格。例如，微软Office向教育机构提供价格低于其他用户的软件价格。价格歧视是否有效取决于细分市场的相对需求弹性。处于相对无弹性的市场的消费者支付较高的价格，而处于相对有弹性的市场的消费者支付较低的价格。经济学家将价格歧视分为3类：一级价格歧视、二级价格歧视和三级价格歧视。这些不同程度的价格歧视也被称为个性化定价、产品版本或菜单定价，又或者团体定价。

一级价格歧视（也称作完全价格歧视）指公司对每个消费者收取可能的最高价格。利用这种定价策略，企业为自己获取了所有可能的消费者剩余。二级价格歧视指公司对不同的消费数量收取不同的价格，如大宗采购的数量折扣。例如，华为为大宗采购电脑的企业提供折扣价。三级价格歧视反映了对不同消费群体的不同价格。即可以根据某些人口统计学或消费者对有关产品或服务的重视程度，要求某些群体的客户支付更多或更少的费用。例如，影院可能将观影者分为老年人、成年人和儿童，每个人在看同一部电影时支付不同的价格。在互联网和移动互联网出现之前，后两种价格歧视是比较常见的。

那么，消费者能从价格歧视中获利吗？许多情况下，消费者可以从价格歧视中获利。这是因为不同的客户群有不同的特点，他们愿意支付的价格不同，如果不采取价格歧视策略，而采取平均价格，这会导致支付意愿较高的消费者（也可以看作是富人）大量囤积产品，而支付意愿较低的消费者（也可以看作是穷人）永远买不起。同样的，经济学家也发现，价格歧视提高了市场的整体效率。

公司何时能成功地应用价格歧视策略呢？经济学家已经明确了价格歧视发生的3个必要条件：首先，公司需要有足够的市场支配力；第二，公司能够识别不同细分市场需求的差异；第三，公司必须有能力保护其产品不被一个消费者群体转卖给另一个群体。

（2）动态定价

动态定价源于经济学中的价格歧视，即商家把同样的产品用不同的价格卖给不同的消费者。而“动态”则体现在将价格歧视与更多变化的因素结合起来制定价格以应对实时的供应和需求，例如时间、供求关系、市场反应、产品生命周期、促销、库存水平等因素。例如，亚马逊是采用动态定价的最大零售商之一，每10分钟更新一次价格。动态定价让零售商有能力通过改变价格来获得竞争优势。企业可以尝试降低销售不畅的产品的价格，减少库存，也可以提升供不应求的产品的价格，获取高利润。例如，航空公司在机票需求的高峰期提高价格，在需求较少时降低价格。与其他任何策略一样，动态定价也有利弊。

动态定价法则示例

① 动态定价的优势

第一，允许零售商深入了解客户购买行为和市场趋势。

第二，零售商可以根据其他品牌为产品设置的最基本价格来设置不同的产品价格。

第三，帮助最大化ROI。

第四，为零售商提供竞争优势。

② 动态定价的劣势

第一，不定期更新价格需要投入更多的成本。

第二，价格波动常常会让客户感到困惑。

第三，在应用该策略时，与其他品牌的竞争可能会加剧。

（3）价格歧视与“大数据杀熟”

随着社会的互联网渗透率越来越高，在方便人们生活的同时，也产生了许多新问题。比如很多人在预定网约车、叫外卖、订酒店的过程中发现，商家利用消费者在网络留下的数据分析消费者购物习惯及经济水平，向不同的消费者对同样的服务收取不同价格，尤其新老用户在购买相同产品时的价格不同，这样的现象被称为“大数据杀熟”。

从经济学角度看，“大数据杀熟”属于一级价格歧视的一种，也就是企业根据每个消费者的支付意愿，“个性化”定制价格，获得所有市场剩余。但需要注意的是，生活中价格歧视的例子比比皆是，例如地铁公交的老年卡和学生卡、酒吧为女士提供免费酒水、大宗进货时获得的折扣价等。为什么单单是“大数据杀熟”的价格歧视令消费者反感呢？相对于传统的价格歧视，“大数据杀熟”有什么独特的地方呢？

究其原因，“大数据杀熟”令消费者反感是因为企业是在观察到顾客的隐私信息后才进行定价，并且这种收集数据的行为是不公开的，而传统的大部分零售行业或服务业都是先制定好了价格，然后消费者可以决定是否提供隐私信息，例如即使你是老年人，坐公交车的时候也可以选择不使用老年卡。另外，“大数据杀熟”的定价方式降低了消费者的感知公平，消费者当然厌恶商家的不公平的定价行为。

那么，如何治理企业的“大数据杀熟”行为呢？首先，价格的制定机制应该遵循市场化原则，尽可能避免不正当的平台操纵；其次，保护消费者利益，尤其是保护消费者的数据隐私安全，保障个人数据不被违规使用；最后，维护市场公平竞争，减少交易摩擦。

7. 场景定价策略

在日常生活中，经常会出现同一款产品在不同场景下有不同价格的情况，如500毫升的农夫山矿泉水在超市的价格是2元钱，在中小学校门口小卖部的价格是3元钱，在景区的价格是5元钱，在5星级宾馆的价格是10元。为什么消费者在不同场景会接受不同价格呢？实际上是场景能够为产品和服务创造价值，校门口提供了学生身份识别的价值，5星级宾馆有精英阶层的身份识别和显示地位价值，景区有游客身份识别和消费属性改变的价值。场景价格策略采用成本加上场景的价值点的价值定价方式。这个价值点可能是品质、工艺、IP、仪式感，也可能是文化故事、情绪、情谊、情趣等。如网红打卡点一类的场景点的价格抵消了用户对价格的敏感性，同时助推了用户对产品的免费传播，这个场景点的价值就成了社交货币，用户传播这个价值点的价值，就源源不断地产生社交货币，也为产品场景溢价创造了条件。

场景价格 = 成本价格 + 场景价值点（原材料、工艺、品质、功能、文化、故事、IP、情绪、情结、情趣、立即满足等）

如产品能专注于某个特定的消费场景，为消费者提供场景化的解决方案，则产品就可以实现场景价格。虎邦辣酱专注于外卖场景，实现了场景价格，规格30克×12的辣酱价格卖到40元，而老干妈210克的辣酱不到12元。还有小罐茶发现了消费者在“买、携带、喝、送”这4个场景的痛点，然后用“买茶的标准感、携带的方便感、包装的档次感和送礼的价格感”来解决这些痛点，并辅助“小罐茶，大师作”的品牌主张，实现了场景的高价格。

五、收益管理与盈利模式

（一）收益管理

收益管理（revenue management）又称为产出管理，是指利用不同时间段的定价差异和折扣实现收益最大化的管理模式。收益管理诞生于20世纪80年代初的美国航空公司，之后迅速扩展到酒店行业、租车行业、邮轮旅游行业等。收益管理模式之所以诞生于航空业与这个行业提供的产品特点有关。首先，航空公司提供的飞行服务的供给没有办法在短时间内减少或增加，这是因为飞机上的座位数量的固定的、飞行时间变化较小。另外，航空公司提供的产品的时效性非常明显，一旦航班起飞，如果有座位没有卖出去，这个产品的价值降为零。而且航空业的周期性十分明显，例如寒暑假是需求高峰期，平时工作日是需求低谷。正因为航空业的这些特点，在短期内供给相对稳定的情况下，航空公司需要一种价格调整策略平衡供求关系，以最大化收益，由此就出现了收益管理。

具体来说，收益管理是在资源数量固定的情况下，通过价格手段有效调整库存以实现最大化收益的过程。回到航空公司的案例，航空公司通过对乘客数据的分析，编写一套自动化程序为每个航班的每个座位制定合理的价格。最常见的例子是，航空公司在旺季的时候高价销售机票，在淡季的时候降低价格（最低价格等于成本）销售飞机票。那么，航空公司会以非常低的价格出售公务舱机票或头等舱机票吗？答案是航空公司通常不会这样做，因为公务舱或头等舱服务的是高价值顾客，航空公司需要保持这部分产品的价格稳定，不能轻易为部分产品提供折扣。这就是为什么我们常常坐飞机时发现，普通舱的机票全部销售一空，但头等舱和公务舱的座位还有剩余。总的来说，收益管理与动态定价有一些类似的地方，例如他们都实时变动价格。但也有一些区别，例如动态定价可以依赖非常多的因素调整价格，而收益管理主要是依赖库存而调整价格。

（二）盈利模式

1. 盈利模式设计

盈利模式是指企业收支来源与收支方式。简单地说，盈利模式指的是企业产生利润的方式，也就是企业如何赚钱。设计盈利模式时通常从定向、定性、定量、定时 4 个方面来考虑，综合性增加企业收入来源，降低企业成本开支，从而产生更多收益。

（1）定向

定向是指收入从哪些利益相关者获取，成本支付给哪些利益相关者，有哪些成本由其他利益相关者承担。如创办企业为当地政府上缴税收、增加就业机会，创造了社会价值，地方政府通过财政优惠、低价提供土地等方式鼓励企业投资落户。企业除了从直接客户取得收入外，也从地方政府获得收入。

（2）定性

定性是指采用哪些计价要素。如按时间计价、按使用量计价，还是按价值计价或多维度计价。如律师收费，有按小时收费的，有按件收费的，也有按案件标的价值来收费的。创新计价要素也是盈利模式设计的重要内容。

（3）定量

定量是同一个计价要素采用怎样的计价标准。如为了鼓励居民节约用电，电力公司采用累进计价，居民用电越多，电价就越贵。

（4）定时

定时是指何时付费。通常有分期支付、提前支付、即时支付 3 种方式。如许多服务性企业会采用充值卡方式，提前收取客户的费用，从而为企业创造充足的现金流。

思考题

中国移动盈利模式是如何演变的?

2. 常见的盈利模式

可供企业选择的常见的盈利模式有 4 种，分别是生产盈利模式、租赁盈利模式、广告费盈利模式及佣金盈利模式。

（1）生产盈利模式

生产盈利模式是生产产品或服务销售给消费者而获利的模式。公司购买原材料用于生产过程，然后进行生产，最终获得成品。产品被直接卖给消费者、批发商或零售商，后者再将产品转卖给消费者。制造业一般都采用这种盈利模式。

（2）租赁盈利模式

租赁盈利模式指出租或租赁机动车、建筑物、机械和设备、土地、办公家具和计算机等而获利的模式。共享经济很大程度上也是利用了租赁的盈利模式，例如，租车公司购买汽车，然后将车租赁给消费者获取利润。

（3）广告费盈利模式

广告盈利模式指广告公司提供一个广告空间，企业可以用它来推广他们的服务和产品，广告商收取广告费获利的模式。广告模式主要由媒体公司和社交媒体公司使用，这些公司向公众提供免费信息，并依靠广告来创造收入。例如，消费者购买一份当地的报纸的价格是1元，这个价格可能远低于报纸的成本（包括记者收入、印刷、配送等），但为什么报社愿意将报纸以非常低的价格卖给消费者呢？这是因为这些报纸的盈利模式是售卖广告位置，你之所以能以超低价购买报纸，是因为广告商替你支付了报纸价格。

（4）佣金盈利模式

佣金盈利模式通过在向另一方提供服务时收取费用来产生收入。例如，租房中介、婚姻介绍所等业务都利用了佣金的模式获取利润。

● 本章小结

1. 价格的狭义定义是消费者为了获得某个产品或服务所支付的金钱的数目，广义的价格定义是消费者为了使用产品或服务所用来交换的价值。

2. 影响公司定价的内部因素有营销目标、营销组合要素、成本、质量—价格推断等。

3. 影响公司定价的外部因素有供需关系、需求价格弹性、竞争者、国家政策等。

4. 定价目标、程序与方法

（1）定价目标。企业在定价时，首先应该确定目标定位，公司的目标越明确，制定价格就越容易。通常来说，企业一般有6类目标：维持生存、最大限度地保留顾客、利润最大化、市场份额最大化、保持市场竞争力和维护品牌形象。依据这6类定价目标，制定相应的定价策略。

（2）定价程序。一般情况下，企业可以遵循下面的步骤制定价格：预测市场需求、估计成本、确定产量，以及分析竞争者的成本、价格和供给水平。

（3）定价方法选择。企业定价一般采取3种策略：基于成本的定价方法、基于价值的定价方法、基于竞争的定价方法。

5. 主要的定价策略有新产品定价、产品组合定价、数字产品定价、心理与折扣定价、竞争应对性定价、基于大数据的产品定价和场景定价策略。成本决定了产品价格的下限，消费者的感知价值决定了产品价格的上限，竞争决定了产品价格的参考点。

6. 收益管理指利用不同时间段的定价差异和折扣实现收益最大化的管理模式。最常见的例子是航空公司的收益管理是在资源数量（座位）固定的情况下，通过价格手段有效调整库存以实现最大化收益的过程。盈利模式主要指的是企业产生利润的方式，常见的盈利模式有4种，分别是生产盈利模式、租赁盈利模式、广告费盈利模式和佣金盈利模式。

复习题

1. 什么是撇脂定价法？这种定价方式适用于对哪些产品定价？

2. 什么是任意付的定价方式？这种定价方式有哪些优势、有哪些劣势？

3. 请简述哪些外部环境因素会影响企业定价？为什么？

4. 请列出本章所讲到的定价的目标。

5. 请解释什么是动态定价？这种定价方式如何应用在互联网电商平台上？

6. “大数据杀熟”的本质是什么？这种定价方式为什么会引起消费者的反感？

7. 市场渗透定价法和撇脂定价法有什么共同点？又有什么区别？

课后案例：泡泡玛特的定价策略

北京泡泡玛特文化创意有限公司（以下简称泡泡玛特）是一家中国的玩具制造商，于 2010 年在北京成立，成立之初是一家潮流杂货店，2015 年代理日本玩偶 Sonny Angel，逐渐成为一家潮流 IP 公司，主营业务是玩具盲盒。泡泡玛特的用户画像是具有一定消费能力的 Z 世代消费者，潮流消费是这类消费者看重和追逐的消费趋势。根据泡泡玛特的联合创始人介绍，泡泡玛特的用户主要集中在一、二线城市，年龄在 18～35 岁，以年轻白领为主，女性顾客占 75% 左右，80% 的用户的月收入过万元。

自 2010 年诞生以来，泡泡玛特先后经历了 7 轮融资，建立了以 IP 运营孵化、商品开发生产及连锁零售为主营业务的服务平台，除了代理一些 IP 玩偶，也拥有多个知名自主品牌玩偶。2021 年 3 月，泡泡玛特公布了 2020 年公司财报。根据年报披露，2019 年泡泡玛特实现营收 25.1 亿元，同比增长 49.3%，净利润 5.9 亿元，同比增长 25.9%。

泡泡玛特精准地把握了用户的探索欲望和赌徒心理，如果把整个系列的盲盒整齐地摆到店里售卖，想要哪个挑哪个，大家对它的购买欲就不会这么强烈了。盲盒玩家们痴迷于拆开下一个盲盒的兴奋感，心中也怀抱着对隐藏款的期待。即使心里非常清楚盲盒隐藏款出现的概率很低，但依旧会不停地购买，这是因为很多人都暗藏着一种赌徒心理，一旦抽中隐藏款，它给用户带来的价值是全系列盲盒加起来也比不了的。所以盲盒成功的主要原因之一是盲盒的随机性触动了消费者对探索的需求，为消费者提供了有价值的体验。

每个系列的泡泡玛特的盲盒玩具包含 12 个不同造型的娃娃，盲盒玩具的主要材料是 PVC（聚氯乙烯），前期需要对产品进行 3D 设计，设计确定后完成开模、注胶量产、上色等一系列工序。PVC 在 2021 年的价格为每吨 9000 元左右，一个娃娃 15 厘米高，设计单款娃娃的费用大概是 12000～15000 不等，以量产 1000 个计算，加上包装费，每个娃娃的成本为 20～30 元。根据生产成本及产品价值，泡泡玛特给产品定价在 59～79 元。泡泡玛特的盲盒定价是同类公司产品中价格最低的，这让泡泡玛特的玩偶快速渗透市场，抢占了市场份额。不过，单看盲盒价格并不高，但盲盒之所以叫盲盒是因为公司在每个系列中设置了固定款、隐藏款及特别款。隐藏款出现的概率只有 1/144，有的特别款出现的概率更低，比如 Molly 西游金色特别款，出现概率仅为 1/720。消费者为了集齐整个系列的娃娃或者抽到隐藏款，就会不断地买买买。但是数量稀缺，想要获得隐藏款并非易事，除了靠运气，更多是要靠大量的购买，这就直接促进了盲盒购买量的提升。在泡泡玛特的天猫旗舰店中，价值59元的在线随机抽盲盒商品，月销量常常为10万+。创始人王宁认为，“抽盲盒”给玩家带来了更多的未知惊喜感和情感附加值，消费者在打开盲盒的瞬间，获得的激动或者沮丧的情感，比产品本身更重要。消费者也正是因为对盲盒商品带来的情感体验“上头”，从而反复购买盲盒商品。

针对泡泡玛特顾客群的特点，泡泡玛特调整了相应的定价策略。59元的盲盒只是一款吸引用户体验盲盒玩偶的入门款，这种便宜的玩偶降低了消费者的购买门槛，让许多用户愿意花钱尝试一次。有了第一次就有机会产生二次消费，尤其是盲盒商品给用户带来的惊喜感为消费者带来精神的满足和快乐，而且泡泡玛特的玩偶都是以一套12个玩偶为一组，很容易激发用户的收集欲望。当用户不满足一个一个购买盲盒玩偶时，泡泡玛特也推出了99元入坑福袋、299元锦鲤福袋及499元王炸福袋等产品，购买这些福袋可获得超值玩偶组合，甚至有可能解锁隐藏款或特别款玩偶。此外，泡泡玛特还直接推出价值708元的一次性解锁12个玩偶组合的购买选项。为了吸引一些高价值的骨灰级玩家，泡泡玛特发售艺术价值更高、制作更加精美、发售量较少的手办。这些手办的价格浮动较大，低的有59元、199元，高的有599元、1199元。这些高端产品多为限量发行款，采用饥饿营销手法，在获取高利润的同时满足高级玩家对独特性的需求。

泡泡玛特的迅速崛起带动了国内的潮玩圈，其他一些潮玩品牌也迅速跟进这个赛道，如52TOYS、若来、寻找独角兽等，新品牌的加入让潮玩市场竞争激烈。并且由于泡泡玛特坚持线下门店自营，拉高了线下运营成本，而其他的二线品牌依托文创用品连锁渠道，迅速下沉到三、四线城市，争夺消费者的心智。这些二线平台在定价上与泡泡玛特类似，不断侵蚀泡泡玛特的市场份额。2022年4月，泡泡玛特推出的新系列盲盒悄悄涨价，由原来的每盒59元的售价，上涨到69元。泡泡玛特的涨价策略导致了一部分玩家的不满，但是为了支撑二级市场的交易价格，涨价虽然伤害了部分用户的感情，但也不得不做出定价策略的调整。

（资料来源：根据网络相关资料整理）

思考题

1. 泡泡玛特的定价策略是什么？这种定价策略成功的基础是什么？
2. 如何评价最初泡泡玛特的定价策略？这是最佳模式吗？还有可改善的空间吗？如何改善？
3. 如何评价泡泡玛特的涨价策略？涨价策略带来了什么好处、什么坏处？

第九章

营销渠道的选择与管理

营销渠道策略是营销组合策略的极其重要的组成部分，它解决的是如何把生产出来的产品匹配相关服务并快速、低成本和高效地送达客户手中的问题。同时，在这一过程中体现品牌所赋予的核心价值，使目标客户在任何时候、任何地点都能获得所期望的产品和服务的价值和体验。**没有渠道就无法实现价值交付**。

本章，我们将从营销渠道的概念与结构、营销渠道的选择与设计、全渠道营销、零售与新零售等 4 个层次来阐述渠道策略和管理的相关概念、理论和应用问题。

【本章学习目标】

1.理解和掌握营销渠道策略和管理上的相关概念与原理。

2.学会用理论框架和分析工具来分析营销渠道问题和解决相关问题。

3.给定一个现实项目，能够通过专业的分析和设计提交相关的营销渠道策略报告或解决方案。

导入案例：沈荡酒厂营销渠道如何创新？

沈荡酒厂位于嘉兴市海盐县沈荡古镇，是一家已有 100 多年历史的食品酿造企业，主要生产和销售黄酒、酱油和糟香型白酒，核心市场主要是嘉兴市场（公司详细情况请参见第五章课后案例：“沈荡黄酒如何定位？”）。

2014 年是沈荡酒厂发展历程中里程碑式的一年，当年完成了沈荡酿造新营销战略的规划并开始落地推进。汪总面对严峻的市场形势，做出了一个重大决策：要使公司走出困境，必须进行品牌化运作，实施新营销战略。为此，公司制定了一整套的面向新形势的营销战略与计划。其内容具体如下。

第一，重新细分市场，确定目标消费者。以消费者对价格的敏感度把市场划分为传统市场和新市场两大块。传统市场按原有路线走，而新市场要体现新的打法。将黄酒新市场的目标消费者描述为“当地的、懂酒的，且将黄酒用于家庭饮用或朋友小聚消费场景的消费者。当品牌获得一定的影响力后再向周边市场和其他消费场景渗透。将酱油新市场的目标消费者描述为：有一定收入水平的、对生活品质有要求、关注自然和生态的白领和金领层消费者。

第二，重新进行价值定位。改变以往的低价低形象的价值认知，以“足酿”“足陈”为价值内核，重新树立品牌形象。足酿是指 100% 的传统古法酿造，足陈是指 100% 的窖藏时间，即实际窖藏时间与瓶标所示时间完全一致。通过提供高质量的产品，实现与目标消费者的价值对接。

第三，注重契合核心价值的一整套营销方案的策划与执行。包括品牌VI（visual

identity，视觉识别系统）的设计、新品设计、包装设计、价格体系制定、渠道规划和品牌推广等。营销的整个系统从视觉到内核，从传统推广到新媒体宣传，从事件、体验到内容有了一个脱胎换骨式的变化，品牌形象焕然一新。

值得一提的是，沈荡酒厂为提升形象和扩大销量，特别在体验营销和电子商务上进行了突破性的探索，包括：① 以“酿造博物馆”的创意和调性对厂区进行改造和修缮，确定开放日，以参观的方式让消费者体验古法酿造的工艺和过程，实现“进厂就是博物馆”的设计目标；② 每年举办“沈荡老酒立冬开酿节”，把传统祭祀酒神的仪式公开展示，打造一年一度庙会的热闹场景，从而引流；③ 进入天猫、淘宝平台的电子商务渠道；④ 设立3个专卖店——厂区一个、海盐县内一个、嘉兴市内一个，以拓展渠道宽度；⑤ 开设公众号，通过微信、微博等社会化媒体进行品牌宣传。

通过品牌运作和新营销拓展，沈荡品牌在嘉兴市场的知名度和影响力迅速提升，消费者对沈荡酒厂品牌的价值认知由原来的低端品牌一下子提升到高端品牌，产品的总体市场价格也高于竞品价格。2021年，沈荡酒厂实现总体销售收入4346万元，其中进入新市场的精品黄酒（5年窖藏以上）和酱油（特级和一级）销售收入2788万元，占全部产品的64%，超过了一半；精品酱油在全部酱油产品中的结构比重提升得更高，达80%。这说明沈荡酒厂实现了“通过品质和品牌提升的路径及产品结构的调整，从精品产品上获取利润增长”的营销目标。

然而，沈荡酒厂由于受产业现状、产品特点和竞争格局的影响，其发展似乎也触碰到了天花板，其最关键的弱点是渠道上的触点不够。虽然公司近年来也不断在拓宽渠道，如在嘉兴与嘉兴报业集团合作开办商贸公司，设立专营店，同时又合作成立了两家销售分公司，一家面向新生代消费者，以电子商务和社群营销的方式直接触达目标消费者；另一家与昆山经销商合作，依托蟹市进军餐饮市场。但公司总感到渠道上的软肋一直制约着公司的销售量的进一步提升，如何才能实现渠道的突破和创新呢？

近年来营销理论与实践方面发展最快的莫过于全渠道营销和社群推广。在这个领域有很多成功的企业，可以大投入，也可以小投入，关键是要有清晰的思路和具有可操作性的策略方案。这对沈荡酒厂来说也许是一个机会或方向。

（资料来源：戚译，王曙青. 沈荡黄酒如何定位？[Z]. 浙江大学管理学院案例中心，2019.）

思考题

1. 为什么黄酒、酱油等酿造类产品渠道建设非常重要，但建设难度又很大？
2. 现阶段沈荡酒厂在渠道创新上的机会点有哪些？
3. 你认为沈荡酒厂全渠道营销策略应该如何进行？

一、营销渠道的概念与结构

（一）营销渠道的概念

可以从两个方面来理解营销渠道（marketing channels）。从宏观层面上，我们把营销渠道定义为：产品从生产者流向消费者或用户的通道；从微观层面上，也就是从管理的视角上来理解，我们把营销渠道定义为：促使产品或服务顺利地被使用或消费的整套相互依存的组织。两个定义不同，源于概念使用目的和场景的不同，前者强调的渠道本身和路线流向；后者强调的是构成渠道的中间组织及其协同效应，聚焦于营销中间组织的选择和管理。营销渠道的定义已经隐含了渠道管理的目标和内容：① 快速高效地把产品分销出去，送达消费者或最终用户；② 选择出能担当分销使命的经销商，并协同运营；③ 管理好渠道体系，防止渠道冲突，维持市场秩序，保持价格稳定。

营销中间组织或机构的类型多种多样，按其功能和是否拥有产品所有权可分为以下几类。

一是经销商，如批发商和零售商，它们买进产品，取得产品所有权，然后再卖出。

二是代理商，如经纪人、制造商代理人和销售代理人等，它们帮助生产厂商寻找顾客，进行谈判，争取订单，但它们本身不拥有产品的所有权，只是赚取“佣金”。

三是辅助商，如网络平台、物流公司、独立仓库、银行、广告商及自媒体等，它们既不取得产品所有权，也不参与销售谈判，只是促进产品的分销与流通。

对于生产厂商来说，利用好营销中间组织非常重要，它不仅是“营销组合”的一个重要组成部分，同时也是产品能否最终触达消费者或用户的“最后一役”。虽然在移动互联网时代，产品触达消费者或用户的途径越来越多，但渠道的开发、争夺和维护也变得越来越激烈、复杂和不可控制。营销渠道的选择与管理面临着新的机会与挑战。

思考题

请分析未来经销商、代理商及辅助商发展变化的趋势。

那么，营销中间组织在经济体系里究竟起到了什么作用？生产厂商利用渠道来分销产品，除了付出部分利润外，还会丧失部分或全部的销售最终控制权。既然这样，生产厂商为什么还愿意通过中间组织去实现销售呢？答案肯定是通过中间组织实现分销，对生产厂商更有利。具体从以下 3 个方面来阐述。

1.提升联系效率

营销中间组织最主要的作用就是提升供需的联系效率。中间商履行的一项重要职能就是为实现产品的最终销售去连接顾客。这种连接，使市场交换的效率大大提高，推广和销售成本大大降低。如图 9–1 所示，在一个简化了的典型的供需联系模型中，假定有 4 家生产厂商、4 个用户，如果厂家直接自行销售，每家厂商就要做 4 次拜访，如果接入一个中间商，那么，每家厂商只要对中间商做 1 次拜访，透过中间商就可完成对顾客的 4 次拜访。从整个市场交易体系来看，原来的 4 对 4 联系关系由 4×4 的关系转化成了 4 + 4 的关系，大大提升了联系效率，节省了交易成本。

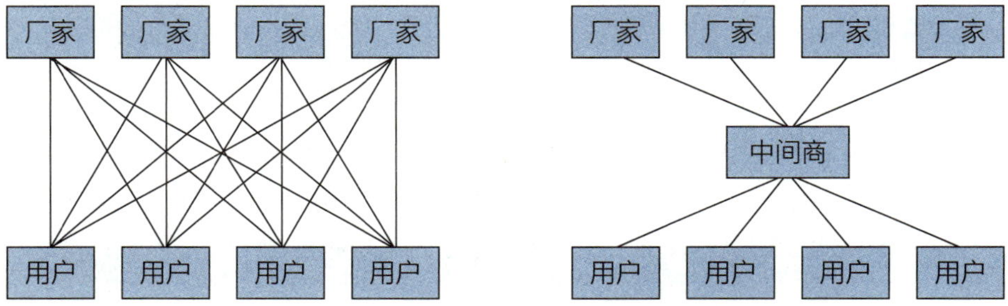

图 9–1 中间商对提升分销效率的影响

2. 促进产品销售

营销中间组织在商业体系中存在的另一价值是基于专业化分工，专职从事分销活动，能够迅速高效地实现产品的销售。对于绝大多数产品，特别是快消品来讲，分销活动若要在异地展开，就需要很多经营资源，如资金、店铺、仓储、运力、顾客、信息和专业人员等。中间商在当地市场所拥有的这些资源，加上丰富的分销经验，一方面能大大减轻厂家的资金、仓储压力，另一方面依其销售的专业性又大大地促进了产品的销售，从整体上提升了整个供应链的运营效率，可以帮助生产厂商迅速实现市场渗透和销售。

3. 将不确定性最小化

在营销环境中，厂商常常会面临需求、市场、交易等方面的不确定性，而中间商作为连接生产者和顾客的桥梁和纽带，通过建立稳定的交换和合作关系，能使不确定性最小化。这种降低不确定的途径主要体现在 4 个方面：第一，中间商通过帮助渠道成员实现战略计划，促进整个营销渠道效率提升和战略目标实现；第二，通过协调作用，实现买方和卖方之间的订货系统、送货时间及货物销售的步调一致；第三，通过渠道功能与需求的高效资源匹配和管理，满足送货和搬运的精准要求；第四，通过确定并最终满足仓储和可替代产品方案来有效管理库存需求。特别当大数据、云计算和人工智能为代表的数字技术在营销中间组织中得到充分应用的时候，渠道对不确定性的掌控能力就会大大提升。美国卡地纳健康集团（Cardinal Health Inc.）利用数字技术和关系营销成功逆袭，成为医疗器械供应链的链主，就是一个成功的例子。

综上，营销渠道的工作就是把产品从生产者那里转移到消费者或用户手中。它调和了产品、服务与其使用者之间的差异，包括时间差异、地点差异和所有权差异等。

（二）营销渠道的结构

营销渠道结构有两层含义：一是指纵向结构，由某一性质渠道的层次、参与者所构成；二是指横向结构，由厂商使用的渠道类型及各类型渠道在厂商销售中所占的比重和覆盖的人群所构成，后者也被称为渠道组合。多渠道、跨渠道和全渠道模式即是从横向角度来说的。

1. 传统渠道模式

传统渠道模式因产品特性、购买行为和消费方式的差异而被划分消费品线下传统模式和工业品线下传统模式。图 9–2 与图 9–3 显示了这两类产品的传统模式。

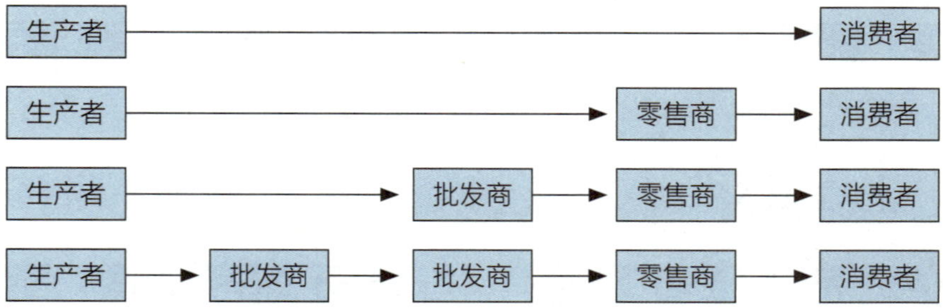

图 9–2　消费品线下传统渠道模式

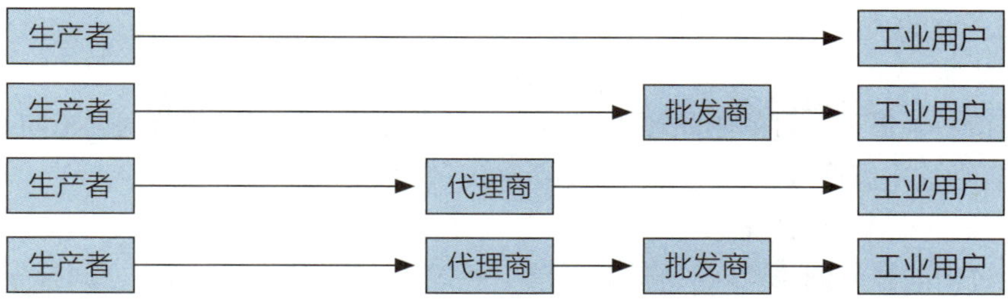

图 9-3 工业品线下传统渠道模式

2. 电子商务渠道模式

电子商务（e-Commerce）渠道以互联网为基础、以电子商务平台为支撑来实现产品所有权的转移。结构上有两种基本形式：企业自营电子商务和借助于网络平台来实现销售的电子商务模式。

电商平台主要包括：① B2B（business to business，企业对企业）平台，如阿里巴巴、早期的慧聪网等；② B2C（business to customer，企业对消费者）平台，如天猫、亚马逊等；③ C2C（customer to customer，消费者对消费者）平台，如淘宝网、eBay等；④ B2C商城，如京东、当当网、淘宝商城；⑤ 独立B2C，如凡客诚品、玛萨·玛索等；⑥ 团购平台，如美团网、拉手网、聚划算等；⑦ 信用卡商城，各类银行名下的信用卡商城，如招商银行的非常e购等。

3. 移动电商渠道模式

移动电子商务（mobile e-commerce）是从电子商务概念中衍生出来的，基于移动终端的电商渠道。电子商务以PC机为主要界面，而移动电子商务则是通过智能手机、平板电脑等移动终端与消费者连接，从而实现B2B、B2C、C2C或O2O的业务模式。由于移动电子商务将因特网、移动通信技术、短距离通信技术及其他信息处理技术进行了完美的结合，使人们可以在任何时间、任何地点进行各种各样的商贸活动，实现随时随地、线上线下的购物与交易，日益成为当今企业的一种主流渠道模式。

移动电子商务渠道除了自建商城直接触达顾客外，绝大多数企业是通过电商平台实现分销的。这些电商平台从业务性质和内容上划分，主要可分为3类。

（1）移动零售电子商务平台：包括原来PC端延伸过来的和新设立的网购类APP，如淘宝、天猫、京东、有赞、微店等。

（2）移动社交电子商务平台：如微信、社群、公众号、抖音、快手等。

（3）移动服务业电子商务平台：如独立APP、小程序等。

从移动电子商务的连接方式来分类，可以分为以下12类：B2B、B2C、C2C、O2O、B2M（business to marketing，面向市场的电子商务企业）、M2C（manufacture to customer，生产商对消费者）、M2E（manufacture to commerce，生产商对电子商务）、B2A（business to administration，企业对行政机构）、C2A（customer to administration，消费者对行政机构）、SNS-EC（social network service e-commerce，社交电子商务）、ABC（agent-business-customer，代理商—企业—消费者）模式等。

思考题

物联网的发展可能催生什么样的渠道模式？

4. 相关概念

（1）渠道层级

这是指一条渠道经过的中间环节有多少，只经过一个中间商环节的渠道叫“一级渠道”，没有经过中间商环节的渠道叫“零级渠道”，依此类推。

（2）直接渠道与间接渠道

不经过中间环节的渠道叫“直接渠道”，经过了中间环节的渠道叫“间接渠道”。

（3）长渠道与短渠道

经过两个及两个以上中间环节的渠道叫“长渠道”，只经过一个及没有经过中间环节的渠道叫“短渠道”。

（4）宽渠道与窄渠道

传统渠道背景下指特定渠道覆盖零售终端的程度，覆盖超过 80% 的称为“宽渠道”，覆盖不足 20% 的称为“窄渠道”。互联网背景下，由于产品能够直接触达消费者，平台是跨时间和空间与消费者链接的，渠道宽窄的考量点后移到了平台的市场覆盖面。

（5）单渠道、多渠道和全渠道

企业只利用一种性质的渠道进入市场的策略叫单渠道（mono-channel）策略；企业通过多种渠道进入市场的策略叫多渠道（multi-channel）策略；**企业采取实体渠道、电子商务渠道和移动电商渠道等渠道融合、多触点的方式进入市场，以满足消费者任何时候、任何地点、任何方式购买的需求，提供无缝对接的购物体验，叫作全渠道（omni-channel）策略。**

思考题

什么样的产品适合全渠道策略？

（三）营销渠道的变革

营销渠道一直在不断地变革。从开始的单一线下渠道，发展到线上电商渠道和移动电商渠道，形成了目前多渠道、跨渠道和全渠道模式并存的局面。法国管理软件施易得（Cegid）公司产品零售主任蒂埃里·伯丁认为，营销渠道经历了从单渠道、多渠道、跨渠道（cross-channel）到全渠道的演化过程。他形象地以砖头（brick）、水泥（mortar）、鼠标（click）、移动（mobile）的组合来象征每一阶段的特点（见图 9-4）。

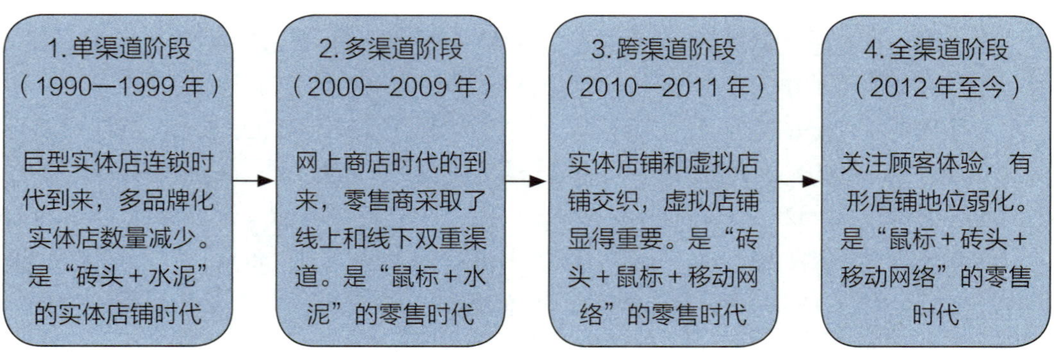

图 9-4　营销渠道演进

1. 单渠道阶段（1990—1999 年）

巨型实体店连锁时代的到来使多品牌化实体店数量减少，该阶段是“砖头 + 水泥”

的实体店铺时代。产品主要依靠线下渠道进行分销，零售终端仅仅覆盖周边的顾客。买卖在时间、空间和信息上的不一致，影响了销售效率和购物体验。

2. 多渠道阶段（2000—2009 年）

网上商店时代的到来，零售商采用线上线下双重渠道，是“鼠标+水泥”的零售时代。生产企业采取线上线下多重渠道进行分销。与多渠道相比，单渠道虽然渠道的横向结构更宽，市场渗透率更高，但同时也带来了营销上的力量分散、资源争夺、团队内耗、渠道冲突等问题。

3. 跨渠道阶段（2010—2011 年）

实体店铺和虚拟店铺交织，虚拟店铺显得重要，是“砖头+鼠标+移动网络”的零售时代。跨渠道与多渠道不同，在多渠道零售中，每条渠道是独立完成渠道的全部（而非部分）功能；而在跨渠道中，每条渠道只完成渠道的部分（而非全部）功能，是各渠道的整合。

4. 全渠道阶段（2012 年至今）

全渠道阶段关注顾客体验，有形店铺地位弱化。是“鼠标+砖头+移动网络”的零售时代。企业对渠道类型进行跨渠道整合，以满足顾客购物、娱乐和社交的综合性体验需求。这些渠道类型不仅包括线上、线下店铺，还包括线上各类信息媒体（网站、呼叫中心、社交媒体、电子邮件、微博、微信、短视频等）。全渠道的兴起源于各类网络群体的快速崛起，连接移动网络是他们的生存状态。购物、娱乐、社交、信息发布和获取均可在移动网络上实现，一种信息传递路径成就了一种零售渠道。

蒂埃里·伯丁对渠道阶段的划分有自己的视角和理解，主要是从零售的角度做的分析，当然，这一划分也可用作整体营销渠道结构的分析，毕竟零售环节的变化在渠道结构中是变化最大的，其对营销系统产生的影响力也是最大的。

二、营销渠道的选择与设计

（一）营销渠道选择的考虑因素

一家企业采用什么样的渠道进入市场是由多种因素所决定的，在决定渠道的长度、宽度和连接方式时，我们主要考虑以下几个因素。

1. 消费者/用户的特点

显然，企业所面向的目标顾客的差异会影响渠道的长短、宽度和结构。面向工业品用户的渠道往往以直接渠道或短渠道为主，而面向消费者的渠道则是以间接渠道和长渠道为主。虽然在移动互联网和电子商务背景下，消费市场的短渠道被广泛采用，但与工业品相比，消费品渠道的长度和宽度总的来说还是要来得长一些宽一些，结构上也更为复杂。这与目标顾客的区域分布、消费特征和购买方式有很大的关系。

2. 产品特点

不同的产品有自身不同的特点，这些特点会影响渠道的选择。易腐性的产品只能采用短渠道，而其他产品相对来说选择的余地就大很多；笨重且低值的产品都受销售半径的限制；轻而贵重的产品，直接渠道更合适；非标产品、高科技产品、高附加值产品要比标准化、低技术含量、低附加值的产品渠道来得更短些。产品分量、体积、技术含量、附加值、售后服务程度都会影响对渠道的经济性考量和相关服务的触达要求。

3. 企业特点

生产企业的目标、资源和能力会影响对营销渠道的选择。如果企业对市场的控制、价格的稳定有战略上的考虑，会选择短渠道运营；如果企业资源和能力很强，有力量来搭建自己的渠道，就会选择短一些的渠道；如果企业想提高市场渗透率，扩大市场的覆盖面，传统模式下是采用长渠道，而在现代渠道环境下是采用多渠道和全渠道的方式来实现。当然，多渠道运营不当会带来渠道的价格混乱和渠道冲突，需要通过改进渠道方案和加强渠道的管理来改变。

4. 中间商的特点

在选择和确定渠道模式时，我们是假定每一环节上经销商的功能和能力是相同的，再根据企业的营销目标和战略意图来决定渠道的结构，但在现实环境里，同一层级经销商的资源、能力和经销意愿都是不一样的，这就需要根据各细分市场的现状，针对可能的中间商类型、数量、资源、能力、地理位置、经验和信誉等进行综合分析，最终确定具体的渠道方案。

5. 渠道环境

营销渠道选择还必须对渠道环境进行分析，以发现市场进入的机会点和创新点。企业所面对的渠道环境一直在发生变动，这种变化不仅带来低成本高效进入市场的机会，也会带来高成本低效的挑战。在传统环境下，创业企业很难进入市场，原因是渠道建设的成本高不可攀，**而如今电子商务和线上渠道不断涌现，不仅使渠道获得变得简单，而且电子商务也在影响消费者的购物习惯和消费方式。进一步地，企业通过分析竞争者的渠道结构，针对其路径依赖，与时俱进地设计出更优的渠道模式，就会在渠道竞争上获得优势。**

同时，企业要了解政策和法规对渠道模式和运营方面的限制。政府有禁止分销垄断、价格歧视、非法回扣、搭售等方面的政策与法规；有对多层次直销的层级限制；有对倾销行为和商业贿赂的严格管控等，这些都需要企业在开展分销活动时自觉遵守。

（二）营销渠道设计

设计营销渠道，企业需要分析顾客的需求，确立渠道目标，制定主要渠道方案及评估营销渠道方案。其设计流程包括如下步骤。

1. 顾客的需求分析

不同顾客对同类产品会在不同的地点做出购买行为；同一顾客对不同产品也会在不同的地点做出购买行为。理解顾客购买什么、在哪购买、为什么购买、什么时间购买和怎样购买非常重要。我们要根据顾客的需求来设计渠道的功能和服务水平。

（1）购买数量

顾客的购买数量会影响渠道的类型、功能和服务水平要求。工业品和消费品的渠道设计差异很大程度源于顾客的购买数量、频率和购买方式的不同。

（2）等候时间

等候时间是指顾客等待收货的平均时间。不同顾客消费模式和行为的不同，需要不同的渠道，从而也会影响企业使用渠道的成本和服务水平。同等条件下，顾客总会选择交货最快的渠道，而交货较快的渠道成本和服务水平也就较高。

（3）空间便利

这是指营销渠道提供给顾客购物时空间便利的程度。在其他条件不变的情况下，空间便利与顾客到达商店的距离（出行距离）成正比，当然，交通状况也是决定空间便利的一个因素。从这个意义上说，电子商务渠道、直销是空间便利性最好的渠道，产品是直接送货上门的。

（4）产品多样性

这是指营销渠道提供给顾客产品规格的齐全程度。专业商店能提供给顾客某一品类的更多的品种、规格和服务，百货商店能提供多品类的产品和服务，现代的商业综合体则能向顾客提供跨行业的产品和服务。它们都是为了在各个维度上更好地满足顾客的需求。

（5）其他服务

营销渠道还能为顾客提供其他各种服务，包括信贷、送货、安装、维修、稳定供货、信息提供等服务。服务支持越强，虽然成本越高，但满足需求的能力也越高。对于特定产品来说，软件和硬件的结合、产品和服务的组合会创造渠道的优势。

2. 确立渠道目标

营销渠道的目标是在遵循营销总体目标的前提下，确定服务水平、相关成本及支持水平的达成率。营销渠道的有效性取决于在实现预定功能与服务的情况下，整条渠道的成本是否最低。由于不同的细分市场对渠道要求不同，有效的渠道设计就应该为每一细分市场选择最佳渠道。当然，企业在选择和设计营销渠道时，会有许多约束与限制，如前所述，产品特点、企业特点和中间商特点等都会使渠道选择的余地缩小。这些都是企业在设计渠道时必须考虑的。

3. 制定主要渠道方案

营销渠道方案由中间商类型、所需的中间商数量、渠道成员条款及责任三部分内容组成。

（1）中间商类型

不同类型的中间商在营销渠道中扮演着不同的角色，发挥着不同的作用。要把产品高效低成本地送达目标顾客手中，需要对现存的中间商类型进行识别和分析，找出能够承担并能出色完成产品分销的中间商。例如，某生产企业开发出一款多功能安全型电插座，要把这一产品送达市场，可由多种途径和渠道进入。企业可能通过直销的模式，直接把产品卖给家具制造商，作为嵌入式产品最终到达消费者；可以通过传统模式卖给日用品批发商，由批发商分销到便利店实现销售；可以卖给现代连锁商超，通过其自身的分销系统实现各大市场的销售；也可以通过天猫、京东等电子商务平台实现销售；当然也可以通过社交电商平台实现销售。市场上存在着各种各样的中间商，企业在设计渠道方案时需要识别和评估这些中间商的功能和分销效率，可以选择一种类型的中间商为你服务，也可选择几种类型的中间商为你服务。在全渠道营销时代，渠道方案的重点是组合各种类型的中间商，形成最佳结构的渠道方案，满足消费者任何时候、任何地点、任何方式的购买需求和绝佳的购物体验，

（2）中间商数量

利用多少数量的中间商为企业销售产品服务，这涉及渠道的宽度。营销密度，也即产品在目标市场上的显露程度是渠道设计的一个重要内容，常常被称为“营销渠道的宽

度决策”。宽度决策首先根据消费者或用户的需求和购买行为特征，决定渠道终端（零售环节）经销商或平台的数量，然后再决定为提高市场渗透率需要多少数量的批发商来送达终端。由于批发商的送达能力在现实市场上是不同的，就需要因地制宜来匹配，而这里主要讨论的是终端零售商的数量。对中间商数量的选择主要有 3 种模式。

① 密集性分销。这是指企业在一个区域市场内尽可能多地利用终端店家或平台来销售产品。100%全覆盖最好，至少也得 80%。适用购买频度高、低值且对购买便利敏感的产品，如快消品。这种分销模式意图通过提高产品的消费者触点来实现销售和提高市场影响力。当然要使该模式能够成功，需要企业进行市场投入来提高品牌的影响力。这种模式可能带来的问题是渠道的冲突。需要企业控制价格体系，重视渠道管理。

② 专营性分销。这是指企业在一个区域市场内严格限制终端店家或平台数来销售产品。适用于面向高收入目标顾客、高附加值或需要高技术支持的产品。如高档汽车、高档电器、带有奢侈性质的女性服装品牌产品等。在这种模式下，企业更强调终端店家或平台提供高质量的服务水平，同时也更注重生产企业与中间商的紧密合作关系。专营性分销具有排他性销售的性质，一般与专营制度挂钩，要求经销商不能同时经营其他品牌的同类产品。因此，专营性分销不仅能提升品牌形象，而且也能使渠道更流畅，提升渠道效率。专营性分销虽然其空间便利性不好，但也适应了消费者的行为愿意。产品越贵，消费者越愿意付出信息搜索成本、时间和精力成本。

③ 选择性分销。这是指生产企业在一个区域市场内有选择地采用一定数量的终端店家或平台来销售产品。所选定的中间商，符合企业对经销能力、条件和形象的要求，确定的终端数量能覆盖市场的购买流量。产品以购买频度较低但又是日常必需的耐用品为主，如冰箱、空调等家用电器等。相对于细密分销，选择性分销可以通过更大的控制权和更低的成本获得足够的市场覆盖率；相对于专营性分销，宽度适中的渠道可以确保渠道高效畅通，使产品迅速实现销售。选择性分销模式处于细密分销和专营性分销两极之间，它的存在体现了消费者对低频消费品购物地点选择上的差异。

（3）渠道成员条款及责任

生产企业必须确定渠道成员义务条款和责任，如价格政策、销售条件、分销商地区权利、相互服务和责任等，以更好地管控渠道。

4.评估营销渠道方案

渠道方案制定出来后，需要对其进行评估。评估指标主要有经济性、可控性和适应性。

（1）经济性

每一种渠道方案都会产生不同水平的销量和成本。假定有两种营销渠道设计方案：A方案委托经销商销售产品，该经销商业务关系良好，可投入 20 名销售人员；B方案招聘 20 名新的销售人员，设立销售机构进行直销。A方案的优点是初期投入成本不大，让渡的利润也不多，但缺点是长期的总成本和总让渡利润会很大（时间越长、数量越多，让渡利润就越大）。B方案的优缺点刚好与A方案相反。两个方

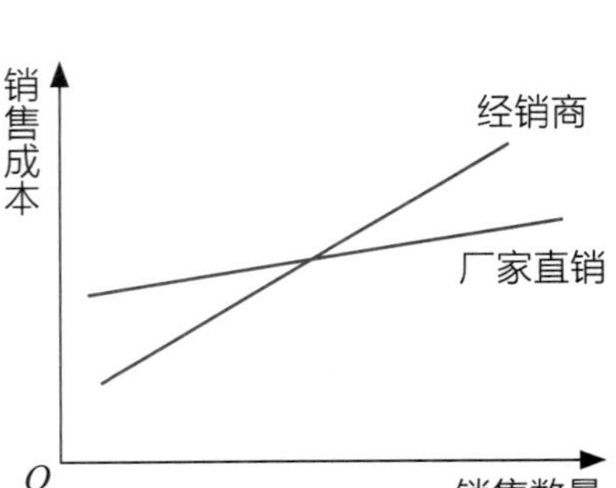

图 9–5　两种营销渠道的成本对比

案各有利弊（见图 9–5），放到特定的背景里就是要分析销售数量与成本的关系。首先，企业需要就每一种渠道方案评估预期的销量；其次，要评估不同渠道方案支出的成本。从图 9–5 的对比关系可见，当销量较小时，由经销商销售成本较低；当销量较大时，由企业自己的销售队伍销售更为经济。

（2）可控性

使用中间商意味着企业对分销控制权的部分或全部丧失，这又会影响企业营销战略的执行和落地。中间商是一个独立的企业，有自身的目标与利益追求。厂家不可能对中间商的经营有过多的干涉，尤其在具体业务方面。因此，大企业为了确保其市场主导地位和长期优势，往往会牺牲短期或局部经济利益，选择可控的渠道（直接渠道或短渠道）进行销售。

（3）适应性

渠道建立是以成员间的合作承诺为基础的，往往通过签订合作合同来执行。合同签订期太短，渠道运营成本太高，很难产生渠道效果和收益；合同期太长，又缺乏弹性，可能产生因渠道环境变化太快导致企业错失更好的选择机会的情形。

事实上，以经济性、可控性和适应性为标准对营销渠道方案进行评估，就是在平衡相关利益基础上做出的对企业的优先选择。每一方案都会有优点和缺点，最后选择哪一渠道方案需要依市场情况、渠道环境和企业资源与实力做综合考虑。

思考题

哪些企业或产品对渠道的可控性要求会比较高?

（三）营销渠道管理

营销渠道管理包括渠道成员管理和渠道冲突管理两项最重要的内容，前者涉及渠道的建设，后者涉及渠道的维护。

1. 渠道成员管理

企业确定了渠道方案后，就必须对每一渠道的中间商进行挑选、培训、激励和评价，这就是渠道的成员管理。

（1）挑选渠道成员

渠道成员的能力与积极性是产品快速流向消费者或用户的重要保证。作为独立的法人，中间商有自己的目标和策略，因此能否找到正确领会和执行企业营销计划的中间商，就显得非常重要。事实上，处于不同发展阶段的企业需要不同的中间商。双方无法达成合作的原因往往在于，企业认可的中间商不认可企业，或者中间商认可企业，但企业不认可中间商。

为了更好地利用中间商，企业应在各个发展阶段上制定选择中间商的标准。这些标准包括：经商经验、经营规模、资源（资金、场地、运力、客源等）、合作态度和服务声誉等。不同层级上经销商的选择标准是不同的；同一层级上不同类型经销商的选择标准也是不同的；传统渠道与网络平台上中间商的选择标准更有不同。企业应该对其所制定的中间商挑选标准在不同的发展阶段上进行修正并严格执行。

（2）培训和激励渠道成员

为了保证营销渠道顺利高效地运营，企业还必须对渠道成员进行培训和激励。通过培训和激励使企业和中间商更好地合作，成为合作伙伴。只有让中间商清楚知道企业产品的价值和相关知识，才能透过他们让最终顾客了解产品，才能更好地实现销售；也只有更好地激励中间商，才能使销售更快更好地实现，获得双赢。因此，企业需要制定渠道成员培训计划和激励制度来推进渠道的建设和发展。

（3）评价渠道成员

激励渠道成员的前提是对渠道成员的经销过程和业绩进行评价。评价标准包括：销售完成情况、平均库存水平、向顾客交货时间、回款情况、售后服务和各种合作项目的执行等。对于表现好的渠道成员，企业按规定进行奖励，对表现不好的成员也按合同规定进一步辅导、重新培训、处罚或终止合作等，以确保渠道的高效运营。

（4）渠道调整

营销渠道不是一成不变的，在不同的阶段需要做出渠道改进或调整的策略。有两个方面的原因会影响渠道的调整：一是企业发展了，产品进入生命周期的后面阶段，市场投入期所采用的渠道已不再满足企业快速发展的要求；二是外部市场环境发生了变化，如消费者购买方式的变化、出现了更好的新的中间商类型、出现了新的竞争者等。这就需要企业重新审定原来的营销渠道，做出完全放弃原有渠道、调整原有渠道，或是引入新生力量的决策。做出渠道调整决策后，企业还应就如何调整和落地形成具体方案。

渠道调整包括：调整营销渠道结构、调整渠道中的代理方式、调整渠道政策、调整渠道成员关系、调整区域市场的渠道结构、重组和更新整个渠道体系。

2. 渠道冲突管理

渠道管理的另一项重要内容是渠道的冲突管理。有合作，就会有矛盾和冲突。不管渠道设计如何好，成员管理如何优秀，总会存在渠道的冲突问题。所谓“渠道冲突”是指渠道成员间为实现自身利益的最大化而实施的互损行为，这种行为最终导致企业渠道体系的混乱和市场价格体系的崩溃，致使好的产品也无法送到消费者或用户的手中。渠道冲突的后果最终使企业退出市场。

（1）渠道冲突的类型

渠道冲突的类型主要分为：水平冲突、垂直冲突和多渠道冲突。

① 水平冲突。这是指同一层级渠道成员之间的冲突。如批发商之间为争夺零售商而进行的相互压价的行为，零售商为争夺客源而进行的价格战，以及各平台之间的相互压价行为等。水平冲突的结果是使各层级上的中间商由于压价行为而导致无中间利润可赚，而最终放弃经销该产品。

② 垂直冲突。这是指同一渠道不同层级间的冲突。当某一批发商跨区低价进行销货时（这种现象被称为“窜货”或“冲货”），就会损害当地批发商的利益，使原有的批发商与原来的零售商之间产生冲突，最终导致原来批发商与企业的冲突，从而影响渠道质量，直至渠道体系的崩溃。

③ 多渠道冲突。这是指在不同渠道之间的冲突，如传统渠道与电商渠道的冲突、长渠道与短渠道之间的冲突等。冲突的原因还是由于价格的不一致。如某产品线下价格远远高于线上价格，引起线下渠道商的不满，形成冲突。

（2）渠道冲突的原因

有多种因素会引起渠道冲突，其中最主要的原因如下。

① 目标不一致。企业与中间商的营销目标往往是不一致的。企业更关注长期收益

目标，而中间商往往以短期收益为目标；企业希望以低价快速渗透市场，而中间商可能恰恰相反，它们更强调追求高毛利。

② 角色和权利不明晰。角色是对渠道成员在营销系统中应该发挥功能和活动范围的界定，涉及“应该做什么”和“应该怎样做”的问题。这是一个分工的权利与义务的规定。当角色和权利不清时，就会产生利益上的投机行为。另外，销售边界与销售额的归属也是一个与角色和权利相关的问题，如果界定不清，也常常会引起渠道的冲突。

③ 认知差异。由于知识、个性、背景、态度和敏感程度等方面的差别，不同人的认知存在着差异，对同一策略的理解也会不一样。如对市场前景的感知、对促销策略的评判、对售后服务的认识和对价格策略理解等。认知的差异必然影响到策略的执行与落地，从而产生合作关系中的“阳奉阴违”和“同床异梦”。

④ 沟通障碍。许多渠道冲突来源于沟通不畅或缺乏沟通。如果渠道成员之间不能进行有效的沟通，原本存在的一些可以解决的问题，就会被放大、激化，最终形成冲突。

（3）渠道冲突管理的方法

管理渠道冲突除了要及时了解渠道内的相关信息、洞察存在的问题，并及时对已出现的冲突进行口头责备、惩罚外，还需要通过制定策略和相关措施来防止和管理冲突。

① 策略规避。不同的细分市场可以有不同的产品（至少品名不同），如线上线下不同产品、不同价格；同一产品在不同的渠道要求价格一致，如线上线下同款同价。这样有助于减少渠道成员间潜在的冲突。

② 确立共同目标。当渠道成员发现它们有共同的目标时，如生存、市场份额、高品质、消费者满意度等，就更容易协调营销渠道。特别是当外部环境变化产生威胁时，共同目标的确立和认知能起到更大的作用。紧密合作能够战胜威胁，这使渠道成员明白紧密合作追求共同目标的重要性。

③ 双重回报。双重回报是指通过新渠道进行的销售按一定的比例向现有渠道付费。如在传统渠道中，为提高市场渗透率，企业实行渠道扁平化，把总经销商的经销范围缩小，把原来下属的二级批发商提升到一级批发商，直接从厂家进货。这样做一般会受到总经销商的抵制，但如果承诺总经销商仍在原来经销范围内获得按销售总额一定比例的提成，新渠道的调整就变得容易多了。

④ 员工交换。在两个或两个以上层级间交换员工是冲突管理的一个有效办法。例如，企业营销经理可能会在经销商那里工作一段时间，经销商的经理会在企业管理部门工作一段时间。这样当他们工作一段时间回到原先的工作岗位时，彼此之间对对方的工作有了更好的了解，更容易换位思考。

⑤ 合作。这里的合作是指一个组织为赢得另一组织的领导者的支持所做的努力，包括邀请他们参加咨询会议、高层会议等，使他们感到被重视、被倾听，从而改变态度，减少冲突。

⑥ 与贸易协会建立关系。在相关协会内部和协会之间建立成员关系，有助于解决一些共同面临的问题，可以一起考虑制造商和中间商之间的问题，有助于解决或减少潜在的渠道冲突。

当然，当渠道冲突经常发生或冲突激烈时，有关各方可以通过谈判、调停和仲裁的方式来解决。

思考题

在什么样的情况下，企业可以允许渠道冲突存在，甚至鼓励渠道冲突发生？

三、全渠道营销

（一）全渠道营销的内涵

1. 定义

全渠道营销又被称为全渠道零售，主要着眼于零售环节的触点管理。这一概念最早由美国贝恩咨询公司（Bain Capital）的达雷尔·里格比提出。他在 2011 年《哈佛商业评论》上发表的一篇题为《购物的未来》的文章中指出："传统零售商为了生存，必须寻求一种'全渠道零售（omni channel retailing）'的战略，即一种将实体店的优势与网上购物信息丰富的益处进行全面融合的销售实践。""零售商能够通过多种多样的渠道与客户进行互动，包括网站、实体店、售货亭、直接邮件与商品目录、呼叫中心、社交媒体、移动设备、游戏机、电视机、联网电器、家庭服务，以及更多的其他可能渠道。"达雷尔·里格比还特别强调："传统零售商应该设法将购物变成一种有趣的、令人兴奋的、能让人投入情感的体验，而这恰好也是线上零售商难以企及的一个方面。"从中我们不难看出，全渠道零售的核心要义就是零售商通过渠道间（线上与线下）的深度融合（跨渠道），为顾客提供全天候且多维度的集购物、娱乐、社交于一体的服务。虽然达雷尔·里格比对全渠道的描述是从零售商的视角出发的，但零售行为显然不只有零售商才发生，制造商和其他渠道成员也在发生零售行为，因此，达雷尔·里格比的描述给出了"全渠道"的本质特征，可作为营销渠道结构上的一个创新概念。

很多文献对"全渠道"的定义是从零售商或直接销售的角度提出的。为使这一概念与我们渠道结构的视角一致，我们采用如下定义：全渠道营销是指企业将可适配的零售渠道类型进行组合和整合（跨渠道）销售的行为，以满足顾客购物、娱乐和社交的综合体验需求，这些渠道类型包括有形店铺（实体店铺、服务网点）和无形店铺（上门直销、直邮和目录、电话购物、电视商场、网店、手机商店），以及信息媒体（网站、呼叫中心、社交媒体、电子邮件、微博、微信）等。

2. 特征

全渠道营销具有三大特征。

（1）全程

关注消费者的整个购买旅程，即从消费者接触一个品牌、最后购买到评价的全部过程，具体包括搜寻、比较、下单、体验、分享等各环节。企业必须在这些关键节点保持与消费者的全程、零距离接触，以提高各环节的转化率。

（2）全线

企业需要根据目标消费者需求和购买行为方式整合渠道资源，通过多渠道、跨渠道的方式全线覆盖，创造快速、高效的服务体验。这个全渠道覆盖包括了实体渠道、电子商务渠道、移动商务渠道的线上与线下的融合。

（3）全面

通过大数据和智能驱动的方式，个性化地满足目标顾客购物过程中的购买、休闲、娱乐、信息和社交的需求，并有效地使信息传播通道与销售通道完美地融合在一起，在提升消费者购物体验的同时，实现了营销上品效合一的推广效果。

全渠道营销兴起并不是偶然的，它是移动互联网数字技术发展和消费者生活方式变化的必然结果。一方面，全渠道营销的兴起源于数字技术的进步，以大数据、云计算和人工智能为代表的数字技术为全渠道营销提供了技术支持和运行，这为全渠道营销提供了可能性；另一方面，源于由移动互联网催生的新生代消费者全新的购物理念和购物方式。新生代消费者的消费价值观，以及碎片化的、社群式的信息获取方式为企业的信息传播和销售提供了新的触达方式，从而为全渠道营销提供了必要性。全渠道是营销领域的革命。实体渠道、电商渠道、移动电商渠道和信息媒体的整合不仅给企业打开了千万条全新的通路，同时能将企业的资源进行深度的优化，以匹配消费者的购买与消费生态。

全渠道营销，不只是改变了渠道结构的连接方式，而更重要的是改变了渠道理念，使渠道运营的底层逻辑由“终端为王”转变为“消费者为王”。

（二）全渠道营销决策与实施

全渠道决策与实施涉及 3 个重要的层面：渠道结构的框架建立、服务策略制定、渠道规划和场景设计。企业需要根据营销战略目标、市场定位、可利用的渠道资源、成本支出和顾客行为偏好与特性来综合决定。

1. 建立全渠道结构的分析框架

这里所指的全渠道结构框架，是指用以评价、分析和组合渠道触达的框架，是从零售终端的视角出发的，与前面的营销渠道结构的分析视角是不同的。全渠道中的渠道是指直接触达顾客的方式，由围绕终端环节直接与顾客发生交互作用的触点所组成，而传统意义上的渠道则是指生产者到消费者的中间商网络。后者注重渠道结构的流向、环节和效率，前者更强调顾客的触达和体验，这也是“全渠道零售”概念的来由。

在构建全渠道策略时，必须首先从顾客的视角来度量渠道的布局、设计和效果。顾客只关心产品和服务给他们带来的体验和价值，而不会去关心企业的渠道是如何组织和流转的。为此，我们以顾客购买过程各环节为横轴，以渠道终端类型（与顾客直接接触的环节）为纵轴建立分析框架，如图 9-6 所示。这个分析框架将呈现各种渠道触点与购买过程交汇的可能性，以及我们最终可选定的接触点。这些接触点的组合也就构成了企业全渠道零售的服务系统或全渠道布局。

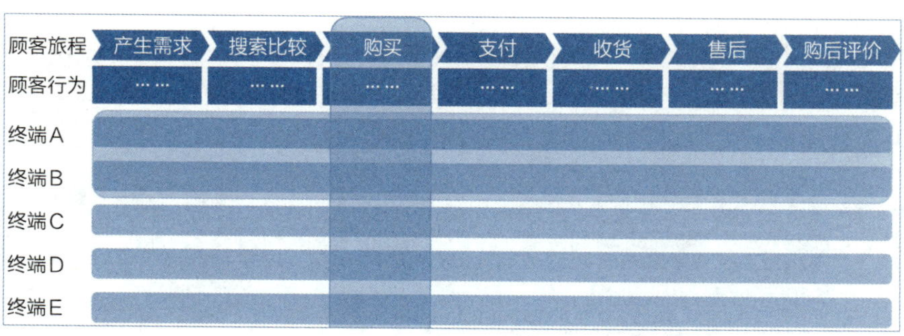

图 9-6　全渠道结构的分析框架

以顾客旅程为横轴，有助于根据顾客旅程周期找出每一渠道的关键触达点，比较各个渠道的主要场景、现有定位和功能，以选出最佳接触点。图中每一渠道终端沿顾客旅程描绘成泳道状，其中有些触点很重要，有些触点不太重要，有些触点无效。如实体店，选购、支付、收货和售后通常是关键点；而有些社交媒体，产生需求、购买和购后评价是关键点；其他接触点则要借助或跳转到其他渠道才能实现。以终端（渠道触达点）为纵轴，可以梳理某一环节上的服务，各个渠道上用户面临的痛点和阻碍，分析渠道协同情况，从而为规划各渠道的最优化触达、实现渠道的融合和协同提供方法。

2. 制定可体验的渠道服务策略，形成触点组合

渠道服务策略是指在传递产品价值的过程中各种服务手段的基本组合及执行组合的方向、原则。有了策略，就形成了触点组合，同时也为各个渠道的服务场景的体验设计提供了依据。为此需要做好 3 个方面的工作。

（1）制定渠道体验目标和原则

渠道服务策略是企业STP战略的落地和执行。好的渠道服务策略需要结合自身现状和用户需求，围绕用户价值制定明确的体验目标，并据此制定相应的体验原则。体验目标、体验原则必须与产品的市场定位保持一致。

（2）选择关键体验场景和关键渠道终端

不同行业、不同产品的关键体验场景和终端是不一样的，企业应根据消费者画像明确并优先考虑能够代表服务策略的关键性场景，并有效地使这些体验场景落实到不同的渠道终端上。如有些单位价值高的产品，消费者更重视“现场感”，通过亲历现场的所见、所听、所闻和所用达到全方位的感知。这会降低消费者对购买风险的认知，更容易使其产生购买行为。而有些单位价值低的产品，通过快速比较和浏览评价，在网上形成一个全方位的服务场景，更能迅速促成消费者的购买行为。

（3）基于场景进行渠道规划，形成“渠道触点组合”

明确了关键服务场景后，就需要进一步规划渠道终端的定位和功能，并有效地把这些渠道终端组合起来，形成一整套的系统性的全面触达的渠道策略结构。在策略形成过程中，需要考虑如下因素。

① 考虑目标顾客对于渠道的认知和偏好。不同顾客是在不同的渠道终端上产生购买行为的，企业必须明确目标顾客在现实中经常光顾的渠道。

② 考虑所提供产品与服务的特性是否与渠道特性相符。同一顾客购买不同的产品和服务是在不同的渠道中实现的，因此渠道规划和触点组合还必须与渠道的特征关联，要使产品、服务与渠道产生一致性。

③ 综合衡量渠道的服务成本。不同渠道终端的进入成本是不同的，企业还必须考虑自身的实力，选择与当下资源匹配的渠道合作，才能获得成功。

图 9-7 呈现了一个假设产品的触点组合。

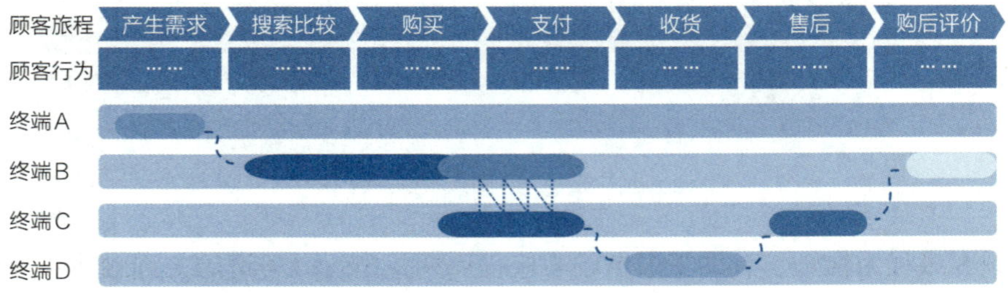

图 9-7　全渠道的触点组合策略

思考题

以你对终端的认知设计高档化妆品全渠道的触点组合策略。

3.设计各细化体验场景，实现渠道联动

基于全渠道的意义，策略形成是先从横向上对渠道进行功能定位，后再从纵向上对渠道终端进行组合，最终形成在购买过程各环节上的体验场景。横向与纵向交叉点上所涉及的触点便构成了全渠道的策略结构。有了策略结构还不够，我们还必须向前深入，进行关键场景的体验细化设计。

值得注意的是，以往进行的体验设计常常是在不同的渠道载体上展开的，载体与载体间是割裂的，比如数字化触点——由用户体验设计师负责、空间触点——由空间设计师负责、物理触点——由工业设计师负责，等等。这种分割的行为会给顾客体验带来不连贯，甚至是碎片化的感觉，不符合全渠道营销的思想。在全渠道视角下，企业提供的服务不是单一渠道可以覆盖的，而是由多个渠道协同或联动完成，当各个渠道更多地考虑自身横向的体验细节时，就会忽视纵向与其他渠道的联动。因此，在全渠道策略的实施过程中需要组建跨职能、跨渠道的设计团队，即需要基于不同专业角色建立创新设计小组，针对不同场景逐个击破，以达到体系化设计的要求。

思考题

设计购物体验场景需要考虑哪些因素?

四、零售与新零售

（一）零售业态的演变与发展

零售是指将产品或服务直接销售给最终消费者以满足其个人或非商业性使用目的的所有活动。从事零售业务的销售组织或机构就被称为零售商或零售商店。

1.零售业的6次重大变革

零售业是一个快速变化、充满挑战的行业，零售类型有一个从线下到线上、线上线下融合、新技术新方式不断迭代的过程。从世界范围来看零售业的发展经历了6次重大变革。

（1）百货商店的问世

早期的零售商基本上由各种作坊式小型店铺组成，商品都是以讨价还价的方式进行销售。1852年法国巴黎诞生了世界上最早的一家百货商店并大获成功。各国开始仿效，一时间这种零售业态风靡全世界。百货商店一改小作坊的经营方式，以专业化和规模化的方式迎合了消费者的需求。百货商店的经营规模大、商品种类多、辐射范围广，具有了大流通的功能，成为一种城市现代化、社会化的商业组织形式。与传统店铺相比，百货商店进行了很多革新：如商品明码标价、敞开陈列、价格低廉、经营品类增多、服务质量好等，它同时也为购物提供了娱乐与享受的体验。

（2）连锁商店的出现

近代第一家连锁商店是1859年创办于纽约的“太平洋和大西洋茶叶公司”，到20世纪20年代连锁商店达到了发展的旺盛期。连锁商店作为零售业态的第二次革命，其经营模式的特点是把大规模生产体制与分散的零售业高度地结合起来，改变了零售业原有的经营方式。通过建立集中进货、集中决策的统一化管理和规模化运作体系，在提高运营效率的同时降低了成本。同时由于连锁百货分布比较广，选址上更贴近社区，就使得购物变得更加便捷，受到了消费者的青睐。

（3）超级市场的诞生

1930 年，美国人迈克尔·库伦在纽约州的长岛开办了第一家超级市场。超级市场开设在城乡接合部，面向中等以下收入人群，管理上引入了现代化的收银系统、核算系统和订货系统等，进一步提升了商品的流转和单店的销售规模。这种经营模式既适应了大城市商业格局的变迁，又以其低廉的商品价格和高效率的交易方式满足了消费者便利、实惠和自主购物的需求。因此超级市场一诞生就立即成为一种超高速发展的零售业态，并推进了城市中心以百货商店为主体、城乡接合部以超级市场为主体的城市零售业态二元中心格局的形成。

（4）购物中心的兴起

从 20 世纪 80 年代开始，购物中心在美国大量出现。其业态的最大特点是集购物、休闲、娱乐于一体，满足消费者购物、娱乐全方位的需求，是综合性的商业服务载体。购物中心面向城市中等收入家庭，选址也在城乡接合部，但比超市规模更大，其中汇集了休闲、娱乐、文化、艺术和百货等众多不同的零售业态，融合了各业态的特征，成为许多国家现代城市零售格局中具有代表性的集聚形态。欧洲、日本购物中心的发展略滞后于美国。随着世界经济的发展和相互渗透，购物中心这种业态在世界范围内迅速兴起。

（5）电子商务的涌现

20 世纪 90 年代中期，随着互联网的普及和网络技术的发展，电子商务开始出现并获得突飞猛进的发展，带来了第五次零售革命。电商的出现突破了交易的时空限制，也使得商品种类和规格变得无限丰富。不仅扩大了消费者可以选择的商品的范围，而且购物更便捷，价格更便宜，信息更全面且更易获得，从而推动了电商行业的繁荣。中国在电子商务上的后来居上，对世界零售业的发展做出了贡献。

（6）新零售的崛起

2016 年的杭州云栖大会首次提出“新零售”的概念，并指出“纯电商时代很快会结束，未来 10 年、20 年，没有电子商务这一说，只有新零售”。同年，国务院办公厅印发《关于推动实体零售创新转型的意见》，明确了推动我国实体零售创新转型的指导思想和基本原则。

经过短暂的寂静，自 2017 年 3 月起，中国新零售开始了高速井喷式的发展。便利蜂、果小美、盒马鲜生、小 e 微店、猩便利等一大批各种类型的新型零售形式的企业开始出现，零售业进入了一个新的时代。

2. 新零售出现的原因

新零售的出现，缘于下述 3 个方面的原因。

（1）电商红利消失，获客成本增加

传统电商由互联网和移动互联网所带来的用户增长及流量红利正在逐渐消失，增长瓶颈开始显现。红利的消失使线上流量越来越贵，有些线上渠道成本开始高于或远高于线下渠道成本。互联网行业必将进入精耕细作的“下半场”。

（2）线下零售举步维艰，需要赋能才能走出困境

一方面受电商冲击，传统零售业的销售额在迅速下降，流量和毛利越来越低。特别在服装、家居用品、家电、快消品和食品等标准商品领域，零售企业的业绩全面下滑。另一方面，在非标准商品领域及满足即时性需求的领域，如生鲜等细分行业，传统零售仍存在地理位置上的销售优势，但必须通过赋能和迭代才能焕发生机。传统零售业急需新的理念、新的技术与管理手段的加持才能满足新生代消费者，赢回市场。

（3）数字技术的进步

近年来，科学技术日新月异，数字技术领域更是大放异彩。大数据、云计算和人工智能为代表的数字技术正在深刻影响着我们的社会，驱动着智能商业的出现。数字技术一方面能使线上线下更好地融合，形成商业闭环、使精准营销成为可能；另一方面，新技术开拓了线下场景智能终端，形成了更高效的供应链，提供了更丰富的社交、体验和娱乐内容，顺应了消费升级的发展趋势。这就为新零售的提出和实践提供了技术保证。

从零售业态发展演化中可以看出，推动零售业态发展变化的力量是经济技术水平的发展和消费者需求的变化。当一种新的业态更好地适应了市场需求，具备了更高的交易效率，它就会取代老的业态而获得蓬勃发展。从变化中，我们又能看到不变的东西：一是向消费者销售商品和提供服务，二是追求零售效率。这个不变即体现了零售的本质。

（二）新零售

对于新零售，目前还没有统一的定义，只是作为区别于传统零售而存在的一个概念。

相关文献把新零售定义为：企业以互联网为依托，通过运用大数据、人工智能等先进技术手段，对商品的生产、流通与销售过程进行升级改造，进而重塑业态结构与生态圈，并对线上服务、线下体验及现代物流进行深度融合的零售新模式。

那么，新零售的新，究竟体现在什么地方？

众所周知，零售商连接着消费者（前端）和供应链（后端）两端。要分析新零售新在哪，可从连接方式的变化上进行分析。

1.与消费者的连接

新零售在连接消费者的变化上，主要体现在认知方式、触达渠道和交互方式3个方面。

（1）认知方式

通过大数据、智能化的技术手段获取线上线下全息的消费者画像，改变了原来线上线下数据割裂、信息不完全的状况，从而为零售活动赋能，实现真正意义上的消费者导向。

（2）触达渠道

主要表现为全渠道的触达。以前渠道的触达方式是分开的，而现在的触达方式是基于消费者的购买旅程和购买场景的，可实现跨渠道无缝切换。

（3）交互方式

新零售把传统零售简单的交互方式变得越来越丰富性和多样性。它不仅可通过网络实现消费者的社交、分享、参与感；而且通过多样化的交互方式，还能使消费者在一种社交和分享中最终完成消费者与产品之间的交互。

2. 与供应链的连接

数字技术的应用，必将深刻地影响供应链的组织方式和实施主体，提升了供应链的效率。

（1）组织方式

数字技术一方面实现了物流和信息流的紧密结合，建立起一套完整的可追溯的供应链系统；另一方面智能化的机器人分拣、智能化的商品识别技术，推动了智能化仓储物流系统的建立，从而为智能化的调配和零库存管理提供可能。

（2）实施主体

传统仓储物流管理系统的主体是人，而新零售实施的主体是智能机器人、智能化的识别设备。从分拣、识别到订货系统，绝大部分工作由智能化的机器和设备来完成。

因此，新零售从根本上来说是由数字技术驱动的、基于地理位置的线上线下高度融合的、触点全渠道的、能带来全新购物体验的零售业态。

（三）新零售模式与发展趋势

新零售模式由于划分维度的不同而有不同的类型。这里我们主要从零售商在渠道横向、纵向和经营手段的突破和创新维度方面进行分类，形成以下 3 种典型的新零售模式。

1. 线上线下融合的发展模式

这是一种 O2O 零售业态，是线上商家或线下商家为寻求自身的发展，业务由线上向线下延伸或线下向线上延伸，并通过建立系统而产生融合发展、相互支撑的零售模式。目前，这种模式在我国主要有以下 5 种类型。

（1）电商+店商+零售服务商

如苏宁易购、国美电器，同时拥有实体店与网上商城，线上线下同价，线上线下两套体系转向一个公司两个窗口。

（2）实体店（为主）+网上商城（为辅）

如步步高、百盛百货、汉光百货，实体企业一般会建立本地化网上商城。

（3）电商+百货店

实力雄厚电商平台与实体零售企业合作。如阿里巴巴、银泰城。

（4）实体店+网上商城+微信+微店

如天虹百货、王府井百货，引入移动端业务，探索新的零售方式。

（5）网上商城+便利店

如京东与京久、快客和良友的合作，是电子商务领域成功的网上商城与线下便利店的合作。

零售横向触点的拓展只是新零售的初级状态。通过线上线下融合，把零售的线上优势和线下优势充分地结合起来，既突破了传统零售的时间、空间限制，又获得了网络购物的种种便捷和互动，从而推动了零售业的发展。

2. 新的零售体验模式

新的零售体验模式是由技术推动的，是指用数字技术、新设备和管理手段重构零售场景，提供全新购物体验的新零售方式。典型的代表就是无人零售。

2018 年亚马逊推出 Amazon Go。Amazon Go 是亚马逊通过结合超市的运营模式，采用计算机视觉、深度学习和传感器融合等技术，向市场推出的首个无人零售店，改变了传统的购物方式和结账方式。随即市场上出现了各种各样的“无人”商店，如无人健身房、无人酒店、无人KTV、无人加油站、无人图书馆、无人奶茶店等。

技术推动的零售模式，一方面提供了更好的体验，另一方面，可以更好地获取消费者的数据，便于线上线下打通数据，更精准地为消费者画像，这也是智慧商业的一种体现。

3.零售供应链整合模式

零售供应链的整合模式主要是在渠道纵向上的创新。从供应链来看，新零售就是以消费者体验为中心的数据驱动的泛零售业态。零售商依托大数据技术，获得大量用户的精准数据，来驱动人、货、场三者关系的重构。传统零售的供应链主要限于供应链的后端，即采购、生产、物流等环节，和消费者的协同不够。在新零售中，一切围绕着消费者的需求，供应链所扮演的角色不再是被动地等待前端信息的传递，而是要主动地延伸到前端，产生如销售预测、商品选择、采购计划、动态定价、自动补货等职能，也就是要与营销职能高度地融合在一起。供应链成为“供应链＋营销＋大数据”。这实际上已涉及新零售企业的组织流程重构的问题。

新零售供应链整合是数据和技术驱动的，不再仅仅靠人、流程、硬件设施等要素的简单堆砌和叠加，而是要实现供应链的数字化和技术化的变革，让供应链变得更加全能，更加具有智慧。盒马鲜生广泛地使用电子标签，将线上线下数据同步，实现线上下单，线下有货，后台统一促销和生成价格。销售、市场、财务、研发、采购和物流等职能进行有机的集成和协同，使整条供应链能对市场做出更为敏捷的反应。亚马逊创业之初，杰夫·贝索斯就没把亚马逊当作一家电商企业，而是把它看作是一家恰好处于电商领域的技术公司。正是基于这样的认知，亚马逊公司后来在云计算、智能硬件、人工智能等领域大力拓展，并在其供应链管理探索中做出了贡献。

新零售的提出至今没有多长时间，其发展的类型也没有完全定型，仍处在不断的演进之中，但不管它将来会延伸出多少类型，产生什么新的变化，其基于商业逻辑的发展方向和趋势是可以预见的。

（1）新零售业态越来越聚焦目标消费群

将来的新零售企业不管满足的是大众还是小众用户，提供的是多品类还是单品类，都会有越来越精准的消费者画像，并以此为导向重构人、货、场价值体系，并最终通过价值交付，实现消费者的价值共鸣。这种以消费者为中心的理念，将越来越多地通过技术手段来实现，并最终落实到组织流程、货品结构、购物体验、服务场景和管理手段等各个方面。

（2）新零售业态越来越依靠数据和技术驱动

数字化、大数据、智能化已成为新零售业态发展的显著特征。可以预见将来的新零售业态，集互联网、人工智能、物联网和其他技术于一体，让供应链有了可视性、可预测性、可控制性和调适性等功能，更高效地、低成本地实现供应链的运行，提升了新零售企业的差异化满足需求的能力。

（3）新零售业态越来越强调消费体验、信息分享、社群互动

各种终端设备的投入、社交场景和线上线下的融合设计，使真正意义上的全渠道零

售盛行起来。新零售不再简单地卖货，而是通过提供整体的解决方案，把购物、休闲、娱乐、社交整合成一个完整的服务体验包，全渠道地提供给消费者，以满足目标消费者个性化的需求。

思考题

请分析消费商（既是消费者又是销售者）未来的发展前景。

本章小结

1. 营销渠道是指促使产品或服务顺利地被使用或消费的整套相互依存的组织。营销中间组织或机构的类型主要有经销商、代理商和辅助商。这些营销中间商在营销系统中发挥着提升联系效率、促进产品销售和将不确定性最小化的作用。

2. 营销渠道结构是企业渠道的组合方式。传统渠道模式、电子商务渠道模式、移动电商渠道模式是典型的营销渠道结构模式。全渠道是演化而来的更高级的渠道结构。

3. 营销渠道一直在不断地变革，经历了单渠道、多渠道、跨渠道和全渠道等 4 个阶段。

4. 选择营销渠道需要综合考虑消费者、产品、企业、中间商、渠道环境等因素，要了解其特点并能有效地与渠道特性匹配起来。在对营销渠道进行设计的过程中，企业需要分析顾客的需求，确立渠道目标，制定渠道方案并对主要的渠道方案做出评价。

5. 营销渠道管理主要包括渠道成员管理和渠道冲突管理两项内容。渠道成员管理包括对每一渠道的中间商进行挑选、培训、激励和评价；面对出现的水平冲突、垂直冲突、多渠道冲突等渠道冲突现象，企业除了要及时对已出现的冲突进行口头责备、惩罚外，还需要通过制定策略和相关措施来防止和管理冲突。

6. 全渠道营销是指企业将可适配的零售渠道类型进行组合和整合（跨渠道）销售的行为，以满足顾客购物、娱乐和社交的综合体验需求。全渠道营销具有全程、全线、全面的三大特征。企业制定全渠道方案的步骤包括：① 建立全渠道结构的分析框架；② 制定可体验的渠道服务策略，形成触点组合；③ 设计各细化体验场景，实现渠道联动。

7. 零售是指将产品或服务直接销售给最终消费者以满足其个人或非商业性使用目的的所有活动。零售自诞生以来，经历了百货商店、连锁商店、超级市场、购物中心、电子商务和新零售 6 次重大变革。

8. 新零售是指企业以互联网为依托，通过运用大数据、人工智能等先进技术手段，对商品的生产、流通与销售过程进行升级改造，进而重塑业态结构与生态圈，并对线上服务、线下体验及现代物流进行深度融合的零售新模式。目前新零售模式大致有 3 种类型：线上线下融合的发展模式、新的零售体验模式和零售供应链整合模式。

复习题

1. 什么是营销渠道？营销渠道在现代营销体系中发挥着什么样的作用？
2. 如何选择和设计营销渠道？试比较消费品和工业产品在营销渠道选择上的差异？
3. 什么是“渠道冲突”？试分析渠道冲突的成因和管理方法？
4. 以某一产品为例，制定该产品的全渠道营销的组合方案。
5. 什么是新零售？新零售的新主要体现在哪些方面？你认为新零售未来发展的方向和趋势应该是什么样的？

课后案例：盒马鲜生的新零售

盒马鲜生是国内首家新零售商超，创立于2015年，在2016年1月上海金桥广场启动首店，被视为阿里巴巴新零售样板。

阿里巴巴表示，创建盒马鲜生，不是单单为了在线下开店，而是希望通过延伸线下，打通线上线下数据，并利用阿里巴巴强大的消费数据驱动零售业务的新发展。在这一过程中，阿里巴巴开设盒马鲜生，投资银泰商业，并与百联集团、三江购物等合作来布局线下零售，实现线上线下的融合。这一模式运行顺畅后，其数据能力和技术能力对合作伙伴开放共享，可以提升阿里系整体的零售能力。

与传统零售最大的区别是，盒马鲜生运用大数据、移动互联、智能物联网和自动化等技术及先进设备，实现人、货、场三者之间的最优化匹配，从供应链、仓储到配送，盒马鲜生都有自己完整的物流体系。

盒马鲜生选择能辐射居民生活的区域性商场入驻，店铺面积在6000平方米左右，SKU大约有5000个。商品以生鲜为主，其次是精选的快消类食品、洗护生活用品，另外配以餐吧、水吧等设施。顾客可到店购买，也可在盒马 APP下单；可来餐厅消费顺便购物，物品可以自取也可以配送。只要在门店附近3千米范围内，30分钟即可送货上门。盒马鲜生既是超市，又是餐饮店，同时也是菜市场，成为线上线下融合的零售业态新物种。

盒马鲜生下单购物需要下载盒马APP，只支持支付宝付款和现金，不接受银行卡等任何其他支付方式。支持支付宝支付的背后，是盒马鲜生对用户消费行为大数据挖掘的布局。阿里巴巴为盒马鲜生的消费者提供会员服务，用户可以使用淘宝或支付宝账户注册，以便消费者从最近的商店查看和购买商品。盒马鲜生通过大数据跟踪消费者购买行为，借助云计算，智能化地做出商业决策并进行精准营销。

分析起来可以看到，盒马鲜生面向的顾客主要有3类：晚上大部分时间宅在家里的用户，办公室白领或对便利食品、轻餐有需求的用户，周末会带着孩子去超市逛一逛的用户。

进一步从购买与消费场景的角度来分析，盒马鲜生的细分市场主要有两块：家庭消费市场和社区购买市场。

家庭消费市场以家庭为单位，父母带着孩子来店消费。顾客对购买地点有着闲逛、选品和吃喝的综合性需求。如前所述，针对这一市场，盒马鲜生提供的零售模式是“超市+餐饮店+菜市场的业态”，并以此作为价值点吸引顾客，形成流量。

社区购买市场以喜欢宅在家里及在办公室办公的白领为目标用户，这些用户有需求时随时可通过APP下单，并能快速收到货品。这些用户比起价格更关注货品品质及是否省心、省时和省力。针对这一市场，盒马鲜生提供了3千米以内免费送货，最快30分钟到达的便利服务。

为了更高效地提供价值，满足目标用户的需求，盒马鲜生更在供应链的整合上做出了创新。

第一，进行直线采购。直线采购是直达、直采的结合，其特点是低成本、高效、高质量地提供新鲜的食材。盒马鲜生有专门的运营团队负责生鲜供应流程，以保证开发、采购、品控的最优化。系统借助阿里巴巴的大数据和数字化技术，通过需求分析，反向赋能采购和销售。

第二，建立温控加工检测中心。这是盒马鲜生生鲜类产品的物流中转中心。这一环节主要对货品进行检测、加工、品控和包装等。为了保证生鲜的新鲜度，盒马鲜生还推出了水产暂养的基地。这一切都是为了保质保量地提供标准化的产品和服务，更好地满足顾客的需求。

第三，设置前置仓。前置仓是盒马鲜生所采取的仓配模式，通过门店和仓库一体化，从而方便对门店进行管理，并且还能大大提高物流的配送效率。前置仓的好处就是商品离社区居民距离更近，运输成本更低，配送时间更短。设置前置仓是盒马鲜生实现“3 千米以内免费送货，最快 30 分钟到达”的物流保证。

第四，打造数字化和智能化系统。在供应链的整合过程中，盒马鲜生以数字技术为核心来谋求变革和创新。供应链的整合、线上线下融合、需求分析和用户画像等完全是数字化和智能化的。在盒马鲜生体系中包含了 4 个智能化系统：智能订货库存分配系统、智能履约集单算法、智能店仓作业系统和智能配送调度系统。通过数字化和智能化实现以用户为中心分配物流资源，减少供应链环节，优化货品结构，提升零售服务质量和效率。

盒马鲜生的新零售实践，为零售业的变革和创新提供了可探讨、可学习的模式，虽然在运营过程中还存在着一些问题，但作为新零售发展的一个模式，一种创新业态，必将在中国零售发展史上留下重要的篇章。

（资料来源：根据网络相关资料整理）

思考题

1. 盒马鲜生与传统零售终端相比有什么不同？
2. 盒马鲜生新零售渠道取得初步成功的关键因素是什么？
3. 从零售渠道变化趋势来看，盒马鲜生还可以做哪些尝试和探索？

第十章

促销与沟通管理

促销沟通策略是市场营销策略的组成部分之一，也是增强品牌吸引力的重要途径。公司要在特定的环境中选择最有效的促销方法，尽可能多地获得顾客的注意并最终促使顾客购买行为的发生。即便是“产品为王”，也应沟通顾客价值，从用户角度出发，整合传播渠道，把品牌的所有接触点作为信息传达渠道，运用所有手段进行有力的传播，有效影响用户的购买行为。

较之于传统时代，互联网、高科技极大地改变了消费者的消费环境、消费观念、消费行为，也带来了促销与沟通的诸多变革。传统的促销活动追求覆盖率，基于新媒体的促销活动则突破了传统的促销模式，不仅能够精确地获取访问量，还能够高效、低成本获得访问来源、访问时间、受众年龄、受众领域、生活习惯、消费习惯等消费者行为数据，甚至是心理数据，相比传统的促销更加准确、有效，而且节省时间和财力。

当下，公司促销的根本目的不仅仅是为了实现信息的传播和分享，更重要的是精准实现产品或服务与消费者之间即时有效的“互动”，从而完成顾客对品牌的认知、认可和认购，并据此建立起顾客对品牌的忠诚度。同时，在促销和沟通活动中也应融入企业的社会责任，提升消费者和社会的长期福祉。

【本章学习目标】

1.了解和掌握促销与沟通管理的基本过程。
2.正确认知常用的促销与沟通工具。
3.掌握促销与沟通的方法与要点。
4.了解新环境下公司促销与沟通管理的新变化。
5.强化促销与沟通管理的社会责任。

导入案例：新锐麦片品牌王饱饱的花式促销传播

如今“90后”“95后”，甚至是“00后”已经成为市场的消费主力，这部分人群伴随互联网的成长而成长，对网络具有较高的依赖性，对新事物敏感性更强，更有尝试的意愿。成长于富足时代的这群消费者，消费观念与其父辈呈现较大的差异，用户更愿意通过购物来缓解精神压力，给心灵做个“SPA”，购物从单纯地满足物质的需求，转变为在满足物质需求的同时追求精神的满足。因此他们更注重产品本身的实用性与颜值的统一，同时也更关注健康。

与此同时，在报纸、杂志、电视等传统媒介日渐式微的背景下，以抖音、小红书、B站为代表的新流量平台开始商业化，让品牌有了更多能够触达年轻消费者的渠道。

目前，国潮文化越来越受到年轻人的追捧，消费者对国货的热情比以往任何时候都高。各大国货品牌的涌现不仅形成一股风潮，同时也为各行各业带来了更多的灵感和全新的契机。

王饱饱是杭州饱嗝电子商务有限公司旗下品牌，也是杭州本土的新锐品牌，2018年正式上线，致力于做中国人认可的国民品牌，主要产品为烘焙燕麦片。它凭借麦片产品与传统的奶昔、能量棒等代餐产品形成差异化竞争态势，成功开辟了麦片健康代餐食品的新赛道，帮助品牌切入空白的市场，引领了时尚健康的代餐潮流。

为避免直面挑战传统麦片，王饱饱将用户定位为18～25岁的年轻女性用户，在深度洞察目标用户需求的基础上，推出健康不上火的即时干吃麦片产品，配以丰富的辅料。麦片本身和外包装都采用了明亮显眼的糖果色，符合年轻女性的审美需求。

在促销沟通层面，王饱饱以“善于沟通”“明星种草”“网红广告”等关键词闻名。针对女性在探讨美食时高度关注的“减肥和高颜值”两个核心标签，“爱吃但又怕胖”两大核心痛点，“愿意尝鲜、偏爱KOL种草”等典型特点，王饱饱推出了一种既是早餐又是零食的麦片概念，采用流量明星代言+网红KOL种草的营销模式，提出了具有针对性的广告语——“王饱饱，就是要吃饱”，后来又提出“好吃、好玩又管饱”的口号，再慢慢调整为“慢烤、高纤、随意吃”，从一款好吃方便的零食麦片发展成营养健康的代餐麦片。

借力人气明星，实现品牌种草

王饱饱凭借具有一定影响力的明星去拉动品牌的成长。王饱饱寻找新生代实力明星为品牌代言，并同时发售包含明星人形立牌的A、B版早安礼盒，鼓励更多年轻人“早餐吃饱饱”，在线约一个元气早餐。虽然请明星代言属于传统的促销方式，但王饱饱并非仅仅邀请明星为品牌代言，而是全链路全场景地绑定代言人IP：先后发布代言人早安加油站海报，拍摄TVC（television commercial，商业电视广告），线下开启代言人早安加油站，发布品牌及代言人的联名产品，促进从创意到产品、“从营（销）到转（化）”的实现，最大化地发挥明星IP的商业价值。

除了邀请明星为品牌代言外，王饱饱还通过明星试吃的方式，帮助品牌进一步提升自己的知名度，实现顺势种草的目的。借助明星的影响力，帮助用户养成健康生活的好习惯，而这也与王饱饱倡导的健康生活方式相契合。

邀请达人花式试吃，实现产品种草与共创

除了利用明星种草产品的方式推广品牌，王饱饱还抓住用户圈层化的特点，进行了全面的促销沟通布局。由于用户注意力与爱好逐步细分，消费群体也根据不同圈层文化实现了细分，形成了众多的垂直领域社群。企业想要抓住自己的目标受众，就需要在受众注意力分散的情况下，全方位去布局广告信息，通过多点对多点的传播模式，触达不同的用户圈层。

王饱饱瞄准了年轻人聚集的自媒体平台，将广告信息发布到微博、B站、快手、小红书等平台上，通过达人带货与体验等方式进行促销沟通布局。而这里的达人带货并非指大家普遍认为的，靠达人的推荐来卖货，而是邀请达人参与“王饱饱DIY”，提供更多有趣、好玩、有营养的吃法，实现品牌与用户之间的沟通。

在“多对多”的营销思路的影响下，王饱饱麦片除了出现在头部明星和网红达人的动态中，也出现在近千位腰部，甚至尾部达人的视频中。

同时，王饱饱欢迎用户参与到产品的研发与试吃活动中来，在细心听取用户意见之余，实现产品共创，提高用户的忠诚度。同时也进一步实现品牌信息的露出，提升了品牌的知名度。

花样跨界营销，倡导健康生活方式

跨界是品牌迅速提升影响力的方式之一。王饱饱通过花式跨界的方式，在不同的领域、行业去渗透品牌所倡导的健康生活理念，与用户达成养生共识，竭尽所能地获得更多用户群的认可。如王饱饱与单向空间合作，以“饱读诗书”为主题，为用户打造了一场精神之旅，引导人们对健康生活方式进行新的思考。

除了在生活方式上加以引导，王饱饱先后通过与烧烤品牌大肆撸串、国漫IP罗小黑、味全C、拉面说、味全优酪乳等品牌推出颜值在线或产品功能实用的周边产品，实现品牌信息的广泛触达，让健康方便的生活方式进入用户心中。

卖产品“卖”的也是一种生活方式。特别的产品与自成一派的烘焙方式，让王饱饱产品自带健康属性，王饱饱通过跨界合作去影响用户生活方式的营销打法，有利于品牌抢占用户心智，实现动销。

除此之外，王饱饱还将自己的品牌符号植入各类热播剧的剧情中，让有趣的剧情与产品产生强关联，以达到潜移默化的传播效果。

借助趣味化的概念形式，持续“早”关怀

2021 年，洞察到年轻人经常顾不上吃早餐的痛点，为重建年轻人对早餐的新认知，王饱饱基于真实加油站创设了“早安加油站”的概念，提醒消费者即使再忙也不要忘记吃早餐，顺势强调了产品美味、速食、低脂等卖点。王饱饱以此为核心与用户进行线上线下全场景的沟通，在网上掀起了讨论的热潮。先是发布了TVC，由三位普通人演绎三大不吃早餐的痛点场景，代言人化身早安加油站的工作人员，推荐快捷又美味、健康无负担的王饱饱麦片。TVC呈现了年轻人不吃早餐的真相，而且场景化的表达很趣味化，通过搞笑的画面，将痛点场景形象地表达出来，很容易吸引用户的注意力，引发共鸣。王饱饱还以创意视频为核心，线上线下齐发力，布局多元传播触点，将品牌声量不断放大。

在线上，王饱饱在微博平台开启“早安加油站”的话题。借助明星效应，激发更多用户参与互动讨论，表达自己对早餐的看法，充分增强社交传播力。同时，王饱饱还将“早安加油站”的创意从线上搬到线下，在杭州创意设计中心搭建了真正的早安加油站，为期 1 个月，店招、VI、加油卡等一应俱全。但这里不卖 93 号汽油也不卖 95 号汽油，只卖各种口味的王饱饱麦片，为年轻人新的一天“加油”。这让王饱饱的早餐理念不流于空洞，也不停留于视频引发的情感共鸣层面，而是邀请用户去真实的早安加油站吃个早餐，为身体输送能量，让用户在真实的消费场景中感觉早餐的美好。

为了更进一步扩大品牌“早安加油站”的声量，王饱饱还将早安加油站的场景布设到长沙和西安，线上线下的全触达大大增强了品牌的传播力，将品牌的价值理念最大化地传递给目标群体。

2022 年，王饱饱延续对早餐场景的关注，落地了一只只流动的“早安邮筒”，“疫情让见面难上加难，不如给你关心的人投递一份早餐吧。早安邮筒会带着你的情谊空降在他/她的身边”，鼓励用户为关心的人投递早餐礼，传递自己的心意与惦念。据王饱饱介绍，承载着美食与问候的红色邮筒会直接“送货上门”出现在被投递对象的面前，为他/她创造充分的仪式感与惊喜感。

从“早安加油站”到“早安邮筒”，王饱饱一直在借助趣味化的概念形式传递品牌的早餐理念。疫情背景下，“好好吃早饭”成了一件重要又珍贵的日常小事，为年轻人悄悄准备早餐惊喜的暖心举动，既能体现出王饱饱的品牌温度，帮助王饱饱深化与用户之间的情感沟通，又加强了王饱饱和早餐场景的绑定关系。

进驻线下终端，开展场景主题促销

在线上获得一定流量之后，王饱饱也于2020年开始转战线下，正式开启了以电商为主、线下为辅的模式。王饱饱通过进驻品牌卖场构建线下宣传阵线，先后进驻盒马鲜生、沃尔玛等门店，通过高颜值的外包装、好玩的卖场堆头、文艺化的落地海报，获取线下终端用户的关注。除了传统的卖场终端外，“早安加油站”“早安邮筒”也是一个个促销沟通“新物种”，王饱饱把投放地方的选择过程，也打造成了一次次的品牌互动活动。比如，它开启了用户投票的方式来决定“加油站”“邮局”开在哪里，称这是“请可爱的你们为我们的邮局事业添砖加瓦”，参与互动的用户获得的奖励之一居然是帮王饱饱搬运“邮筒”……

王饱饱在洞察到用户需求后，抓住流量红利的叠加期，为新消费品牌的诞生留下了时间窗口，凭借敏锐的商业嗅觉与多元化的促销沟通活动，在很短的时间内，品牌实现了流量与销量的双丰收，收获了麦片产品赛道上的红利，并迅速成长为一个自带光环的网红品牌。

所谓“出道即巅峰”，一旦流量光环褪去，王饱饱在促销沟通上，应该如何转换打法，快速迭代呢？

（资料来源：整理自王饱饱官方报道；颠覆传统麦片的王饱饱，凭什么年营收超8亿？[EB/OL].（2021-09-08）[2022-12-21].https://www.163.com/dy/article/GJDGSHM60511DQRH.html.）

思考题

1. 王饱饱发展初期采用了哪些促销沟通手段？为什么采用这些手段？

2. 较之于传统聘请名流公众担任品牌代言人，王饱饱在和明星的合作过程中，有何特点？

3. 王饱饱的“花式”促销传播有何特点？请分析这种促销方式的优缺点。

4. 已经获取一定流量的“网红”王饱饱，后续在促销沟通方面应如何改进才能持续助推品牌“长红”？

一、促销与沟通管理概述

市场竞争日趋激烈，消费人群日渐成熟，传播技术日益发达，品牌内涵日新月异，对公司而言，主动的市场促销与沟通活动不可或缺，并且，要对整个促销与沟通过程进行有效的管理。

（一）促销与沟通的概念

菲利普·科特勒在《营销管理》第15版中对营销传播的定义是：营销传播是指公司试图用来直接或间接向消费者告知、说服和提醒有关其销售的产品和品牌相关信息的方法。它代表着公司及品牌的声音，它们是公司建立与消费者对话和联系的工具。通过强化顾客忠诚度，营销传播有助于提高顾客的资产。美国市场营销协会对促销的定义是：人员推销、广告和公共关系之外的拥有增进消费者购买和交易效益的那些促销活动，如陈列、展览会、展示会等不规则的、非周期性发生的销售努力。由此可见，促销是指公司将产品或服务的存在及其性能、特征等方面的信息，通过各种形式传递给消费者，以帮助消费者认识产品或服务所能够带来的利益，从而引起消费者的兴趣，激发消费者的购买欲望及购买行为的活动。简而言之，促销与沟通传递的是顾客的价值。其中，促销活动的要素是：信息说服与沟通，所以促销是一种说服性的沟通活动。**促销的本质是双向沟通、赢得信任、激发需求、促进购买与消费**。

促销与沟通管理就是对促销对象或领域、促销任务、促销目标、促销效果、促销投入、各种限制条件等进行科学的选择、配置、控制和分析，使信息宣传、沟通手段和过程系统化、规范化，尽量提高促销活动的效果、效率，使之低投入高产出。

（二）促销与沟通的作用

对于公司来说，促销与沟通就是要通过各种不同的传播组合手段向消费者传递产品能够带来怎样的利益，激发消费者的需求，从而达到诱发消费行为的目的。促销与沟通的作用主要包括以下几个方面。

1. 传递产品信息，加强双向互动

现代市场营销要求公司以满足消费者的需求为前提，产品生命周期的各个阶段，也即“从摇篮到坟墓”（cradle to grave）的整个过程，公司通过促销与沟通活动及时地将产品的基本信息传递给消费者和相关组织机构，既让消费者及相关组织了解、认知、购买公司产品和服务，也让公司及时了解消费者、中间商、合作者对其产品或服务的看法及意见。通过保持这种顺畅的、经常性的双向互动，建立起持久的合作伙伴关系，构筑良好的商业生态圈。

思考题

不同生命周期的品牌，其促销与沟通管理的重点有何不同?

2. 创造市场需求，诱发购买行为

公司通过各种生动、活泼、多样的形式向顾客广泛介绍其产品的信息，不仅能够提高现有顾客对产品的认知程度，诱发其需求和购买的欲望，强化顾客对产品的印象，还能**发现顾客的需求和偏好，主动创造需求，激发消费新潮流，以未来者姿态创造现在及未来的消费生活**。

受政治、经济、文化、技术等因素的影响，消费需求呈现出一定的非均衡性和非稳定性，不同地域、不同季节，消费需求具有一定的波动性。公司可以选择在合适的时候巧妙利用促销组合，平衡供求矛盾，减少因为需求波动带来的影响。

身处网络化时代，**由于虚拟现实技术的普及，社会进入了一个“未来引导”的时代，也即，消费的增长已不再只是靠投入劳动力、资金和资源而获得存量的扩大，而主要依靠持续的新需求来拉动**。从这一意义上讲，促销和传播的“创造新需求”的功能尤其具有现实意义。**创造新需求，创造新市场，创造新的消费者，这就是知识经济时代促销与传播创新的使命和方向**。

3. 塑造品牌形象，强化竞争优势

品牌形象是消费者对品牌的所有联想的集合体，它反映了品牌在消费者记忆中的图景。消费者对品牌形成的联想在很大程度上取决于公司在促销和传播过程中传递出来的独特信息。为了增强品牌的辨识度和吸引力，公司需要聚焦品牌的差异化优势，突出和放大自己产品及服务与对手不同的特点，整合传播竞争优势，促使消费者形成对自己公司产品及服务的购买欲望和偏好。

实例 10-1

一“虎”百应的微信红包封面，掀起银行虎年品牌传播热潮

近些年来，每逢春节到来之际，微信群或朋友圈总会被红包封面刷屏，这当中不乏众多银行品牌的身影，各家机构已经争相送上了“红包大礼”，为大家的新年运势添上一份“好彩头”。众所周知，在春节期间，人们对于金融服务的需求都十分旺盛。无论是转账、收款、还是发红包，老百姓的“钱袋子”背后，都离不开众多银行机构的支持。而喜气洋洋的节庆消费气氛，更让春节成为众多银行品牌连接消费者的绝佳时机。得益于微信鲜活的社交场景及春节的超高关注度，越来越多平时以专业而冷静形象示人的银行品牌，选择在春节前夕送出红包封面，为广大消费者送出一份温暖的祝福。红包封面，不经意间已然成为公司与消费者建立互动关系的一个通道，也是品牌与消费者进行情感沟通的一个重要载体。

2022 年的虎年春节，腾讯基于自身的定制化整合营销能力开启了搜一搜、摇动式、定制类和私域发布 4 种红包封面玩法，为银行品牌推广带来了更大的创意空间。各大银行品牌送出的不再是单一的红包封面，而是一套兼具新鲜感和互动性的新体验大礼包，让这个春节的红包真正“社交”起来。

1. 搜一搜，放送福利的品牌专站

搜一搜品牌官方区堪称展示全系服务的品牌专站，能够将品牌声量转化为流量，是品牌营销矩阵的重要组成部分。用户在“搜一搜”里搜索“红包封面”，就能进入“新年红包封面”的官方会场。点击官方会场页面中的“活动会场”，就可以看到名为“搜一搜红包封面官方攻略”的文档，当中罗列了具体的红包封面发放时间及参与的品牌。

用户搜索品牌名称即可发现领取新年红包封面的提示，在获得精美红包封面的同时，也可便捷复制“微信搜索品牌名称抢红包封面”的口令发送给朋友，充分释放社交潜力。

招商银行通过公众号、微博、B 站等多个站外渠道引导用户至品牌微信搜一搜专站领取“小招喵”新年红包封面。中信银行信用卡、广发银行信用卡、平安银行信用卡等品牌，也都在自身的搜一搜品牌专区开放了领取红包封面的入口。

2. 摇一摇，摇出新惊喜

摇动式广告能够在朋友圈广告中展示“摇出惊喜”的提示，用户摇一摇即可跳转至惊喜领取页面。结合品牌不同产品及营销推广需求，除红包封面外，也可定制化地设置摇出微信立减金、免息券、福利红包、品牌祝福等丰富内容，并可转发给好友或邀请朋友一起摇动。这一形式充分借助微信生态社交场景优势，并通过创新互动形式进行社交裂变，助力广告主品牌及产品营销，一举两得。

除了在品牌搜一搜专区发放红包封面，百信银行还通过在朋友圈发布摇动式互动广告的创新尝试，进一步增强与用户的互动，实现品牌大曝光。

除了以朋友圈摇动式互动广告形式进行公域曝光外，微众银行同样也在公众号推广发放了《虎闹新春》系列 3 款红包封面，为私域粉丝带来专属福利。

3. 定制类传播，整合生态能力，差异化地满足品牌诉求

定制类玩法可借助包括腾讯新闻在内的多个腾讯生态产品的内容共建能力，满足品牌春节营销的不同内容诉求点，打通用户心智，贴近大众情感。用户通过点击在腾讯新闻等平台中出现的广告进入 H5 页面，参与品牌内容互动，并领取品牌红包封面，沉浸式加强对品牌的认知。

中国银行在 110 周年行庆之际，借助春节的火热气氛，通过腾讯新闻定制 H5+ 答题互动的方式吸引用户争抢限量版红包封面。

民生信用卡设计了 4 款国风主题封面，结合了自身“非遗”“剪纸”“国宝”等产品，配合小熊猫闯关的品牌故事，延续其专注于传统文化再创作的品牌风格，深受用户好评。并通过腾讯新闻 H5 定制、开屏等方式，吸引用户领取红包封面。

4. 私域发布，定向推送，满足特定营销需求

私域发布类玩法可针对公众号粉丝、特定客群或门店到访用户等群体定向发布红包，满足特定银行行内营销需求。

招商银行 APP 用户可在“朝朝宝”页面内复制券码，在微信公众号内通过券码领取红包封面，实现私域内的互动转化。此外，招商银行、招行微刊公众号粉丝也可以直接在公众号推送文章内抢先领取“苏神”（苏炳添）限定红包封面。

中国人的新年，红包必不可少。个性化红包封面，可以让新年红包更温暖有趣，好看好玩的红包封面已成为一种社交货币，抽到的用户会十分愿意和身边的人分享，这种社交裂变能够为品牌带来不小的曝光度。对品牌来说，抓住这个微妙的情绪点带来的机会，给用户更好玩的体验，在赢得关注度的同时获得真实的转化，是一个三全其美的举动。

（资料来源：根据腾讯新闻及各银行公众号相关内容整理而成）

思考题

较之于传统的促销与沟通，一“虎”百应的微信红包封面大战，有何创新点?

（三）促销与沟通原则

促销与沟通活动需要公司投入大量的时间与资源，且对公司意义巨大。成功的促销与沟通往往需要遵守以下原则。

1. 目的性

促销与沟通是将有限的资金投入无限的市场，需要公司在充分调查研究的基础上，洞悉现状，明确目标，找准不同阶段促销与沟通的“北极星”。做促销的目的不仅仅是实现销售，从消费者角度，可以是吸引新顾客，提高试用率，也可以是增强老顾客黏性，减少顾客流失；从公司角度，可能是为了打开知名度，或是快速清库存，或者短时间内获得更多市场份额，或是建立品牌好感；从市场角度，可能是通过促销建立竞争优势，或是提升行业整体形象。不同的促销目的，就要在促销手段上予以整合性的配合和个性化的组合。

2. 独特性

促销活动要有足够的独特性来唤醒消费者的注意力，鼓励消费者在互动参与的过程中完成对品牌的认知、认可和认购。如果仅仅是某些常规性的优惠及奖励，或是说明文样的信息罗列，消费者不一定会有热情与兴趣参与，也无法建立品牌认同。成功的促销与沟通案例，共同的特点是主题鲜明突出、形式新颖走心，内容能引发消费者的共鸣。只有这样，才能从众多的促销活动中脱颖而出，激发消费者的热忱。当前促销与沟通活动同质化比较严重，要制造差异来建立本品牌的个性，从众多产品与品牌中“跳出来”，将好创意、好活动形式与有号召力的主题结合起来是唯一的办法。

实例 10-2

天猫：从“上天猫，就够了”到“理想生活上天猫”

在天猫理想生活 2017 趋势发布盛典上，天猫宣布：用“理想生活上天猫”这句话，替代原来的口号“上天猫，就够了”，来跟消费者在新环境下进行沟通。在这个盛典上，天猫还联合阿里研究院及波士顿咨询公司，一起发布了五大理想生活趋势词，也即独乐自在、无微不智、玩物立志、人设自由和乐活绿动。在发布会现场，天猫还请来了几位著名演员和音乐人分别为这 5 个关键词证言。而*Lens*、《新周刊》、《GQ 智族》等几大媒体机构，则组成了一个理想生活智囊团来进行分享。针对这 5 个关键词，天猫分别用了一条视频广告来诠释。广告的目标群体涵盖了当下一群最有消费活力的中产阶层。天猫表示：“我们不仅要去构想，还要去定义和实现理想生活。”

“上天猫，就够了”缺乏清晰的关联，营造出来的概念比较空洞宽泛；而“理想生活上天猫”则进一步聚焦到了“生活”这个层面，并用“理想生活”来修饰，这是每个普通老百姓都能进入的场景，也是人人都可能关注的内容。虽然“理想生活上天猫”乍一听没有原来的“上天猫，就够了”那种明确的目的性驱动力，但它面向用户指出了一个清晰方向，也间接告诉入驻的品牌，大家都有一个共同的目标。它在衔接消费与文化、物质与精神之间，提供了一个比较好的缓冲地带。它尝试用某种可以触摸得到、想象得到的图景，来告诉人们，在天猫，你可以得到什么？或者说，天猫，之于用户，到底是什么？

天猫同步宣布：“品牌全新升级：启动 618 理想生活狂欢节。”在 618 理想生活狂欢节期间，线下近 20 个品牌将在北京、吉隆坡等境内外各大城市核心商圈打造理想生活样板间。除了线下，线上的新版天猫 APP 加入了全景导购、VR 体验及短视频动态商品展现等新科技，将会为消费者带来更全面的消费体验。

理想生活的背后，有很大的想象空间，也意味着有很大的跨界空间和迭代空间。天猫利用自己的全域大数据优势得出：消费增速减缓，但细分每一层的消费都在升级。人们渴望更个性、更有特点、更符合自身需求的理想生活。于是，2019 年，围绕“理想生活”，天猫当年的品牌新主张是“生活，各自理想”。同时也顺势发布了 2019 十大消费趋势洞察，分别是：以国为潮、玩出热血、美无巨细、花式养生、以惠为乐、以圈会友、独而不孤、逆龄自在、以快求慢和以颜为本。

为了与更多消费人群进行更有效的沟通，将品牌主张及十大消费趋势以更吸引眼球的方式传递出去，天猫拍摄了 10 条趋势生活短片，将不同的消费趋势用富有生活场景和画面感的 20 秒短片来诠释，和品牌TVC一同上线，用更生活化、更接地气的方式来完成沟通升级。每个视频前期采用夸张的氛围和镜头渲染，营造悬念，后半部分“破梗”展现真实的美好生活场景。用前后强烈的反差来讲述一个个理想的生活片段。线下，则在地铁通道及公交广告位铺设 10 张不同特色的主题海报。

这十大生活理想，覆盖各个年龄、各种身份的人物圈层，总有一个会觉得好像是讲给自己听的。而这正体现了天猫一直以陪伴者身份帮助消费者实现自己的理想生活的定位。

（资料来源：根据天猫官方发布信息及其他相关网络资料整理而成）

思考题

相比以产品利益作为诉求重点的模式，你认为天猫的“理想生活”诉求有何特点？它能否准确传达出天猫的品牌特色？为什么？

3. 整合性

不同的媒介拥有不同的受众，它们在触达、影响、告知、吸引和说服消费者方面具有各自不同的特点，促销与沟通的整合性就是要求公司需要讲究媒介的多样性、创新性及组合性，有效协同不同媒介，扩大多媒介传播效果。1992 年，唐·舒尔茨、斯坦利·田纳本、罗伯特·劳特朋所著的全球第一部IMC专著《整合营销传播》一书提出，整合营销传播一方面把广告、促销、公关、直销、CI、包装、新闻媒体等一切传播活动都涵盖到营销活动的范围之内；另一方面，公司要将统一的传播资讯传达给消费者，“speak with one voice”（用一个声音说话），即营销传播的一元化策略。**在消费者看得见的地方，公司用消费者熟悉的语言，以各种广告创意、物料、资源、活动等形式与消费者沟通；在消费者看不见的地方，则致力于为品牌承诺做出不懈的品质管控，确保品牌承诺一诺千金，这才是促销沟通的真正战场。**

万物互联的数字化时代，消费者对信息的处理有了更大的自主权、过滤权和选择权，他们拥有了强大的自主搜索信息的能力，并且能和其他消费者建立连接，分享有关品牌的信息，甚至他们自己也能独立输出自己的评价，在社交媒体上共享自己的体验。同时，伴随个性化消费潮流的崛起，越来越多的公司逐渐放弃了大众营销，他们在更加精准定义目标市场的前提下，越来越关注不同细分市场的差异化需求，并据此量身定制不同的促销与沟通策略，更多地选择互联网和其他数字媒体输出信息。

虽然大众媒介的影响力在一定程度上被弱化，但是传统的大众媒介不会在短期内迅速瓦解。相反，**越来越多的公司开始任命营销传播总监来全面协调公司的整体促销与沟通活动，通过整合营销传播计划，融合大众媒介和新媒介，以更加个人化和互动性的信息，更加有效地影响更小的细分市场。**

4. 真实性

促销与沟通要根据事实输出信息内容，过分夸大的促销会大幅度提高顾客的期望值，而在产品质量不变的情况下，消费者的期望越高，往往满意度越低。因此，公司不能因博一时的“眼球效应”而用空虚的噱头进行虚假宣传，这很可能给消费者带来虚假宣传、落差太大等心理受骗感，容易使公司遭受投诉，引发品牌信任危机。

“真实”的内容让顾客在无数平凡的小人物中看到自己的缩影，折射着人们对于直面自己内心真实欲望的渴望，因而也更容易博得好感。在PC和互联网普及之前，30秒的电视广告是最主要传播渠道之一。而30秒的时间，的确不适合讲述太复杂的故事。社交媒体兴起之后，彻底改变了消费者与品牌沟通的方式。公司有史以来第一次能够和消费者直接进行低成本的互动沟通。对于那些想要拉近和消费者情感距离的品牌来说，真实的素人访谈就是一种讨巧的形式。不同于明星“人生赢家”式的光鲜亮丽，素人访谈恰恰展示的是平凡小人物的普通生活，它的代入感更强，容易引发观众的共鸣。从本质上来说，素人广告就是一种情感营销，它不再围绕产品做“灌输式”的广告，而是通过市场调研和洞察，**借助社会长久性、普遍性的热点现象，进行话题发掘，进而和受众进行深度对话和情感沟通。品牌广告中的情感故事，往往会引诱发消费者更深入的参与和分享。**

思考题

日用品品牌和奢侈品品牌选择代言人，你倾向于选择明星代言还是素人代言？为什么？

5. 高效性

促销并不是投入越多回报越大，投入产出比是公司促销应考虑的重要因素。公司应理性预测和控制投入产出比，切不可盲目攀比，也尽量避免和强势公司正面对抗，尤其是不要和强大对手打价格战，应该独辟蹊径，突出自己的优势和卖点，做到“因己制宜”。品牌价值的本质并不在于品牌本身，而在于人能从品牌中发现与自我价值的共通之处，投射出对自我的认同感和归属感，从而完成对自我实现的探索。因此，促销与沟通的重点在于精准传达利益点，通过利益和情感的有效触达，不仅传递了促销信息，还强化了用户记忆，提升了用户对品牌的美誉度，从而引发更多的自传播，带来更多的流量和销售。此外，应加强促销与沟通效果的监测与评估，避免无效促销。

二、促销与沟通方式

促销与沟通方式主要包括人员促销和非人员促销，其中人员促销主要指人员推销，非人员促销则包括广告活动、公共关系和销售促进3项内容。

（一）人员推销

人员推销是一种最为传统、最为古老及最为直接的促销方式，但在现代的市场营销中仍然起着十分重要的作用，特别是工业品的营销。

1. 人员推销的定义

美国市场营销协会对人员推销的解释为：公司通过派出推销人员与一个或一个以上可能成为购买者的人交谈，做口头陈述，以推销商品，促进和扩大销售。人员推销是人类社会自有商品交换以来最古老的一种促销手段，推销人员在整个促销的过程中至关重要，充当着公司和顾客之间的桥梁作用，负有维护双方利益的责任，一方面使得公司获得满意的销售额，另一方面又要培养建立与顾客之间的感情。推销队伍的组建可以采用 3 种形式：第一，公司建立自己的销售队伍，启用本公司的推销人员；第二，使用专业的合同推销人员，如销售商、经纪人等；第三，聘用兼职的销售点推销人员，在各种零售营业场合，用各种方式进行促销，按销售额比例提取佣金。

值得关注的是，当下迅速崛起的分享经济催生了大量的消费商。也即，在以往的生产消费环节扮演消费角色的消费者，因为具有了分享的能力，如今可以变身成为一种新的商业主体身份——消费商。他们不仅具有消费能力，而且兼具引导消费的能力，通过个人魅力影响其他消费者的消费行为，在实现销售的基础上参与利润分配。消费商不需要资金租赁店面、进货压货，只需要选择好产品自身体验，然后把使用产品的真实感受分享给身边有需要的人们，他们被认为是这个时代“最有影响力的推销员”。不过，合格的消费商必须具备两个基本特征：一是真实的消费力，也即他们真正具有购买产品的实力；二是可靠的影响力，也即他们具有较高的人格魅力和专业判断力，能自然吸引周围其他消费者产生信任，进而采取购买行为。因此，消费商是消费领域的意见和行动的领袖，其影响力在于吸引而不是说服或忽悠，否则就容易成为变相的传销或欺诈。

公司组织人员推销需要推销人员在过程中进行市场调研，广泛收集有关客户、本公司产品及竞争对手产品、市场现状等方面的信息，及时提供反馈；需要推销人员制订细致的销售计划，有条不紊地进行推销工作；在实际推销过程中，通过灵活地运用策略与技巧，引起客户的注意与购买兴趣；在推销成功后，定期了解售后情况，为客户答疑解惑，保持公司与客户之间的联系。

2. 人员推销的优缺点分析

人员推销是与一个与顾客进行面对面沟通的过程，通过与顾客的交流，了解潜在购买者的欲望和要求，并据此为购买者介绍产品的相关功能利益，以促进购买。受益于传播技术的进步，人员推销在众多促销方式中显现出了非人员推销方式不可替代的优点，主要表现在以下几个方面。

（1）便于双向沟通和建立长期关系

推销的过程，不仅仅是公司把产品相关的信息传递给消费者，也是消费者把需求信息传递给公司的过程，促销人员在整个过程中起到了双向信息沟通的作用。同时，满足消费者的需求是推销成功的关键，因此，销售人员十分注重与消费者的沟通，时常与他们接触，倾听他们的需求，帮助解决他们的问题，从而赢得他们的信任并与他们建立良好的合作关系。这种关系的建立对于巩固营业关系起着非常重要的作用。特别是成功的推销员，往往与老顾客之间有着深厚的友谊，这种良好的人际关系是一种比广告和其他促销手段更有利的诱导因素。

（2）过程机动灵活

由于人员推销是直接面对面地与顾客进行交流，因此推销人员可以根据顾客对推销活动及产品信息的反应和态度随机应变，可以针对顾客的疑虑和问题给予直接的回复，从而有助于消除顾客对公司和公司产品的心理障碍，打消顾客各方面的疑虑。在面对面接触的过程中，双方还可以针对产品价格、付款时间、交货地点等问题进行灵活机动的洽商，这对于交易的达成也是非常有利的。

（3）目标具有针对性，成功率高

人员推销与广告、公共关系等非人员推销的形式相比，具有针对性强的特点。推销人员可以根据现有或潜在的目标客户群进行推销，成功率高，同时在与顾客进行交流的过程中，还可根据特定顾客的情况提供各种附加服务，并运用推销艺术和技巧，尽量做到使顾客满意，赢得重复购买的机会，从而增加公司的销售额。

（4）有利于提高公司的决策水平

推销人员在销售的第一线，与消费者直接打交道，一方面可以把公司的相关信息传递给消费者，另一方面通过与推销对象的直接交流，可以及时全面地获得消费者对本公司产品和服务的意见和要求，准确了解到市场方面的有关情况和信息，为公司营销决策的调整提供良好的建议。

当然，人员推销也并不是十全十美的，也有其自身的弱点，主要体现为：一是人员推销的费用开支较大，特别是市场面广阔而分散时，推销人员的成本较高，人员推销适用于目标顾客比较集中的情况。二是对人员素质要求较高，推销人员的素质在很大程度上影响着公司销售策略的成功与否。一个好的推销人员，不仅要具有良好的业务素质，还要有强烈的事业心和责任感，具有积极主动的工作态度，以及良好的观察能力、社交能力、创造能力、应变能力和语言表达能力。突发的环境因素也会影响人员推销的正常进行，比如 2020 年突发的新型冠状病毒疫情因为其高传染性直接影响了面对面人员推销这种传统的沟通方式，很多线下的推销转到线上。因此，选择合适的推销员、培养推销员的沟通新技能非常重要。

近些年伴随数字技术发展而迅速崛起的“场景革命”极大地丰富了人员推销的适用场景。所谓“销售即场景”，公司可通过制造场景的方式，重构零售的人、货、场。**为了贴近客户需求，深入客户生活，推销人员应该以用户体验为核心，走进消费者的生活和工作场景并模拟这些场景，包括购买场景、使用场景、工作场景、生活场景、娱乐场景、社交场景等，去发现痛点，寻找机会点，据此设计产品、服务、专用的体验场景，创造出更多的销售场景拉近与客户之间的距离，将各种特定或者不特定场合转化为拓展客户的最佳阵地。**

为了拓展更加多元的场景，公司应该以更加开放的态度寻求更多第三方的合作，将传统的推销工作分散嵌入一个个生活应用场景之中。同时，虚拟形态的存在，延长了场景发生的时间，拓展了场景存在的空间，因此公司要特别关注虚拟场景的开发和运用。通过场景的分析、组合和利用，实现对不确定性场景的提前感知、敏捷满足和快速迭代。

思考题

直播带货是不是一种人员推销的新方式？为什么？

3. 人员推销的基本流程与策略

完整的人员推销一般包括以下几个基本流程：寻找顾客、推销准备、接近顾客、推销面谈、异议处理、达成交易、售后服务（见图 10–1）。

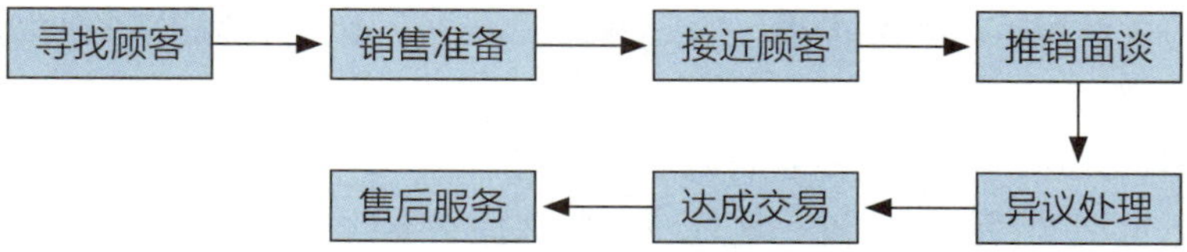

图 10-1　人员推销基本流程

（1）寻找顾客

这是人员推销的第一步，也是基础的和关键性的一个步骤，推销人员所选的目标客户，需要满足以下条件：对本公司的产品有购买需求、有购买能力、有购买决策权、目标顾客容易接近等，在满足上述条件的情况下，推销人员再挑选出很有可能购买的顾客。公司找寻顾客的方法有资料查阅法、地毯式访问法、会议寻找法等直接寻找法，也有咨询法、连锁介绍法等间接寻找法，推销人员要善于挖掘与识别潜在顾客。特别是当下，**利用大数据挖掘技术，公司可以精准捕获用户相关信息，并对用户进行动态的全景画像，在用户画像的导引下，推销人员的工作可以更聚焦、更专业，更有效率。**

（2）推销准备

推销准备是指推销人员在正式接近顾客前进一步了解顾客的情况，包括进一步收集客户资料、制订面谈计划、准备相关的材料等，尽量预测接近顾客与进行面谈时可能遇到的问题，做到有备无患，切忌准备不充分突然造访，对顾客造成不必要的打扰，使下一步推销工作难以开展。

（3）接近顾客

接近顾客是指推销人员与顾客发生接触，开始见面寒暄，这一过程是短暂的，推销人员首先要给顾客留下良好的第一印象，制造良好的推销开局。接近的方法有自我介绍、朋友引荐等，无论哪种方式，推销人员要注意仪容仪表，稳重自信，不卑不亢。

（4）推销面谈

推销面谈是推销人员使用各种推销策略说服顾客购买的过程，这是整个推销活动的关键环节。重点在于介绍与推介产品，这是一个极具技巧性与艺术性的工作，需要通过换位思考，本着互惠互利的原则，赢得顾客的信任。得益于传播技术的发展，推销人员可以拓展互联网工具的纵深功能，比如微信、朋友圈、视频平台、公众号、自媒体等工具，可以帮助销售人员实现远程的面对面沟通，这种面谈销售便捷又高效。

（5）异议处理

当顾客提出问题、意见及看法时，表明顾客仍有进一步了解相关情况的需求，推销人员应重视此类异议，充分利用这个交流的机会消除顾客心中的疑虑，克服顾客的购买障碍。异议的常见类型有功能异议、价格异议、服务异议、信用异议等，处理顾客异议的方法通常包括直接否定法、迂回否定法及转化处理法等。

（6）达成交易

达成交易是指顾客接受销售人员的推销，购买产品，这需要销售人员在洽谈的过程中抓住时机、排除异议促使顾客下定决心。

（7）售后服务

达成交易不是整个促销活动的结束，为了与顾客继续保持联系，赢得良好的口碑，推销人员还应关注顾客的售后需求，为其做好妥善的安排，排除顾客的后顾之忧，树立良好的公司信誉。

综上所述，人员推销具有很强的灵活性与艺术性，这就要求销售人员除了具备必要的个人素质，掌握推销的基本流程之外，还应掌握必要的推销技巧及各种现代化的沟通工具，特别是**提升虚拟销售工具和新兴技术所需的新技能**。根据自身条件及市场环境灵活变通，巧妙运筹，达到良好的推销效果。

3. 常见的人员推销策略

根据地点和场景，人员推销包含了上门推销、柜台推销、在线推销及会议推销，其推销的对象包括消费者、中间商及生产用户。常见的策略包括三大类。

（1）试探性策略

试探性策略又称为刺激反应策略，根据简单的刺激反应模式设计，适用于在不充分了解顾客的情况下，事先准备好要说的话，对客户进行试探。同时要密切注意对方的反应，然后根据其感兴趣的话题继续沟通。运用试探性策略的关键是要引起顾客的积极反应，有时需要准备多套方案才能达成预期效果。

（2）针对性策略

针对性策略是销售人员在基本了解客户的某些方面需要的情况下，利用一定的说服方法，有针对性地进行“说服”，当讲到“点子”上引起客户共鸣时，就有可能促成交易。这种策略成功的前提是销售人员已经做好了充分的准备，能够有的放矢地进行推销。

（3）诱导性策略

这是一种创造性推销，即首先通过交谈设法引起客户需要，再说明所推销的服务产品能较好地满足这种需要。这种策略要求推销人员有较高的推销技术，站在顾客的角度，但同时又代表公司的利益，在“不知不觉”中成交。

4. 人员推销模式的新变化

数字技术、网络技术、移动通信技术为顾客提供了强有力的工具，如今的顾客自己可以通过各种网站、搜索引擎、社交媒介和其他渠道获得有关产品和服务的详细信息。但这并不意味着人员推销模式会在互联网时代消亡，但却给传统的人员推销带来了挑战。“互联网可以传递信息和接收订单，但它不能建立关系，不能甄别潜在顾客，必须要由人来定义公司的价值定位和独特信息，并将其传达给市场。而这个人就是销售人员。”①

为了适应数字化购买环境，如今的销售人员不仅仅是简单地传递信息或接收订单，**而需要使用数字工具去提前介入顾客的购买决策，了解、分析顾客的社交媒体行为，发现顾客的真实想法，揭露顾客的痛点并聚焦于潜在客户的业务，要着眼于创造顾客价值，建立并培育朋友式的客户关系**。比如用户画像技术的介入，可以有效提升推销人员的工作绩效。公司要收集到用户所有的相关数据并将用户数据划分为静态信息数据、动态信息数据两大类，静态数据就是用户相对稳定的信息，如性别、地域、职业、消费等级等，动态数据就是用户不停变化的行为信息，如浏览网页、搜索商品、发表评论、接触渠道等；也即，这些信息包含了时间、地点、人物 3 个要素，简单而言就是“什么用

① 科特勒，阿姆斯特朗．市场营销：原理与实践（原书第 17 版）[M]. 楼尊，译．北京：中国人民大学出版社，2020.

户在什么时间什么地点做了什么事”。然后，通过剖析数据为用户贴上相应的标签及指数，标签代表用户对该内容有兴趣、偏好、需求等，指数代表用户的兴趣程度、需求程度、购买概率等。最后，根据标签及指数为用户建立画像，将之运用到公司的营销活动中，并持续更新相关的信息。

清晰的用户画像，可以帮助销售人员清楚地识别每一类客户的特征，很好地保存并共享销售经验，提高销售队伍整体业绩。为确保公司现金流的安全性，销售人员需要有效识别客户的价值，特别是顾客的信用，规避呆坏账风险也是在节省成本，提高效率。很多公司没有银行那样严谨的用户信用审核体系，这就更需要针对容易出问题的客户、针对低价值客户描绘清晰的画像，让销售人员们第一时间预知到风险。比如，很多时候，公司需要销售人员找到指定客户，这些客户可能不是最容易成交的，但是具有较高的战略价值，用户画像就可以给出获客指引：客户的兴趣偏好如何？客户的行为特点是怎样的？客户可能出现的场合是什么？再如，销售人员可能只有很短的时间可以和顾客沟通，这时候也需要清晰的用户画像来提高沟通的针对性。

值得关注的是，受元宇宙概念的影响，加上CG（computer graphics，计算机动画技术）、语音识别、图像识别、动作捕捉等技术的共同成熟，叠加疫情之下的消费者对数字生活需求的快速增加，**虚拟数字人发展开始强势“出圈”。“他们”在营销领域也扮演着越来越多的角色，比如品牌代言人、主播，当然也包括出色的“数字推销员”**。未来公司的销售卖货都会搬到线上元宇宙平台里面，搭建虚拟商店，数字推销员作为虚拟导购、虚拟带货员，可能像当红头部主播一样在里面进行直播，也可能走进消费者更多的生活场景，与消费者进行有趣的、即时的、互动的、更加智能的沟通，它有可能会开辟一个全新的赛道，这是未来我们可以预见的一个新趋势。

思考题

较之于传统的人员推销，数字技术、网络技术和移动通信技术对人员推销有何影响？

（二）广告活动

广告活动是促销策略中最普遍采用的一种形式，随着市场经济的快速发展，公司竞争日趋激烈及传播手段的飞速进步，公司越来越多地采用广告进行市场宣传。

1.广告活动的定义

美国市场营销协会为将广告与其他促销手段严格区别开来，将广告的定义为：“广告是明确的发起者以公开支付费用的做法，以非人员的任何形式，对产品、服务或某项行动的意见和想法等的介绍。”在这一定义中，有几个关键词需要加以注意。第一，公开支付费用，即公司总要支付广告费用，以货币或者交易物的形式（例如用餐馆的免费就餐来换取广告）；第二，非人员的任何形式，排除了广告与人员推销的混淆；第三，对意见和想法等的介绍，即广告信息并不总是瞄准创造销售额，有时广告的目的仅仅是传递一个积极的理念或令人喜爱的形象而已。因此广告的形式有形象广告和产品广告。产品广告目标在于推销产品，其核心是要采用各种方式介绍、宣传产品的特点和优点，利用各种劝说内容和形式诱导人们进行购买。形象广告的目标是为了塑造公司及产品商标形象，并巩固和发展这一形象，使消费者对公司及其产品产生信赖和感情，而不是单纯地为了销售产品。

2. 广告活动的特点

广告是社会再生产过程中的“润滑剂”，在整个营销过程中，广告发挥的作用十分明显。与其他促销方式类似，广告也有自身鲜明的特点。

（1）公众性

商业广告的基本功能就是通过信息传递沟通产需，可以面对顾客的各个方面，不受时间地点的限制接触到顾客群体。作为一种高度大众化的信息宣传方式，如果使用得当，可以帮助公司在较短的时间内迅速扩大影响。

（2）渗透性

广告是一种覆盖面广、渗透力很强的促销方式。其所采用的大多数媒体，例如电视广告、路牌广告、车辆广告等需要一个动态的传播过程，侧重于长期重复的宣传。因此，公司的广告往往需要多次重复同一信息，并保持较长的时间，使其以一种潜在的形式留在消费者的记忆中，并在潜移默化中树立产品形象、品牌形象，改变消费者的购买意愿。

（3）表现性

广告的表现手法多种多样，它可以综合运用各种艺术手法，融声音、图像、色彩、运动于一体，刺激消费者的视觉、味觉、触觉、嗅觉等感官，或是理性，或是感性，传递品牌信息，具有丰富的表现力和强烈的感染力，给人以强烈的刺激。比如女性杂志经常附有一些印刷精美的纸条，它们就是一种绝妙的香水广告。只要把纸条撕开，便能嗅到广告里香水的真正香气。原来这种广告纸条上附有香气分子，用手一碰，它们就会散发出阵阵香味。

高科技的渗透，更使得广告表现手法日新月异，精彩纷呈。比如CG技术，人脸识别技术，3D、4D打印技术，AR增强现实，VR虚拟现实，体感技术，眼球追踪技术等大规模运用到广告领域，极大地提升了用户的观感效果。

（4）相对滞后性

一般广告的宣传效果并非立竿见影的，往往需要一定时间的刺激才能够改变消费者的认知。因此，在流量资源稀缺，注意力碎片化日益严重的时代，促销与沟通管理要有一个核心的目标：让人们记住你的品牌或产品，也就是占领用户心智。这就需要你重复、集中地投放广告，也即一段时间的内容，广告始终围绕一个核心点或核心目标，用聚焦的方式深度影响用户，直接达到“沸点”。

3. 广告媒体的选择

广告媒体是指广告信息的载体，广告必须通过一定的媒体传播出去，媒体质量直接影响着广告的成功。传统观念中，最常见的便是被称为“四大媒体”的报纸、杂志、广播和电视。此外还有号称第五大媒体的网络，以及直接信函、户外广告、交通广告、赞助广告等其他广告类型。互联网普及之后，网络成为当下广告最重要的载体之一。每种媒体传播方式各有其特点，在时间性、灵活性、成本、传播面、视觉效果等方面各有利弊。公司在选择媒体广告时，首先需要了解媒体广告的特点，本文列举几种常见的媒体广告选择形式。

（1）网络广告

网络广告指通过网站、网页、互联网应用程序等互联网新媒介，以文字、图片、音频、视频或者其他形式，直接或者间接地推销商品或者提供服务的商业广告。具体形式包括横幅、文本链接、电子邮件、弹窗、插播、植入等。较之于传统广告，网络广告具有即时性、互动性、新颖性、灵活性等特点，可以在追踪、研究用户偏好的基础上精准投放，广告效果也可精准测算。因为网站种类繁多，互联网监管尚不完善，故网络广告的权威性和可信度较低，这是网络广告的一大劣势。此外，无孔不入的网络广告给用户带来了过度的信息冲击，如何在尊重用户的前提下，更好地传播广告以吸引用户，从而转化为购买行动，最终使公司受益，这也是网络广告要考虑的重要内容。

（2）报纸广告

报纸是一种印刷媒介，它的特点是发行频率高、发行量大、信息传递快，可及时广泛发布。报纸成为公司促销所借助的最主要的广告媒体之一，承担着传递信息的重要的作用。报纸广告按照版面不同，可分为报花广告、报眼广告、整版广告、半版广告等。传统的报纸广告具有覆盖面宽，读者广泛而稳定，信息量丰富，传递灵活迅速，新闻性、可读性、知识性、指导性和记录性“五性”显著，白纸黑字便于保存，可以多次传播信息，制作成本低廉等优点。

但是伴随数字阅读时代的来临，传统报纸的影响力日渐式微。加之报纸广告本身具有制作成本大、形式单一、时效性相对落后等固有的缺点，因此，报纸广告的市场空间被不断压缩、抢占。不过，面对传统纸媒的“冰河期”挑战，一些传统报业集团正在寻求“破冰之举”，如通过举办特色主题活动以提高报纸媒体的关注度；通过细分受众市场和行业客户（广告主）市场，推出专刊、专版的整合服务，扩大分类广告规模；构建线上线下全媒体服务阵营，将报纸网站的分类广告进行统筹，充分发挥报纸传播的权威性。

（3）杂志广告

杂志是视觉媒介中比较重要的媒介，按其内容可分为综合性杂志、专业性杂志和生活杂志等；按其出版周期则可分为周刊、半月刊、月刊、双月刊、季刊及年度报告等；而按其发行范围又可分为国际性杂志、全国性杂志、地区性杂志等。杂志广告是指利用杂志的封面、封底、内页、插页为媒体刊登的广告。杂志广告的优势是：印刷精美而效果较佳，阅读有效时间长，便于长期保存，内容专业性较强，有独特的、固定的读者群，有利于有的放矢地刊登相对应的商品广告。杂志广告的局限是：周期较长，不利于快速传播；由于截稿日期比报纸早，杂志广告的时间性、季节性不够鲜明；同时，受专业局限，传播面窄。

（4）电视广告

电视广告是指利用电视为媒体传播放映的广告，是信息高度集中、高度浓缩的节目，以声、像、色兼备，听、视、读并举，生动活泼的特点成为最现代化也最引人注目的广告形式之一。电视广告的优势是：电视广告表现力丰富，形声兼备，感染力和视觉刺激强，给人强烈的感观刺激。同时，电视普及率高，广告可以触达各地区、各个层次的消费者，诉求力强，接触率高。电视广告的局限是：电视广告制作成本相对较高，电视播放收费高，小型公司无力问津，而且由于受片长的制约，只能传递简单的产品信息，对产品不能做详细的说明。

不过，随着国家数字化战略的落地，数字电视用户数量每年成倍增长，数字电视在地域上全面铺开。作为一种新的电视媒体，数字电视拥有着无可比拟的优越性。首先数字电视覆盖率高。由于这个新的平台整合多个频道资源，只要装有机顶盒的电视用户就能看到广告，能够实现全覆盖。其次，数字电视广告具有强制性，无论是开机广告还是换台广告，都是随着机顶盒与遥控同步进行的，是强制到达的。再次，数字电视广告拥有超高的性价比，无论是CPM（cost per mille，千人成本）还是CPRP（cost per rating point，收视点成本）都大大优于其他媒体；同时，广告具有权威性，数字电视广告是建立在广电网络公司的资源基础上的，广告的可信度强，权威性高，能够为品牌建设增加价值。而且，数字电视可以和互联网屏幕、手机屏幕随时进行实时互动。电视，包括现在通过一系列数字平台分发的优质视频内容，作为广告渠道而言从未如此强大。

公司长期选择电视作为广告媒体的主要形式投入较大。一般来说，公司在进行整体形象宣传时，基于电视的覆盖面及影响力，常常会选择电视作为主要的露出媒介。

实例 10-3

舍得——以舍得敬舍得

舍得酒业是 17 家“中国名酒”及川酒“六朵金花”之一，拥有“沱牌”和“舍得”两个驰名中外的白酒品牌，定位为“中国文化的传播者，生态酿酒的先行者之一”。它以“与世界分享舍得智慧”为公司使命，以“成为生活美学的领导品牌”为愿景，通过一系列公益活动和公益广告，不断演绎属于自身的“小我舍，家国得”的“舍得”精神与力量。

2021 年 6 月 30 日，舍得酒业在中央电视台CCTV-1 和CCTV-新闻频道重磅推出《以舍得，敬舍得》的品牌公益广告，致敬中国“舍得”精神。这则广告立足时代大背景，通过展示、宣传不同领域人物的感人事迹，展示了当代的中国人正以勇于担当、甘于奉献的精神，在奋斗中书写着伟大的“中国梦”。

该短片以三位极具代表性的先进人物为主人公，讲述了他们在各自岗位上不计个人得失、勇于奉献的“舍得”故事。在该短片中，有一辈子潜心研究水泥、一心赶超发达国家水平的科研专家；有为抢救生命数次前往抗疫一线，无畏逆行的医务人员；有十年扎根山区，为留守儿童勾勒美好未来的基层干部……无疑，他们都是这个时代最好的精神榜样。

广告文案充满了对时代英雄“舍小我，为大家”精神的致敬：“总有人在我们身前，成为照亮生活的光，他们因信仰而舍得，为我们点燃这耀眼的时代。骄阳下，他们是生命的逆行者，以身为炬，捍卫美好。荒芜中，他们把青春交付远方，又等青春慢慢长成希望。黑夜里，他们披星戴月，无畏舍得，用双手筑成大国之梦。这是多好的时代啊，不负韶华，奔赴山海。敬，甘于舍得的他们。敬，这些可敬的人。敬，旗帜下每一颗闪耀的星。以舍得，敬舍得。”

舍得酒业通过《以舍得，敬舍得》弘扬舍得精神，让“舍得”二字作为观众的记忆连接点，使得精神有了坐标，记忆有了定位，也赋予了这则短片更持久的生命力，更具温度，更具力量，更能激发观众对舍得精神的共鸣。而通过“舍得”故事以小见大，弘扬社会的主流价值观，也形象化地诠释了“舍得”的内涵，进一步表达和提升了舍得酒业品牌的精神价值。

在投放策略上，舍得酒业选择以不同的公益广告版本和形式进行投放，在不同属性的新闻栏目中进行多样化投放：在CCTV-1、新闻频道并机播出的《新闻联播》前的广告时段以30秒特殊形式播放，在“播报全天大事”的《晚间新闻》节目中内插广告时段投放120秒超长版本的公益广告，在CCTV-1、新闻频道并机播出的《朝闻天下》节目的内插广告时段及CCTV-新闻频道《新闻30分》前广告时段投放60秒的公益广告。舍得酒业在“总览国家大事”的黄金时段悉数投放该公益广告，充分诠释了“舍得是中国智慧，舍得是中国精神”的立意。

我们处在最好的时代，这依然是个英雄辈出的时代，依然是由时代先锋模范引领的时代。公益广告既传递出了舍得精神，也充分彰显了中国的文化自信，向时代先锋模范身上“舍小我，为大家”精神致以崇高的敬意。广告片播出后，在社交平台上获得了《参考消息》、央广网、《中国日报》、《北京日报》、中国青年网、环球网、凤凰网、观察者网、《南都周刊》、每日经济新闻等各大主流媒体及众多大V的转发点赞。

（资料来源：根据舍得官方媒体报道及其他相关网络资料整理）

思考题

较之于一般的产品广告，舍得酒业的这组广告有何特点？为什么选择电视作为主要的发布媒体？一则公司发布的广告为什么能引发主流媒体的点赞和转发？

（5）广播广告

广播广告是利用无线电或有线广播为媒体播送传导的广告。广播广告的优势是：广播广告传播广泛，成本低廉，其语言与音响效果的传播不受时空的限制，听众容易收听到最快最新的商品信息，而且它每天重播频率高，收播对象层次广泛。广播广告的局限是：只有信息的听觉刺激，而没有视觉刺激，难以给人留下深刻印象，声音转瞬即逝，感官刺激不深，难以记忆和存储。

近些年来，ASMR（autonomous sensory meridian response，自发性知觉经络反应）广告在国内外热度暴增。区别于传统广告文字解说或歌曲诉求的表现方式，**ASMR广告通常通过悄声耳语、自然声刺激人的耳神经，配合视觉引导的方式，使人在颅内、头皮、背部或身体其他范围内产生独特的、愉悦的、舒适的刺激感，引导受众进入放松状态，从而受到许多年轻人的追捧**。比如吃薯片的嘎吱声、烤肉发出的嗞嗞声、冰块倒进杯子的清脆声、哗啦啦的下雨声、按下快门的咔嚓声、哒哒哒的走路声等，摒弃了多余的解说，通过沉浸式的声音诉求增加广告的代入感，引发听众的共鸣。

思考题

ASMR广告和传统的广播广告相比，有什么特点？

（6）户外广告

户外广告是公司在公共场所、空地利用一些设施传播广告信息、宣传公司形象广告形式。主要包括路牌广告、霓虹灯广告和灯箱广告、交通车厢广告、海报广告、旗帜广告、气球广告等。户外广告的优势是：传播范围广，面向所有公众，持续时间长，地理选择性好且成本低。户外广告的局限是：地点选择有一定的限制，修改不易，针对性差，信息内容少。

美国人马克·奥斯汀和吉姆·艾吉森在2003年提出环境媒体（ambient media）的概念，他们认为，环境媒体就是任何用于传递广告信息的，可以用于书写、画图、上色或悬挂的东西；任何可以借用或者颠覆以传递品牌联系的东西。简而言之，**环境媒体就是一种利用所处物理空间环境进行创意传播的载体，也可称之为场景广告。按照这一观点，生活环境中任何因素都可能成为广告的媒体，任何东西都可以被用来承载广告信息。**

与其他媒体有所不同，环境媒体不受任何框架的束缚，总是陆续有新的形式出现，也有旧有的形式转化成独立的新环境媒体。目前的环境媒体主要可以分为结构化环境媒体和非结构化环境媒体。前者指在各种购物、娱乐、工作、学习、生活的各个场所所设置的固定广告媒体，如出租车、搅拌器、火柴盒、气球等；后者多指创造新环境媒体，它没有成法可循，可以是任何拿来利用的东西，如电线杆、公共座椅、台阶、自动售卖机、信号灯等。

不过若要凸显环境媒介的优势，需要公司特别考虑与周围环境的巧妙结合，在产品特点和信息载体间找到绝佳的结合点，以其独特的、打破固有观念的创意吸引受众注意。

（7）直邮广告

直邮广告是采用邮寄/电子邮件的方式向消费者传递广告信息的方式。主要包括商品目录、说明书、宣传小册子、明信片、电子邮件、挂历广告等，邮寄广告是广告媒体中最灵活的一种，地理选择性和针对性较好，还可以通过制作精良的宣传资料突出产品的款式、性能、特色等，有利于提高产品知名度，打开销路。但同时，直邮广告制作成本较高，过多的印刷品广告容易引起消费者的反感。

主要的广告媒体及其优缺点如表10-1所示。

表10-1 主要的广告媒体及其优缺点

广告媒体	优 点	缺 点
网络广告	即时性、互动性、灵活性、多样性、针对性等	可信度略差
报纸广告	覆盖面大、读者稳定、便于保存	时效性较短、缺乏视觉和听觉冲击
杂志广告	印刷精美、专业程度高、可重复阅读	周期长、传播面窄
电视广告	表现丰富、感染力强、覆盖面大	成本较高、播出时间短
广播广告	成本低廉、对象层次广泛	转瞬即逝、记忆不深
户外广告	醒目、传播广泛、持续时间长	内容少、针对性差
直邮广告	针对性强、形式灵活	成本较高

4. 广告形式的蜕变

在数字化媒体的营销时代，公司开始有意识地建立自己的内容生产与传播中心，生产原创性内容，选择传播渠道，与用户建立联系……公司将会越来越多地独立承担起内容生产与传播的职能，为品牌注入一股新鲜的动力。

在数字化营销时代，包括社会化媒体、移动互联、微博、视频、LBS（location based service，基于位置信息的服务）在内的互联网越来越呈现“碎片化”，传统的广告以策略创意为手段、以媒体为落点的运营模式越来越不能适应变化着的时代环境，传统的广告业务也呈现断崖式下跌的趋势，**越来越多的广告主开始“去乙方化”。原来委托广告公司代劳生产内容的品牌方，越来越多地选择自建团队输出内容与消费者进行直接**

对话沟通，尝试用品牌价值观这种全新的方式去连接更多消费者。**“用内容打动消费者”则成为公司传播的新思维**。产品、服务、情感、文化、社交、场景都不再孤立，而优质内容正成为串起这些要素的纽带，也是商业数字策略中的重要一环。

传统广告越来越不像广告，表现形式和传播渠道都变了，2011 年，戛纳国际广告节更名为戛纳国际创意节，从 2012 年开始，基于互联网技术的广告奖项迅速增加，技术公司开始大量进入这个行业。也就是说，创意在过去只是广告公司的一个部门，而现在的情况是，广告公司变成了创意的一个部分。创意既包含传统广告，也包括技术类的互动、社会化营销、娱乐营销，甚至线下活动。与此同时，越来越多的公司成立了内容中心，负责策划、运营、管理公司的沟通与传统业务。

广告主在瞄准消费者之后，可以自己为目标用户制作内容，以情感、价值观及生活方式为诉求，潜移默化地传递品牌文化，从而把顾客变成粉丝，把品牌变成信仰。

公司也可根据内容的形式和调性自主选择媒介投放渠道精准投放，以增强内容与平台的匹配性，获得更好的传播效果。公司成为内容的制作者意味着同时掌握了更大的媒介投放自主权、在内容分发上的更大的主动权，还可以更好构建线上到线下的内容场景体验，让用户在实体的参与式场景体验中再次加深对品牌价值的认知。内容通过文字、声音、影像、动画、网页等多种媒体表现手段，同时利用网站、电视、报纸、杂志等不同的媒体形态进行业务融合。可以看到，正是以优质内容为纽带，品牌逐步建立起高忠诚度的粉丝社群，让孤立的顾客个体转变为具有共情能力的粉丝集体。

内容的生产与运营过程是一个不断循环的过程。**公司需要基于数据的使用，进行一系列动作：洞察受众，聚焦细分人群，根据“客户生命旅程建立内容连接点与连接强度，创建策略与内容，精准推广与沟通，评估内容，测试并开发新策略与内容，最终实现内容的不断优化**。

在具体实施的过程中要掌握 4 个关键的要素；第一，个性化，也即聚焦人群的细分与洞察，建立个性化沟通；第二，关联性，也即内容要和品牌、消费者，或是和热点事件建立关联；第三，价值型，也即通过内容关联到客户生命旅程各个阶段，解决用户的问题，达成不同阶段的营销目标，并促进客户扩张；第四，持续性，有节奏地与用户建立持久关系。

实例 10-4

沃尔沃“安全”内容的输出

沃尔沃汽车一直保持着安全领域领导者的地位，沃尔沃汽车的愿景是“没有人因驾乘新款沃尔沃汽车而发生重大伤亡事故”。围绕“安全”这一核心卖点，沃尔沃汽车出品的广告作品中，都将“安全”作为核心价值进行输出。沃尔沃汽车广告的内容分成 3 种类型：① 英雄型内容：展现品牌精神，建立知名度和影响力，以特定事件、传播活动驱动。当年老牌“硬汉”尚格·云顿，他在两卡车之间为大家演示了什么叫劈叉的最高难度。整部片子无剪接，无 PS（photoshop，一种处理数字图像的工具），从头到尾一镜呵成，令人瞠目结舌。尚格·云顿的惊天一字马，即是最好的英雄型内容，通过创意与传播，将沃尔沃汽车安全的理念展现得淋漓尽致。② 聚拢型内容：抓住核心受众的情感和爱好，吸引关注，持续传播，可以定期推送。在聚拢型内容上，沃尔沃汽车介绍了他们的技术，工程师的努力让汽车越来越安全，越来越易于驾驶。比如，沃尔沃FMX重型卡车有更高的离地间隙，即离地间隙越大，车辆通过有障碍物或凹凸不平的地面的能力就越强。为了传达这一性能，广告中沃尔沃汽车的工程师主管亲自上阵，把自己埋在地下，只露出一个头在地面上，让卡车从他头顶驶过，因为他坚信沃尔沃卡车的离地间隙超过他人头的高度，于是他敢于让卡车从自己头顶驶过。为了宣传沃尔沃汽车优秀的操控能力和转向系统，广告中，沃尔沃汽车方向盘上放一个轮圈，轮圈里面放一只小仓鼠。拍摄地点是在西班牙某个危险的采石场，驾驶人员控制油门，通过胡萝卜引诱小仓鼠左右跑动来控制转向，最终安全到达终点。③ 日常型内容：满足消费者日常意图与利益需求，要求是持续产出。在日常型内容上，沃尔沃汽车会利用通俗易懂的方式逐一介绍不同的车型，帮助消费者做出决策，拉动销售。

上述 3 种形式的内容在同一品牌身上搭配使用，多媒体、全渠道持续输出，牢固传递着沃尔沃“生活里的英雄主义，是把平凡变美好”的品牌理念。

（资料来源：根据沃尔沃官方报道及其他相关资料整理）

思考题

较之于传统的广告输出，以内容为中心的输出有何特点？公司如何提高内容输出的有效性？

（三）公共关系

1. 公共关系的定义

詹姆斯·格鲁尼格教授认为，公共关系是一个组织与其相关公众之间的传播管理（the management of communication，也即沟通管理）。这里的公众包括公司员工和员工的家庭、消费者、中间商、竞争对手、社会组织、政府、媒体和金融机构等。

和传统促销方式相比，从内容上来说，公共关系的促销功能，是从公共关系的其他功能中派生出来的，促进产品销售并不是公关关系的主要功能。推销公司的品牌、树立公司的良好形象，用良好的公司形象来促进组织经济效益的发展，是公共关系促销的显著特点。从功能上来说，一般的传统促销方式是直接的促销手段，而公共关系的直接目的是改善公司在公众中的形象，建立良好的公众舆论，不具有直接的推销功能，而是一种间接的促销手段。从效果上来说，公共关系则更着重于长期的效果和影响。

2. 公共关系的主要职能

公共关系的主要任务是沟通和协调公司与社会公众之间的关系，以争取公众的理解与合作，这一任务要求公共关系包含以下职能。

（1）信息收集

公共关系所收集的信息涉及主体与客体两个方面。主体方面主要指公司本身生存发展所面临的情况；而客体方面则是指公众对组织的评价和印象，包括产品形象信息与公司形象信息两大类。产品形象信息主要是指公众特别是用户对产品价格、质量、性能、用途等方面的反映，对该产品优点、缺点的评价及如何改进等方面的建议；公司形象信息则包括公众对本公司组织机构的评价、公众对公司管理水平的评价、公众对公司人员素质的评价及公众对公司服务质量的评价等。

（2）信息沟通

信息沟通要求公关人员与新闻媒体保持密切的联系，这种联系在公司的各个发展阶段对解决面临的诸多问题有重要的意义。例如，在公司创建时期，信息沟通有利于公司树立良好的公众印象，能够招揽人才，争取投资来源；在公司遇到风险或由于自身过失损害到公众利益时，可利用良好的信息沟通进行必要的解释，将本公司的改进措施公之于众，帮助公司重振声誉。

（3）内外协调

任何一个公司的内部都存在各种联系，同时也都要受到外部环境的影响。因此，公司内部各部门之间，以及公司与外部环境之间的协调非常重要，良好的协调能够使公司内部的所有部门的活动同步化、和谐化，并使公司与外部环境相适应。公共关系能够恰到好处地发挥这种协调作用，在内部协调中可以及时向员工传达和解释公司的政策、决策、指令，向各级部门反映员工的建议和要求，提高员工的参与意识和参与管理的热情；在外部协调中与公众沟通信息、建立感情，取得理解和支持，同时发挥与政府、社区和新闻界之间的信息沟通作用，为公司的发展创造一个良好的外部环境。

（4）咨询建议

公共关系的咨询建议职能包括提供有关组织方面的信息与咨询，提供有关公众需求方面的信息，对组织的决策、计划进行建议等。

3.公共关系活动主要途径

公共关系促销的途径很多。例如编写新闻报道、赞助与支持社会公益活动、开展同业交流会、发放宣传品、召开新闻发布会等，其关键在于将公司想要表达的信息高效地传递给公众，常见的方法如下。

（1）编写新闻报道

公关人员如果将公司的有关信息以通信、报道、新闻等形式通过新闻媒体报道出去，形成有利的社会舆论，将会收到良好的效果。因为来自独立第三方发布的新闻报道对公众而言区别于公司“王婆卖瓜”的自主宣传，可信度高，说服力强，有利于公司塑造良好的市场形象。公司可营造真实的新闻热点，以争取新闻媒介的主动报道，吸引公众眼球，达到宣传目的。

（2）赞助与支持社会公益活动

赞助与支持社会公益活动是公司向社会、公众展示其社会责任的重要途径。活动的方式，可以是一次性捐助给主办者或非营利机构，或是捐助后获得冠名权，还可以是成立一个奖励基金，参与或监督其运作。通过赞助或参与公益活动，公司不仅履行了社会责任，赢得了公众的普遍好感，还有利于维护与政府和当地群众的良好关系。

（3）开展同业交流会

公司可通过开展各类经验交流会、学术研讨会及同业交流会，将组织的信息传播出去，同时由于给社会公众营造出一种专业的公司氛围，有利于吸收同业成功的做法与经验，学习最新的研究成果，吸收专家们的建议。

（4）发放宣传品

公司发放的宣传品包括内刊、宣传册、内部报纸等资料，宣传的内容可根据公司的宣传目的而定，例如，在公司周年庆时宣传公司的发展历史与成绩，推出新产品时介绍其特点、服务方式等。这些宣传品多以赠送为主，并且制作精美，以图文并茂的方式激发公众的阅读兴趣，使公众对公司有更加深入的了解。

（5）召开新闻发布会

公司召开新闻发布会一般会邀请媒介人员参与，保持与新闻界的信息交流。这种会议并非经常召开，只有当组织有十分重要的事情需要向媒介声明的时候才召开，例如新的产品的推出，公司重大改革等。例如，连锁酒店宣称计划在某个城市建设一座新的酒店，景点所有者宣布一座大型公园落成，公司宣告其修建一艘新邮轮的计划，或者是公司声明其分支机构开业。

4.公共关系活动的重要内容：事件营销

所谓事件营销（events marketing），是指公司通过策划、组织和利用具有新闻价值、社会影响及名人效应的人物或事件，吸引媒体、社会团体和消费者的兴趣与关注，以求提高公司或产品的知名度、美誉度，树立良好品牌形象，并最终促成产品或服务销售的手段和方式。

在金融危机导致全球失业率居高不下的环境下，澳大利亚昆士兰州旅游局全球公开招聘世界上最好的工作：当澳大利亚大堡礁的看护员，每天开着高尔夫球车巡视岛屿、喂鱼、潜到海下拍点照片，顺便写篇博客；6个月收入为15万澳元（约65万元人民币）；住在岛上名字叫作“蓝色珍珠”的海景别墅里，家具用品一应俱全，烤肉架都帮你准备好了！这一爆炸性新闻经由网络瞬间吸引了全世界几十万人的应聘！与其说是世界上最好的工作，不如说是世界上最吸引人的广告。此后，国内外出现了诸多类似这样的促销模式。比如，携程网率先推出免费试床员；艺龙网正式开始对外招募“五星级酒店试床员”；去哪儿大规模宣传招募高薪试睡员；同程旅行推出“验客”（checker）概念，并同时启动“验客中国”旅游体验博客大赛。这都是公司事件营销的典型。

成功的事件营销取决于四大关键要素：第一，**重要性**。指事件内容的重要程度。判断内容重要与否的标准主要看其对社会产生影响的程度。一般来说，对越多的人产生越大的影响，新闻价值越大。因此，公司在寻求事件源时，可重点关注社会的焦点话题、重点话题展开。第二，**接近性**。所谓事不关己，高高挂起，事件要接近公众的生活。一般来说，越是心理上、利益上和地理上与受众接近和相关的事实，新闻价值越大。心理接近包含职业、年龄、性别诸因素。一般人对自己的出生地、居住地和曾经给自己留下过美好记忆的地方总怀有一种特殊的依恋情感。所以在策划事件营销时，必须关注到受众的特点。通常来说，事件关联的点越集中，就越能引起人们的注意。第三，**显著性**。新闻中的人物、地点和事件的知名度越高，新闻价值也越大。国家元首、政府要人、知名人士、历史名城、古迹胜地往往都是新闻的重要来源。第四，**趣味性**。大多数受众对新奇、反常、有人情味的东西比较感兴趣。有人认为，人类本来就有天生的好奇心或者新闻欲。因此，事件应别出心裁，出乎公众意料。

一般来说，只要具备上述其中一个要素就有新闻价值。如果同时具备的要素越多、越全，新闻价值自然越大。当一件新闻同时具备所有要素时，肯定会具有很高的新闻价值，成为所有新闻媒介竞相追逐的对象。在自媒体时代，公司要主动策划各类聚焦眼球的积极事件，将其作为宣传品牌形象、建立关系和联结的重要手段。

（四）销售促进

销售促进又称营业推广，是指不同于人员推销、广告和公共关系的销售活动，它直接被用于诱导顾客购买，以补充和加强上述推广方式的影响力。这种促销方式通常用于吸引新的顾客，稳定动摇的顾客，以及报答忠诚的顾客，因此销售推广要追求立竿见影的促销效果，往往是大张旗鼓进行，以造成一定的声势，产生轰动效应。

1.销售促进的定义及特点

销售促进强调在特定的时间、空间范围内，采用一系列的促销工具和手段，刺激和鼓励供需双方，使消费者产生立即购买或大量购买的行为。它具有如下基本特征：具有非正规性与灵活性，常作为人员推销和广告的补充，具有暂时而特殊的促进作用；能够增强对产品和服务的吸引力，且针对性强，公司可以根据自身产品的特性、顾客心理及市场状况，通过强有力的宣传或提供特殊的激励条件，引起目标顾客、中间商或推销人员的广泛关注，促成交易行为；具有较强的刺激性，销售促进追求的目标是通过短期诱因，达成即时销售。这就要使本公司的产品与其他产品产生差别，增加实质价值，给产品购买者以不同寻常的刺激，诱导消费者购买某一特定产品；销售促进也是一种战术性营销手段，通过激励、刺激等促销手段，构成消费者购买行为的直接诱因，在限定的时间和空间范围内，实现即时销售，获得短期效果。

销售促进的缺点在于有些方式显现出卖者急于出售的意图，容易造成顾客的逆反心理。如果使用太多，或使用不当，顾客会怀疑此产品的品质或产品的品牌，或产品的价格是否合理，给人以“推销的是水货”的错误感觉。

2.销售促进的方式

销售促进按照对象划分可包括针对消费者的销售促进、针对中间商的销售促进及针对营销人员的销售促进等，销售促进的形式多种多样，以下列出常见的几种。

（1）针对消费者的销售促进

第一，赠品销售。即通过向消费者赠送能够传递公司及其产品信息的小物品，“免费”的刺激和吸引强度很大，消费者乐于接受。其主要的促销工具如印有公司名称、地址、电话号码、公司口号、景点等的日历、招贴画、打火机、小手巾、纪念卡、纪念币、小玩具等，既可以刺激消费者的购买欲望，又能加强对本公司的宣传，提升公司形象。

第二，有奖销售。即消费者购买产品后发给一定量的兑奖券。销售金额达到一定数量时，或购买一定货币量的产品后，当场抽奖。

第三，优惠销售。即对一次性购买产品达到一定量的消费者实行价格折扣，其核心是促销者让利，消费者享受优惠。优惠销售促进的工具十分多样，重点是运用折扣衍生出的多种促销方式，如折价券、折扣优惠、退款优惠等。如某旅游地有许多旅游景点，若消费者全部游览，可购买“通票”，在各景点门票标价的基础上给予一定比例的折扣，若按景点选择性游览，则应按门票标价购买。

第四，展销。即公司联合或单独举办展销会，向消费者宣传公司及其产品，增加销售机会。值得关注的是，展览或销售不一定放在传统的空间里，公司可以主动创造场景进行品牌宣传。

（2）针对中间商的销售促进

第一，经营指导。即对销售本公司产品的中间商进行业务指导、人员培训和提供公司及其产品的有关信息及推销资料。

第二，同业优惠。即各公司根据中间商公司的业绩实行优惠价，甚至免费，以激励他们多经销本公司产品。

第三，批量折扣。即对中间商经销不同数量的产品实行不同比例的价格折扣，通过这种方式鼓励中间商多采购或经销自己的产品。

第四，现金折扣。即在普遍使用商业信用和消费信贷的市场上，公司为鼓励中间商现金支付或预先付款，而给予一定比例的价格折扣，以加速资金周转。

第五，经销津贴。即公司向中间商提供开发、经营产品的支持费，以争夺市场。

第六，销售竞赛。销售竞赛是指根据各个中间商销售本公司产品的实绩，分别给优胜者以不同的奖励，如现金奖、实物奖、免费旅游、度假奖等，吸引中间商的推销兴趣，增加他们的销售动力。

（3）针对销售人员的销售促进

用于鼓励销售人员热情地推销产品或处理某些老产品，或促使他们积极开拓新市场。其方式可以采用举办销售竞赛或免费提供人员培训、技术指导等。

3.销售促进的应用要点

竞争的加剧、品牌的拥挤导致各公司在销售促进时也走入了一个“过度用力”的怪圈。为有效聚焦公司资源，规制竞争秩序，公司在销售促进时应特别关注如下几点。

（1）简化简约，方便消费决策

从经济学角度看，**消费者购买一件东西不是完全由价格决定的，而是由心理预期价格决定的**。**越来越多的商家**在除去成本之外，更多考虑的是与消费者之间的心理博弈，因此，公司会根据给出的不同促进方案，以期获得最理想的博弈结果。以电商促销为例，除了传统的跨店满减外，又新增了合伙人盖楼、签到红包、心愿单、宝箱红包、预定、超级品牌日、消费券补贴、24 期免息、以旧换新、特批优惠等活动，让人眼花缭乱，应接不暇。同时，一些品牌先涨价再促销。除了价格变动外，隐藏优惠渠道导致部分消费者无法使用优惠券购买商品，而且公司还设置了越来越复杂的优惠使用条件。

其实，在网络信息发达的今天，绝大多数消费者通常希望购买能够建立在简单决策的基础之上，很快就能做出购买决策。但当下的各种销售促进活动越来越复杂，且越来越不透明，这种方式**容易使得品牌公信力下降，造成公司口碑的崩塌**。

面对越来越复杂的交易条款，公司应当提供清晰的交易规则，特别是对促销规则中可能对消费者不利的限制性条件，公司有义务进行统一公示，以保障消费者的知情权。

（2）跨界合作，丰满品牌形象

将两种或两种以上的产品捆绑起来，多半是互补型的产品，然后以比较实惠的整体价格向消费者让渡价值，以促成即时购买。这是一种常见的销售推广手段。当然，捆绑推广要达到“1+1 ＞ 2”的效果，还取决于两种商品的协调和相互促进及正确捆绑策略制定。

跨界合作则更多地突破了传统的边界，渗透到更广、更深的领域，通过跨界，不同品牌之间建立关联连接，让原本毫不相干的元素，相互渗透相互融合，从而给品牌一种立体感和纵深感，在复杂多变的市场竞争中，以超越性的竞争优势占据行业领先位置。跨界合作其核心就是品牌相互赋能，借助于双方的知名度，融合各自品牌特性与文化基因，打造出有记忆点的产品，打破消费者对单一品牌的固有认知，在创造惊喜的前提下实现品牌关系的建构及品牌产品的销售。

常见的品牌合作包括传统产品与现代产品的跨界、国产品牌与国外品牌的跨界、线上品牌与线下品牌的跨界、时尚品牌与大众消费品牌的跨界，具体可表现为品牌与大师的合作（小罐茶与制茶大师合作）、品牌和品牌的合作（锐澳鸡尾酒和六神花露水）、品牌和IP联名（故宫IP和农夫山泉）等。能出圈的跨界需要“和而不同”，相似的品牌量级、相似的目标人群，但同时具有某方面的反差效果。比如锐澳和六神的合作，内容上新奇有趣，品牌之间互补反差萌，通过话题很快引发了社交媒介的自传播，并且有足够的噱头引发大众参与互动讨论。

（3）人“技”联结，节约促销成本

安排人员进驻卖场，赠送样品、鼓励试用、发放消费券、提供（连续）购买折扣等，在传统语境下，销售促进更多借助于人员的线下服务来促成购买。在全球销售向线上转移的大背景下，各种高精尖技术在线上被加速使用。而当下乃至未来很长的一段时间，公司在销售促进中可以采用各种技术手段，实现人“技”联结，从而节约促销成本，提升促销效果。

直播带货就是其中的一种。从最初的线上导购直播，到当下的全民直播，呈现出直播秒杀、网红直播、明星直播、BOSS直播、导购员直播、VR购、透明工厂、直播拼团、体验云众播、3D样板间等百花齐放的态势。以VR购为例，用户通过手机进入VR购物间后，360度全景画面跃然屏幕。导购人员可以在购物间全方位展示各种产品的同时，有效促成流量和眼球的转化。

三、促销与沟通管理策略

（一）促销与沟通管理过程

促销与沟通是公司建立与消费者对话和联系的工具，目的是将公司提供的价值准确地传递给相关公众，促成产品和服务的交换，本质是信息的双向流转，一方面公司要传递产品或服务信息，另一方面公司要建立反馈机制，及时搜集来自沟通对象的反馈信息，并据此改进促销与沟通管理，其过程如图10–2所示。

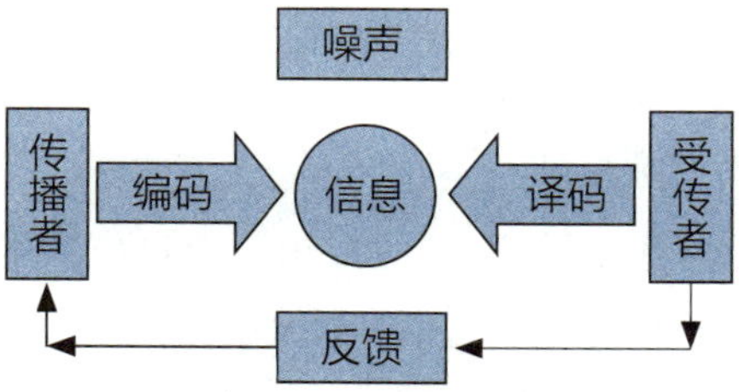

图10–2 促销及沟通管理过程

参照传播的基本特点，促销与沟通过程包括以下要素[①]。

1.传播者

传播者，又称信源，指的是传播行为的引发者，即以发出信息的方式主动作用于他

① 郭庆光. 传播学教程[M]. 北京：中国人民大学出版社，2011.

人的角色。在营销活动中，传播者就是公司，既可以是生产产品或服务的公司，也可以是销售产品或服务的公司，还可以是广告公司或咨询公司。

2. 受传者

受传者，又称信宿，即信息的接收者和反映者，是传播者的作用对象。作用对象一词并不意味着受传者是被动的存在，相反，他可以通过反馈活动来影响传播者。在营销活动中，受传者可以是购买者，包括消费者和产业购买者，也可以是其他的组织或群体，比如分销商、政府机构、社区居民或金融受众等。

传播者和受传者并不是固定不变的角色，在一般传播活动中，这两者能够发生角色的转换或交替。

3. 信息

信息指的是由一组相互关联的有意义的符号组成的，能够表达某种完整意义的信息。它是传播者和受传者之间社会互动的介质，通过信息，两者之间发生意义的交换，达到互动的目的。在营销活动中，信息多指向公司所创造的价值或品牌的基本主张，包括有形的产品和无形的服务，也指向公司所倡导的某种观念或价值主张。

4. 媒介

媒介，又称传播渠道、信道、手段或工具。媒介是信息的搬运者，也是将传播过程中的各种因素相互连接起来的纽带。现实生活中的媒介是多种多样的，按照其表现形式可大体分为印刷媒体和电子媒体等。印刷媒体包括报纸、杂志、说明书、挂历、海报等。电子媒体包括电视、广播、电话、网络等。**万物互联时代呈现出“万物皆媒”的趋向**。任何物品都可能被植入芯片而成为活的节点，拥有发送信息及接收信息的能力。比如各种可穿戴设备及其他传感设备使人的身体主动或被动地卷入各种机械设备中，从中收集了大量人体的数据，包括位置数据、运动数据、身体基本状态数据、消费信息、生理信息、情绪反应信息等。这些数据可以用作为个人进行定制化的产品、服务和信息，又可以集中起来作为某种趋势的表征。

5. 反馈

反馈，指受传者对接收到的信息的反应或回应，也是受传者对传播者的反作用。获得反馈信息是传播者的意图和目的，发出反馈信息是受传者能动性的体现。反馈是体现社会传播的双向性和互动性的重要机制，其速度和质量因媒介渠道的性质有所不同，但它总是传播过程中不可或缺的要素。在促销和传播过程中，公司要建立回声机制，以便提升传播效果。

6. 噪声

信息论的创始人克劳德·艾尔伍德·香农提出了信息传播中“噪声”的概念，即是指由于技术故障或技术不完善造成的干扰，并使得发出信号与接收信号之间出现信息失真。而传播学研究的重点是人与人之间信息传播的过程、手段、媒介，传递速度与效度，目的与控制，也包括如何凭借传播的作用而建立一定的关系。因此，促销传播沟通中的噪声泛指导致信息损耗或失真的一切因素，也即在传播过程中遭遇的一切干扰因素，这种噪声干扰按性质可分为物质干扰和心理干扰。典型的噪声包括发送噪声、传输噪声、接受噪声、系统噪声、环境噪声、背景噪声和数量噪声等（见表 10–2）。

表 10-2 影响传播沟通的噪声类型

类别	释义	举例
发送噪声	发生在信息发送环节的噪声	信息表达不清，编码掺杂了个人主观偏好等
传输噪声	发生在信息传递过程中的噪声	网络信号差、电子邮件被拒收等
接受噪声	发生在信息接受环节的噪声	受众文化教育水平、理解能力、心理期望、社会角色地位、人生阅历等导致的选择性注意、选择性理解和选择性记忆等
系统噪声	沟通系统的各部分、各环节衔接不顺畅产生和存在的噪声	没有做好传播要素的系统整合，没有及时进行效果检查和反馈等
环境噪声	客观外在的环境干扰因素	直播间环境嘈杂、光线不足、色彩杂乱等
背景噪声	心理背景、社会背景和文化背景导致的信息损耗或失真	跨文化沟通导致的偏差或误解等
数量噪声	信息量过大或严重不足引起的信息损耗或失真	广告主题太分散、广告信息过载、沟通频次不足等

（二）促销与沟通管理策略

促销就是营销的沟通过程，促销策略的内容包括信息沟通的全过程，具体而言，在设计促销与沟通策略时，应从以下方面着手。

1. 明确促销对象

公司在开展每一次促销活动时，首先要明确促销的对象是谁，是中间商还是顾客？这些对象分布在哪儿？其购买行为、心理活动等有何特点？针对具体的促销对象来设计具体的促销内容。

2. 确定促销目标

促销目标就是通过促销要解决的问题。一般来说，促销要解决的问题由浅到深有 3 个层次。

（1）认识上的问题：通过促销，让顾客知晓、了解公司的产品。

（2）感觉上的问题：通过促销，让顾客对公司的产品产生好感，产生好的评价。

（3）行动上的问题：通过促销，让顾客采取购买行为，促进公司产品销售。

根据这 3 个层次，确定具体的促销目标，如增加市场销售额、发展新顾客、打开知名度、塑造公众的品牌意识、激励顾客重复购买、寻求有关机构的理解和支持等，根据这些细分目标，对涉及促销的种种因素做不同的组合。

达成销售是一个连续的动作，通常要经过数次沟通才能最终达成。按照E.S.刘易斯的AIDMA模型，消费者从接触信息到最后达成购买，会经历“attention（注意）—interest（兴趣）—desire（渴望）—memory（记忆）—action（行动）”5 个阶段。日本电通集团在 2005 年提出了基于网络购买消费者行为的AISAS模型。该模型前两个阶段和AIDMA模型相同，但在第 3 个阶段S为search，即主动进行信息的搜索，第 4 个阶段为A，即action，指购买行为，最后一个阶段S为share，即分享，将购买体会和其他人进行分享。这一模型更加准确地概括了网络条件下消费者获得信息、分享信息的能力。也有学者提出AIPLA模型，也即awareness（知晓）—interest（兴趣）—purchase（购买）—

loyalty（忠诚）—advocate（拥护），认为这是数字化时代消费者典型的心路历程，公司**可根据这些模型来设定各促销目标，以形成结构化的促销与沟通目标系统，在每一个环节上更好地影响消费者，持续推进顾客的行为转化。**

3. 选择促销设计方案

公司要合理设计信息宣传方案，确保信息的有效性。一般来说，有效的信息要求公司在设计促销方案时包含以下条件。

（1）真实可信的信息源：邀请权威度高、可信度高的传播者来宣传本次信息的主要内容。

（2）鲜明清晰的内容：明确促销的主题是什么，采用何种语言或何种象征物来表达、突出主题，设计衬托内容。

（3）恰当醒目的形式：确定信息表达所采用的符号和编排方式，如是以图片为主、文字为主，还是两者结合？图片和文字的比例如何？版式如何安排？选择哪种字体、字型？

（4）合理有序的结构：确定信息内容的叙述和表达的逻辑结构，明确采用哪种信息表达方式，如是诉诸情感还是诉诸理智？是先抑后扬、先扬后抑还是只扬不抑？是采用感性的诉求方式还是理性的诉求方式？是直接切入广告主题还是委婉植入故事？

4. 组合信息沟通渠道

采用何种渠道来传递信息，如是大众传播渠道、人际沟通渠道，还是公司内部沟通渠道？又或是需要借用合作伙伴的渠道？如何对这些信息渠道进行有机组合，使之扬长避短？

5. 进行促销预算

根据公司经营的现状、产品的特点、流动资金的情况、目标用户的特征等因素进行促销费用预算，常采用的方法如下。

（1）目标导向法：根据具体的促销目标来确定需要的费用。

（2）竞争对抗法：根据竞争对手的促销费用情况确定费用。

（3）销售比例法：根据公司历年的营业额或利润按比例抽取促销费用。

（4）在建立促销预算时，公司应明确：开支这一部分钱可以帮助公司实现某个具体的促销目标，为公司谋取更多的满意的顾客，在此基础上实现公司收入的增加。

6. 确定促销组合方式

公司应决定各种促销方式，如广告活动、人员促销、直接邮寄、形象促销等方式的主辅关系和配合方式，并根据国家的有关法律和法规，确定每次促销活动的活动规则，确保促销活动的严肃性和合法性。

7. 衡量促销结果

按照先前确定的促销目标，比较营业额、公众态度等指标的变化，衡量每次促销能释放出的“能量”，总结成败得失，进行有效复盘。公司应当秉承“边测试边学习边改进”的理念，归因多个媒介触点（包括每一个媒介触点的转化效率、触发转化的机制及最佳触达次数等），估算各个触点对促成消费目标实现的贡献价值，然后以小步快跑的方式，及时调整媒体投放矩阵和投放预算，优化全域营销和运营效率。根据美国贝恩咨询公司的研究，善用“边测试边学习”的品牌，整体的市场投放效率将提升

30%～50%不等。

8. 分析促销活动的限制因素

在设计促销组合策略时，为了保证促销活动的有效性，公司应周密考虑各种不可控因素或不确定因素对促销活动可能发生的影响及相应的应急对策，防止“临危慌乱”现象的发生。当然，在分析限制因素时，公司应本着抓住重点，照顾一般的原则抓大顾小，合理分配精力、物力和财力，防止主要精力被众多的小事所牵扯。

9. 加强促销全过程的管理和协调

在这一点上，著名营销专家菲利普·科特勒给出了如下建议。

（1）任命一名信息沟通的主管人员，对公司说服性信息沟通负责。

（2）明确不同促销工具的适用范围及信息沟通的宗旨。

（3）对用于产品、促销工具、产品生命周期不同阶段的所有促销费用进行追踪，并观察其效果。

（4）主要促销战役开始时，协调各种促销活动和它们的时间安排。

促销沟通组合是指公司有目的、有计划地将人员推销、广告、公共关系、营业推广等促销手段，进行灵活选择、有机组合和综合运用，形成整体的促销攻势。促销组合是一种系统化的整体策略，体现了现代市场营销理论的核心思想——整体营销。由于各种促销手段都有其利弊，因此在整个促销过程中，公司只选择一种促销方式往往是不够的，需要把几种方法综合运用起来，根据自己的营销目标和所处的营销环境，灵活地进行选择和搭配，使公司的全部促销活动互相配合、协调一致，最大限度地发挥整体效果，从而顺利实现公司目标。

（三）促销沟通策略类型

不同的组合方式可以形成不同的策略，按照公司促销力量作用的方向，可把促销沟通策略从总体上分为“推式”“拉式”“推拉结合”3类。

1.“推式”策略

“推式”策略是一种以中间商为促销目标，以人员推销和销售促进方式——把产品推进销售渠道，最终推向市场的策略。这一策略需要大量人员推销产品，适用于得到中间商支持，推销队伍力量雄厚，素质较高，能针对不同的产品、不同的中间商采用不同的方式的公司。“推式”策略在每一个环节都对下一个环节主动出击，强化顾客的购买动机，具有风险小，推销周期短，资金回收快等优点，常见的方式包括：派销售人员上门推销、提供价格促销等。

2.“拉式”策略

“拉式”策略与“推式”策略相反，是以消费者为主要促销对象，直接激发最终消费者对本公司产品的兴趣与热情，从而拉引中间商经销此产品。该策略在中间商与生产公司对某些产品市场前景看法不一致时经常被采用，适用于潜在消费者较广泛的产品，也适合处于投入期的产品。“拉式”策略常用的方式有广告、销售促进等。

3.“推拉结合”策略

在很多情况下，公司采用的是“推拉结合”策略，一方面通过分销商大力促销产品，另一方面通过广告刺激市场需求，双管齐下，共同进行产品销售。通过“推式”与“拉式”的双向努力，往往比单独利用一种方式更为有效。

（四）影响促销组合的决策因素

公司在制定促销组合策略时，不仅要考虑各种促销手段的特点，而且要根据所处的内外环境及本身的营销目标灵活进行选择，制定最佳的促销组合决策，需要考虑的因素如下。

1. 促销目标

促销目标是影响促销组合决策的首要因素，且每种促销工具都有各自独有的特性和成本，公司的促销目标不同，促销组合策略也应不同，营销人员必须根据具体的促销目标选择合适的促销工具组合。例如，某公司的促销目标是扩大销售量，则其在促销组合中将更适合使用广告和销售促进以实现短期效益；如果其促销目标是树立良好的公司形象，那么公司在营销组合中将更多地使用营销公关，以实现公司的长期目标。公司的促销组合务必与公司的战略目标保持一致。

2. 市场特点

除了考虑促销目标外，市场特点也是影响促销组合决策的重要因素，公司制定促销组合策略需要考虑目标市场的特点，包括目标市场的类型、规模、消费者分布文化、风俗习惯、经济政治环境等因素。在综合考虑市场和促销工具的特点的前提下，选择合适的促销工具，使他们相匹配，以达到最佳促销效果。一般而言，如果市场规模小而集中，则应以人员推销为主；反之，如果目标市场地域范围大，消费者分散，应多采用广告进行促销；如果公司销售的对象是消费者，主要的促销方式可包括广告、销售促进、人员推销和营销公关；如果销售的对象是中间商，则促销方式应侧重人员推销、销售促进、广告和营销公关。此外，市场竞争状况也是重要的考虑因素，公司应分析竞争对手的竞争优势，所采取的促销组合及其产生的效果等，在此基础上结合自身特点制定最佳促销组合策略。不过，新技术的广泛应用淡化了不同促销工具之间的差异性，很多时候公司可以整合不同促销工具，因地制宜、因人而异、因时而动，因事谋划。

3. 产品性质

在产品性质方面，不同性质的产品，消费者具有不同的需求、购买行为和购买习惯，因而公司所采用的促销组合也会有所差异。一般而言，价格昂贵、购买风险较大的产品，消费者往往不满足于一般广告所提供的信息，而倾向于理智性购买，希望得到更为直接可靠的信息，对这类产品，公司可采用“推式”策略，包括人员推销、营销公关等；对于购买频繁、价值不高及季节性较强的产品，消费者倾向于品牌偏好，对这类产品，公司适宜采用“拉式”策略，广告往往是重要的手段。

4. 产品生命周期

产品生命周期是公司设计促销组合时需要考虑的重要因素，在生命周期的不同阶段，公司需要采取不同的促销组合。在产品的投入期，促销活动的目的主要是为了宣传，使目标顾客知道产品的存在及其基本信息，这时候广告和公共关系能产生较高的知名度，销售促进也是有效的。在成长期，广告和公共宣传可以继续加强，销售促进可以适当减少，因为这时消费者所需的刺激较少也会主动购买。当产品处于成熟期，这时竞争者增多，为了扩大产品销售，以便与竞争产品争夺客户，广告宣传仍需加强，但广告侧重点应在于突出本产品区别于竞争产品的优点；同时要增加销售促进，给消费者以优惠，配合使用人员推销和营销公关，特别是人员推销应大力加强，加大访问客户的频率，维系与中间商的关系等。最后，当产品进入衰退期时，广告仅仅起到提示作用以保持消费者的记忆，公共关系、人员推销等可以减至最小规模，销售促进可继续开展，以促进产品顺利销售。

产品生命周期各阶段促销组合策略如表 10–3 所示。

表 10-3 产品生命周期各阶段促销组合策略

产品生命周期	促销主要目标	促销组合方式
投入期	宣传产品信息，提高顾客认知	以广告、公共关系为主，以销售促进为辅
成长期	提高产品知名度	广告继续投入，销售促进可减少
成熟期	突出产品特点与优势	广告等需改变方式，加强销售促进、人员推销
衰退期	消除不满，继续销售	以销售促进为主

5. 公司实力

公司的实力包括公司的规模、资金实力等硬实力，也包括销售人员的经营、能力等软实力。公司应根据自身的实际情况选择适宜的营销组合策略，扬长避短。例如，当公司规模小、资金有限时，可以较多地采用人员推销方式；当公司规模大、实力雄厚时，可利用广告扩大市场需求。在运用促销组合时，公司应尽量使用少的花费取得大的促销效果，提高促销效率。

影响促销组合的因素是复杂的，除上述 5 种因素外，社会文化、宏观环境等因素也会不同程度地影响促销组合的决策，且各种因素都处于动态的变化之中。营销人员应审时度势，综合考虑才能制定出有效的促销组合决策。

四、新媒介促销与沟通

长期以来，公司的促销主要依赖于传统大众媒体。随着新媒介风靡全球，世界已经进入了一个新媒介的时代，微博、团购、手机 APP 等新名词不断涌入我们的视野，它们在改变我们生活的同时，也以其独特的优势在营销领域掀起风暴。随着各行各业对新媒介的广泛应用，新媒介促销也已经成为公司最为行之有效的促销方式之一。

（一）新媒介促销概念

科技的进步推动着人类不断创造新的媒体传播手段与方式，在历史的进程中，媒体发展大致可以概括为以下 5 个阶段：纸质的媒体形式被称为“第一媒体”，如报纸、杂志、书刊等；将电波作为媒介的形式称作“第二媒体”，即广播这种宣传形式；以电视图像为传播方式的形式被称为“第三媒体”，即电视。互联网诞生之前的这一切媒介皆为旧媒介，它们受到严格的编辑控制，只有少数人能把自己想要传播的内容和生产的信息向世人传播。以互联网数据传输技术为基础的网络是继纸质媒体、广播、电视之后的“第四媒体”。一旦上传到互联网上，人们就可以使用、欣赏，并从中获益，例如电子邮件、论坛的留言板、聊天室等；随着手机、掌上电脑等移动媒体形式的广泛普及，移动网络传播技术在 21 世纪初开始被看作“第五媒体”。第四、第五媒体我们统称为新媒介。

新旧本具有相对性，新媒介的概念实际上也是具有相对性的。新媒介是相对于纸质媒介、广播、电视三大传统意义上的媒体相对而言的，指以新型计算机科学技术为基础产生的新型媒体形式。新媒介促销是指公司借助于新媒介中的受众，广泛且深入地进行信息发布，达到让他们卷入具体的营销活动的目的。新媒介营销或促销，主要包括但不限于门户网站、搜索引擎、微博、SNS、博客、WIKI（维基，一种多人协作的写作系统）、移动设备、APP等形式。

新媒介有以下一些特点：新媒介一般是免费的；其多半是非专业人士进行信息的生产（user generated content，UGC，用户生成内容）；新媒介之间既相互竞争，又相互促进；其消费者即生产者；每个人都可以成为新媒介的出版人、制作人和促销人；每个人都能凭自己的兴趣和能力选择合适的新媒介去进行自我表达或出版，由此激活了文化的流动与交际，粉丝文化应运而生。新媒介便利了粉丝间的交流和连接，为彼此认同并共同生产文化创造平台。粉丝在新媒介上为偶像做的宣传和应援，也会影响到真实世界里偶像的身价和人气。

一般来说，常用的新媒介的可分为自有媒介（owned media）、付费媒介（paid media）及赢得媒介（earned media）3类。每一类媒介的内涵、细类、优缺点等如表10-4所示。

表10-4　3类常用新媒介的特征

媒介类型	定义	功能	优势	劣势	形式
自有媒介	公司自己控制的渠道	与用户建立联结	公司主导 成本低 用途广 受众精准 长期效果	效果无保证 不被信任 需专人长时维护	公司网站 微博 微信公众号 APP 小程序等
付费媒介	公司付费购买的渠道	吸引眼球 引发关注	按需购买 迅速 影响面大 可以控制	嘈杂 可信度低 花费较大	电视广告 付费搜索广告 其他赞助
赢得媒介	消费者变成渠道	倾听和反馈	可信度高 透明 互动中产生裂变效应 花费相对低廉 容易促成消费	不可控 可能有负面评价 范围广 很难衡量效果	用户口碑 用户评论 病毒传播 晒朋友圈

数字化时代，产品、渠道和媒介正在加速融合，越来越多的产品本身、渠道本身正在成为促销与沟通的媒介。比如钟薛高独特的“瓦片”形状融合了新中式美学的重要元素，加上独特的口感和造型，成为年轻人的社交货币和朋友圈的网红，其产品本身就成了媒介；直播间、小红书、抖音既是销售的渠道，也是促销与沟通的渠道。这些都说明媒介和内容构建的场景可以转化为购物的场景，原本分离的销售和传播两个环节现在可以无缝对接，传播的过程也可以成为销售的过程，销售的过程也可以是传播的过程。这就是数字时代基于技术的进步为公司的促销与沟通带来的新变革。

（二）新媒介促销的特点

新媒介促销的形式多样，可通过网络广告、网络中间商、移动终端、网络游戏、官方微博、社区团购等途径发布，它们看似形式迥异，但共同基于数字技术基础的实质也让它们具备共同的基本特性。

1. 新媒介促销优势

（1）信息广泛，易于搜索

新媒介信息既深且广，可以达到传统媒介无法企及的深度与广度。同时，信息的传播不再局限于某一时间、区域；在形态上，新媒介信息是声音、图像、视频、文字等多种形式的有效组合，非传统媒介可以比拟；在信息收集效率上，网络搜索引擎可以帮助使用者进行快速地搜索和筛选，十分方便地寻找自己心仪的产品，省时高效。

（2）双向传播，易于互动

新媒介与其他媒体促销的一大区别在于其双向的传播形式，传播客体不仅作为消息的接收者具有获得信息的权利，更具备了发表看法与回馈的能力，这对于“单向传播”的传统广告有着颠覆性的意义。在此基础上，新媒介的交互性优势显露无遗。在使用新媒介时，受众有较大的自主权选择接受或者不接受新媒介广告，并即时互动交流、迅速得到回馈，有时甚至可以亲自参与到新媒介的广告中去，与公司产生更深入的互动行为。

（3）发布便捷，传播迅速

公司通过新媒介渠道发布信息十分方便快捷，不需要像传统媒介发布广告一样经过复杂的流程、等待一定的时间并支付高额的费用。其传播速度之迅速、扩散范围之广泛，令其他媒介形式叹为观止。

（4）体现个性，针对性强

利用新媒介渠道进行促销可以给受众提供一个个性化的空间。这里的个性化可以从两个方面来理解：一方面受众有自己的选择权，可以根据自己的喜好自由地选择所要关注的信息和想要接收的内容。另一方面，许多如博客、微信等新媒介的出现，要求公司在投放广告时应该注意广告的针对性，设计出符合目标群体的个性化广告信息。

（5）渠道多样，便于融合

公司利用新媒介进行促销并不仅仅是单一地通过一种渠道进行，而是需要多种渠道整合营销，甚至在营销资金充裕的情况下，可以与传统媒介营销相结合。数字技术的出现使得新媒介这一新型平台本身就已经具有了相互间融合的功能，能够将多种新媒介形式组合起来，形成全方位立体式的营销体系。

新媒介促销的上述优势为公司创造了重大的营销机遇，“精准”营销、切合顾客需求的促销已经不再是纸上谈兵。公司应充分运用新媒介，提升自身知名度，拓宽产品销路，加深产品在消费者心中的影响，达到良好的促销目的。

2. 新媒介促销劣势

新媒介促销较之于传统媒介促销虽然具有巨大的优势，但是它们并不完美，也存在着许多不足之处。例如，传统媒介促销受到政府部门严格的监督与管理，因此行业的自律性相对较强。新媒介的投资者与经营者五花八门且民营居多，环境比传统媒介更加混乱，其新生代特点又使得政府管理相对薄弱，在其高速发展的状态下，容易出现种种问题。比较常见的是，新媒介渠道中不仅存在大量过时信息和冗余信息造成的“失信”，同时也存在故意散播的虚假欺诈信息，鱼龙混杂。由于新媒介信息的规范性与安全性没有传统媒介高，因此，对于在网络上购买商品的消费者来说，可信度也将随之降低。其次，公司不能确保所有的目标受众都会使用网络，特别是一些年纪较大的受众与受教育程度偏低的受众。针对这个问题，公司营销人员须根据产品的性质与使用群体来选择合适的促销媒介。

（三）新媒介促销与沟通策略

公司采取新媒介促销与沟通策略一个直接的目标是有效进行资源配置，提高公司的营销效率。新媒介促销策略具体如下。

1. 发现和建立有效的新媒介接触点

媒介作为公司、产品、品牌等信息传播的主要载体，它的商业价值在于某些特定的人群与该媒介的必然接触性，接触越深入，接触的可能性越大，公司获得信息传播的机会也就越大。公司的新媒介策略应主要围绕着受众与媒介的必然接触展开。从这种角度来理解媒介的配置效率，公司通常需要考虑：第一，目标消费者是否在媒介受众中占据一定的比例，并且比例越高越好；第二，目标消费者与媒介之间在客观上需要存在一种必然的接触关系，与媒介的接触关系越积极、越主动，其价值越应受到肯定；第三，这种接触关系是否具有不可替代性，消费者与媒体是一种双向选择的关系，尤其在当前多元化媒体时代，消费者的主动性、选择性大大增强，如果公司所选的新媒介具有不可替代性，其价值将大大增加。

在选择合适的信息触点时，**可根据漏斗理论所揭示的消费者购买过程，对消费者的行为进行分析，并据此构建顾客体验地图（customer experience journey），借助体验地图，选择、比较、确定关键的信息触点及信息传播方式**。更重要的是，公司还要**将消费者作为一个完整的社会人，而不单是消费者，进行全生命周期、全生活场景的行为分析和价值分析，专注于研究如何提升“人”的数量和“人”对品牌的价值贡献，形成围绕消费者的完整视图，并且探索不同业态下与不同伙伴的“可持续增长路径”**。这样就能突破消费行为的限制，延展到消费者更为广阔的生活领域，寻找更为恰当的信息触点，传递更为丰富的沟通内容，从而激发品牌的中长期价值。

2. 整合和优化不同媒介的组合

由于时间、成本的限制或是受到传统媒介本身传播特征的影响，公司往往难以将产品的信息准确全面地告知消费者，因此容易出现信息不对称等问题。新媒介促销具有数字技术海量信息储存与海量信息传输的特征，以及网络双向互动性，不仅能实现对产品与服务的详尽说明、图解，以及全方位、多层面的展示，而且便于公司与消费者的双向互动。其次，消费者无须支付信息搜寻成本，广告主也不必为传达有关商品与服务的完全信息而支付过高的成本。

新媒介和传统媒介各有优势，单一的媒介促销往往难以满足公司多元营销的传播需求。公司在进行媒体选择时，可考虑利用传统媒介和新媒介的各自特性进行整合使用，构成一个完整的营销体系，进行全方位立体式的营销传播。

为了达到这一目的，公司首先应强调信息的有效覆盖，只有通过选择目标受众与自己的目标消费者之间的一致性和融合度高的媒体进行促销，才能保证将产品、品牌信息更有效地传递给目标受众。其次，消费者的媒体接触习惯往往与他们的生活形态紧密相关，公司选择高效的促销渠道时要便于多元追踪，植入消费者的生活形态中，使目标受众在生活中自然而然地接受公司传递的信息。最后，不同的媒体所具有的信息传播特性不同，对消费者的观念和行为的影响也呈现出差异性，营销传播活动主要是以累积的模式而不是以取代的方式作用于人的大脑。因此，公司在进行整合营销传播时，要充分发挥、协调利用各种传播媒介，在消费者的感知、记忆系统中留下有别于竞争对手的正面印象。

实践中，公司可通过全域消费者分析洞察、全域联动投放、全域效果分析优化等途径，结合公司不同阶段的促销目标，进行不同的组合，形成具体的促销与沟通组合一览表（见表 10-5），**打造全链路、全通道、全周期、全人群的立体化传播与沟通矩阵**。

表 10-5 促销与沟通组合一览表

媒体类型	行为环节及其所占比重					
	信息触点	A（知晓）	I（兴趣）	P（购买）	L（忠诚）	A（拥护）
自媒介	原创内容平台					
	网站					
	电商平台					
	小程序					
	APP					
	内刊					
	微博					
	短信 /EDM[①]					
	微信					
	……					
付费媒介	网红直播					
	事件营销					
	电视广告					
	户外广告					
	搜索广告					
	……					
赢得媒介	用户口碑					
	内容传播和裂变					
	……					

值得关注的是，公司要利用人机关系驱动并鼓励用户积极参与到传统活动中来。公司还可以与已经建立权威度的社交达人取得联系，社交达人已经培养了一批忠实的粉丝，形成了个人品牌的“网络红人”能够大幅提高信息的关注度及转发度。

3. 梳理和规范信息传播的流程

多触点、多媒介组合语境下，公司尤其要梳理和规范信息传播的流程，以真正实现与消费者的无障碍“对话”，提升促销与沟通效果。一般来说，这一促销与沟通过程包

① EDM，即 e-mail direct marketing，电子邮件直接营销。

括如下环节（见图 10–3）。

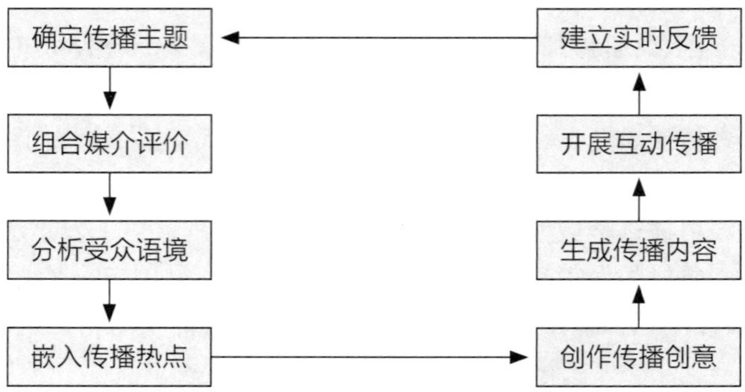

图 10-3　新媒介促销沟通环节

首先，公司要根据每一次促销的目的确定传播的主题，也即给消费者一个与本品牌建立关系特别是购买关系的理由。最后，详细分析消费者日常生活、工作中最常触及的媒介或平台，同步考虑不同媒介或平台之间的互补性。再次，熟悉目标消费者的语言环境，用消费者熟悉的、喜欢的语言进行沟通，以便建立并增强“同道中人”的归属感和认同感，同时，了解目标消费人群所关注的热门话题，在这基础上，进行创意挖掘。好的创意会让人一见如故，记忆深刻，从而在消费者心中留下深刻的烙印。据此，把创意转变为符合要求的内容，也即生成传播内容。作为传播顾客价值的过程，**公司在利用新媒介进行促销与沟通时，可以从满足感和使用体验两个维度来组合不同的内容。满足感包括理性满足、感性满足、社会满足和自我满足，体验则分为使用中体验、使用后体验和使用附加体验**（见表 10–6）。

表 10-6　促销与沟通的内容组合

使用体验	满足感			
	理性满足（解决实际困难的能力）	感性满足（满足精神层面需要的能力）	社会满足（对角色期待的满足）	自我满足（对自我的定义）
使用中体验				
使用后体验				
使用附加体验				

对于新媒介而言，发布过程中建立互动，激发更多的用户加入话题讨论，形成圈层传播，就能获得最佳的传播效果。在促销沟通的过程中，要通过实时的效果监测形成闭环，以便有效改进下一次的促销与沟通效果。

4. 倡导和强化促销沟通的社会责任

公司的社会责任要求公司必须超越把利润作为唯一目标的传统理念，强调要在生产过程中对人的价值的关注，强调对环境、消费者和社会的贡献。

促销与传播活动直接面向社会，构成了对社会的强迫性输出，是当代社会重要的文明载体。公司要积极融入社会主义核心价值观，坚持正确的价值取向，弘扬优秀的传统文化，加强促销及传播活动的文化含量和道德水准，使之在承载传播商业信息的同时，也成为促进社会和谐的强大正能量。将社会责任作为一种使自己与竞争对手不同的方式，通过传播建立消费者的偏好，可以帮助公司取得显著的销售增长和利润收益。

● 本章小结

1. 促销是指公司将产品或服务的存在及其性能、特征等方面的信息，通过各种形式传递给消费者，以帮助消费者认识产品或服务所能够带来的利益，激发消费者的购买欲望及购买行为的活动。

2. 促销沟通策略是市场营销策略的组成部分之一，也是增强品牌吸引力的重要途径。即便是"产品为王"，也应沟通顾客价值，从用户角度出发，整合传播渠道，把品牌的所有接触点作为信息传达渠道，运用所有手段进行有力的传播，有效影响用户的购买行为。

3. 公司促销的根本目的不仅仅是为了实现信息的传播和分享，更重要的是精准实现产品或服务与消费者之间即时有效的"互动"，进而完成顾客对品牌的认知、认可和认购，并据此建立起顾客对品牌的忠诚度。同时，在促销和沟通活动中也应融入企业的社会责任，提升消费者和社会的长期福祉。

4. 为了提高促销与沟通效果，公司应遵循的基本促销与沟通原则包括：目的性、独特性、整合性、真实性和高效性。

5. 促销与沟通方式主要包括人员促销和非人员促销，其中人员促销主要指人员推销，非人员促销则包括广告活动、公共关系和销售促进 3 项内容。不同的促销与沟通方式有不同的优缺点，公司要根据具体的应用场景进行科学的组合。

6. 促销组合是指公司有目的、有计划地将人员推销、广告活动、公共关系、销售促进等促销手段进行灵活选择、有机组合和综合运用，形成整体的促销攻势的过程。促销组合是一种系统化的整体策略，体现了现代市场营销理论的核心思想——整体营销。

7. 促销与沟通是公司建立与消费者对话和联系的工具，将公司提供的价值准确地传递给相关公众，促成产品和服务的交换，本质是信息的双向流转：一方面公司要传递产品或服务信息，另一方面公司要建立反馈机制，及时搜集来自沟通对象的反馈信息，并据此改进促销与沟通管理。

8. 公司在设计促销与沟通策略时，应考虑如下工作：明确促销对象、确定促销目标、选择促销设计方案、组合信息沟通渠道、进行促销预算、确定促销组合方式、衡量促销结果、分析促销活动的限制因素、加强促销全过程的管理和协调。

9. 公司在制定促销组合策略时，不仅要考虑各种促销手段的特点，而且要根据所处的内外环境及本身的营销目标灵活进行选择，制定最佳的促销组合决策，需要考虑的因素包括：促销目标、市场特点、产品性质、产品生命周期、公司实力。此外，社会文化、宏观环境等因素也会不同程度地影响着促销组合方案的形成，且各种因素都处于动态的变化之中。营销人员应审时度势，综合考虑才能制定出有效的促销组合方案。

10. 新媒介促销与沟通已经成为公司最为行之有效的促销方式之一。公司借助新媒介广泛且深入地对目标公众进行信息发布，达到让他们卷入具体营销活动之目的。一般来说，常用的新媒介包括自有媒介、付费媒介和赢得媒介三大类。

11. 新媒介促销与沟通策略有：发现和建立有效的新媒介接触点，将消费者作为一个完整的社会人，进行全生命周期、全生活场景的行为分析和价值分析，选择、比较、确定关键的信息触点及信息传播方式；整合和优化不同媒介的组合，打造全链路、全通道、全周期、全人群的立体化传播与沟通矩阵；梳理和规范信息传播的流程；倡导和强化促销沟通的社会责任。

12. 促销与传播活动直接面向社会，对社会公众会产生极大的影响。公司要积极融入社会主义核心价值观，坚持正确的价值取向，弘扬优秀的传统文化，提升促销与传播活动的文化含量和道德水准，使之在承载传播商业信息的同时，也成为促进社会和谐的强大正能量。

● 复习题

1. 促销与沟通管理在公司营销工作中有何作用?
2. 为提升促销与沟通效果，通常我们要关注哪些原则?
3. 传统的促销与沟通方式有哪些? 各有什么特点?
4. 结合当下环境，请举例分析传统的促销与沟通方式有了哪些新变化?
5. 影响公司促销与沟通组合的因素有哪些?
6. 新媒介促销与沟通方式有哪些? 各有什么特点?
7. 如何理解公司促销与沟通工作中的“社会责任”?

课后案例：万科品牌年轻化转型——从“就是一根筋”到“就是挺传统”

万科企业股份有限公司（以下简称万科）成立于1984年，经过30余年的发展，已成为国内领先的城乡建设与生活服务商。2014年，万科将公司定位更新为“城市配套服务商”，2018年，进一步升级为“城乡建设与生活服务商”，并具体细化为4个角色：美好生活场景师、实体经济生力军、创新探索试验田、和谐生态建设者。

长期以来，万科一直是受“70后”“80后”青睐的地产品牌之一。随着Z世代的崛起，越来越多年轻群体正成为万科的伙伴，万科也在敞开怀抱拥抱年轻人。为刷新“传统”的品牌印象，万科开始积极尝试与年轻群体的沟通，进行“品牌年轻化”的转型。

就是一根筋

2020年，万科推出年度品牌主题“万事皆可，就是我们”，并据此引出本年度的品牌主题——“就是一根筋”，与广大受众进行态度碰撞和表达。

“一根筋”是什么？对年轻人来说，它或许有点自嘲，又像是一个符号，代表着对自我的坚持、对信念的笃定，是一种不认输、不妥协的生活态度。“一根筋”也是万科深耕品质住宅的坚毅态度。

为了有效传播“就是一根筋”的品牌主张，万科首先联合一位喜剧人发布了一组喜剧短片，看似夸张不合章法的剧情表演，却又从侧面映射出面对着生活痛苦的年轻人的现实状况。谁不是曾经一根筋地想要追求爱情，一根筋地想要出人头地，一根筋地想要证明自己能行……就算目前还在生活这场大戏中跑龙套，也要用一根筋的信念，给自己一个坚持的理由。在短剧的欢笑之余，每个人都感受到年轻的小人物世界里的辛酸。但正是生活中充满了压力与尴尬、对抗与妥协，一根筋才有了用武之地，用一根筋的热爱把痛楚一一化解。万事皆可的乐观态度，也不失为一种独树一帜的风度。

这种“一根筋”的宣告，也在各个社交媒体掀起了讨论的热潮。#万事皆可，就是一根筋#的话题首战便引起全网刷屏，收获近3亿的曝光。万科这波宣传与其他品牌专挑流量明星联动不同，万科深入不同喜好的圈层，与各个领域的头部KOL展开联动，其影响力更加精准。当代年轻人的行为偏好更加细分，通过真正的兴趣喜好聚集在一起的粉丝对头部KOL的认可度丝毫不弱于流量明星粉丝对其偶像的认可度。

紧接着，万科与在年轻人中影响力较大的摇滚乐队合作改编歌曲，用充满意象化的歌词与戏剧化的表达，讲述着“一根筋”态度。复古的Disco风格、魔性又趣味的节奏，阐释着万科对于年轻文化的独特理解。歌曲发布以后，在抖音平台上大放异彩。从副歌部分的跟风热舞，到拆解动作的舞蹈教学，再到全网传递的魔性循环挑战，吸引了一大波眼球。这首歌也成为万科2020年年度品牌主题“万事皆可，就是我们”的特别保留节目。

“一根筋”的狂欢同样延伸到线下，万科布下快闪阵地“一根筋修炼厂”（以下简称筋厂），集成了“筋骨修炼区”“筋神挑战场”“筋力回复站”“一根筋认证中心”等四大超级厂区，每个厂区都有对应的体验特装，可以让“一根筋”的朋友们在这里进行“修炼”。大厂区的“一根筋”修炼，不仅提供了各种考验智慧的挑战类小游戏，同时也从游戏背后映射出万科产品的实力，体现出万科对品质“一根筋”的坚持与贯彻。一根筋精神贯穿筋厂，以“坚持不止步、认定不回头”的一根筋精神，表达“为热爱，刚到底”的态度！

万科筋厂落地全国30余城，以带有各地地方特色的金句海报打头阵，开辟了一个个地域特色专场，重庆、北京、上海、广州、深圳、成都、西安、扬州等地，结合当地风土文化落地，和全国各地的年轻人开展了更多的互动，吸引了各地潮人及周边居民前来打卡。

本次传播主题“万事皆可，就是我们”全面覆盖7大网络平台，包括微博、微信、抖音、B站、小红书等高活跃、高互动、高流量平台，全网曝光量高达12亿。

微信上，8篇阅读量10万+的微信文章火爆朋友圈，引发话题热度；在抖音平台，累计收获6618万的曝光量，“一根筋魔舞”话题视频播放量超过2321万，共有2444个用户参与话题挑战；微博上，相关话题曝光量高达9.2亿，累计话题阅读量1.7亿，累计转发微博数28.3万，万科与摇滚乐队合作出单曲的相关话题上榜微博全流域热搜TOP 6。

“万事皆可，就是我们”不仅是一次推广层面的胜利，更是一整套系统化的战略方案的成功落地，从品牌系统上游到下游环环相扣，一以贯之。这样强大的战略定力与执行力，让万科“一根筋”打造好产品、提供好服务的理念深入人心，也让万科筋厂被众多年轻人所熟知。

就是挺传统

在2021年新春之际，万科则推出了“就是挺传统”的品牌主张。“挺”既是程度副词，也是动词，这一主题意在传递品牌立新不必破旧，力挺传统文化的立场，同时也是年轻人对自己身上传统特质的维护和认可的态度。

当代年轻人纷纷入圈国风潮流，看国漫、穿汉服、秀手艺……他们对传统文化的认同感愈发强烈，不盲目崇洋，而是发展、创新传统，极具文化自信。万科基于对时代的洞察提出这一态度，无疑是与时俱进的。春节是我国第一大传统节日，有着深厚的文化传统。从古至今，中国人过年都要和家人们聚在一起，这已成为一种共同的仪式感和情感表达方式。因为疫情，2021 年很多人选择就地过年，对传统的家乡味、年味的渴望会更加浓烈。借势特殊的社会环境节点，一起力挺传统可以唤醒根植于用户记忆深处对传统年文化的认知，与用户达成更情感化、更有效的沟通。万科本身一直致力于在“城市更新”上的探索，在老城区更新和历史风貌保护等项目中，关注城市的历史文化传承，在让历史文脉得以延续的同时赋能城市新生。可以说，“挺传统”是品牌自身价值的彰显，是企业多年来一直坚守的社会责任。

在这次关于态度的传播中，万科以洞察者的身份，从生活的细枝末节处探寻传统。“那些习以为常的传统或许早已融入生活，那些经久不衰的文化血脉已然不知不觉传到了下一代。”融在一代代人血脉里、藏平凡生活里的“传统”，更是值得颂扬的美好，充满魅力。毫无疑问，经历了疫情的大考，家国情感在当年的春节被进一步放大。于是，广告策划团队把中国传统从当下的文化语境中发掘出来，让年轻人能自然地与企业情怀、民族情怀共振。

作为“城乡建设与生活服务商”的万科，既是“挺传统”的行业龙头，也是不甘平庸的“新青年”，致力于焕发城乡与生活的新活力，用自己的实际行动践行“挺传统”的态度。为此，万科从以下 4 个方面力挺传统，推进品牌年轻化。

第一，深入年轻人的语境，实现话题占位。品牌年轻化对消费者的感知来说存在两个维度，一个是传播维度，一个是内涵维度。迎合年轻人的喜好来强调传统，只是停留在传播维度，无法触达年轻人的深层情感。所以，品牌的年轻化战略从一开始就需要兼顾两个维度。2021 年 1 月 18 日，万科提出品牌年轻化新态度：“就是挺传统。”从传播维度进行话题占位，引发大众思考，传达万科的品牌主张。

在话题热度打开后，万科趁热打铁，2021 年 1 月 21 日，万科携手《三联生活周刊》推出“新青年·新传统”采访纪录片，对话四位新生代挺传统的KOL，与全网 20 万在线网友互动发声。四位新青年，对应了四种新传统。既有国风爵士舞者，通过独具东方美的身体律动，呈现文化的碰撞，又有新生代面人郎，用面塑的细致入微，展现时代的百态；既有云锦新传人将传统的工艺和时尚的元素结合，将云锦艺术推上国际舞台，也有民乐新锐国风乐团，用古琴去传达中国最纯粹的乐声。一人一世界，一人一传统。他们中每一个人都在用自己的方式去“挺传统”。表面上看，年轻人和传统之间具有一种天然的距离感，但万科从年轻人的视角展现传统的新旧融合，探讨当下新青年对传统的理解和表达，一下子拉近了和年轻人的距离。在第一阶段，“就是挺传统”仅在微博就引发近亿的话题阅读量。

第二，生活化视角展现生活美学。对于一个热点话题，如果身边不存在肉眼可见的案例，年轻人很难将这种语境带入自己的生活，这就让品牌和年轻人的生活撕裂开来。因此，在话题占位后，品牌需要从生活化视角切入，和用户进行内容和情感共创，实现认知和行为上的统一。2021 年 1 月 27 日，在活动的第二阶段，万科推出《就是挺传统》系列短片，以 6+1 个或诙谐、或有趣、或暖心、或潮酷的小片段展现年轻人挺传统的表达方式，从生活化的视角去引导年轻人感受生活的美学。在选题时，借助了万科长期在城乡建设与生活服务上的资源累积，根据各区域对大众生活习俗的了解及多方社会调研，最终选定了春联、下象棋、养生、吃火锅、中国名字、中国方言 6 个主题。

这次系列短片的创作得到了客户团队的大力支持，给予了充分开放的创作环境，万科优秀的年轻化团队，参与共创。同时，知名导演团队的加入也使短片更为出彩。在不到一个月的紧张的时间里，三方团队共同完成了创意的打磨并加以执行。在前期探讨脚本阶段，彼此就达成共识，为全篇内容定好基调：首先，手法要别致，不就事论事。内容重点在于表现年轻人对传统事物的热爱或对传统价值观的肯定，而非单纯的玩物和炫技。其次，从生活化的角度切入，场景要真实，视角要平实。对年轻人心态的洞察及思考是深入的，给观众可解读及回味的乐趣，展现品牌审美的高级。再次，没有教育灌输，尽量少一些盖棺定论式的总结。片中刻画的是中国年轻人的生活故事、年轻人的思考，嬉笑怒骂但不失赤诚。最后，风格定位为喜剧，但不完全依靠夸张卖力的表演，而是以特别的幽默感，画面的烟火气拉近与观众的距离，片中方言对白每个篇幅都仔细考量了各地代表性方言的比重。尾版采用了原创民乐，加强观众的听觉印象。

从传统习俗、地域美食、姓名传承、乡音温暖等角度，创作了“挺传统”的故事。这既是我们生活中最稀松平常的一面，也是充满民族记忆和味道的一面。从一系列短小精悍的故事中映射出无数国人正在当下挺传统，向大众传递趣味与温情。

抖音拥有2000万粉丝的萌宠大V——一只名为“王泡芙”的猫是这支短片的惊喜彩蛋，也是**万科借力KOL在社交媒体上进行快速品牌曝光的方式**。首先为“王泡芙”量身打造脚本，预埋“梗”在彩蛋篇中，让它以传统守护者的身份出现。萌宠身份增加了“挺传统”角色的丰富度，且更具大众好感度，不易有舆论争议。同时，将其作为本次传播的重头戏，加码破圈。泡芙妈以招牌叙事方式包装了一支5分钟的抖音长视频。品牌为KOL内容让路，抖音发布版本中由KOL把握粉丝喜好，将品牌态度嵌入原创内容中，弱化商业性质，最大化地调动粉丝流量，增加了品牌的讨论度。

优质的内容匹配契合的媒介玩法，真正做到了以点及面的爆点传播。视频一上线，迅速在万科内圈及传播外圈形成热议，首发当日万科官方视频号获得3万+点赞，为往期视频平均点赞量的70倍。促成微博话题“这届年轻人挺传统”“就是挺传统”阅读量达4亿，互动讨论达18万+，3日内收获全网4000万+播放量，成功引爆自媒体，吸引了多方流量。

第三，为年轻人发声，打破固有印象。过去，一些长辈会给年轻人贴上“缺乏吃苦精神”“叛逆”的标签，认为他们与传统格格不入。但实际上年轻人的个性和潮流，反哺了传统文化。万科用自己的方式，展示了年轻人“万事皆可”的态度，也让老一辈们感受到传统和时代精神的完美契合。通过上面的短片打开传播链路后，第三阶段，万科邀请“60后”的小品表演艺术家与“95后”的新潮说唱者作为“传统”和“新潮”的代表，共同打造了一首创意MV（music video，音乐短片）《挺传统的娃娃菜》，从两代人“挺传统”的态度交锋、融合、创新展开，通过营造一种反差感和碰撞感，来突出旧传统在新时代的别样呈现。

整个MV将年轻人渴望理解的心情展现出来，这种契合感真正打通了年轻人的情感链路。在这一过程中，万科更多扮演的是一个引导者的角色，通过新老两代人的融合碰撞，自然而然地实现情感上的沟通。同时作为明星话题的主要阵地，微博在本次传播中充分发挥了平台优势。MV上线当天冲上了微博热搜，且当日话题阅读量破1.5亿，抖音全民任务相关视频播放量破亿，7232人在线投稿“挺传统”，B站收获487篇精彩作品投稿。

第四，年轻化平台上实现内容共创。除了三部短片对“挺传统”的精彩演绎及微博讨论引发的话题占位外，万科还在“年轻人聚集地”B站上和3位UP主以趣味科普的方式开启了“什么是传统”的讨论，吸引年轻人参与，建立话题基础，让“挺传统”更具温情和创意。例如，在谈到“什么是挺传统”时，百万医学UP主一本正经又诙谐地问：“保温杯里泡枸杞真的有用吗？”还有历史类UP主细细分析为什么我们中国人这么喜欢种菜，更有科技UP主告诉我们AI如何修复传统文物。

随着《挺传统的娃娃菜》炸裂上线，艺人微博隔空互动，后援会跟进，助推粉丝传播。热搜上榜后，微博房产矩阵紧密联动。抖音、B站许多网友开始效仿，开启了许多无限可能的梦幻联动……各大UP主纷纷二创演绎歌曲MV，通过多元化的表现手法覆盖尽可能多的年轻人群体。同时，微博邀请音乐类、视频类、创意类、官媒类、营销类等近百位跨圈层KOL站队，助力MV宣推，多角度诠释及倡导“挺传统”的态度，让中华传统文化与年轻一代价值观交融。就如《挺传统的娃娃菜》歌中所唱：“你看看时代的脚步，你听你听传统在细诉；转眼又是一年一岁除，前浪后浪相扶相共赴。”

随即，万科与微博结合当下“就地过年”的社会热点，打造了“就地过年挺传统”话题大赛，并上线“挺传统”段位投票，激发全网年轻人以自己的方式表达“挺传统”的态度。同时，微博发起“晒图分享家乡传统年味/国潮过年大法，赢万科‘挺传统’大礼包”的活动，整合跨圈层蓝V加以助推，扩大互动参与面，邀请网友分享自己如何挺传统过新年的玩法。一时间，晒年货、晒土特产、晒年俗的UGC内容如雨后春笋般涌现，热搜再次上线。

万科的吉祥物乐豆在“挺传统”活动中化身门神，为充满传统与未来色彩的奇幻之城镇守。

新潮与传统互相认同、包容，碰撞出无限可能，是当下不同代际的人们对于“怎样挺传统”的共同答案。

在内容同质化加剧的今天，**从“就是一根筋”到“就是挺传统”，万科一直和新世代站在一起，做有态度有选择的自我态度表达者**。通过内容共创，激发用户的创作热情，实现内容质量的突破和升级，不仅深化了品牌的多元化形象，将一个品牌符号升级为人格化符号，也让万科的形象进一步鲜活起来。

（资料来源：根据万科周刊官方公众号、数英官网及其他媒体报道整理）

思考题

1. 为什么万科提出“就是一根筋”和“就是挺传统”的促销主题？这一主题的受众可能是哪些人群？

2. 请用整合营销传播理论分析万科的“就是一根筋”和“就是挺传统”的促销与沟通活动。

第十一章

市场营销组织与管理

企业的市场营销组织最早指的是销售部门，其职能是推广和销售产品，随着市场环境的变化及互联网技术的革新，市场营销部门的组织结构及其在企业中的地位也变得复杂和重要。如今企业的市场营销部门成了一个集合多重职能的组织，它的职责是负责制订、执行营销计划，服务消费者并提供售后服务。

【本章学习目标】

1. 知晓营销组织模式的演变过程，了解常见营销组织的形式及优缺点。
2. 了解互联网企业的营销组织的特点。
3. 掌握营销组织制订营销计划的流程与方法。
4. 熟悉营销控制方法。

导入案例：波司登营销组织的数智化转型

1976 年，波司登股份有限公司（以下简称波司登）的创始人高德康从江苏常熟一个只有 8 台缝纫机和 11 个工人的小工厂起步，创办羽绒服企业，通过为上海企业来料加工和进行贴牌合作逐渐成长壮大，并掌握了从进料、设计到制造的一整套成熟技术，1992 年注册“波司登“商标，开始打造自主品牌。20 世纪 90 年代中期，波司登深入了解市场需求，从消费者角度出发，设计制作兼顾御寒保暖和时尚美观两方面需求的产品，在颜色、面料、款式、版型、工艺、含绒量等方面大胆创新，推动羽绒服的时装化变革。波司登凭借亮丽的颜色、柔软的面料、大气的款式、贴身的版型、精细的工艺，令羽绒服一改过往臃肿老气的外观，给人以焕然一新的感觉，一举跃居全国销量冠军，打开了品牌的知名度。进入 21 世纪，波司登继续推进名牌战略，在保持国内市场销量遥遥领先的同时，致力于从中国名牌走向世界名牌。然而，羽绒服毕竟是一个比较窄的专业化市场，经过多年耕耘，波司登也面临着品牌老化、创新乏力的问题，与新一代消费者渐行渐远。面对供给侧结构性改革和消费升级的大趋势，以顾客需求为原点，重塑波司登品牌价值，成为波司登品牌转型的出发点。在波司登品牌转型提升的过程中，数字化转型、创新“智造”为其提供了不可或缺的助力。

进入互联网商业时代，波司登从 3 个方面推进数智化转型：新零售能力建设、商品快速反应能力建设和数据中台建设。通过这 3 个核心动作整合企业内外大数据，在消费端，对消费者精细化分群，对商品销售状况进行智能分析；在生产端，加速智能制造升级，形成优质快反供应链核心竞争力。基于数据中台，消费端和生产端数据互通，以大数据支撑消费者洞察、商品洞察，指导产品研发设计，在满足市场需求的同时指导快速生产补货，实现了好卖的货不缺货、不好卖的货不生产。

数智化为波司登带来了显著的业绩提升，公司2020/2021财年报告显示，集团总营收为135.20亿元，较上年同比增长10.9%，归属股东净利润为17.10亿元，较上年同比增长42.1%，疫情也无法阻挡公司业绩的强劲增长势头。2021年4月，国际品牌价值评估权威机构Brand Finance发布2021全球最具价值服饰品牌TOP 50榜单，波司登以15亿美元的品牌价值荣登榜单。2021年8月，市场调查机构欧睿国际根据2020年羽绒服产品零售渠道销售额、销售量的统计数据，认证波司登集团羽绒服规模为全球第一，产品畅销全球72个国家。2021年11月发布的2021/2022财年中期财报显示，4月1日至9月30日的6个月内，波司登营收53.89亿元，同比增长15.6%；毛利达27.20亿元，毛利率提升2.7个百分点，达50.5%。

在新零售能力建设方面，2016年，波司登与阿里云紧密合作，依托企业级互联网架构建设波司登"零售云"平台，基于中台架构思想，结合波司登的业务特性，建立起波司登"零售业务共享服务层"，包括全局共享的用户中心、交易中心、库存中心、订单中心，然后基于共享中台构建上层业务模块，以适应不同业务项目、不同业务流程。依托零售云平台，波司登3000多家门店得以打破信息孤岛，线上销售业务与线下会员信息融合，实体店终端和线上门店全渠道对接，从原来各地门店信息不一致、库存各地不统一、会员信息割裂的状态，转变为云平台上数据的全面整合，实现会员通、零售通、库存通的"新零售"三通格局，创造用户新体验。会员通即线上线下贯通的会员系统，可以综合会员俱乐部、互动中心、客服中心、营销中心、数据（交互）中心等多方面数据，助力波司登与消费者进行精准的互动和服务，实现品牌传播的移动化、互动化、游戏化、数据化。例如，通过建立会员社区、会员俱乐部，吸纳500万会员并维持互动，有效地提高了客户的黏性，会员复购率达到20%以上。零售通即精细化的零售运营体系，通过削减经销商仓库减少中间环节，推动"库存后移"，实现由供应链直接向门店补货。

在商品快反能力建设方面，波司登通过精细化的零售运营体系，削减经销商仓库，减少中间环节，推动"库存后移"，实现由供应链直接向门店补货。同时应用互联网大数据分析，准确为库存节点分配库存，并改造传统门店的运营管理模式，提升门店运营效能。这些手段有效降低了门店的缺货率，减少缺货损失21%，同时提高了适销比例，售罄率同比增长10%，带来了门店业绩的大幅提升。智能供应链体系实现了线上线下共享库存，统一电商、实体门店、总仓、分仓等全局库存，自动分配、处理订单，进一步缓解了缺货压力。例如当某实体门店出现某款产品缺货时，可通过零售系统在线查询、自动匹配最合适的库存地点，通知发货方快速发货，并计算分配业绩。基于这种方式，波司登2016年实现O2O销售近亿元，同时也极大地提升了用户体验。

2016年建立的这个零售云平台，为波司登在零售、供应链、物流三方面的数字化打下了良好的基础，贯彻强化了以客户需求为中心，人、货、场整合重构的新零售理念，使得波司登其后的数智化升级顺畅而水到渠成。2020年面对疫情考验，波司登采取了离店销售、无接触服务等灵活模式，更好地连接消费者，为全国的羽绒服爱好者提供更为安全、多样的消费体验。而在"波司登3亿羽绒服驰援抗疫一线"的公益活动中，其高度智能化的全国物流网络和9大分仓体系，确保了驰援行动的快速响应，能够在第一时间把羽绒服送到抗疫一线最急需的地方。

在数据中台建设方面，波司登着重打造在智慧零售商的领先优势和融合分析能力，波司登可获得对线上线下全域会员数据、全域产品数据、全域营销数据、线下门店数据、导购数据、生产数据、物流数据等综合数据分析的技术、资源、能力支持，从更广的维度实现对商品和消费者的洞察，不断增加微信、微博、抖音、智能门店等新的客户触点，引入客户社区、精准营销、直播等新方式、新工具，实现线上线下融合共生。在商品供应链端，供应链最大的痛点是市场和消费者需求的不确定性，导致原材料采购、成衣生产、商品配置带来了同样的不确定因素。一旦畅销就脱销，一旦滞销就产生大量库存。为应对这一问题，波司登率先在全行业探索羽绒服智能制造改造升级和企业工业互联网平台解决方案，将大数据、智能制造融入企业订单、设计、生产、物流、销售、服务等关键环节，促进互联网技术和羽绒服传统生产模式深度融合，打造服装行业智能制造样板工厂。

波司登主动拥抱数智化变革，释放了消费互联网与产业互联网双轮驱动带来的能量，也帮助其建立了领先全球竞争对手的优势，为中国大量的制造企业提供了典型范例。

（资料来源：改编自梁莉萍. 与阿里云强强合作 波司登加码数智化转型[J]. 中国纺织，2020(5): 98–99.）

思考题

1. 波司登是在什么契机下推进数智化转型战略的？
2. 波司登的营销组织在数智化转型方面做了哪些工作，帮助其从市场竞争中脱颖而出？
3. 营销组织如何构建新零售能力？如何打造以消费者为中心的数智化运营能力？

一、营销组织

在麦卡锡咨询公司的一项调查中，83% 的全球首席执行官说营销成为企业业务增长的主要动力。那么，公司的哪个部门负责公司的营销运营工作呢？是营销组织！具体来说，营销组织是为公司制定有关营销领域的决策的组织，负责对市场细分、目标市场、市场定位、品牌定位等营销战略制定。并且，营销组织也要负责这些战略的执行工作，帮助做出有关产品、包装、定价、广告、促销、分销渠道等方面的决策，最终实现顾客价值和企业效益。

（一）营销环境变化对营销组织的新要求

1. 外部营销环境因素

一般来说，企业面临的外部营销环境因素有 5 种，分别是政治和法律、经济、竞争、技术变革、社会和文化。对企业来说，外部环境变化既是威胁，也是机遇，这就需要营销组织发现市场趋势并结合公司自身情况，灵活应对市场变化。

（1）政治和法律

政府可能出台一些政策对企业的行为制定规则或限制某些行业发展。监管的主要目的是保护消费者权益，或是维护公平市场竞争。有时政治和法律环境的变化，对企业乃至整个行业会产生毁灭性的打击。

（2）经济因素

经济环境影响着消费市场。当经济增长、就业岗位充分时，企业营销产品较为容易，因为消费者愿意花钱消费；而经济疲软、失业率上升时，消费者不愿意花钱消费，企业营销产品也举步维艰。另外，如果你经营一家跨国公司，还需要关注世界经济和汇率的波动。

（3）竞争因素

竞争者的技术革新、品牌战略的调整、营销策略的实施等都会影响你的产品在市场上的份额，因此营销管理者需要时刻关注竞争对手。例如，可口可乐和百事可乐是竞品，双方都试图占领更大的市场份额，2004 年夏天，两家公司几乎同时推出口味、糖分、热量都非常类似的低糖可乐，目标都是希望占领低热量可乐的消费市场。

（4）技术变革

除了带来更激烈的竞争，技术创新也带来了产品创新。营销人员必须紧跟技术进步的步伐，调整他们的战略，既要利用机会，又要抵御来自竞争对手的威胁。例如，柯达公司在巅峰时期占有美国影像市场的份额超过 80%，但由于错过了数码照相机的技术革新，2012 年柯达公司宣布破产。

（5）社会和文化

营销人员还需要对可能影响销售的社会和文化因素保持关注。2020 年底暴发的新型冠状病毒疫情最初迫使企业让员工居家办公，但经营一段时间发现居家办公对员工的工作效率影响不大，还为公司节省了租用写字楼的费用，Google 等互联网公司已经推出永久远程办公的岗位。作为租售写字楼公司的营销人员需要关注到目标顾客行为的变化，并做出相应的战略调整。

2. 要求

上述的营销环境的变化对营销组织提出了以下新的要求。

（1）识别市场机会

市场营销管理者需要了解企业所处的社会经济环境的实时变化，准确把握赛道变迁，合理分配营销资源，帮助实现企业效益。

（2）识别潜在威胁

市场营销管理者需要时刻关注经济环境变化给企业带来的潜在威胁。

（3）管理应对市场变化

对营销环境的关注也有助于管理变化并在动态经济中保持增长。营销经理可以通过监测营销环境来预测和确定及时的营销活动策略，以保持和扩大你的市场份额。

（4）建立敏捷的营销组织

如今的市场机会转瞬即逝，从一个营销策划的设计到执行只经历几周或几个月，因此营销组织也必须在组织规模和组织敏捷之间找到平衡点，让岗位灵活、责任流动、工作流程简明高效。

（二）市场营销部门的职能与营销组织演变

1. 营销部门的职能

市场营销部门在提升业绩和打造企业品牌方面发挥着重要的作用。部门的主要工作是利用营销组合四要素接触新顾客，维系老顾客，提升品牌形象，以及应对潜在危机。根据公司的规模和手头的资源，市场营销部门的职能包括制定营销战略和营销策略两方面的工作。

（1）制定营销战略

制定营销战略STP，具体包括以下内容：

① 市场细分：是指企业通过市场调研，根据消费者的需要、购买行为和购买习惯的差异，把某一产品的市场划分为若干部分。

② 目标市场选择：是指市场区隔后，企业准备以相应的产品和服务满足其中一个或几个子市场。

③ 市场定位：是指企业针对潜在顾客的心理，创立产品，服务在目标顾客心中的某种个性特征。

（2）制定和执行营销策略

制定和执行营销策略，具体如下。

① 市场研究：市场营销部门可以通过焦点小组访谈、深度访谈、调查问卷、A/B测试、大数据分析等方式了解和明确消费者需求。部门对市场进行细分，选择目标细分市场，建立消费者画像，并制定适当的营销要素组合。在产品售出后，部门还需要评估推广方式，例如衡量ROI。

② 竞争分析：观察竞争对手，确定其市场地位和战略。制定应对措施并设计适当的竞争战略和战术非常重要。

③ 促销：向消费者介绍公司及其产品，抢占消费者心智，建立消费者的品牌意识，加强产品和公司形象。

④ 销售：负责通过销售产品或提供服务来赢利。这一职能需要与其他业务职能部门协同合作，以支持增加销售。此外，该团队还必须设计正确的营销组合，如设计有吸引力的包装和正确的定价。

⑤ 产品管理：对产品进行评估和测绘，以确定正确的战略，例如，是撤出投资及时止损还是增加投资获取收益。规模较大的公司可以设计符合目标市场消费者利益的产品组合。营销部门的任务是绘制每个产品的市场定位图，以确定战略、资源分配和投资。

⑥ 营销信息管理：管理和整合营销信息，如销售目标、销售实现、行业竞争对手、客户情况和市场趋势。这些数据对于制定营销战略、做出决策或设计公司的整体战略都很有价值。

⑦ 定价：确定客户价值和公司利润之间的均衡点。一个公司可能会选择基于成本的定价，主要考虑的是生产成本，也可以选择基于消费者感知价值定价，还可以基于竞争对手定价。具体采用哪种定价方式取决于产品本身、市场定位和品牌形象。

⑧ 分销：开发正确的分销渠道来接触客户。一家公司可能通过建立线下渠道或创建电子商务渠道向客户销售产品。或者他们依靠各种中介机构，如分销商和零售商来销售产品。

⑨ 客户关系管理：营销部门需要研究他们的目标客户，确定如何最好地接触和满足他们的需求，与他们保持良好的关系，并鼓励他们继续购买产品。由于招募新客户的成本很高，这项职能对于保持公司的资金流动至关重要。

⑩ 品牌推广：负责管理品牌，确保品牌得到适当的营销。有各种品牌策略，包括个人品牌、家族品牌或企业品牌。营销部门的职能包括建立品牌意识、发展品牌、推动品牌忠诚度，以及创造品牌价值。

⑪全渠道管理：同时管理和维护多个渠道，并打通渠道之间的壁垒，为消费者提供无缝隙的购物环境，提升消费者体验。

2. 营销组织的演化

营销组织从简单到复杂，从纯粹的销售部门演化到独立的现代化的营销部门，经历了 4 个发展阶段。

（1）单纯的销售部门

一家公司在创办之初，一般具有 4 个基本职能：财务、生产、销售和会计。销售部门一般由销售经理领导，负责推销生产出来的产品。销售部门一般情况下不参与到产品研发和设计等工作中，只负责销售，一般情况下生产多少就售卖多少。

（2）兼有营销职能的销售部门

当公司需要进行业务拓展或开拓新市场时，公司需要增加某些职位以满足新需求，而这些业务需要经常进行市场调研、广告宣传并进行打折促销等活动，这些工作逐渐演变成销售部门的兼职职能。

（3）独立的市场营销部门

随着企业规模和业务范围的进一步扩大，客户管理、投放广告及打折促销等活动变得更加频繁，而且销售压力也急剧上升，这时如果只依赖销售部门兼任这些营销工作，销售人员可能忙不过来反而影响销售绩效，如果新招聘一些人员负责营销事务又可能导致销售团队过于庞大，增加管理难度。于是，市场营销部门成为一个相对独立的职能部门，有一个主管营销的副总经理负责管理营销团队的日常业务。

（4）现代市场营销部门

企业追求效益需要依靠营销部门和销售部门协调配合，共同进退。但是，这两个部门的目标可能存在冲突，营销部门希望通过打造强势品牌为企业带来长期利益，而销售团队是短期利益导向，希望以最快的速度、尽可能高的价格销售产品，为公司提供充足的现金流。为了解决两个部门的利益冲突，现代的市场营销部门一般下设销售部门，由同一个副总经理负责。

（三）营销组织结构与选择

营销组织结构帮助员工了解他们在公司中的角色。这些结构也可以作为员工的指南，让他们知道有哪些资源可以利用，哪些团队成员负责哪些职责。营销组织结构还可以提供一个可视化的工作流程，解释企业如何运作，企业内部的工作任务，以及他们如何为企业的成功做出贡献，以及在哪里或由谁做出商业决策。

我们可以将营销组织结构分为 4 类，分别是职能型组织结构、基于客户的组织结构、基于地域的组织结构和基于产品的组织结构。

1. 职能型组织结构

这种划分方式是最常见的营销组织结构，其中各种营销功能被划分到不同的部门。顶层是营销副总裁或首席营销官，负责监督和统筹各个营销职能部门，包括产品营销、广告营销、公共关系、企业沟通等。在每一个部门中，都由一个负责人领导团队成员完成职能范围内的营销工作。这种组织结构适用于多数的营销部门，但缺点是这种结构有可能造成信息孤岛，部门与部门之间的沟通联系不紧密。

2.基于客户的组织结构

大型企业可能采取基于顾客群体的结构组织，例如大型企业营销部门下设面向消费者的营销部门、面向企业的营销部门、面向国外市场的营销部门等。然后在每一个部门下设产品、广告等职能部门。

3.基于地域的组织结构

对于业务范围较大的公司可能需要根据地区或区域等地点来构建团队。理想情况下，在每个地理区域下设的组织结构都应该相同，这样方便总部的人力资源管理。这种营销组织结构在管理上的灵活性更高，团队能迅速对当地市场的波动做出反应。

4.基于产品的组织结构

提供几个关键产品系列的公司可能会选择为每个产品系列设立专门的营销团队，每个部门的营销策略以自己负责的产品为主导，这种组织形式可以为每个产品个性化定制营销方案。

（四）营销组织创新——虚拟营销团队

随着经济社会的发展，公司规模的逐步扩张，以及一些突发性事件的出现，传统的营销部门满足不了公司的日常经营活动，因此催生出了一些创新的营销组织，这里我们主要介绍一种创新的营销组织——虚拟营销团队。

1.虚拟营销团队

虚拟团队是由分布在不同地理位置或时区的员工组成的任何团体的出现。虚拟团队有时也被称为远程团队、地理上分散的团队。由于这些营销人员不在同一地点，虚拟团队主要通过电子方式（如视频会议、电子邮件、在线聊天等）进行沟通，很少进行面对面的交流。根据OwlLabs的研究，超过60%的美国员工至少在部分时间内是远程工作的，而49%的远程工作者已经在全职工作。这种营销团队的模式在新型冠状病毒疫情暴发以后变得更加流行了。

2.管理虚拟营销团队的方法

随着越来越多的人在工作或生活中利用虚拟营销团队的营销方式，知道如何管理虚拟团队已经成为管理者的一项基本技能。虚拟营销团队具有许多优势，包括降低成本，提高生产力，提高员工的保留率，以及更多获得人才的机会。但管理虚拟团队较为困难，因为远程工作具有独特的挑战性。当你的营销团队不在同一地点时，要促进沟通和协作就更加困难。下面的一些方法可以帮助提高管理虚拟营销团队的效率。

（1）创建可以远程工作的系统

当你的营销团队不在同一地点时，拥有合适的工具和软件来促进协作和沟通是至关重要的。在进行团队管理时，可以利用一些类似企业微信、钉钉、Skype的即时通信工具，帮助促进团队成员之间的关系。另外，也需要建立文档共享和屏幕共享系统，如Dropbox或Google Drive，方便项目成员一起工作。

（2）确定有效的沟通方式

由于虚拟营销团队在一些关键信息的传达和沟通效果方面不如面对面交流，因此虚拟营销团队需要建立一些沟通准则。例如即时通信工具只能用在非正式沟通时，与业务有关的沟通需要通过电子邮件传达，有需要紧急处理的文件时在邮件标题上注明“紧急”等。并且，定期的会议沟通也对管理虚拟营销团队非常重要，建议进行一周一次的例会。

（3）引入可视化的工作流程

管理虚拟项目团队意味着要努力确保每个人都在同一个项目节点上，让每个人保持一致的一个好方法是使用可视化工作流程，例如甘特图。可视化工作流程可以帮助团队成员快速、轻松地看到项目工作的进展情况。一目了然，任何有权限的人都可以知道哪些工作在等着他们，链条上的下一个是什么。使用这种管理方式，可以让团队成员明确工作责任，让团队整合在一起工作。

（4）建立可追踪生产力的系统

追踪生产力对任何营销团队来说都是至关重要的，但在管理虚拟团队时，它变得更加关键。当团队在传统办公室以外的地方工作时，低生产力是一种风险。提高生产力的一个方法是建立项目时间跟踪机制。追踪生产力有助于让员工负起责任，并鼓励他们改善时间管理。时间跟踪也使你能够更好地管理资源，确保有效地分配工作量。

（五）互联网企业营销组织

互联网和移动互联网的出现催生了平台经济，例如淘宝、滴滴、Airbnb等互联网企业。这些企业起源于互联网，因此与传统行业存在诸多区别。同样地，互联网企业的营销组织也存在独特之处。

1. 具有数字营销思维的团队

互联网企业的团队首先要具有数字营销的思维模式，需要理解数字化背景下STP战略和4P战略有哪些新发展，让数据驱动营销活动。其次，团队需要了解最新的数字营销趋势，例如需要随时跟踪Google算法的更新、Facebook广告条例的变化等。

2. 具有用户思维的团队

以前，营销团队需要具备“顾客是上帝”的思维模式，到了互联网时代，营销团队应该具备用户思维模式。以往的营销团队很少参与到产品设计中，更多的工作是如何推广和销售产品。而互联网公司的营销团队需要在产品设计之初就做好充分的市场调研，描绘出用户画像，通过不断地与用户沟通，理解用户需求和使用场景，提升用户体验。

3. 具有整合数据和处理数据能力的团队

由于收集和记录数据的便利性，互联网公司往往拥有丰富的数据资源，营销团队需要思考如何将这些数据整合起来，匹配相应的处理方法，让数据发挥最大的作用。因此，互联网公司的营销团队成员需要有整理数据和处理数据的能力。员工必须学会使用数据处理分析软件、文本分析工具等。

4. 具有内容营销思维的团队

内容营销有助于互联网公司吸引、转换和留住客户。

内容营销可以帮助公司提高知名度并吸引潜在客户：互联网上充斥各种品牌、各种信息，你的公司拿什么吸引消费者呢？好的营销内容是一种抓住消费者注意力的方法。获取了消费者的注意力就获得了网络流量。

内容营销有助于公司转换客户：仅仅抓住消费者的注意力还不够，好的内容还可以帮助公司提高转换率，从而促进盈利。

内容营销帮助公司建立顾客忠诚度：好的内容能够时刻吸引消费者的注意力，提升消费者对你的品牌的喜爱程度，进而建立顾客忠诚度。

实例 11-1

可口可乐的“分享可乐”活动在全球推广

近几年，可口可乐不断在可乐瓶包装上出新花样。英文姓名（如Sandy、Morgan）、表情符号及流行用语纷纷出现在可乐瓶身。无论是想感谢同事帮忙，还是聚会中要区分不同成员的可乐，或单纯想给自己一天的好心情，架上总有各种各样的可乐供你选择。

但不说你可能不知道，这波有趣的行销活动，其实源自可口可乐的“品牌危机”。2011 年，可口可乐发现他们正在流失澳大利亚年轻族群的市场——超过 50% 的澳大利亚年轻人表示，自己从来没有喝过可口可乐。为了挽救品牌在年轻人心中的地位，可口可乐决定想个方法和流行、年轻搭上关系，最终想出“Share a Coke”（分享可乐）的活动。他们在可乐瓶印上澳大利亚最常见的 50 个名字，背后的期待是：消费者会买下有亲友姓名的可乐作为贺礼，送给对方，或是在店里寻觅印有自己姓名的可乐，拍照上传到社群网站分享。因此，在广告文案宣传上也特别印上#share a coke#的主题标签，鼓励消费者上推特发布相关内容。

这波行销活动成功地在当地掀起了一阵风潮。3 个月内，在推特标记#share a coke#的照片达到 50 万张，并创造超过 1000 万的曝光人次，而年轻的消费者也增加了 7%，翻转了年轻人对可口可乐的印象。Share a Coke 随后被推广到五十几个国家，并出现印有表情符号、流行用语、当地人姓名的各种可乐瓶。至今你还能在可口可乐的官网上订购个性化的姓名可乐。

（资料来源：当年轻人不再爱可口可乐，这个百年品牌做了什么来成功挽救形象？ [EB/OL].[2022-10-21]. https://zhuanlan.zhihu.com/p/86967541.）

思考题

1. 营销组织在可口可乐营销战略变革中，起了怎样的作用?
2. Share a Coke 成功的关键因素是什么?

5. 具有新媒体思维的团队

有了好的内容，互联网营销团队还需要确定渠道进行发放，与传统渠道相比，互联网带来了更丰富的新媒体营销渠道。这就要求营销团队了解新媒体渠道的特点，例如渠道的用户特点、背后的算法机制等。例如，营销团队不能简单地将适合微信公众号的内容照搬到微博，因为用户的浏览习惯可能不同。

思考题

如何使传统营销团队具有互联网营销思维?

二、营销计划的制订

一个好的营销计划是由你的营销战略驱动的，是可执行的战术营销行动的路线图，将帮助企业的业务增长。花时间制订一个考虑周全的营销计划，将使公司的营销工作有据可依，使公司的营销活动以正确的方式针对正确的市场。

（一）营销计划制订原则

营销计划是一份阐述企业在未来一段时间内（通常是一年）的营销工作的文件。它概述了该时期的营销战略、促销和广告活动计划。营销组织在制订营销计划时，要明确界定企业的营销目标，并与企业的使命和愿景保持一致。营销目标需要表明该企业在未来特定时期希望达到的市场位置或市场份额。营销计划通过规划营销策略来协助企业的发展。在制订营销计划时要遵循如下原则。

（1）营销目标必须是具体的。

（2）营销目标是可以衡量的。

（3）营销目标是可以达到的。

（4）营销目标要与业务核心目标具有一定的相关性。

（5）营销目标具有明确的截止期限。

（二）营销计划内容

营销计划应遵守“二八原则”——即为了产生最大的影响，应将营销重点放在占销量80%的20%的产品和服务上，以及放在带来80%收入的20%的客户上。

通常来说，一个营销计划包括以下内容。

（1）企业的营销目标。这些目标应该是可实现的和可衡量的。

（2）当前企业的营销定位。对企业目前有关其营销定位的状况进行分析。

（3）市场研究。对当前市场趋势、客户需求、行业销售量和预期方向的详细研究。

（4）企业目标市场的概要。主要指企业目标市场的人口统计数据。

（5）营销活动。确定有关营销目标的任何行动的清单，这些行动是为这一时期安排的，并指出时间表。

（6）跟踪的关键绩效指标（KPI）。

（7）营销组合。可能影响顾客购买产品的各种因素的组合。它应该适合本组织，并主要以营销的4P为中心，即产品、价格、促销和渠道。

（8）竞争。识别组织的竞争对手和他们的战略，以及对抗竞争和获得市场份额的方法。

（9）营销预算。对营销活动的财政资源分配情况加以细化，这些活动将需要在营销预算内进行。

（10）监测和绩效机制。应制订计划，根据组织、行业和整体商业环境的过去、现在和预期的未来状态，确定现有的营销工具是能够达成现有目标，还是需要修订。

（三）营销计划的制订过程

在制订营销计划时，营销人员需要对所有的商业目标和营销机会进行全面分析和归纳，具体步骤如下。

1. 了解自己，了解市场

任何商业和营销策略的起点都是了解“你是谁”。这里的“你”指的是企业本身。作为管理者，你需要周期性地考量一下公司的关键业务是什么？你现在的组织性质是什么？谁是你的目标客户群，他们的需求是什么？公司的产品是否能满足他们的需求？另外，你需要时刻关注市场动态。例如，目前所处的市场环境是怎样的？目前消费环境是怎样的？政策环境是否利好公司的发展？

2.进行战略分析

在第一步的基础上，管理者已经充分理解了自己的业务及市场。接下来需要系统地分析和评估企业所处的经济环境和社会背景、企业的目标和营销战略，以及企业的弱点和面临的机会。第二步的战略分析包括以下内容。

（1）波特五力分析模型：用于了解企业所处的市场环境。

（2）市场调研分析：分析行业数据，调查市场规模、产业结构、市场份额和趋势。

（3）分析竞争对手：在分析竞争对手时，不仅要分析竞争对手的产品和价格，也要关注竞争对手是如何争夺消费者注意力和网络流量的。

（4）寻找细分市场：利用焦点小组访谈和问卷调研的方法，寻找消费者的新需求或新的消费群体。

（5）目标顾客分析：对目标顾客进行用户画像分析，使用聚类分析等方法分析这个市场上的人口统计特征，以及影响消费者购买的决定因素，如顾客忠诚度、购买动机和期望等。

（6）找到企业的竞争优势和弱点：分析你的产品如何能更好地服务于客户的需求，找到自己的竞争优势，分析企业的弱点，寻找弥补弱点的方法。

3.设定营销目标

第三步应该详细描述营销计划的预期结果，包括清晰、简明、可实现的营销目标。营销目标需要包含具体的目标，例如利润率或销量，并且也需要有明确的时间框架。常见的营销目标有：维持企业生存；最大化短期利润；最大化销量；清仓处理，减少库存成本；获得更高的市场份额；提高客户忠诚度；推出新产品；开拓新市场；提高盈利能力；提升品牌形象。

4.制定实现营销目标的战略和战术

为了实现营销目标，我们需要运用前几章所学的STP营销战略，完成市场细分，锁定目标市场，制定产品的市场定位，并且运用营销组合四要素——产品、价格、促销和渠道，制定合适的营销策略。需要注意的是，正确的营销组合是由目标市场决定的，例如，你的顾客是老年群体，公司应该用电视广告宣传产品；而如果你的顾客群体是“00后”，公司应该利用社交媒体广告进行宣传。另外，营销人员还需要注意数字营销策略，这些策略利用技术来接触更广泛的市场，是非常有市场效益的营销方式。

在制定营销策略时，还需要考虑营销预算，它用来平衡营销活动的支出和组织所能承受的费用。营销预算是将要进行的营销活动的财务计划，例如促销活动、营销材料和广告的费用等。另外，营销预算还需要考虑生产和交付产品的成本，以及运营和融资成本。制订预算计划有利于合理支配营销预算，帮助公司实现收支平衡并赚取利润。

5.评估营销战略

产生营销战略和策略后，营销部门还需要根据企业的需求和资源对其进行评估。在这一阶段，可以使用SWOT（strength，优势；weakness，劣势；opportunity，机会；threat，威胁）分析法对每一个战略进行全面分析。SWOT分析将揭示战略的可行性和吸引力。在SWOT分析之前，需要准备好以下内容。

（1）企业的短期和长期目标：企业短期目标是指不超过一个经营周期的目标，通常是指年度目标。企业的长期目标是指超过一个经营周期的目标，中期目标一般是3～5

年，长期目标是 5 ～ 10 年，甚至更长时间。

（2）可衡量的ROI：传统的一些营销方式的投资回报率难以测量，例如商家难以估计电梯广告带来的销量，而进入数字时代后，平台积累了大量的用户数据，商家可以借助数据衡量营销活动的投资回报率。

（3）内部人才和员工：人力资源对企业发展至关重要，企业要做好营销人才的资源储备。

（4）营销预算：制定合理的营销预算，才能进一步推进营销策略的制定。

6. 实施营销战略

在评估和调整营销战略后，公司按计划实施营销战略。

7. 跟踪、分析和优化营销战略

在评估营销战略时，首先需要确定一些可测量的指标，如目标市场份额、要达到的目标客户数量、渗透率、使用率、目标销售量等。接下来进行绩效分析，研究营销计划中记录的指标和实际指标之间的差异，具体如下。

（1）收入差异分析：对比预期收益与真实收益之间的差异，企业需要特别关注负向的差异，并寻找原因。对于正向的差异，也应该总结经验。

（2）市场份额分析：对比预期市场份额与真实市场份额之间的差异，追踪这个指标是因为有时候公司的销售额可能在增加，但公司的市场份额却在减少。在这种情况下，销售额增长可能是因为市场的蛋糕变大了，而不是由营销战略带来的增长。

（3）支出分析：对比预期支出与真实支出之间的差异，这一比率需要与行业标准进行比较，才能得出公司营销费用的效益。

三、营销控制

营销控制是指公司对销售收入、市场占有率和利润方面的营销业绩进行衡量，并且及时根据营销目标调整营销计划内容的过程。营销控制是营销部门的一项重要任务。它有利于帮助营销部门提高工作销量并实现营销目标。营销部门需要对以下指标进行衡量。

（1）市场份额。

（2）销售和利润。

（3）营销效果。

（4）消费者满意度。

（5）消费者品牌认知。

（6）现金流报表。

（7）客户关系管理。

（8）每个细分市场的销售额。

（9）买家和潜在买家的数量。

（10）竞争对手的营销活动。

（11）经销商支持。

思考题

从可持续发展角度来看，营销部门重点应该关注哪些指标？

（一）年度计划控制

年度计划控制是对当前营销工作和结果的监测，以确保年度销售和利润目标的实现。年度计划控制意味着持续不断地对照年度计划进行业绩核查，并采取必要的纠正措施。它是高层和中层管理人员的责任，目的是检查在销售、利润、成本、财务、营销业务参与者的态度方面是否实现了计划结果。

1.年度计划控制的步骤

年度计划控制的核心是目标管理，涉及 4 个步骤。

（1）在年度计划中设定月度或季度目标。

（2）在计划目标的背景下监测实际业绩。

（3）确定特殊或严重偏差的原因。

（4）采取必要的纠正措施，弥补目标和绩效之间的差距。

2.年度计划控制检查方法

年度计划控制有 5 种检查方法。

（1）销售差异分析

销售差异分析指的是追踪和分析一段时间内的销售模式，将其与目标模式进行比较，分析可能存在的差异，并规定必要的纠正措施。这样的销售分析可以是对总销量的分析，也可以是按地区、产品和客户分类后进行的分析。分类分析是为了确定二八原则是否适用；如果不适用，那么管理层就要重新调整区域产品和客户的销售工作，以满足二八原则。因此，销售分析和分类分析预测了销售的上升或下降，或在一段时间内的一致性，为必要的纠正营销计划提供了指导。

（2）市场份额分析

市场份额分析指的是研究公司的销售与其竞争的业绩的差异，确定公司在行业销售中所占的百分比。其目的是确定公司在行业中的地位或相对于竞争对手的地位，并确定它是否在总体和细分方面（如产品、地区和客户）都达到了目标市场份额。可以与销售分析结合使用，明确公司的市场营销表现。

（3）营销费用率分析

公司要确保管理人员为实现销售目标而花费的营销费用不超过设定的限额。公司要将实际支出和销售与计划中的支出和销售进行比较，注意到偏差，找到原因，并规定补救措施以纠正这种情况。公司对成本的控制意味着对利润的间接控制。公司在设计营销方案时，可以预设营销费用与销售的比率。公司还可以进一步细分为人力推销费用率、广告费用率、市场调研费用率等。

（4）财务分析

市场营销部门感兴趣的不仅仅是销售额，也可以通过财务分析寻找有利可图的战略。以下是一些与营销人员可以利用的财务分析比率。

① 毛利率。

② 存货周转率。

③ 应收账款周转率。

④ 净值的回报率。

（5）客户态度跟踪

它是一个监测顾客、经销商和其他营销工作参与者的态度的系统。对消费者的偏好和满意度的不断监测为管理层提供了早期预警，以便及早采取行动。可以建立两类客户态度跟踪系统。

① 消费者满意度系统：用来测量消费者对公司的产品或服务的满意度的问卷系统。

② 投诉建议系统：用来记录、分析和回应客户的书面和口头投诉，能够更好地了解消费者对公司产品和服务的反应。

（二）盈利能力控制

盈利能力控制是为了确定公司的产品、地区、市场细分和销售渠道的实际盈利能力。盈利能力控制是为了检查公司是在赚钱还是在亏钱。盈利能力控制的首要责任在于营销主管。所有的营销公司除了年度计划控制外，还应该衡量其产品、地区、客户群、贸易渠道和订单规模的盈利能力。这种盈利能力控制信息对管理层来说是非常重要的，它可以对营销活动的扩张、收缩或暂停做出明智的决定。

盈利能力控制或利润分析是指对不同产品、地区和客户所产生的利润和贡献的研究。盈利能力控制要求首先确定销售额，然后减去货物成本，以得出毛利率。之后，从毛利率中减去直接归属于产品、地区、客户群、贸易渠道、销售订单的费用，从而得出净利润。盈利能力分析的有效性取决于销售和营销成本分析的有效性。盈利能力分析涉及 3 个步骤：确定职能费用、将职能费用分配给营销实体，以及为每个营销实体编制收入报表。

（三）营销效率控制

营销效率控制指的是衡量销售、广告、促销等营销活动的效率。进行效率控制是为了评估和改善营销支出的效率和对营销业务的影响。这一责任由营销主管和部门的工作人员承担。利润率和效率之间有密切的关系。较低的利润意味着销售队伍、广告、销售推广和分销渠道的管理效率较低。这也意味着公司要寻找更有效的方法和手段来管理这些营销活动。公司需要对 4 类营销效率进行控制。

1. 销售效率

每个区域、县和地区的销售经理都要跟踪他所在地区的销售队伍的销售效率，如每个销售人员每天的平均通话次数、每次接触的通话时间、每次销售电话的收入、订单转换率、每期新客户数、每期流失客户数及销售队伍成本占总销售额的百分比。

2. 广告效率

管理者可以衡量媒体类别和媒体载体所触达的每千名目标买家的平均成本、消费者对广告的喜爱程度、广告前后消费者的购买比例、消费者满意度等指标。广告效率可以通过更好的产品定位，确定广告想向消费者传达的信息。另外，企业还可以测量互联网广告的销量，例如测量点击转换率等指标。

3. 促销效率

促销效率指的是衡量刺激消费者购买产品的各种方式的效率。为了提高促销效率，主管经理应该记录每个促销手段的成本和销量。

4. 渠道分销效率

渠道分销效率指的是各类渠道的销售效率，衡量该效率可以实现库存控制和运输模式的改进。

思考题

评估销售效率最直接有效指标是什么?

（四）营销控制的步骤

营销控制过程包括监测、评估和改善每项活动的表现，营销控制过程的5个步骤如下。

1. 决定要评估的营销活动的方面

营销控制过程中的第一步是决定要评估的营销运作。例如，产品广告媒体的有效性、销售人员的表现或公司产品的表现。

2. 建立测量标准

在这一阶段，决定绩效标准，并据此评估实际绩效。例如，控制销售人员的业绩，在这个阶段，可以衡量获得的新客户、呼叫频率比和每次呼叫的订单。

3. 建立监控机制

设定标准后，下一步是开发监测机制工具，如MIS（management information system，管理信息系统）。MIS可用来记录所有营销领域的业绩，如产品的月销售量。

4. 将实际结果与绩效标准进行比较

在这个阶段，通过监测过程获得的结果将与预先建立的绩效标准（基准）进行比较。

5. 分析绩效改进情况

如果结果/绩效没有达到预期标准，就要采取纠正措施来提高绩效水平。为此，需要进行绩效改进分析。

本章小结

1. 一般来说，企业面临的外部营销环境因素有5种，分别是政治和法律、经济、竞争、技术变革、社会和文化。

2. 营销组织的演化随着市场环境和公司发展阶段的不同而分为4个阶段，分别是单纯的营销部门、兼有营销职能的销售部门、独立的市场营销部门和现代市场营销部门。

3. 常见的营销组织的结构有4类，分别是职能型组织结构、基于客户的组织结构、基于地域的组织结构和基于产品的组织结构。

4. 虚拟营销团队是由分布在不同地理位置或时区的员工组成的任何团体。虚拟团队有时也被称为远程团队、地理上分散的团队。管理虚拟团队时可以采取以下方式：创建可以远程工作的系统、确定有效的沟通方式、引入可视化工作流程和建立可追踪生产力的系统。

5. 互联网企业的营销组织有一些独特之处，分别是团队具有数字营销思维、用户思维、整合数据和处理数据的能力、内容营销思维及新媒体思维。

6. 营销控制是指公司对销售收入、市场占有率和利润方面的营销业绩进行衡量，并且及时根据营销目标调整营销计划内容的过程。

营销控制分为3种：年度计划控制、盈利能力控制和营销效率控制。

复习题

1. 营销组织有哪些职能?

2. 营销组织的发展经历了哪些演变过程？每个过程分别有什么特点？

3. 营销组织的结构有哪些？分别有什么特点？

4. 互联网企业的营销组织有什么特点？

5. 制订营销计划书的步骤是什么？

6. 营销控制分为几类？具体内容是什么？营销控制的步骤是什么？

课后案例：科诺公司的工业品营销管控模式

武汉科诺生物科技股份有限公司（以下简称科诺公司）是由武汉东湖高新集团、武汉东湖高新农业生物工程有限公司和湖北省植物保护总站于 1999 年 5 月共同组建的一家高科技工业品企业，注册资本 7920 万元，主要从事生物农药及其他高效、低毒、无公害农药的研发、生产、项目型销售和推广。

科诺公司拥有上千名项目型销售人员，这些项目型销售人员直接分布在全国各市场片区。科诺公司的营销控制工作主要有以下几个特点。

第一，生物农药产品直接面对的是农村市场，销售人员主要是与农民消费者打交道，大多数销售人员是在当地市场直接招募的，因此综合素质不高。

第二，公司的主要产品是生物农药，属于有形产品，项目型销售业绩目标的可量化程度较高。

第三，公司正处于生命周期的投入期，开拓市场、项目型销售额最大化是公司的首要目标。

第四，项目型销售区域分布广，项目型销售过程透明度不高，公司总部对各片区项目型销售人员行为的可控性较低，因此项目型销售人员有可能"粉饰"项目型销售业绩，并牺牲公司长期发展而获取个人短期利益。

因此，公司在市场部设置了督办部，设计了一种"双回路"的营销控制模式，并且这种营销控制模式对公司早期的快速成长及规范项目型销售人员的行为发挥了重要的作用。"双回路"营销控制模式主要是强调工作计划与督办落实两条腿走路，一方面要求项目型销售人员做出详细的工作计划，包括具体的项目型销售业绩目标；另一方面派出督办人员不定期地到市场一线去检查工作计划的完成情况，并及时反馈检查的结果。督办人员的工作目的不是为了"挑刺"，找出项目型销售人员工作中的不规范行为，而是帮助项目型销售人员解决工作中的困难，及时"纠偏"，从而顺利完成项目型销售目标。

科诺公司的这种营销控制模式实际上是将结果控制、过程控制及他人控制等几种类型的营销控制方法有机地结合起来了，而且在每种类型的营销控制中设计和运用的具体方法、各流程之间也是互相联系、互相支撑的。因此该种整合的营销控制模式较好地弥补了单个控制模式的不足之处，并使其发挥了"1+1＞2"的作用。

（资料来源：根据科诺公司官网及其他相关网络资料整理）

思考题

1. 科诺公司的工业品营销控制模式的特点是什么？

2. 还可以从哪些方面加以完善？

参考文献

Ariely, D., Jones, S. *Predictably Irrational* [M]. New York: Harper Collins, 2008.

Bettman, J. R. A Functional Analysis of the Role of Overall Evaluation of Alternatives in Choice Processes [C]//Mitchell, A. (Ed.) *Advances in Consumer Research* (Vol. 9). Ann Arbor, MI: Association for Consumer Research, 1982.

Bettman, J. R. *An Information Processing Theory of Consumer Choice* [M]. Reading, MA: Addison-Wesley, 1979.

Bettman, J. R., Johnson, E. J., Payne, J. W. Consumer Decision Making [C]//Robertson, T. S., Kassaijian, H. H. *Handbook of Consumer Behavior*. Englewood Cliffs, N J: Prentice Hall, 1991.

Carbone, L., Haeckel, S. Engineering Customer Experiences[J]. *Marketing Management*, 1994(3): 9–11.

Han, W. Purchasing Decision-Making Process of Online Consumers[R]. 2021 International Conference on Public Relations and Social Sciences (ICPRSS 2021), 2021.

Kahneman, D. Maps of Bounded Rationality: Psychology for Behavioral Economics[J]. *American Economic Review*, 2003, 93(5), 1449-1475.

Kahneman, D., Knetsch, J. L., Thaler, R. H. Anomalies: The Endowment Effect, Loss Aversion, and Status Quo Bias[J]. *Journal of Economic Perspectives*, 1991, 5(1), 193-206.

Kahneman, D., Knetsch, J. L., Thaler, R. H. Experimental Tests of the Endowment Effect and the Coase Theorem[J]. *Journal of Political Economy*, 1990, 98(6), 1325-1348.

Kahneman, D., Tversky, A. The Simulation Heuristic [M]//Kahneman, D., Slovic, P., Tversky, A. *Judgement Under Uncertainty: Heuristic and Biases*. Cambridge: Cambridge University Press, 2013.

Kotler, P., Armstrong, G. *Principles of Marketing*[M]. 17th Global Edition. New York: Pearson Education, 2017.

Lynch, J., John G., Srull, T. K. Memory and Attentional Factors in Consumer Choice: Concepts and Research Methods [J]. *The Journal of Consumer Research,* 1982, 9(1), 18-37.

Maslow, A. H. A Theory of Human Motivation [J]. *Psychological Review*, 1943, 50(4): 370.

Maslow, A. H. *Motivation and Personality*[M]. New Delhi: Prabhat Prakashan, 1981.

McLeod, S. Maslow's Hierarchy of Needs[J]. *Simply Psychology*, 2007(1): 1-18.

Meyer, C., Schwager, A. Understanding Customer Experience[J]. *Harvard Business Review*, 2007(85): 116-126.

Plous, S. *The Psychology of Judgment and Decision Making*[M]. New York: Mcgraw-Hill Book Company, 1993.

Qazzafi, S. Consumer Buying Decision Process Toward Products[J]. *International Journal of Scientific Research and Engineering Development*, 2019, 2(5): 130-134.

Rose, S., Hair, N., Clark, M. Online Customer Experience: A Review of the Business-to-Consumer Online Purchase Context[J]. *International Journal of Management Reviews*, 2011, 13(1): 24-39.

Stankevich, A., Akhunjonov, U., Obrenovic, B. Explaining the Consumer Decision-Making Process: Critical Literature Review[J]. *Journal of International Business Research and Marketing*, 2017(2): 6, 7-14.

Thaler, R. H. Mental Accounting Matters[J]. *Journal of Behavioral Decision Making*, 1999, 12(3): 183-206.

Thaler, R. Mental Accounting and Consumer Choice[J]. *Marketing Science*, 1985, 4(3): 199-214.

Thaler, R. Toward a Positive Theory of Consumer Choice[J]. *Journal of Economic Behavior Organization*, 1980, 1(1): 39-60.

Tversky, A., Kahneman, D. Advances in Prospect Theory: Cumulative Representation of Uncertainty[J]. *Journal of Risk and Uncertainty*, 1992, 5(4): 297-323.

Tversky, A., Kahneman, D. The Framing of Decisions and the Psychology of Choice [C]//*Behavioral Decision Making*. Boston, MA: Springer, 1985.

阿姆斯特朗，科特勒. 市场营销学（英文版. 第 12 版）[M]. 北京：中国人民大学出版社，2017.

安玉琢，刘姗姗，陈朝阳. 无糖饮料专家：元气森林的一骑绝尘之路[Z]. 中国管理案例共享中心，2021.

鲍磊，江梓毓，奚凯悦. 数字营销的发展：从 1.0 时代到 4.0 时代的进化[J]. 山东纺织经济，2022（2）：19–22.

罗森布洛姆. 营销渠道：管理的视野[M]. 8 版. 宋华，等译. 北京：中国人民大学出版社，2014.

蔡继荣. 市场分析与软件应用[M]. 北京：机械工业出版社，2011.

蔡清毅. 品牌建设理论模型研究[J]. 武汉理工大学学报，2009（23）：177–181.

陈钦兰，苏朝晖，胡劲. 市场营销学[M]. 北京：清华大学出版社，2017.

陈晓敏，史超超. 社群营销：强关系下的粉丝经济[M]. 北京：清华大学出版社，2017.

克雷文斯，皮尔西. 战略营销[M]. 董伊人，葛琳，陈龙飞，译. 北京：机械工业出版社，2016.

邓诗鉴，郭国庆，周健明. 品牌联想、品牌认知与品牌依恋关系研究[J]. 管理学刊，2018（1）：44–53.

邓维. 人口职业和行业结构及其变动对市场需求的影响：兼论人口的行职业结构及其变动的商业意义[J]. 西北人口，2000（2）：16–18，22.

格雷瓦尔，利维. 市场营销学[M]. 郭朝阳，等译. 北京：中国人民大学出版社，2015.

樊靖. 社群营销背景下 CM 公司社群营销策略的研究[D]. 昆明：云南师范大学，2016.

科特勒，凯勒，卢泰宏. 营销管理[M]. 13 版. 卢泰宏，高辉，译. 北京：中国人民大学出版社，2009.

科特勒，阿姆斯特朗，洪瑞云，等. 市场营销原理（亚洲版・第 3 版）[M]. 李季，赵占波，译. 北京：机械工业出版社，2013.

科特勒，阿姆斯特朗. 市场营销：原理与实践（原书第 17 版）[M]. 楼尊，译. 北京：中国人民大学出版社，2020.

科特勒，阿姆斯特朗. 营销学导论（原书第 4 版）[M]. 北京：华夏出版社，1998.

科特勒，凯勒. 营销管理（原书第 15 版）[M]. 何佳讯，于洪彦，牛永革，等译. 上海：格致出版社，2016.

科特勒咨询集团（中国），曹虎，王赛. 什么是营销[M]. 北京：机械工业出版社，2020.

耿俊辰，申彩芬.网络营销新特点[J].经济论坛，1999（23）：29–30.
郭国庆.市场营销学[M].3 版.北京：中国人民大学出版社，2018.
黄合水.品牌建设精要：打造品牌之不二法门[M].厦门：厦门大学出版社，2004.
黄浏英.旅游市场营销[M].北京：旅游教育出版社，2009.
黄敏学，张仁杰.试论网络营销特点及其应用[J].商业研究，1998（8）：65–67.
凯勒.战略品牌管理[M].4 版.吴水龙，何云，译.北京：中国人民大学出版社，2014.
克洛，巴克.整合营销传播：广告、媒介与促销[M].8 版.于艳，等译.北京：中国人民大学出版社，2021.
李光斗.插位：颠覆竞争对手的品牌营销新战略[M].北京：机械工业出版社，2006.
李坤.消费者的品牌认知度及营销策略选择[J].综合管理，2007（7）：100–101.
李晓雪."互联网+"时代数字营销面临的挑战与发展[J].现代营销(学苑版)，2021（5）：50–51.
梁莉萍.与阿里云强强合作 波司登加码数智化转型[J].中国纺织，2020（5）：98–99.
刘官华，梁璐.新零售：从模式到实践[M].北京：电子工业出版社，2019.
佩尔顿，斯特拉顿，伦普金.营销渠道：一种关系管理方法[M].张永强，彭敬巧，译.北京：机械工业出版社，2004.
斯特恩，安萨莉，库格兰.营销渠道[M].北京：中国人民大学出版社，2000.
吕博.网络虚拟社群营销：特征、策略及局限[D].南京：南京师范大学，2010.
欧德罗伊德.市场营销环境[M].杨琳，译.北京：经济管理出版社，2005.
孟韬.市场营销：互联网时代的营销创新[M].北京：中国人民大学出版社，2018.
戚译，汪曙青.沈荡黄酒如何定位[Z].浙江大学管理学院案例中心，2020.
钱旭潮，王龙.市场营销管理：需求的创造与传递[M].4 版.北京：机械工业出版社，2016.
钱玉娟.精准营销新势能[J].中国经济信息，2016（19）：60–61.
戴维斯.品牌资产管理：赢得客户忠诚度与利润的有效途径[M].刘莹，李哲，译.北京：中国财经出版社，2006.
孙明燮.市场营销机会识别与评估[M].北京：经济管理出版社，2001.
唐小飞.市场研究：方法与应用[M].北京：机械工业出版社，2013.
王永贵.市场营销[M].2 版.北京：中国人民大学出版社，2022.
夏立新，张纯，陈健瑶，等.企业微博内容对网络口碑及品牌认可度的影响[J].情报科学，2019（4）：79–85.
麦克丹尼尔，盖茨.当代市场调研[M].10 版.李桂华，等译.北京：机械工业出版社，2018.
筱莺.数字营销的创新红利与挑战[J].新营销，2016（5）：16–17.
杨伟文，刘新.品牌认知对消费者购买行为的影响[J].商业研究，2010（3）：158–162.
张翠林，靳永军.网络营销和传统营销的差异分析与整合[J].西安航空技术高等专科学校学报，2008（6）：31–33，36.
张大亮，范晓屏，戚译.营销管理：理论、应用与案例[M].北京：科学出版社，2002.
张华芹.网络营销对传统营销的冲击及对策探讨[J].未来与发展，2004（3）：35–37.
张立森.从 108 到今麦郎：华龙面产品组合策略分析[J].农产品市场周刊，2005（1）：27–29.
郑如霞，杨焱.网络营销与传统营销[J].商业经济与管理，2000（5）：28–31.
周政，张大亮.中粮美特的增值经[J].企业管理，2002（12）：27–29.
朱惠彬.少儿图书的社群营销策略分析[D].保定：河北大学，2018.